Alles läuft Super während ich weg bin – Loslassen und dem Göttlichen die Schwergewichte überlassen

"Alles läuft Super während ich weg bin
– Loslassen und dem Göttlichen die Schwergewichte überlassen"
Copyright 2011 Lola Jones
11. überarbeitete deutsche Auflage 2016
Übersetzung von Gabrielle Kingwill

Titel der englischen Originalausgabe "Things Are Going Great In My Absence
– How to Let Go & Let The Divine Do the Heavy Lifting"
Copyright 2006 Lola Jones
24. Auflage 2016

Alle Rechte vorbehalten. Außer für knappe Zitate in Buchbeschreibungen und anderen gesetzlich genehmigten Ausnahmen darf kein Teil dieses Buches in jeglicher Form oder auf jegliche Art und Weise (elektronisch, mechanisch oder anderweitig), die jetzt bekannt ist oder zukünftig entwickelt wird, reproduziert, benutzt, gelagert, übermittelt oder dargestellt werden – dies gilt auch für Fotografien, Tonaufnahmen und jegliche Informations-, Datenspeicher oder Datenabfragesysteme – es sei denn mit vorheriger schriftlicher Erlaubnis von: Lola Jones, 99 Reposo Drive, Ojai, California, 93022 USA.

Divine Openings™ ist ein geschützter Markenname und darf ebenfalls nur mit ausdrücklicher Erlaubnis der Begründerin Lola Jones verwendet werden.

DivineOpenings.com

DivineOpenings.de

celebrate@LolaJones.com

support@DivineOpeningsGermany.com

Veröffentlicht von Lola Jones

Alles läuft Super während ich weg bin:
Loslassen und dem Göttlichen die Schwergewichte überlassen
von Lola Jones

Ein dramatisches Erwachen findet gerade auf unserem Planeten statt. Das menschliche Bewusstsein dehnt sich exponentiell aus. Diejenigen von uns, die an vorderster Front stehen, erleben ein rasches Aufblühen der Erleuchtung – genau jetzt, und wir laden dich ein, dich dazuzugesellen.

Du wirst die erste Stufe Einweihung zur Erleuchtung oder eine Vertiefung deiner Erleuchtung durch das Lesen dieses Buches, durch das Betrachten der Illustrationen darin und durch das Spüren der göttlichen Präsenz darin erhalten... derselben göttlichen Präsenz, die auch in dir wohnt. Du wirst dieses Buch jedem wünschen, den du kennst und liebst, um diese reichhaltige Erfahrung mit ihnen zu teilen und sie mit in diese wunderbare neu Welt zu nehmen.

Egal, was du als nächstes im Leben erreichen willst, dieses Buch wird dir helfen, es mit mehr Leichtigkeit, Anmut und Geschmeidigkeit zu erreichen. Du wirst auf zwei Ebenen Hilfe erhalten. Du wirst Werkzeuge an die Hand bekommen, die du auf der bewussten Ebene nutzen kannst, um kraftvollere, effektivere Entscheidungen zu treffen. Auf einer anderen, noch viel kraftvolleren Ebene wirst du göttliche Gnade erhalten, die der Definition nach ein Geschenk ist, das du dir nicht verdienen kannst – ein Geschenk, das dir aus Liebe gegeben wird und das dich höher anhebt, als du dich selbst anheben könntest. Dieser Teil des Prozesses ist mühelos und erledigt mindestens 90 Prozent der ganzen Arbeit; alles was du tun musst, ist, es zuzulassen.

Sobald die göttliche Präsenz in dir erwacht ist und als *Du* auf der Erde lebt, sobald du im Fluss des Lebens bist, der für alle deine Wünsche und Bedürfnisse sorgt, ist es einfach, freudvoll, spannend und es macht Spaß, das Leben zu erschaffen, das du dir wünschst. Leiden, Konflikte und Mühen hören auf. Synchronizität ist ganz normal und du stößt auf Menschen, Ressourcen und Ereignisse, um beidseitig voneinander zu profitieren und um Freude zu verbreiten.

Sobald die Suche vorbei ist und das wahre Leben beginnt, lebst du selbstsicher, genießt den Augenblick und erschaffst, was immer du willst vom kraftvollen Aussichtspunkt des Jetzt aus. Vergangenheit und Zukunft verlieren ihre Macht über dich und Verlust, Wettstreit und Knappheit verlieren ihre Bedeutung.

Du wirst "unsinkbar" werden, wenn du beginnst, als dein Großes Selbst zu leben, und wirst anfangen, die Kraft dessen kennenzulernen, der du bist. Kriminalität, Regierung, Herzschmerz, Verlust – nichts wird mehr Macht über dich haben, sobald du deine wahre Kraft kennst. Du kannst zusehen, wie sich die Menschen um dich herum verändern, und du wirst dich nie wieder unfähig fühlen, etwas in der Welt zu verändern.

Manche können sich kaum vorstellen, dass es nach allem, was ihnen dieses Buch ermöglicht, noch mehr geben könnte. Aber es gibt immer noch mehr und du wirst es nach und nach entdecken.

Anfang 2006 verbrachte Lola Jones 21 Tage in einem Schweigeprozess in Indien, in dem sie ausschließlich mit der inneren Präsenz kommunizierte und darin eingeweiht wurde, eine spezielle Form der Gnadenenergie zu übertragen, die Erleuchtung aktiviert. Sie und andere Divine Openings Guides übertragen die Einweihung durch Berührung, während sie die Energie/das Licht/die Information in Gruppensitzungen aktivieren oder durch Senden über die Ferne. Du wirst es auch spüren, während du Lolas Werke bewusst auf dich wirken lässt und die Worte in diesem Buch liest.

Lolas Lieblingsaspekt der göttlichen Energieübertragung ist, dass ihr "Job" darin besteht, aus dem Weg zu gehen und die göttliche Präsenz arbeiten zu lassen. Sogar während sie die seligen Impulse genießt, die sie dabei durchströmen, ist sie vom Prozess "abwesend". Sie bemerkt auch, dass das tägliche Leben immer einfacher wird, während das Göttliche in ihr erwacht und sie vollständiger als göttliche Präsenz lebt. Ihr Großes Selbst reguliert ihr Leben immer mehr und das kleine Selbst setzt sich auf den Rücksitz und entspannt, daher der Titel: *Alles läuft super während ich weg bin.*

Dies ist nicht nur ein Bericht über Lolas Prozess des Erwachens, es erweckt die göttliche Intelligenz in dir. Du wirst erfahren, wie du Zugang dazu bekommst, was dich in diesem Prozess erwartet, wie du aus dem Weg gehen kannst und zulassen kannst, dass es einfacher sein darf und wie du es dauerhaft nähren kannst.

WICHTIG

Beim ersten Durchgang **muss** *dieses Buch der Reihe nach,* **langsam,** *von vorne bis hinten gelesen werden. Dies ist mächtiges, kraftvolles Material und du musst die Anleitungen verinnerlichen, bevor du ein Divine Opening erhältst, und um die Entfaltung zu verstehen, die darauffolgt. "Beeilung" schmälert die Ergebnisse drastisch. Es geht nicht darum, Wissen zu erlangen. Erlebe es, spüre es, lebe es, Stück für Stück, tiefgehend.*

Sowie sich die Energie beschleunigt, verändern sich die Dinge.
Auf DivineOpenings.com (Lolas englische Seite) oder DivineOpenings.de
(bisher deutsche Seite der Übersetzerin – zukünftig deutscher Bereich auf Lolas Seite)
findest du Updates. Setze dich auf die E-mail-Liste um Veranstaltungshinweise,
Artikel und inspirierende Infos zu bekommen.

Du bist dabei, eine neue Realität zu betreten.

Alles läuft Super während ich weg bin – Loslassen und dem Göttlichen die Schwergewichte überlassen

Inhaltsverzeichnis

Wie und warum ich dieses Buch schrieb 9

Das Licht Strahlt Auf 9

Was passiert bei Divine Openings? 12

Lola ist ein "Spezialist" 13

Wie du am meisten von dieser Erfahrung profitierst 14

Tanzstunden von Gott 15

Das Ende aller Mühsal 17

Divine Openings ist eine Erfahrung – kein Konzept 21

Das kleine Selbst lässt los 22

Unterstützung auf deiner Reise 23

Divine Opening 26

Nach deinem ersten Divine Opening 27

Gewölle hochwürgen und über Rüttelschwellen rattern 27

Warum dieses Buch einen solchen Schwerpunkt auf Emotionen legt: 31

Im Sein sein 31

Energie und Emotionen müssen sich bewegen 33

Selbstwert 35

Was ist Mitgefühl? 36

Deine Vergangenheit führte dich zu diesem Moment 36

Viele Persönlichkeiten 37

Halte es schlicht um die besten Ergebnisse zu erzielen 38

Divine Opening 40

Wer ist die göttliche Präsenz? 41

Unsere Lehrer, wir selbst 43

Die Gestaltung einer eigenen, persönlichen Beziehung zu Gott 45

Die Erfüllung deiner Wünsche 48

Zur Präsenz nach innen tragen 50

Eine Beziehung zum Göttlichen in glücklichen Zeiten 51

Das Ende der Fragen.. 52

Eine zweite Chance für eine glückliche Kindheit 53

Angst vor dem Unbekannten 54

Nie mehr wieder an dir arbeiten 54

Divine Opening... 56

Lege es alles dem Göttlichen zu Füßen 57

Aber wann bin ich auf diesem Planeten fertig? 58

Das Ende der Dramen 60

Endlich – die Suche ist vorbei! 61

Anpassung an die neuen Energien 62

Die Gegenwart übernimmt.. 63

Die Erstaunliche Kraft Des Humors 64

Divine Opening... 67

Meditation leicht gemacht 68

Morgen- und Abend-"Schwärmereien" 68

Der Ruf des Göttlichen kann nach Erfolg, Sex oder Geld klingen 69

Wie uns das Göttliche sieht 70

Sich vom Uralten Denken lösen 71

Alltägliche Beziehungen sind der Schlüssel zum Weltfrieden............................... 71

Okay – wie kläre ich also meine Beziehungen? 73

Gott vergibt nicht! 73

Vergangene Verletzungen erlösen 74

Befreie dich selbst. Der Rest folgt von allein. 74

Fortgeschrittene Perspektive 77

Divine Opening... 78

Liebesbeziehungen.. 79

Bedingungslose Liebe in der Praxis 80

Transformationsprozess 81

Sich vor dem Göttlichen niederwerfen 81

Gesundheit und Krankheit 82

Wer sind wir? 84

An der Spitze der universellen Ausdehnung 85

Was ist Erleuchtung? 86

Klassische Anzeichen der Erleuchtung 87

Kräfte und mystische Phänomene 89

Gestalte deine eigene Erleuchtung 90

Divine Opening 92

Zwischen den Welten 93

Navigation 93

Dein Instrumentenbrett 94

Komm zur Party 90

Schritt für Schritt 100

Die Macht Ist Nicht "Dort Draußen" 103

Nur Weil Du Es Noch Nicht Sehen Kannst 103

Divine Opening 105

Das Gesetz Der Anziehungskraft Oder Gleiches Zieht Gleiches An 106

Blinde Flecken 107

Langsamer Anstieg Führt Zu Bleibenden Ergebnissen 108

Du Erschaffst Das, Worauf Du Dich Fokussierst 110

Eintauchen Und Verweilen 112

Welche Geschichte? 113

Der Prozess Des Eintauchens Und Verweilens 114

Soll Ich Eintauchen Oder Die Spitze Des Fliegers Anheben? 118

Negative Manifestationen, Die Erscheinen Nachdem Du Deine Flughöhe Bereits Angehoben Hast 119

Dein Punktestand	122
Divine Opening	123
Blick Auf Mein Kleineres Selbst	124
Gefühle Nach dem Erwachen	124
Die Evolution Dessen, Wer Du Bist	125
Eine Neue Art Zu "Arbeiten"	126
Das Leben Beweist Unsere Überzeugungen	128
Kartons Voller Überzeugungen: Was Ist "Wahr"?	128
Woher Weißt Du, Was "Möglich" Ist?	129
Übergib Deine "To Do Liste" An Gott	130
Wann Kommt Aktion Ins Spiel?	130
Folge Der Führung, Die Du Bekommst	131
Inspirierte Handlung	133
Sei Zufrieden Mit Deinem Jetzigen Stand	134
Häufige Fragen	135
Das "Es Ist Noch Nicht Da" Syndrom	136
Ich Leiste Keinen Widerstand!!!	137
Divine Opening	140
Okay, Wann Bin Ich Nun Erleuchtet?	141
Es Wird Zum Normalzustand	143
Das Universum Ausdehnen	145
Wenn Deine Glückseligkeit Zu Verblassen Scheint	147
Was Du Tun Kannst, Wenn:	148
Weitere Möglichkeiten, Wie Du Im Einklang Mit Deinem Großen Selbst Sein Und Dein Glück Zurückerobern Kannst	149
Tu Dinge, Weil Sie Sich Einfach Gut Anfühlen	152
Traum-Aufgaben	154
Bitte Einfach, Dann Lasse Los!	155

Wie Du Dies Anderen Beibringen Kannst? Lebe Es! 156

Tagträume Zur "Unterhaltung" 157

Leer Und Bedeutungslos 159

Und Jetzt? 160

Vorfreude 161

Du Bist Niemals "Fertig" 162

Divine Opening 164

Wie Dieser Prozess Bei Dir Ablaufen Kann 165

Bleib Dran 166

Schneller Ist Nicht Immer Besser 166

Epilog 167

30 Wege Um Deine Schwingung Zu Erhöhen 169

Beispiel Für Die Tägliche Praxis 171

Zusätzliche Ressourcen und Angebote 173

Kommentare von Lesern 174

Alles läuft super während ich weg bin:
Loslassen und dem Göttlichen die Schwergewichte überlassen

Wie und warum ich dieses Buch schrieb

Dieses Buch floss auf natürliche und mühelose Weise aus mir heraus, nachdem ich etwa sechs Monate lang in Einzel- und Gruppensitzungen Divine Openings (Divine: göttliche; Openings: Öffnungen) gegeben hatte. Es war nicht ich, die das Buch schreiben wollte – das Buch wollte, dass ich es schreibe. Auf diese Art läuft seit ein paar Jahren alles in meinem Leben. Mein Körper macht, was er will. Er malt oder er schreibt, wenn er will oder eben nicht. Manchmal schreibe ich den ganzen Tag lang und vergesse zu essen. Meine alten Vorstellungen von Ehrgeiz oder Motivation machen für mich nicht mehr viel Sinn. Dinge, die wichtig schienen, sind es nicht. Das Leben lebt durch mich. Ich lasse mich meist mittreiben, betrachte die schöne Landschaft, die an mir vorüberzieht und genieße die wunderbaren Abenteuer auf dem Weg. Es ist die beste Fahrt meines Lebens.

Dieses Buch hilft deinem Verstand zu verstehen, was passiert, wenn die göttliche Intelligenz in dir erwacht und das Steuer übernimmt, wenn sich radikale Veränderungen entfalten und die alte Realität auseinander fällt. Du hast an der Entstehung dieses Buches mitgewirkt. Auf einer bestimmten Ebene hast du im Herzen darum gebeten. Der Prozess der Divine Openings braucht dein bewusstes Verständnis nicht, aber deine Entfaltung beschleunigt sich, wenn der Verstand mithilft, anstatt sich zu sperren. Dieses Buch trainiert deinen Verstand um, führt und beruhigt ihn in dieser Zeit der Veränderung, in der du garantiert aus alten Mustern gerissen wirst, in denen du dich bisher wohlgefühlt hast. Bis dein inneres Wissen vollständig aufgeblüht ist, ist es gut, etwas zu haben, das dir hilft, dich mit den Veränderungen auszukennen und das Ganze auf einfache Weise in den Alltag zu integrieren. Bleibe offen, bis du innerlich so klar bist, dass du keine Führung von außen mehr möchtest, und lasse die Hilfe zu, bis du sie wirklich nicht mehr brauchst. Vertraue bitte immer mehr auf deine eigene Führung und Intuition, als auf die Anderer. Dieses Buch enthält meine Erfahrung und hat bereits tausenden geholfen, Zugang zu ihrer eigenen Wahrheit zu finden und zur eigenen Einheit mit der göttlichen Intelligenz in ihnen zu erwachen. Es ist anders als alle Bücher, die du je gelesen hast; weit jenseits rein intellektueller Konzepte – es ist eine Erfahrung, die deine Lebensweise verändert.

Das Licht Strahlt Auf

Ich gab Divine Openings auf einer öffentlichen Veranstaltung und ging dabei von einer Person zur nächsten, wobei ich jedem für etwa zwei Minuten die Hände am Kopf auflegte. Fünf von ihnen berichteten, dass sie ein strahlend weißes Licht durch ihre geschlossenen Augenlider sahen, als ich vor ihnen stand. Normalerweise würde man erwarten, dass eine Person, die vor einem steht, das Blickfeld verdunkelt. (Probiere es aus!) Aber sie sahen meinen Lichtkörper. Wenn ich einzeln oder in einer Gruppe mit Menschen zusammen bin, so baut sich ein Resonanzfeld auf, das ihr Erwachen initiiert. Sie beginnen, sich wieder mehr und mehr auf die Reine Lebensquelle auszurichten, die von jeher in ihnen wohnt.

Das heißt nun nicht, dass ich etwas Besonderes bin – ganz im Gegenteil. Es zeigt, dass viele von uns Menschen im wahrsten Sinne des Wortes an Dichte verlieren und zu reinerem Licht werden. Du kannst die Erfahrungen, von denen du hier liest, selbst machen. Früher oder später wird sie fast jeder machen, der das nächste Jahrzehnt oder mehr auf der Erde verbringt. In den ersten drei Jahren Divine Openings habe ich viele andere aus der ganzen Welt eingeweiht, die diese Einweihung in den Erleuchtungsprozess durch die göttliche Gnade nun anbieten können. (Sie können selbst entscheiden, was sie mit dieser Gabe tun möchten, aber die Kriterien, um von mir zum offiziellen Divine Openings Guide zertifiziert zu werden sind streng.)

Jesus und Maria wurden oft mit einem Heiligenschein um ihren Kopf oder um ihren gesamten Körper dargestellt. Es wurde das Versprechen gegeben, dass wir alle eines Tages genauso sein werden wie sie und all die Dinge tun können, die sie getan haben und noch mehr. Du wirst "Wunder" wirken, die, wenn du an den Fluss des Lebens angeschlossen bist, zum Normalen werden. Was als "Aufstieg" bezeichnet wurde, ist die vollständige Transformation von Körper und Geist, so dass wir an Dichte verlieren; leichter und lichter werden. Wir sind "er-leuchtet". Leuchten auf!

Sowie das Licht in jedem von uns heller erstrahlt wird es sichtbar. Normalerweise sehen wir die Funktion der Augen darin, Licht zu empfangen, denn Licht tritt in sie ein. Nachdem das Erwachen beginnt, bemerke ich wie die Augen meiner Klienten beginnen aufzuleuchten – Licht strahlt *aus* ihren Augen *heraus*, nicht nur in ihre Augen hinein. Im ersten Jahr nach meiner Einweihung zur Übertragung der göttlichen Gnade habe ich diese Einweihung in den Erleuchtungsprozess per Handauflegen auf rund siebenhundert Menschen in kleinen Gruppen übertragen. Nicht eingerechnet sind hier die Menschen, die sie allein durch meine Nähe im Alltag aufgeschnappt haben oder die vielen tausend Leser, die sie durch das Buch oder die Onlinekurse aufnahmen. Ich habe bemerkt, wie es Menschen beeinflusst, nachdem ich nur mit ihnen zu Abend gegessen hatte. Wenn ich sehe, dass dies geschieht, biete ich ihnen dieses Buch an damit sie die Veränderungen verstehen, die geschehen und ihren freien Willen nutzen können, um Widerstände gegen die Gnadenenergie zu verringern.

Die Energie/das Licht/die Intelligenz der Divine Openings schraubt sich beständig höher hinauf; während mehr und mehr Menschen "aufleuchten" oder "er-leuchten" wird das gesamte, kollektive Bewusstsein der Menschheit ein wenig lichter. Meine Leser sehen, wie sich ihre eigene Erleuchtung in ihren Familien, im Freundeskreis und bei ihren Kollegen spiegelt. Es findet eine rapide, spontane Beschleunigung, eine Kettenreaktion der Erleuchtung statt. Ich lache, wenn ich den Leuten erzähle: "Es wird keine große Sache sein. Es bist du, wie du von Natur aus bist. Wenn du dort bist, wird es ganz normal sein." Die Entfaltung bis dahin ist das wirkliche Abenteuer. Genieße jeden Moment davon!

Sowie du deine Erleuchtung entfaltest, hilfst du der Menschheit ohne dass du irgendetwas tun oder lehren musst. Diejenigen von uns, die hier an vorderster Front stehen, wagen sich in das Unbekannte und zähmen die Wildnis für diejenigen, die nachkommen, so dass ihr Weg bereits geglättet ist. Die Meisten von ihnen werden genauso wenig wissen, auf welche Weise du ihnen geholfen hast, wie du die Namen all der Vorfahren weißt, die den Weg in unsere heutige Zivilisation bereitet haben. Diejenigen, die in deine energetischen Fußstapfen steigen, werden von deinem Mut und deiner Voraussicht profitieren und auf der Größeren Ebene sind sie Du. Dies ist deine "Freude", nicht deine "Arbeit" und du kamst voller Eifer dafür hierher.

Mein Freund erzählte mir von einem befreundeten Karatemeister und Lehrer, wie mein Freund selbst, einem "echten Mann", der sich noch nie mit Metaphysik oder spirituellen Dingen befasst hatte und der eine spontane Erleuchtungserfahrung erlebte. Sie kam völlig aus dem Nichts heraus, kam, als er alleine in den Bergen die Natur genoss. Liebe umhüllte ihn, Tränen flossen und ein Gefühl von Staunen und Ehrfurcht überkam ihn. Er wusste nicht, was geschehen war. Als er überlegte, wen er wohl kannte, der seltsam genug war, um dies zu verstehen, fiel ihm mein Freund ein. Er vertraute sich ihm an, um mit ihm eine Erklärung für diese seltsame und unerwartete Verwandlung zu finden und sie sprachen zwei Stunden lang darüber. Er erzählte, wie er seiner Frau zum ersten Mal seit Jahrzehnten Blumen brachte, woraufhin sie ihn fragte: "Okay, wie heißt sie?" Sie dachte, er müsse eine Affäre gehabt haben! Er hatte die Liebe ja auch gefunden, aber es war göttliche Liebe, keine fleischliche. Dieser Karatemeister fiel in eine spontane Öffnung der Gelegenheit, durch reine Gnade. Einige Wenige finden sie durch Suchen oder einen spirituellen Weg. Divine Openings bietet dir die Gelegenheit, sie jetzt zu wählen, anstatt auf eine Chance zu hoffen.

Sein Zustand blieb auf diese Weise verändert, auch wenn es Menschen gibt, die Erleuchtungserfahrungen machen und sie dann aber nicht aufrecht erhalten können. Ein Buddhist (kein Leser dieses Buchs) erlebte sechs Monate lang voll ausgeprägte Erleuchtungerfahrungen bis eine Begegnung mit seiner Mutter ihn zu Boden schmetterte!

Dieses Buch übermittelt nicht nur das Erwachen, sondern auch die Struktur und Unterstützung, um es zu erhalten. Unser menschlicher Verstand und unsere äußere Welt schätzen und unterstützen es sicher nicht. Ich kenne ein paar Leute, die vorübergehend in psychiatrischen Kliniken eingewiesen wurden, als sie spontane, ungeplante Ausbrüche des Einsseins und der Erleuchtung hatten. Sie bestaunen mit großen Augen die tanzenden Blätter an den Bäumen und das Licht, das von Allem ausstrahlt und in ihrem Umfeld konnte sich keiner erklären, was mit ihnen vorging – sie selbst eingeschlossen. So etwas braucht nicht zu passieren, wenn du dich bewusst und mit guter Führung auf den Prozess einlässt. Du kannst eine sehr alltagstaugliche Erleuchtung wählen.

Sobald der Prozess des Erwachens beginnt, so ist einer der ersten Effekte, von dem uns berichtet wird, dass sich Sorgen und Anspannung lösen und von dem tiefen, unerklärlichen Wissen abgelöst werden, dass alles gut ist (ein

Frieden, der über Verstehen hinausgeht). Der Verstand mag sich anfangs wünschen, Divine Openings zu kontrollieren, zu definieren oder zu erklären, aber sowie wir uns daran gewöhnen, jenseits des eingeschränkten Verstandes zu agieren, entspannen wir uns in das Mysterium hinein.

Fragen werden meist aus dem Inneren beantwortet, Lösungen tauchen aus dem Inneren auf, dazu kommt gelegentlich eine Botschaft oder Hilfe durch glückliche Umstände von jemandem oder etwas im Außen. Das Streben hört auf und es herrscht ein Frieden mit dem gegenwärtigen Moment, mit der Menschheit und unserer "vollkommenen Unvollkommenheit".

Neugier und Lust (oh ja, leidenschaftliche Lust) sind immer noch da, allerdings ohne die hektische, bedürftige Suche. Der Drang zu wachsen und sich auszudehnen bleibt ewig bestehen. Die Tage des endlosen Bestrebens sind vorbei. Du kannst jetzt aufhören, an dir zu arbeiten, Themen zu heilen und jemanden zu brauchen, der dich richtet.

Ich erinnere dich immer wieder daran *langsam* zu lesen, denn die Leute sind es so gewohnt, Bücher in einer verrückten Eile zu lesen. Sie denken, je schneller sie die Information aufsaugen können desto schneller können sie zum nächsten Buch übergehen. Das ist eine ungeschickte Gewohnheit. Wissen und Informationen aufzusaugen, ist kein Ersatz für tief gefühlte Erfahrung und ist oftmals sogar eine unbewusste Taktik, tiefe Erfahrungen zu vermeiden.

Selbst "fortgeschrittene" Menschen nehmen beim ersten Durchlesen dieses Buches nicht alles auf. Dein Bewusstsein dehnt sich zwischen den Lesedurchgängen aus (Divine Openings öffnet dich auch nach dem Lesen weiterhin) und so erzählen mir die Leute, dass das nächste Mal Lesen eine Erfahrung auf einem nächsten Level ist.

Interessanterweise wirst du feststellen, dass Divine Openings dich eher leert als deinen Kopf mit weiterem intellektuellen Wissen zu füllen. Du wirst leichter, freier und bekommst mehr Raum anstatt mehr Fakten anzusammeln. Du lässt mehr los und du wirfst mehr über Bord. Wenn du an den Strom des Lebens angeschlossen bist, brauchst du nicht viel Gepäck auf deine Reise mitzunehmen – das, was du brauchst, erscheint in diesem Augenblick.

Divine Openings verstärkt deine Fähigkeit, das unmittelbare Wissen anzuzapfen. Spirituelle und metaphysische Theorie, Bücher, Heilungen und heilige Texte werden abgelöst vom persönlichen Erleben des Göttlichen, von automatischer Evolution, direkten Downloads und einer lebendigen, atmenden Kommunion mit einer unermesslichen Intelligenz.

Dann wählst du, was du damit tun möchtest und wie du wählst, zu leben, ist ganz allein dir überlassen. Die Möglichkeiten sind unbegrenzt.

Sehr bald schon wirst du dich "lichter" erleben.

Was passiert bei Divine Openings?

Auf welche Weise Divine Openings funktionieren, liegt jenseits des menschlichen, intellektuellen Begreifens. Oft haben mir Leute berichtet, sie wären mir im Traum begegnet (manchmal reite ich dabei auf meinem weißen Pferd!) kurz bevor sie über meine Webseite gestolpert sind. Unsere nicht-physische Begegnung bereitet sie darauf vor, mich und die Divine Openings im Physischen zu erkennen. Laut vieler Emails, die ich bekomme, besucht mein Großes Selbst Menschen und hilft ihnen während ich schlafe, aber "Ich" bin mir dessen nicht bewusst und vertraue darauf, dass dies zum Besten ist. Eine meiner größten Gaben ist die Fähigkeit, komplett aus dem Weg zu gehen und die volle Kraft der Divine Openings durch mich wirken zu lassen; ohne das Bedürfnis sie zu verstehen, zu definieren, auseinanderzunehmen und sie so auf etwas zu schrumpfen, das in ein menschliches Gehirn passen würde. Du wirst in diesem Buch nirgends eine wissenschaftliche Erklärung dafür finden, weil mich solche Dinge nicht interessieren. Mein Spielplatz ist das Mysterium jenseits der Wissenschaft.

Seit Divine Openings hat sich meine intellektuelle Kapazität enorm gesteigert, aber sie ist nicht der Ursprung meiner Kraft. Meine Gabe ist direkte Übertragung von Schwingung und direktes Wissen – Worte und intellektuelle Konzepte verblassen im Vergleich dazu. Deshalb ist dieses Buch kein gewöhnliches Buch. Ein Mysterium jenseits von Worten erleuchtet dich, öffnet dich für größere Realitäten und verändert dein Leben (außer du leistest richtig viel Widerstand – ich lächle gerade richtig breit, während ich dies schreibe).

Dann öffnen Divine Openings dich dafür, die göttliche Gnade einzulassen, die seit jeher auf dich herab regnet. Sie zeigen dir was bereits da war und wer du bereits bist. Sie erlauben dir die Wirklichkeit hinter der Illusion bis zu dem Grad wahrzunehmen, den du momentan bereit bist einzulassen (dieser Grad erhöht sich mit jedem Mal). Das meiste Wahre ist *unsichtbar*, das Gegenteil von dem was uns gelehrt wurde. Liebe. Freude. Schwingung. Das Göttliche in dir. Das Unsichtbare wird wahrnehmbar. Die physische Welt hört auf, über dich zu bestimmen, sobald du das Unsichtbare direkt erlebst. Womöglich hast du schon so lange gesucht, dass die Suche zu einem Selbstzweck wurde und der ursprüngliche Grund dafür in Vergessenheit geriet. Vielleicht hast du die Zuversicht verloren. Vielleicht hast du schon das Gefühl gehabt, die Suche wäre endlos. Nun kannst du Gott erleben, anstatt Gott zu suchen.

Jahrelang graute es mir allein vor dem bloßen Wort "Gott". Wir haben durch all die Fanatiker, Prediger und Extremisten, die dieses Wort missbraucht haben, viel Ballast an dieses und andere Wörter gehängt. Nun kann ich es endlich wieder ohne Anspannung sagen. Ich werde viele andere Begriffe für Gott verwenden, aber sie sind umständlicher. Spüre, was das Wort Gott in dir auslöst. Wenn sich eine negative Anhaftung zeigt, wird sie sich legen. Kein Wort kann auch nur annähernd das Mysterium und die Hochachtung beschreiben, die ich fühle, wenn ich nur an die nicht-physische Quelle von Allem-Was-Ist denke. Daher muss Gott ausreichen. Der Einfachheit halber werde ich oft das Wort Gott in diesem Buch verwenden. In meinem Privatleben braucht es keinen Namen. Ich bin darin eingehüllt.

Gott sind deine Alltagsumstände wichtig. Während du eine sehr enge, persönliche Beziehung zu Gott aufbaust, wirkt sich das sehr greifbar und konkret auf deine Gesundheit, deine Finanzen, dein Liebesleben, deine familiären Beziehungen und auf deine ganze Welt aus. Wenn du den Inhalt dieses Buchs beständig aufnimmst und umsetzt – wenn du dich ein Jahr lang auf Divine Openings fokussierst und dich nicht mit anderem "Zeug" verwirrst, wirst du beizeiten alles haben, was du wirklich willst.

Vor Divine Openings habe ich bereits viele kraftvolle Systeme unterrichtet und Divine Openings öffnet die Menschen schneller und leichter als alles, was ich jemals unterrichtet oder angewandt habe. Es hat mühelos Hindernisse und Themen gelöst, die weder der Klient noch ich wahrnehmen konnten. Du wirst merken, wie sich große Mengen und viele Schichten an psychologischen Konditionierungen ablösen. Vielleicht wirst du einmal wissen, was sie waren, vielleicht auch nicht. (Wenn du es zu wissen brauchst, dann wirst du wissen). Du wirst einfach merken, wie du l(e)ichter, freier und glücklicher wirst. Dein Leben wird aufblühen und die göttliche Intelligenz wird anfangen, sich als dein einzigartiges Genie auszudrücken.

Vor Divine Openings hatte ich, neben meiner Unterstützung und Anleitung anderer, sowohl in persönlichen als auch in geschäftlichen Themen, viel zu viele Jahre an meiner eigenen "Reinigung" und "Heilung" gearbeitet. Es fand kein Ende! Es schien, als ob immer noch mehr zu Klären käme, je mehr ich klärte. Schließlich sagte ich: "Genug! Ich will einen Weg der Freude, nicht der Arbeit!" Divine Openings tauchte auf und eine riesige Veränderung fand in meinem Leben statt, ohne dass ich irgendwie daran gearbeitet hätte. Ich fühlte mich mehr in meiner Kraft und in Frieden als je zuvor. Ich wurde auch gesünder, erfolgreicher, selbstbewusster und glücklicher. Kein Verarbeiten mehr, kein Analysieren oder Verstehen müssen.

Jetzt ist es rückblickend so offensichtlich, dass das "an mir arbeiten" den Fokus auf das richtete, was schief lief und dadurch mehr Themen erschuf, als es löste. Als ich losließ und das Göttliche die Schwergewichte stemmen lies, fing mein Leben als kraftvoller Schöpfer an. Ich sage nicht, dass Divine Openings der einzige Weg ist; es gibt keinen einen Weg, der für alle richtig ist. Ich sage *schon*, dass es funktioniert. Punkt. Wenn ich einen besseren Weg fände, würde ich ihn nehmen – aber ich habe keinerlei Grund danach zu suchen – die Entfaltung läuft nun genauso natürlich ab, wie die Kreisläufe der Natur.

Wenn du tief im Inneren und nicht nur aus dem Kopf heraus weißt, wer du *wirklich bist* – ein physischer Ausdruck einer immensen, nicht-physischen Lebenskraft – entdeckst du, dass *alle* deine alten "Themen" und Begrenzungen *illusorisch* waren. Und gegen Illusionen auszuschlagen, ist eher albern, oder?

Es gab viele Überraschungen. Ich hatte mich immer mehr als Lehrerin, Beraterin und Erleuchterin gesehen, daher war ich recht überrascht, als während mancher Divine Openings spontan physische Heilungen auftraten, ohne dass mir die Leute vorher von ihrem physischen Problem erzählt hatten. Ich biete nun auch per Telefon spezielle Heilungssitzungen an, genau wie andere Divine Openings Guides, die sich auf Heilung spezialisiert haben.

Dieses Buch entspricht einem Teil des Divine Openings "Level 1" und kann durch den zugehörigen Onlinekurs auf der Webseite DivineOpenings.com sowie auf DivineOpenings.de ergänzt und vertieft werden. Seit 2010 gibt es in den Onlinekursen und Live Seminaren drei Level. Divine Openings erweitert sich ständig und ich platziere viel neues Material lieber in Onlinekursen und Seminaren, anstatt mehr Bücher zu schreiben, weil ich den Reichtum der Multimedien noch mehr als Bücher liebe und die Einfachheit, mit der man Erstere aktualisieren kann. In den 5-tägigen Schweigeretreats weihe ich die Teilnehmer in eine tiefgreifende persönliche Erleuchtung ein. Manche nutzen das 5-Tage-Retreat nur für sich selbst, andere nehmen daran teil, um die Ausbildung zum zertifizierten Divine Openings Guide zu beginnen und später selbst Divine Openings geben zu können.

Am Ende des Buches findest du einige Kommentare von Menschen, die Divine Openings bekommen haben. Wenn du möchtest, kannst du jetzt zu den letzten drei Seiten gehen und dir ein Bild von der Vielfalt ihrer Erfahrungen machen. *ERWARTE NICHT, GENAU DIE GLEICHEN ERFAHRUNGEN WIE IRGENDJEMAND ANDERER ZU MACHEN!* Deine einzigartige Erfahrung ist für dich maßgeschneidert. Ich liebe meine eigenen tiefen, subtilen Erfahrungen sehr. Ich genieße es auch, von deinen zu hören!

Viele hatten spontane Öffnungen in ihrer Fähigkeit, zu lieben und finden Glück in ihren Beziehungen, tiefere Kommunikation mit Gott, innere Ruhe und weniger Stress. Andere verlieren ihre Ängste und Sorgen, fangen an Sport zu treiben, ohne Ehrgeiz, erlangen geistige Klarheit, bauen ihr Unternehmen mit Leichtigkeit auf und verlieren alte Blockaden und Einschränkungen. Beziehungen werden geklärt. Kreativität explodiert. Neue Leben werden begonnen. Verteidigungsmechanismen und alte Verletzungen werden fallen gelassen und neue Liebe wird über Nacht entdeckt. Die Liste ist unendlich.

Vergleiche deine Erfahrungen nicht mit denen anderer. Deine wird einzigartig sein und genau richtig für dich.

Das Göttliche kann es für dich tun, wenn du loslässt und aus dem Weg gehst.

Lola ist ein "Spezialist"

. Wenn ich Hilfe am Computer brauche, wende ich mich an einen Computerexperten. Ich werde nie ein Computer-Guru werden. Es mag sein, dass ich mein Inneres frage und geführt werde, wen ich anrufen soll oder wo ich suchen soll, aber ich lasse mir von Menschen helfen. Manchmal hat sich der Computer selbst repariert, aber oftmals geschieht es durch einen Vermittler – eine Person, ein Buch, eine Webseite oder eine Sache. In der Schöpfung gibt es Experten, an die wir uns wegen ihrer speziellen Fähigkeiten wenden.

Ich bin ein Spezialist für Evolution. Neue, rohe, evolutionäre Wellen der Energie/Licht/Intelligenz "schwingen mich". Sie sind nichts Verbales und können nie verbal erklärt werden. Ich bin ein natürlicher Transformator und Übersetzer der diese Energie/Licht/Intelligenz anderen Menschen vor allem über praktischen Lebenshilfen zugänglich macht. Das Meiste davon läuft über Schwingungen ab, auch wenn die Worte dem bewussten Verstand helfen mitzukommen. Das ist alles, was ich darüber wissen muss. Große esoterische Diskurse oder Theorien interessieren mich nicht. Wenn es den Menschen in der Praxis nichts hilft, ist es nutzlos für mich.

Jeder von uns ist ein Genie in seinem eigenen Bereich. Du bist ein Genie in etwas und Divine Openings hilft dir, es zu entdecken und zu entfalten. Und während ich glaube, dass es das Beste für dich ist, wenn du in erster Linie von innen heraus geführt wirst, so bin ich trotzdem ein Spezialist, der dein Erwachen auslösen kann, den Prozess beschleunigen, geschmeidiger gestalten und dauerhaft unterstützen kann. Ich bin ein Spezialist darin, den Himmel auf die Erde zu bringen, ihn in dein greifbares, alltägliches Leben herunter zu holen, anstatt dir nur zu zeigen, wie man in den spirituellen Ebenen schwebt. Ich werde dir nichts darüber sagen, was du tun sollst oder wie du nach dem Erwachen leben sollst – ich zeige nur zu der Tür mit der Aufschrift "Freiheit", du gehst hindurch und dann ist es deine Welt!

Sobald sie erwacht sind, besuchen die meisten Leute die Webseite so, wie man einen alten Freund besucht, selbst wenn du es nicht zu tun brauchst; um das Zitat des Tages zu lesen, einen neuen Artikel, sich zu inspirieren und aufzubauen, an einem Kurs teilzunehmen, sich im kraftvollen Resonanzfeld zu baden oder Teil der Gemeinschaft zu sein. Sich Inspiration und passende Energie zu wünschen ist ganz natürlich – ich brauche es auch. So vieles von dem, was aus der Welt zu uns kommt, ist nicht aufbauend und unterstützt dieses erwachte Leben, das wir zu leben gewählt haben, nicht. Ich sehe, höre oder lese keinerlei Massenmedien mehr, außer gezielter Musik und Filme. Stattdessen erschufen wir unsere eigene passende und unterstützende "Welt" auf DivineOpenings.com und DivineOpenings.de.

Wie du am meisten von dieser Erfahrung profitierst

Lass das Bedürfnis los, es mental verstehen zu müssen. Dein Verstand kann Divine Openings nicht begreifen und will es in irgendeine existierende Kategorie stopfen. Das hält dich zurück.

Entschließe dich dazu, damit zu spielen, es zu spüren und zu erleben. Lass dich mit ganzem Herzen darauf ein – aber sanft, langsam lesend – und integriere es Schritt für Schritt in dein tägliches Leben.

Du hast freien Willen. Selbst die göttliche Gnade kann dir das nicht nehmen, noch würden wir das wollen. Ihr alle kommt mit unterschiedlichen Graden der Bereitschaft und Offenheit zu Divine Openings. Manche Menschen lösen ihre Widerstände rasch – andere lassen langsamer los. Manche hängen sich an Dinge, von denen sie wissen, dass sie sie zurückhalten. Manche haben einen großen Widerstand gegen das Fühlen und das bremst sie, aber es stoppt sie nicht.

Manche bemerken, wie sich ihre Einstellung innerhalb einer Woche deutlich verändert, viele sehen innerhalb eines Monats einen großen Unterschied, alle von euch werden es innerhalb eines Jahres sehen – wenn du dich bereitwillig darauf einlässt, es genießt und es nicht verwässerst.

Manchmal kommen Menschen mit Jahrzehnten an spiritueller Erfahrung langsamer voran als Anfänger. Der Verstand von Anfängern hat noch reichlich Platz für Neues. Wenn der Verstand von "erfahrenen" Leuten zu voll ist – wenn sie glauben, sie wüssten es bereits, dann verpassen sie es unweigerlich während sie denken "Das hab ich schon gehört." Aber dies ist jenseits jeglicher *Worte oder Konzepte*. Und du bist jetzt für eine nächsthöhere Wahrheit bereit.

Wenn du alles erreichen willst, dann lass alles los. Wirf die Konzepte aus zweiter Hand über Bord, die New-Age-Klischee Wahrheiten und alles, was dir jemand oder ein Buch erzählt hat. Öffne den Raum für direktes Wissen. Komm mit einem leeren Verstand zu Divine Openings, dem neugierigen, eifrigen und offenen Verstand eines Kindes.

Wahrheit ist auf den unterschiedlichen Bewusstseinsebenen radikal unterschiedlich.

Schreibe hier oder auf der ersten Seite deines Notizbuches:
Das heutige Datum_____ 03.02.2018

Was du dir wünschst – die ganze Liste, inklusive dem, von dem du denkst, dass es unmöglich ist.

Was du dir wünschst, an dem du "gearbeitet" hast und es noch nicht erreicht hast.

für mich einstehen;

Welche Herausforderungen du hast.

Was du loslassen möchtest.

Angst

Was du zulassen möchtest.

Fülle, Hilfe

Wie du dich fühlen möchtest.

frei, aus dem Herzen lebend,

Unterschreibe hier um dir diesen glücklichen Tag einzuprägen: _____

Komm in 3, 6 & 12 Monaten zu dieser Seite zurück und schau nach den Veränderungen, die in deinem Leben auftraten. Schreibe sie hier auf:

Haben sich deine Wünsche verändert, als du dein authentisches Selbst mehr in dein Leben eingelassen hast? Eines ist sicher – egal auf welche Weise oder in welcher Form es kommt, du kannst haben, was *dein Herz* sich bereits seit so langer Zeit wirklich wünscht.

Tanzstunden von Gott

Ich erzählte einem Freund, dass es in diesem Buch darum geht, was passiert, wenn das kleine Selbst auf dem Rücksitz sitzt und das Große Selbst steuert. Er neckte mich: "Also wird die Geschichte ein paar spannende Autorennen und Überschläge haben?" Ich lachte: "Das Leben ist eine Drama-freie Zone sobald das Große Selbst steuert." Mein Leben war nicht immer frei von Drama, aber sobald du in deine eigene, wahre Existenz eintauchst und beginnst, als dein Großes Selbst zu leben, wirst du Abenteuer erleben, die dir Freude machen und die du dir absichtlich erschaffst.

Die besten Dinge in meinem Leben kamen schon immer ganz natürlich. Unser Großes, Uneingeschränktes Selbst weiß besser und genauer als wir selbst, was wir wollen, und kennt den besten Weg, auf dem es geliefert werden kann. Ich hatte jedoch immer noch nicht ganz losgelassen und mein Großes Selbst steuern lassen, bis ich über fünfzig war und Divine Openings begann.

Vor einigen Jahren hatte ich eine schwere hormonelle Krise und Midlifecrisis, und eine lukrative Unternehmenstraining- und Beratungskarriere sowie all meine Motivation lösten sich beinahe über Nacht komplett auf. Meinen spirituellen Unterricht beendete ich ebenfalls (Ich hatte die reinen Worte und ihre Beschränkungen satt) und lebte zwei Jahre lang nur als Künstlerin, um mich in kreativer Stille zu erholen und meine Seele regenerieren zu lassen. Ich dachte: "Ich bin mittleren Alters und ausgebrannt. Ich kann nicht wieder von vorne anfangen." Aber in der unfruchtbaren, harten Winterkälte sind die unsichtbaren, unterirdischen Kräfte stetig am Werk, sammeln an und bauen auf. Eine Zeit lang schon hatte ich das Gefühl, dass etwas Großes auf dem Weg war – wie immer etwas, das ich offensichtlich nicht planen oder vorhersagen konnte. Was kam, übertraf meine kühnsten Träume.

Im Dezember 2005 hatte ich noch nicht einmal davon gehört, dass es normale Menschen gibt, die in der Lage sind, Erleuchtung per Hand auflegen zu initiieren und im März 2006 saß ich im Flugzeug nach Indien, um genau darin eingeweiht zu werden. Viele Leben als Erleuchterin wurden sofort reaktiviert und versetzten mich in die Lage, den Erleuchtungsprozess in anderen Menschen zu aktivieren. Emotionales, geistiges, spirituelles und körperliches Leiden werden erleichtert, ohne dass man daran arbeiten muss. Große Lebensthemen, selbst die, an denen man schon jahrzehntelang gearbeitet hatte, lösen sich ganz leicht.

Ich wagte niemals zu glauben, dass dies mir passieren könnte, obwohl der Wunsch danach in mir geboren wurde, als ich 1985 zum ersten Mal einen erleuchteten Meister sah. "Komm wieder runter," sagte ich mir, "du kannst niemals sein, was er ist." Die Jahre vergingen und ich vergaß meinen "törichten" Wunsch. Wenn mir jemand gesagt hätte, dass ich 19 Jahre später nach Indien gehen würde und mit diesen Kräften heimkommen würde, so hätte ich es als gute Sciencefiction abgetan. Was jetzt passiert, übertrifft meine kühnsten Vorstellungen. Und viele meiner Klienten und Schüler haben noch viel erstaunlichere Erfahrungen gemacht als ich! Das Komische daran ist, dass es sich jetzt ganz normal anfühlt.

Ein bisschen von der Lehre, die mir in Indien vermittelt wurde, lag mir gut; mit dem Rest konnte ich gar nichts anfangen, vor allem nicht damit, alle Macht an die Gurus abzugeben, also ließ ich diese Teile hinter mir. Es war bald klar, dass ich die Verbindung zu der Organisation in Indien mit Dankbarkeit abbrechen musste, um mich durch direkte göttliche Führung und direktes Wissen weiterzuentwickeln, wofür ich eine Begabung habe. Die Kraft verstärkte sich sogar noch ohne den Puffer der Lehrer, was anfangs ein wenig gewöhnungsbedürftig war. Dann wurde es zu meiner Leidenschaft, Menschen dabei zu helfen, "direct" zu ihrem inneren Lehrer "zu gehen".

Manches von dem, was ich unterrichte, kam vor 20 Jahren intuitiv zu mir und vieles davon entstammt der inneren Inspiration aus dem jeweiligen Moment. Manches ist von meinen geliebten, früheren Lehrern beeinflusst. Das meiste davon kommt aus der göttlichen Präsenz, die sich durch mich in reiner Schwingung, Berührung, Worten, Kunst und Musik ausdrückt.

Verschiedene Menschen zieht es zu verschiedenen Lehrern, denn die verschiedenen Lehrer werden dazu geführt, es auf verschiedene Weisen zu sagen. Divine Openings ist natürlich nicht der einzige Weg, aber es funktioniert besser als alles, was ich je kannte, hat mein Suchen beendet und viele erweckt.

Ich habe festgestellt, dass die meisten Menschen etwas brauchen, an dem sich der Verstand während dieses Prozesses des Erwachens anfangs festhalten kann. Ein wirklich effektives, bewusstes Umprogrammieren des Verstandes fehlte bei der indischen Organisation und viele Menschen taten sich in ihrem täglichen Leben anschließend immer noch schwer. Ich entwickelte Wege, die das Erwachen beschleunigen, unterstützen und vereinfachen, die es (ganz wichtig) im täglichen Leben nutzen lassen und es erhalten.

Irgendwie wusste ich bereits von meinem ersten Tag in Indien an, dass ich die Fähigkeit entwickeln würde "Erleuchter" einzuweihen, auch wenn die Lehrer in Indien gesagt hatten, nur sie könnten das tun. In mir ist ein tiefes Wissen, dass ich es bereits in vielen früheren Leben getan habe, und ich habe absolut keinen Zweifel. Innerhalb von neun Monaten nach meiner Heimkehr hatte ich mich stabilisiert, Divine Openings vor Ort etabliert und dieses Buch geschrieben. Dann wusste ich, dass es an der Zeit war, andere in Divine Openings einzuweihen. Ich kündigte das erste 5-tägige Schweigeretreat an und die Leute meldeten sich an, ohne irgendwelche Fragen zu stellen. Viele Menschen wissen sehr schnell, ob dies das Richtige für sie ist, während sie dieses Buch lesen.

Die Einweihung, die Teilnehmer im 5-tägigen Schweigeretreat erhalten, wesentlich intensiver als die Level 1 Einweihung, die du durch dieses Buch erhältst. Während des ersten Jahres, in dem ich Menschen durch das 5-tägige Schweigeretreat führte, dominierte die intensive Energie/Licht/Intelligenz, die durch mich floss, mein ganzes Sein und forderte die Fähigkeit meines Kreislaufs heraus, damit umzugehen. Ich konnte etwa zwei Wochen vor, während und nach der 5-tägigen Schweigeretreats nicht anderes tun. Meine körperliche Fitness nahm ab, ich konnte weder meine andere Arbeit erledigen noch zwei und zwei zusammen zählen (meine linke Gehirnhälfte war kaum abrufbar).

Sämtliche Ressourcen meines Geistes, Körpers und meiner Seele wurden vom Einweihungsprozess beansprucht, so ähnlich wie ein sehr großes Programm, das auf deinem Computer gerade läuft, dazu führt, dass andere Programme, die gleichzeitig laufen, hängen bleiben. Es war überhaupt nicht schwer; es beanspruchte nur *alles* von mir.

Es war so ähnlich, als wenn man für 110 Volt Strom verkabelt ist und versucht, 220 Volt fließen zu lassen. Jetzt nehme ich die kontinuierlich neu einströmende Energie/Licht/Intelligenz leichter auf, nachdem meine "Verkabelung" enorm aufgebessert wurde. Ich bin nun normaler einsatzfähig während ich andere einweihe, auch wenn mein menschliches Selbst oft etwas "abwesend" ist.

An die richtige "Substanz" dieses Buches kommst du ab der Hälfte. Es wird beständig tiefer und besser. Ich führe dich aus gutem Grund langsam heran. Lies langsam. Überspringe nichts. Lass dich von der Schwingung vorbereiten, während du liest, und spüre. Nimm jegliche Ungeduld wahr. Wenn du sagst: "Ich bin fortgeschritten, also kann ich einiges überspringen" HALT AN! Zu denken, du wüsstest es bereits, wird dich dazu bringen, viel weniger als ein Anfänger heraus zu holen, der noch gar nichts weiß. Die Aussagen: "Die Letzten werden die Ersten sein und die Ersten werden die Letzten sein." und "Ihr müsst werden wie die kleinen Kinder" machen für mich nun absolut Sinn. Sie bedeuten, dass du alles, was du weißt, loslassen musst um "in das Himmelreich" zu gelangen. Das ist es, was ich in meinem 21 Tagen tat – ich ließ es alles los.

Das Ende aller Mühsal

Wenn ich Divine Openings gebe und andere darin einweihe, sie zu geben, überlasse ich mich voll und ganz meinem Großen Selbst. Das rein Göttliche in mir benutzt meinen Körper, meinen Geist, meine Stimme und meine Hände, während ich mich in dem seligen Gefühl dabei entspanne. Manchmal fließen auch köstliche, grundlose Tränen der Liebe. Wenn wir aus dem Weg gehen, sind wir der Körper des Göttlichen. Es ist keine Arbeit. Mein Versuch, zu viel *zu tun oder zu wissen,* würde die Kraft und die Ergebnisse ernsthaft verringern.

Es wurde verkündet, dass das kommende Goldene Zeitalter das Ende aller Mühsal ist – eine Rückkehr zum einfachen, mühelosen Fluss des Lebens, eine Rückkehr zum Garten Eden, in dem wir so sehr eins sind mit dem Göttlichen, dass wir in jedem Augenblick sicher, rasch und präzise zu dem geführt werden, was wir uns wünschen und was wir brauchen. Die "Bemühungen", die ich unternehme, fühlen sich eher wie Spiel an, wie Kreativität und Produktivität anstatt wie das, was ich früher "Arbeit" nannte.

Offen gesagt, Indien war nie auf meiner Reisewunschliste. Ich interessiere mich nicht sehr für die östlichen Religionen und bevor ich vom Göttlichen dorthin gerufen wurde, war ich rein gar nicht an Indien interessiert. Ich spüre keinerlei Sehnsucht dorthin zurückzukehren. Ich weiß, dass ich viele, viele frühere Leben dort verbracht habe, aber ich bin so in der Gegenwart verankert, dass ich null Interesse an der Vergangenheit oder vergangenen Leben habe. Das, was ich tue und gebe, ist mein Erbe – eine Gabe, die seit ihrer vollen Aktivierung nun keinerlei Anstrengung, kein Studium und keine Arbeit erfordert. Ich hatte das Gefühl, nach langer Wüstenwanderung nun endlich nach Hause gekommen zu sein – nach Hause in mein eigenes Herz, meine eigene Quelle.

Das Licht des Göttlichen war schon immer da; Erleuchtung befähigt, es zu sehen. All deine Macht ist genau hier, in diesem Augenblick. Alles, was du zu wissen brauchst, ist jetzt verfügbar. Nach zu viel intellektuellem Wissen zu suchen, ist eine Falle des Verstandes – du kannst niemals genug bekommen. Ich habe noch niemals gesehen, wie es irgendjemanden – jemals – befreit hätte, obwohl ich so viele bei dem Versuch beobachtet habe! Verstehen und Wissen sind der Trostpreis, ein Weg des kleinen Selbst uns am Rennen nach mehr und immer noch mehr Informationen zu halten.

Die Menschheit ist vom Zuhause weit weg gewandert. Das letzte Jahrhundert war eines, in dem wir uns vom Göttlichen weg bewegten; eines, in dem die Menschen ihren freien Willen erkundeten, sich vom logischen Verstand anstatt von der inneren Göttlichen Intelligenz führen ließen und auf die Illusion hereinfielen, dass die physische Welt unveränderlich und allmächtig wäre – oft auf Kosten ihres eigenen Glücks und ihrer eigenen Erfüllung. Es war ein bombastisches Drama. Wir sind stolz auf unsere Kämpfe und unser Leid. Wir machen Helden aus denjenigen, die verloren und wiedergefunden wurden, wie jede Filmstory demonstriert. Kampf und Mühe sind hoch angesehen und werden reich belohnt.

Wir haben mit unseren Flugzeugen abgehoben und richteten sie direkt in den starken Gegenwind, trieben unsere Motoren an und schoben mit aller Kraft gegen den Strom an, der uns mit einem Bruchteil der Mühen tragen würde, wenn wir es zuließen. Wenn irgendjemand sagen würde: "Hmmm, du könntest einfach zum Rückenwind drehen und mit dem natürlichen Strom mitgehen", so würden wir sagen, "Aber worin liegt da der Ruhm? Ich bin stark. Ich will auf meinem Weg siegen und es allen beweisen." Und es ist wirklich so, jeder – von unseren Eltern über unsere Klienten bis zu unseren Angestellten – feuert uns an, wenn wir hart arbeiten, wenn wir uns abrackern und abmühen, schwitzen und schuften. "Gute Arbeit! Du bist so tüchtig! Du hast so viel Durchhaltevermögen! Du überwindest Widerstände."

Hier kommt die gute Nachricht. Endlich erinnern wir uns daran, dass die Not, die wir so hartnäckig überwinden wollen… von uns selbst erschaffen wurde. Nun können wir unser Leben genauso gut mit weniger Mühsal erschaffen und müssen dadurch nur wenig überwinden. Wir können diese Energie für etwas nutzen, das mehr Spaß macht, für proaktive und erfüllende Abenteuer.

Die Welt kann nicht von außen verändert werden, aber das, was in jedem Menschen liegt, kann erweckt werden. Keinerlei Lehre, Politik, Gesetz, Gewalt, Kontrolle oder Bestrafung hat es je geschafft, die Welt zu verändern. So eine Veränderung kann nur von innen heraus geschehen. Wenn die Menschen vom Herz regiert und von ihrer Inneren Quelle geleitet werden, ist keinerlei äußerliche Regulierung mehr nötig.

Einstein sagte, dass kein Problem aus dem gleichen Bewusstsein heraus gelöst werden kann, in dem es entstanden ist. Ich zeige den Menschen, wie sie aufhören können zu versuchen, ihre Probleme auf der physischen Ebene zu lösen und statt dessen ihre Energie verlagern und ihre Absicht fokussieren, was sie auf die Reine göttliche Präsenz ausrichtet. Aus dieser neuen Perspektive heraus ist das alte Problem bald einfach gar nicht mehr da! Eine meiner eigenen Erfahrungen veranschaulicht dies. Ich muss weit zurückschauen, um ein solch dramatisches Beispiel für Mühsal zu finden. Sie ist einfach kein Teil meiner Realität mehr.

Vor Jahren, als meine Schwingung noch viel niedriger war, beschloss ein Anwalt aus Houston, mir die 24 000 Dollar, die er mir schuldete, nicht zu zahlen. Er wusste, dass ich ihn, nachdem ich ihm etliche Monate lang Mahnschreiben geschickt und erfolglos in seiner Kanzlei angerufen hatte, wahrscheinlich anzeigen würde. Also zeigte er mich zuerst an, was ihm die Kontrolle über ein Spiel gab, das er exzellent beherrschte. Ich hatte Angst, da ich monatelang in das Projekt investiert hatte und das Geld jetzt brauchte. Ich fürchtete, er würde mich durch die Anwalts- und Gerichtskosten, die er mir aufzwingen könnte, finanziell ruinieren. Ich nahm mir einen Anwalt, ging die Fakten wieder und wieder im Geiste durch, stellte den Anwalt aus Houston als den Bösen hin und lag nachts leidend wach, während ich zwanghaft darüber nachdachte, was zu tun war, wie ich ihn bekämpfen könnte und wie viel Angst ich vor ihm hatte.

Nach ungefähr sechs Monaten (ich war damals ein wenig langsam) übergab ich das Ganze endlich an das Göttliche und bat um einen Traum, der mir Führung geben sollte. Bald hatte ich einen Traum, in dem ein autoritärer, formell im Anzug gekleideter Mann mir die Schlüssel zu einem sehr großen weißen Auto überreichte. Es war so groß, dass ich kaum über das Lenkrad hinaussehen konnte. Als ich aus dem Parkplatz herausfuhr, hielt ich an, um dem Mann Fragen zu stellen. Er winkte mich nur weiter und forderte mich auf: *"Fahren Sie einfach weg."* Ich wachte mit einem völlig neuen Blickwinkel auf; in diesem Traum hatte sich mein Bewusstsein auf der Stelle an einen Ort des Friedens und des Wohlgefühls angepasst. Von diesem Tag an dachte ich überhaupt nicht mehr über die Situation nach, außer um die fantastische Geschichte mit dem weißen Auto zu erzählen. In meinen Gedanken und meinen Worten stellte ich den Anwalt aus Houston nie mehr als den Bösen hin. In meinem Herzen hatte ich mit ihm Frieden geschlossen und hatte Mitgefühl mit ihm und seinen eigenen Dämonen. Ich wusste, lang bevor es Anzeichen dafür gab, dass es vorbei war. Ein etwas besseres Gefühl und eine etwas höhere Schwingung gehen der Verbesserung in der physischen Welt immer voraus. Ich "fuhr einfach weg" wie angewiesen, wandte meine Aufmerksamkeit anderen Dingen zu und lebte mein Leben weiter.

Sechs Monate lang hörte ich gar nichts. Eines Tages rief mich mein Anwalt mit einem Angebot von 5000 Dollar an. Ich sagte zuversichtlich "nein" und vergaß das Ganze wieder. Monate später rief er wieder an, diesmal mit einem Angebot von 12 000 Dollar. Diesmal sagte ich ja, da es gutes Geld war und die Sache dann endlich geklärt und vorbei wäre – das war mir tausende von Dollar wert. Aus meinem damaligen Bewusstsein heraus war es der beste Sieg, den ich erringen konnte, und er war ziemlich gut. Aus meinem heutigen Bewusstsein heraus hätte ich auch zu diesem Angebot nein gesagt, in der Zuversicht, dass ich im Laufe der Zeit die ganze Summe oder sogar mehr bekommen würde. Ich habe kaum noch etwas von dieser alten Opferschwingung in mir übrig und finde mich nicht mehr in Opferrollen wieder.

In jedem Kapitel dieser Saga veränderte sich mein Handeln mit jeder Erhöhung meines Bewusstseins und genau wie Einstein vorher gesagt hatte, existierte die Lösung auf einer anderen Bewusstseinsebene als der, in der es entstanden war.

Mein Leben ist mittlerweile ziemlich frei von Dramen und ich bin mir im Klaren darüber, dass ich der Autor von alledem bin. Heute und zukünftig ist es unwahrscheinlich, dass ich eine gerichtliche Verhandlung in mein Leben ziehen würde. Das könnte nur aus einer niederen Schwingung heraus geschehen oder wenn ich nicht mehr auf meine eigene Führung hören würde.

Wenn ich heute Schülern rate "Fahr einfach weg", dann verstehen sie die Metapher. Musst du deine Vergangenheit klären, heilen, verarbeiten, analysieren oder zurecht biegen? Nein. Fahr einfach weg. Divine Openings hilft dir dabei.

Fahr einfach weg.

Eine bestimmte Art des Seins bringt eine bestimmte Art des Tuns hervor, die wiederum passende Ergebnisse hervorbringt. Die große Mehrheit bombardiert ein Problem mit Aktionen, Zeit, Geld und Arbeit. anstatt die Art des *Seins* zu verändern, die das Problem verursacht hat. Aktionen haben mir bei meinem rechtlichen Problem nicht geholfen – sie haben es sogar verschlimmert. Die Veränderung meines eigenes Seins schon. Wenn dein Unternehmen nicht gut läuft, wäre der Aktionsansatz, länger und härter zu arbeiten, neue Arbeiter einzustellen oder deine Arbeitsabläufe zu verändern. Aber es wäre effektiver, zuerst deinen inneren Zustand zu verändern, der dieses Ergebnis hervorbringt. "Sei" klarer, dann wirst du effektivere Dinge "tun" und dann wirst du bessere Geschäftsergebnisse "haben". Richte zuerst deine Energie und Absicht aus – die Materialisation folgt.

"Sei" es zuerst, dann wirst du andere Dinge "tun" und dann wirst du andere Ergebnisse "haben".

Die meisten Menschen denken, wenn sie Geld hätten, würden die Dinge besser werden und dann könnten sie glücklich sein. Aber das ist verkehrt herum. Das ist "haben, tun, sein". In Wahrheit ist es genau umgekehrt: Wenn du glücklicher "sein" könntest, dann würdest du die Dinge besser "tun" und dann würdest du mehr Geld "haben". Dieses Buch wird dir nicht sagen, dass du etwas anders "tun" sollst. Du wirst deinem wahren inneren Sein erlauben, so weit herauszukommen, bis du dein Großes Selbst bist und dann wirst du dabei zusehen, wie deine Handlungen und Gedanken natürlich fließend daraus entstehen. Dann werden sich dein Leben und deine Lebensumstände verändern, damit sie zu deinem neuen Selbst passen. Das müssen sie und werden sie auch, ganz ohne Mühe.

Da ich die Manifestation von Geld erwähnt habe (ein heißes und oft missverstandenes Thema), bedenke einmal: Wenn du ständig glücklich "sein" kannst, wird deine Freude sowieso nicht davon abhängen, wie viel Geld du auf der Bank hast. Wenn du im Strom der Fülle des Lebens stehst, kommt alles was du brauchst, in dem Moment zu dir, in dem du es brauchst, manchmal ohne dass es Geld benötigt. Wenn du dich in diesem Wissen sicher fühlst, ist dein gesparter Geldbetrag irrelevant, auch wenn es tatsächlich sein kann, dass deine Ersparnisse anwachsen. Wenn du dich nicht sicher fühlst, so kann kein Geldbetrag dieser Welt dir Sicherheit geben. Du hast Millionäre gesehen, die nicht zur Ruhe kommen, nicht frei sein können und die in der ständigen Angst leben, ihre Millionen zu verlieren. Und sie können sie verlieren. Du kannst dich sogar mit einem leeren Girokonto, in einem gemütlichen Wohnmobil wohnend, sicher fühlen, wenn deine Beziehung mit deinem mächtigen göttlichen Selbst stark ist.

Geld ist weit weniger beständig und nützlich als deine Göttlichen schöpferischen Fähigkeiten es sind. Manche von euch werden dieses Buch und eure Schöpferkraft benutzen, um viel Geld zu verdienen. Manche von euch werden sich nicht so sehr für Geld interessieren, sobald ihr glücklich seid. Ihr werdet vielleicht sogar weniger wollen oder brauchen. Es ist deine Wirklichkeit – dein grandioses, schöpferisches Experiment – und du kannst wählen, wie du leben möchtest.

Das Phänomen, das wir Realität nennen, ist nicht so solide und konkret, wie wir denken. Es sind lediglich die Übersetzungsmechanismen unserer Sinne und unseres Gehirns, die es so auf uns wirken lassen. Meine Veränderung in meiner Wahrnehmung des Anwalts und der Gerichtsverhandlung erschuf Veränderungen in meiner physischen Realität. Wenn du dich zuerst auf dein Bewusstsein und deinen Seinszustand fokussierst, dann klären sich die materiellen Themen.

Vor zehn Jahren arbeitete ich mit Menschen daran, ihr Denken und ihre Wahrnehmung der Dinge zu verändern, und dann verbesserten sich ihre Beziehungen, ihr Einkommen stieg an und sie wurden glücklicher und erfolgreicher. Das war alles gut und schön und zu dieser Zeit war dies hochaktuell, aber nun gibt es tiefgreifendere Wege, die Realität zu verändern, als an Details wie Gedanken und Wahrnehmungen zu arbeiten.

Divine Openings arbeitet rein gar nicht an Details. Es braucht dies nicht, denn es arbeitet auf der Meta-Ebene (dem ganz großen Ganzen) und löst evolutionäre Quantensprünge auf allen Ebenen deines Seins aus.

Es bringt dich buchstäblich auf eine höhere Stufe, verknüpft deine DNA-Stränge neu, schließt neue, evolutionäre Stränge mit an, baut zerbrochene Verbindungen zur Erde und anderen Dimensionen wieder auf und aktiviert deinen Lichtkörper. Die meisten Menschen spüren ein Kribbeln oder Ausdehnen nach einigen Divine Openings aus dem Buch, noch stärker aber nach Live-Kontakt mit dem Resonanzfeld. Setze dich nach jedem Divine Opening still hin, damit du die Nuancen spüren kannst. Aber du kannst auch *nichts* spüren und trotzdem innerhalb von Wochen oder Monaten drastische Veränderungen in deinem Leben erfahren. Hör auf, Punkte zu zählen. Achte darauf, was sich in deinem Leben verbessert. Führe nur über deine Erfolge und über das, was du schätzt, ein Tagebuch und hör auf über Probleme zu sprechen oder zu schreiben. Du bekommst mehr von dem, auf das du dich fokussierst, denn dein Fokus ist schöpferisch aufgeladen.

Divine Openings verändern dich auf allen Ebenen, ohne Anstrengung von deiner Seite.

Wenn sich das schon fantastisch anhört, so kommt noch viel mehr. Die Evolution, die die Menschheit im kommenden Jahrzehnt durchmachen wird, übertrifft unsere kühnsten Träume, denn die Evolution hat sich exponentiell beschleunigt und wird es auch weiterhin tun. Stell dir vor, du wärst ein Neandertaler, der durch unsere Straßen geht, sich unsere Computer, Flugzeuge und Autos anschaut. Es würde dich überwältigen. Sogar im 19. Jahrhundert, hättest du dir da das Fernsehen, Raumfahrten, das Internet, Handys und Düsenjets vorstellen können? Unser gegenwärtiger Begriff von Realität wird im Rückblick bald genauso primitiv wirken wie der des Neandertalers jetzt. Aus dem eingeschränkten Bewusstsein von heute heraus haben wir keinerlei Möglichkeit, das zu fassen oder zu begreifen, was kommen wird. Denn das wesentlich weiterentwickelte Bewusstsein von morgen ist das, was nötig sein wird, um diese beginnende Zukunft zu erschaffen.

In den letzten fünfzig Jahren hat sich mehr verändert, als sich früher während hunderten von Generationen verändert hat. Du brauchst heute nicht mehr zu sterben, um neues, frisches Leben zu erhalten. Du kannst einfach hier und jetzt ein Neues beginnen – wenn du bereit bist, selbst das Beste von dem, was du vorher kanntest, gehen zu lassen. Ich witzle oft über die "vielen Leben, die ich in diesem Körper verbracht habe".

Divine Openings hat sich seit meinen 21 Schweigetagen rapide ausgeweitet und Gott sei Dank tut es das auch weiter, manchmal wöchentlich! Ich lese dieses Buch oft erneut, denn das Große Selbst *Ich*, das schreibt und unterrichtet, ist meinem Alltags-Ich voraus und so ist es immer wieder erstaunlich, wie ich durch mein eigenes Buch "wachse"! Dein Großes Selbst wird deinem kleineren, eingeschränkteren Selbst immer voraus sein und dich zu deinen Herzenswünschen vorwärts rufen. Gehe weiter und es fühlt sich gut an. Sträube dich und es tut weh. So einfach ist das.

Mein Ziel ist, dass du deine eigene Hauptverbindung zu deinem inneren Guru aufbaust. Sicher, viele Menschen in deinem Leben bringen dir Geschenke. Sie sagen etwas oder bieten dir etwas genau im richtigen Moment an. Sie öffnen dir Türen oder bereichern deinen Erfahrungsschatz. Das Göttliche arbeitet durch jeden von uns. Bleibe offen, aber sei sehr wählerisch, was du einlässt – es gibt so viel dort draußen, das nicht funktioniert, nicht hilfreich ist und das dich von deinem Weg abbringt. Umgib dich mit aufbauenden Menschen, Dingen, Veranstaltungen und Webseiten wie DivineOpenings.com und DivineOpenings.de. Aber wenn dich irgendetwas dazu verlockt, wieder zurück ins Suchen zu gehen oder deine Macht an irgendetwas Äußeres abzugeben, denke gut darüber nach – es ist eine entscheidende Wahl. Dieses Buch führt dich beständig in dich selbst zurück, immer und immer wieder

Bisher war es harte Arbeit, unsere negativen, unkontrollierten Gedanken und unsere ungezähmten Gefühle unter Kontrolle zu halten, um unser Leben zu ändern. Bald wirst du es viel leichter haben. Eine Frau erzählte mir kürzlich "Der kleine Teufel in meinem Kopf ist einfach weg!" Das war ein Geschenk der Gnade. Das Göttliche übernahm das Schwergewicht.

Du wirst lernen, deinen freien Willen weise zu nutzen, aber das benötigt keine Anstrengung, es benötigt nur Aufmerksamkeit. Divine Openings enthält kein "an dir arbeiten" oder "verarbeiten". Du lässt lediglich los und öffnest dich.

Ich weiß, dass viele von euch den starken Wunsch haben, diese Welt zu verändern, aber lass dir reichlich Zeit, zuerst selbst vollkommen frei zu werden. Auf die alte Art und Weise kannst du dich aufarbeiten. Du wirst Wege finden, wie du die Welt verändern kannst, die du dir jetzt nicht vorstellen kannst, es ist ganz anders als du denkst und es wird dir gefallen. Schnall dich an, stell deine Rückenlehne hoch und genieße die Reise.

Divine Openings ist eine Erfahrung – kein Konzept

Über spirituelle Dinge zu sprechen, zu lesen und zu hören, kann oftmals eine Barriere zum Wissen bilden. Aber du wirst das Göttliche in dir bald direkt erfahren. Dieser unsichtbare Größere Teil von Dir wird bald ein ganz normaler Teil in deinem Alltag sein.

Ein Divine Opening kann auf viele Weisen aktiviert werden. Wenn wir einzeln mit Menschen arbeiten, legen wir die Hände für etwa eine Minute auf ihre Köpfe oder manchmal gebe ich "Divine Mother hugs" (Göttliche Mutter Umarmungen). Wenn wir eine große Gruppe unterrichten, geben wir die Divine Openings durch die Kraft unserer Absicht vom vorderen Teil des Raumes aus, ohne Berührung. Das ist genauso kraftvoll. Ein Divine Opening kann auch durch Kunst (wie in diesem Buch) zu dir kommen, über das Telefon oder auf jede andere erdenkliche Art. Divine Openings wirkt auch über die Ferne. Manchmal schließen die Gruppenteilnehmer ihre Augen, während ich ein Lied singe, das ein Divine Opening enthält. Im 5-tägigen Schweige Retreat nutzen wir eine äußerst kraftvolle Form durch den Blick in deine Augen: das Göttliche, das das Göttliche ansieht.

Dies ist alles eine Erfahrung und nichts, das man mit dem Verstand lernen oder verstehen könnte. Unterstützung und Coaching um die Erfahrung herum sind hilfreich, weil die Veränderungen jenseits dessen liegen, womit der Verstand sich wohlfühlt. Da dieses Erwachen deine normale Realität durcheinander bringt, wird dein Verstand anfangs nicht wissen, was er davon halten soll, und möglicherweise versuchen, Widerstand zu leisten. Er kann es nicht komplett stoppen, aber er kann es verlangsamen.

Divine Openings wird tatsächlich deine Erleuchtung aktivieren und du wirst mehr Gnadenenergie einlassen. Es ist alles eine Frage der Zeit und du bestimmst zusammen mit dem Göttlichen den zeitlichen Rahmen. Wenn du möchtest, dass der Prozess schneller an dir arbeitet, so ist es das Beste, du lässt los, entspannst dich und genießt die Erfahrung.

Intellektuelle, verstandesorientierte Menschen tun sich leichter, wenn es ihnen gelingt, aus dem Denken heraus und statt dessen ins Fühlen zu gehen. Einfache Dorfleute wurden mit einer einzigen Einstimmung erleuchtet. Das kommt daher, dass sie weniger mentalen Krimskrams, weniger Ego-Strategien und spirituelle Scheinbilder zu verbrennen hatten, bevor sie wieder in diesen einfachsten, natürlichsten und unschuldigsten Zustand zurückkamen.

Die Leute erzählen mir oft von all den spirituellen Büchern, die sie gelesen haben, von den Gurus, bei denen sie gelebt haben, und all die Dinge, die sie wissen. Ich sage dann neckend: "Dann brauchst du mich nicht." Schließlich kommen sie dann doch zu dem Punkt, an dem sie sagen, dass sie immer noch nicht glücklich oder erfüllt sind. Es "funktioniert" im praktischen Leben nicht. Sie tun sich vielleicht immer noch mit ihren Finanzen, Gefühlen oder Beziehungen schwer. Lass vergangenes Wissen los, um höher zu kommen.

Erleuchtung ist kein intellektueller Prozess und intellektuelle Prozesse sind dazu kontraproduktiv. Du kannst Erleuchtung nicht mental verstehen. Verstehen ist, wie gesagt, der Trostpreis. Der Verstand kann dich nicht in die Erleuchtung bringen, egal wie viele Bücher du liest und wie viel religiöses oder spirituelles Wissen du ansammelst. Erleuchtung kann nicht durch harte Arbeit oder Dienen erreicht werden. Du kannst sie nicht antreiben oder kontrollieren. Noch kannst du sie erlangen, indem du besonders "brav" oder "spirituell" bist. Die göttliche Gnade kann sie dir auf der Stelle geben.

Divine Openings passt nicht einmal in eine "spirituelle" Schublade. Wenn du alle deine alten Konzepte von Gott, Religion und Spiritualität hinter dir lässt, so kommst du in die reine, kraftvolle und authentische Erfahrung. Du würdest kein vorgekautes Essen essen. Nimm keine vorgekauten Erfahrungen von Gott zu dir, egal wer dir davon erzählt. Du wirst schneller vorankommen, wenn du dich der puren, neuen Erfahrung öffnest und alles loslässt, was du bisher wusstest. Das ist das, was ich in meinen 21 Tagen tat. Ich ließ es alles los.

Geistiges und intellektuelles Verstehen ist der Trostpreis.

Divine Openings verändert dich so tiefgreifend und verschiebt das Realitätsbild der meisten Menschen so drastisch, dass viele eine Woche nach ihrer ersten Stunde oder Sitzung Schwierigkeiten haben, sich an das riesige Problem zu erinnern, wegen dem sie ursprünglich zu mir kamen. So weit ist es "weggegangen". Dieses Phänomen hilft nicht gerade, Divine Openings bekannter zu machen, weil die Leute oft einfach in ihrer neuen Realität weitermachen und dabei vergessen, dass sie je in der Alten waren. Sie vergessen teilweise, was ihnen geholfen hat, und sind dann so mit ihrem jetzigen Leben beschäftigt, dass sie die Vergangenheit und wie sie in das Problem hinein- und später wieder herauskamen, nicht mehr interessiert. Du erkennst deine Entfaltung daran, dass du kaum Interesse an der Vergangenheit und gar kein Interesse an Gesprächen über Probleme mehr hast. Das ist das neue Paradigma des Lebens im Jetzt. Die neblige Vergangenheit erscheint nicht mehr real. Also erzähle es bitte denjenigen weiter, die dir am Herzen liegen, bevor du vergisst, was dich befreit hat! Sie wissen nicht, wie sie dahin gelangen können, wo du bist! Ihnen zu sagen, sie sollen dies oder das "tun", wird ihnen nicht helfen und kann sie richtig frustrieren, wenn sie es versuchen. Weise sie auf das Buch und die Webseite hin. Die Seite an sich trägt ein erstaunliches Resonanzfeld.

Das kleine Selbst lässt los

Manche nennen es Ego, ich nenne es jedoch das kleine Selbst, so dass du es neu betrachten kannst und es nicht "schlecht" zu machen brauchst. Das kleine Selbst ist schlicht und einfach der enger fokussierte, unwissendere Aspekt von uns, der sich als getrennt von Gott, von anderen Menschen und der Schöpfung versteht. Es ist der Anteil, der der Gnadenenergie, die uns mit Leichtigkeit tragen würde, möglicherweise Widerstand leistet. Es ist ängstlich, mangelorientiert, in Verteidigungsstellung und hat alle möglichen Arten von Ausgleichsstrategien entwickelt, um uns gegen Dinge zu schützen, die es selbst erschaffen hat. Es glaubt, dass das Leben im Grunde genommen ein Kampf gegen etwas "dort draußen" ist. Das kleine Selbst ähnelt einem Astronauten ohne Kommandozentrale auf der Erde, die ihm den größeren Überblick gibt und ohne Bordcomputer, der ihm mehr berechnen könnte, als seine eingeschränkten Sinne und sein Verstand ihm vermitteln können. Er wäre völlig verloren und orientierungslos im Weltall. Dieses kleinere Selbst denkt, es wäre nur ein Gehirn in einem Körper. Es braucht nicht länger unser begrenzender Faktor zu sein und du musst es weder loswerden noch dir Sorgen darum machen. Genau wie alles andere bei Divine Openings entspannt es sich, öffnet und entwickelt es sich. Umarme es lieber, als dich dagegen zu sträuben.

Wenn wir uns nur auf unsere körperlichen Sinne und auf die Dinge verlassen, die wir sehen, fühlen, berühren, riechen und schmecken können, dann fehlt uns die umfassendere Führung des Großen Selbst. Divine Openings verbindet uns wieder mit unserem Größeren Selbst, das den breiteren Blickwinkel hat und die größeren Zusammenhänge unserer Leben, der Welt und des Universums kennt. Das kleine Selbst ist der Teil von uns, der uns erlaubt uns zu begrenzen und uns als Individuum zu erfahren; umgeben und eingebettet im Größeren Selbst.

Dein kleines Selbst geht durch einen Prozess des Loslassens. Sowie du es umarmst und beruhigst, setzt es sich auf den Rücksitz und genießt die Reise während das Große Selbst den Flieger steuert. Das Leben fließt leichter und mit mehr Freude, wenn das Große Selbst auf dem Fahrersitz sitzt. Das kleine Selbst kennt flüchtiges Vergnügen, richtige Freude aber kann es nur erfahren, wenn es sich entspannt der Führung des Großen Selbst überlässt.

Dieses Buch führt dich durch einen Prozess, in dem dieses kleine Selbst sich ausdehnt und sich an seine Mitgliedschaft in der größeren Gemeinschaft der Menschheit sowie seine Einheit mit Gott und dem Universum erinnert. Wenn das kleine Selbst aufhört sich abzustrampeln und auf der Welle surft, die das Große Selbst erschaffen hat, dann genießen wir den Ritt des Lebens. Dieser Wellenritt dient der Freude und muss uns nirgendwohin bringen oder unseren Wert beweisen (der selbstverständlich wird).

Unterstützung auf deiner Reise

Wir gehören einem Kollektiv an, das außerhalb der allgemein angenommenen Realität existiert, und wir feiern, unterstützen und feuern einander an auf unserer Explosion in strahlende, neue Möglichkeiten. Wir kommunizieren auf vielen Ebenen, selbst wenn wir am anderen Ende der Welt wohnen. Wie ich bereits erwähnt habe, staune ich beständig und ehrfürchtig darüber, wie sehr wir eins sind, so dass wir uns in Träumen und anderen Dimensionen begegnen, einander assistieren und Dinge über Entfernungen hinweg "wissen". Teilnehmer der vorherigen 5-tägigen Schweige Retreats können spüren, wie sich die Energie der gegenwärtigen Seminare aufbauen. Sie tragen auf anderen Ebenen dazu bei oder sind im Traum hier um zu helfen.

Unser Divine Openings Kollektiv ist ungemein kraftvoll und erhöht und erweitert beständig sein Bewusstsein. Sobald deine Sinne sich auf diese Ebene eingestellt haben, kannst du dich jederzeit physisch oder anderweitig darin einklinken. Für die meisten Menschen kommt dies mit der Zeit, manche haben es bereits oder gelangen rasch dorthin.

Im Nicht-Physischen sind du und ich völlig frei in dem, was wir tun können und wo wir sein können, und das ist gut, denn im Physischen können wir weder die wachsende Anzahl an Fragen, die wir per Email bekommen, beantworten noch per Email beraten.

Um auf der physischen Ebene inspirierende Nachrichten, kostenlose Artikel, Veranstaltungshinweise und Einladungen zu bekommen, setze dich auf die Newsletter-Liste auf DivineOpenings.com.

Bitte besuche unsere Webseite:
Fuer den deutschsprachigen Newsletter: DivineOpenings.com/newsletter-anmeldung
Fuer den englischsprachigen Newsletter: DivineOpenings.com/aweber

SEHR WICHTIG!
Bitte lies Folgendes gründlich durch bis du es verstanden hast bevor du weitermachst:

Ich bin dazu geführt worden ein Kanal für göttliche Energie/Licht/Intelligenz zu sein; durch dieses Buch, durch die Kraft der Absicht, durch die Worte, während du liest, durch Bereiche außerhalb des Physischen, die uns alle wahrhaft verbinden, sowie durch meine Kunstwerke.

Jedes Mal, wenn du zu einem Kunstwerk in diesem Buch kommst und es mit der Absicht auf dich wirken lässt, ein Divine Opening zu bekommen, so wird dies geschehen. Ein flüchtiger Blick darauf wird dir kein Divine Opening geben, um das du nicht gebeten hast. Das Divine Opening "dehnt deine Kanäle aus" und öffnet dich, so dass du mehr Gnade einlassen kannst.

- **Achte darauf, mindestens 7 Tage Pause zwischen den Divine Openings zu lassen**. Mehr und schneller ist *nicht besser*, cowboys und cowgirls. Jedes Divine Opening braucht Zeit um einzuwirken und sich vollständig zu entfalten, bevor neuer Input kommt.

- Schwangere Frauen im letzten Schwangerschaftsdrittel dürfen bis nach der Geburt keine Divine Openings mehr bekommen.

- Menschen, die an schwerwiegenden mentalen Störungen leiden, sollten zuerst Sitzungen bekommen bevor sie Divine Openings erhalten. Wende dich an Lola oder einen anderen Divine Openings Guide für live oder Telefonsitzungen. Menschen, die aktive Suchtsubstanzen zu sich nehmen, benötigen möglicherweise ebenfalls Sitzungen.

- Divine Openings sind auf Menschen von mindestens 18 Jahren abgestimmt. Diejenigen, die noch nicht 18 Jahre alt sind, können eine andere Art von Öffnung erhalten, die ihnen hilft, sich zu entwickeln und Erfolg im Leben zu haben. Nimm Kontakt zu uns auf.

- Achte darauf, dass du nur ein Divine Opening, egal in welcher Form, pro Woche bekommst. *"Fortgeschrittene" Menschen sind keine Ausnahme.* Es braucht Zeit. Mehr als das kann zu intensiv werden und du sollst deine Entwicklung ja genießen! Früher war es in Ordnung, mehr zu machen. Jetzt ist die Energie so viel kraftvoller geworden, dass dies unnötig rigoros werden kann. *Erhöhe die Geschwindigkeit der Energie nicht auf mehr als die Geschwindigkeit mit der du Widerstände loslässt.* Du kannst an einem Divine Openings Kunstwerk vorbeilesen und später darauf zurückkommen, aber lies das Buch der Reihe nach.

- Jedes Divine Opening wird anders sein, also vergleiche deines nicht mit deinen vorherigen oder denen anderer und setze keine Erwartungen.

- Du wirst bald Zugriff auf den Zustand der Gnade nehmen und dich gut fühlen können, ohne ein Divine Opening zu machen.

Das Erwachen der göttlichen Intelligenz in dir löst automatisch alles auf, was durch sie aufgewirbelt wird – umso rascher, je mehr du dich entspannst, aufhörst zu urteilen, loslässt und dem Gefühl erlaubst, sich aufwärts zu bewegen. Benutze keine anderen Methoden, um die Nachwirkungen eines Divine Openings zu erleichtern oder zu "heilen" – das macht sie schlimmer. Es widerspricht außerdem der Absicht, alles zu spüren. Versuche nicht die Gefühle (wertvolle Botschafter) loszuwerden! Gefühlen Widerstand zu leisten, hat dich dorthin gebracht, wo du jetzt bist, und sie zu umarmen, wird dich in ein Reich der Selbstbestimmung bringen, das deine kühnsten Vorstellungen übertrifft. Sei bei den Gefühlen und umarme sie leicht, sanft, freundlich und sie werden sich schneller aufwärts bewegen. Die meisten Methoden arbeiten damit, Gefühle oder den Schmerz wegzuschicken, aber Divine Openings zeigt dir später in diesem Buch, wie du von Grund auf aufhören kannst, Schmerz zu erschaffen.

Du kannst Massagen, Körperarbeit (*nicht* Energiearbeit!), Yoga, Chiropraktik, Musik, Tanzen und Sport nutzen, um dem langsameren, dichteren, physischen Selbst dabei zu helfen, sich zu entspannen und den Fluss zuzulassen.

Als nächstes wirst du ein Divine Opening durch ein Kunstwerk erhalten. Leser geben mir die Rückmeldung, dass die Schwarzweiß-Bilder in diesem Buch genauso gut wirken, manche bevorzugen jedoch die farbigen Kunstwerke, die in der Art Gallery auf DivineOpenings.com zu finden sind.

Genieße.
Denn es geht bei allem um die Freude.

Divine Opening

Dein erstes Divine Opening ist ein heiliges Ereignis, das dich formell auf eine neue Ebene der Erleuchtung einweiht. Nimm dir jetzt einen Moment Zeit, um zurückzublicken, wo du in deinem Leben bisher warst, loszulassen und dich von der Vergangenheit zu verabschieden. Du kannst ein Dankesgebet für die Gnadenenergie aussenden, die du nun erhalten wirst. Entspanne dich und betrachte das Kunstwerk mit sanftem Blick etwa zwei Minuten lang. Geh aus dem Weg.
Erlaube einfach der göttlichen Gnade, alles zu tun.

Dann schließe deine Augen, leg dich hin und ruhe dich eine Viertelstunde oder länger aus.

Illustration 1 – *Engel,* ein Wandgemälde von Lola Jones

Nach deinem ersten Divine Opening

Nun hast du dein erstes Divine Opening erhalten, eine Einweihung zur Erleuchtung oder eine Vertiefung in das nächste Level. Es arbeitet auf den subtilen Ebenen. Egal, wie viel oder wie wenig du davon spürst, *es wirkt ganz genauso auf dich und wird über die nächsten Monate und Jahre weiter wirken.* Es verstärkt sich zunehmend und der Effekt wird mit jedem darauf folgenden Divine Opening intensiver.

Es kann sein, dass du sofort Seligkeit empfindest, in den Tagen danach kann es sein, dass einige alte, unerwünschte Gefühle oder stagnierende Schwingungen hochkommen. Lass sie sich bewegen. Zuzulassen, dass Energie und Schwingungen sich aufwärts bewegen dürfen, ist ein Schlüssel zu deiner Freiheit. Das Buch führt dich durch die Bewegung hindurch.

Manchmal wirst du nichts Besonderes spüren und dann beginnen sich in den nächsten Wochen erstaunliche Veränderungen in deinem Körper, deinen Gedanken und Gefühlen zu zeigen; in deinem Leben und in den Menschen um dich herum. Achte darauf, jede kleine wunderbare Sache zu bemerken und wertzuschätzen, die geschieht.

Dein Großes Selbst hat deine Erfahrung für dich maßgeschneidert, daher vergleiche deine Erfahrungen nicht mit denen anderer oder mit etwas, das du in diesem oder anderen Büchern gelesen hast, sondern *schätze deine Erfahrung*. Jedes Mal wird einzigartig sein, also erwarte nicht, jemals wieder das Gleiche zu erleben. Lass jede wunderbare Erfahrung gehen und erwarte jedes Mal etwas Neues – genau wie im Leben!

Subtil ist genauso kraftvoll. Lass die Erklärungen und Urteile los. Auch wenn die live, persönlich oder telefonisch übertragenen Divine Openings meistens intensiver sind, berichten uns Leser viele dramatische Ausnahmen. Manche Menschen finden allein durch dieses Buch zur vollen Befreiung. Andere brauchen oder wünschen sich mehr.

Bitte führe *für dich selbst* ein Tagebuch über den Zeitraum deines Prozesses und berichte mir deine *Erfolge* in *kurzen* Emails an celebrate@lolajones.com (englisch) oder support@DivineOpeningsGermany.com (deutsch). Wir können nicht per Email beraten, aber DivineOpenings.com und DivineOpenings.de bieten eine Vielzahl an Möglichkeiten zur persönlichen oder online Unterstützung.

Jedes Divine Opening arbeitet wochenlang intensiv an dir, achte daher auf alles, was in deiner inneren und äußeren Welt geschieht. Es wird damit zusammenhängen. Tatsächlich wird alles, das dir von nun an passiert, damit zusammenhängen. Denke daran. Es wird einiges erklären.

Gewölle hochwürgen und über Rüttelschwellen rattern

Lass uns dies hier abdecken, nachdem du dein erstes Divine Opening hattest. Du öffnest dich, um eine größere Bandbreite an Emotionen zu erleben, von tiefer Seligkeit bis hin zu Gefühlen, die du wahrscheinlich als "unerwünscht" bezeichnen würdest. Wenn du dich dafür entscheidest zu erwachen, bittest du die Gnade deine Schwingung zu erhöhen und während dies geschieht, werden niedrig schwingende Energien aktiviert und beginnen, sich rasch aufwärts zu bewegen, teilweise in Massen. Vielleicht bist du früher in diesen niederen Gefühlen stecken geblieben, aber mit der Gnaden-Assistenz der Divine Openings bewegen sie sich rasch (außer du leistest ihnen Widerstand). Es wurde uns so tief eingetrichtert, dass wir durch Leid lernen müssten, aber wenn du diesen Glauben gehen lassen kannst, ist Leid überhaupt nicht notwendig. *Fühle einfach nur* – versuche nicht das Gefühl zu korrigieren oder es *loszuwerden* und du wirst nicht leiden. Widerstand wandelt Schmerz in Leid.

Ich kann dies gar nicht genug betonen, denn es kann sein, dass du, während du in einem Gefühl oder einer Situation steckst, vergisst, dass alles in Ordnung ist, dass die Emotion perfekt ist. Emotion und äußere Veränderung sind Anzeichen, dass sich etwas verändert, also schätze alle Emotionen und Ereignisse – *alle!* Niedere Schwingungen heben sich an und dein altes Bewusstsein gibt tatsächlich den Weg frei. Berge an Energien von vor Jahrzehnten und Jahrhunderten heben sich in einem Schwung in ihrer Schwingung an.

Diese Schwingungen hatten deine Realität mit beeinflusst, ob du nun um sie wusstest oder nicht. Bald wirst du alle Gefühle, die aufsteigen und sich in ihrer Schwingung erhöhen, willkommen heißen und sie sogar genießen. Dies führt schnell zur Freiheit. Aber fürs Erste wirst du möglicherweise etwas Anleitung zum Umgang mit den dichteren, schwereren Gefühlen haben wollen, die du vielleicht (vielleicht auch nicht) spürst, während sie sich zu den höheren Gefühlen nach oben bewegen.

Menschen sind daran gewöhnt, Erfahrungen mit unerwünschten Emotionen allzu ernst zu nehmen, daher dachte ich mir einen freundlichen und humorvollen Ausdruck dafür aus, um sie aufzulockern: "Gewölle herauswürgen" (wie Katzen es tun). Ein Schüler nannte es "über Rüttelschwellen rattern". Diese Ausdrücke ermutigen die Leute, das alles nicht so ernst zu sehen und auf diese Weise schneller durchzugehen – sogar darüber lachen zu können und mehr Freude an diesem Prozess zu haben. Es muss nicht schwer sein, außer du leistest Widerstand. Lass "es bewegt sich alles ganz leicht" zu deinem Mantra werden, so wird dies zu deiner Realität.

Grundsätzlich kann jedes unerwünschte Gefühl oder jede ungewollte Manifestation als Gewölle oder Rüttelschwelle betrachtet werden und es wird sich tatsächlich schnell weiterbewegen, wenn du keinen Widerstand leistest, es nicht bekämpfst und nicht versuchst, davor wegzulaufen. Angst, Nervosität, Sorge, Wut, unkontrollierbare Rage, Trauer, Depression, Ärger, Eifersucht, Krankheit, Müdigkeit, Kopfschmerz, Übelkeit, Verdauungsschwierigkeiten, seltsame Körpergefühle, seltsame, unkontrollierbare, automatische Bewegungen, Aufregung über andere – wir haben gesehen, wie sie sich alle mit Leichtigkeit bewegten! Diese Schwingungen wollten sich bereits seit langer Zeit bewegen. Die beste Nachricht ist, dass sich diese unerwünschten Gefühle nicht mehr auf die härteste Weise ausdrücken müssen, wie durch unerwünschte Ereignisse, Menschen, Krankheiten oder Lebensumstände. Der Großteil deiner Dichte lichtet sich für gewöhnlich in den ersten Monaten von Divine Openings, *wenn du loslässt*. Es geht nicht ewig so weiter – diese alten Zeiten sind vorbei.

Glückseligkeit, die am ganzen Körper spürbar ist, und niedere Schwingungen, die sich aufwärts bewegen – du wirst es alles spüren. Wir lachten sehr, als einige Klienten tatsächlich etwas körperlich spürbar in ihrem Hals, wie ein Gewölle, kratzen spürten! Setze die Absicht, dass dein Erwachen mit Leichtigkeit, Anmut und Humor ablaufen kann, denn es kann es. Leiste nichts Widerstand und schätze und akzeptiere alle Gefühle und dein Erwachen kann geschmeidig sein. Noch einmal, lass den menschlichen Glauben an den Wert des Leidens los. Leid hat keinen Wert, außer es ist der *einzige* Weg, auf dem du dir Weiterentwicklung zugestehst.

Wähle Leichtigkeit und Anmut. Das tat ich und bekam es auch. Manche von euch *brauchen* tatsächlich Blitz, Donner und Drama, damit ihr wisst, dass "etwas Großes" geschieht. Sobald dein Erwachen beginnt, ist der Tempomat eingestellt und die Gnadenenergie steuert, daher ist die Wahl, die am meisten Spaß macht, loszulassen und es mit Liebe und Freude anstatt von Lehren und Leid geschehen zu lassen. Wenn Dinge in deinem Leben zusammenbrechen, so hast du es auf keine andere Weise geschehen lassen und auf diese Weise *funktioniert* es. Du stimmst dich auf die beste Weise auf dein neues Leben ein, die dir möglich ist.

Erlaube der Bewegung maximale Leichtigkeit, Anmut und Humor.

Danke dem Größeren, Nicht-Physischen Aspekt von dir dafür, dass er dir hilft, durch diese dichten, alten Haltungen, Masken, Strategien, Verteidigungen, Strukturen und Muster durchzugehen, die du über Jahre hinweg unbewusst erschaffen hattest. Sie waren bis in die Zellen und Atome eingebettet. Alles, was du zu tun brauchst, ist, dich der Erfahrung und dem vollständigen Spüren aller Energien zu öffnen, während sie sich in ihrer Schwingung anheben und dich sprichwörtlich leichter, heller und strahlender werden lassen. Jedes Divine Opening programmiert das Auftauchen und die letztendliche Auflösung der alten Energien, Muster und Gewohnheiten vor, die dir nicht mehr gut tun. Es wirft die alte kleine-Selbst Dichte hinaus, die dir nicht entspricht, die angstbesetzte Illusion und den Schmerz, den deine Gedanken erschaffen hatten, und sie alle erhöhen sich in ihrer Schwingung, sobald sie vollkommen wahrgenommen wurden. Auch hier gilt: Wenn du dem keinen Widerstand leistest, dann wird der Schmerz nicht zu Leid. Das macht einen großen Unterschied. Es ohne Widerstand zu erleben bedeutet, nicht davor davonzulaufen, dich nicht darüber zu beklagen, es nicht zu analysieren oder darüber zu reden oder es auszuleben. Nur spüren. Jede Emotion, die vollständig erlebt wurde, erhöht ihre Schwingung auf eine höhere Stufe.

Lass es mich wiederholen, denn anfangs ist unsere alt-antrainierte Reaktion auf ein unerwünschtes Gefühl, es als falsch hinzustellen: Es ist perfekt. Es muss sich nach oben bewegen, um Veränderung zu erlauben. Wenn du weiterhin damit kämpfst oder dich dagegen sträubst, so hole dir in einer Einzelsitzung Hilfe oder besorge dir das Audio-Set "Dive In And Be With It" (englischsprachig), das dich sanft hindurchführt, bis du bei einem angenehmen Gefühl angekommen bist. Die Schwingung meiner Stimme erschafft ein kraftvolles Resonanzfeld und du trainierst dich damit, dich darauf einzuschwingen. Du findest es auf DivineOpenings.com.

> *Jede Emotion, die vollständig wahrgenommen wurde,*
> *erhöht die ihr innewohnende Schwingung auf eine höhere Stufe.*

Menschen bezeichnen manche Emotionen als negativ und manche als positiv, aber sie sind alle wertvolle Information. Geh aber nun nicht auf die Suche nach Negativität! Das führt niemals zu Erleuchtung. Tatsächlich erschaffst du Negativität, wenn du nach ihr suchst, und sie findet kein Ende (Hast du das bemerkt?) Mit Divine Openings wird dir das Leben alles präsentieren, mit dem du dich beschäftigen musst. Lebe und sei glücklich und jegliche Gefühle, Ereignisse oder Umstände, denen du nur deine Aufmerksamkeit zu schenken brauchst, werden im richtigen Moment auftauchen. *Lass die alte Vorstellung los,* dass du Klären, Heilen und Lektionen lernen müsstest. An spirituellem und persönlichem Wachstum zu "arbeiten" ist in vielen wohlmeinenden Menschen zwanghaft tief verankert. Wenn du weiterhin an dir arbeitest, so wählst du damit, weiterhin in dieser harten, alten Realität zu leben. Wenn du dich entscheidest, dass es in deinem Leben eher um Freude geht als darum "Lektionen zu lernen", dann wird es richtig gut. Weiterentwicklung *geschieht* einfach mit Divine Openings.

Jedes Mal, wenn du etwas erlebst, das nicht so ist, wie du es gerne hättest, oder du etwas fühlst, das dir nicht gefällt, so ist es nur das Leben, das dir sagt: "Hier ist ein Bereich, in dem du nicht auf dein Großes Selbst ausgerichtet bist, also tut es weh." "Hier ist ein Bereich, in dem du nicht dein wahres Selbst bist." "Hier ist eine Gelegenheit loszulassen und dich vom Göttlichen öffnen zu lassen." Bald wirst du wissen, wie du dies tun kannst, und es ist keine Arbeit.

Wenn, nach einem Divine Opening (oder von nun jederzeit), etwas auftaucht und sich nicht gut anfühlt, erlebe es vollständig (ohne die mentale Geschichte darüber – fühle, nicht denken) und es wird sich auf eine höhere Schwingung anheben. Divine Openings programmiert es so vor, dass es sich automatisch nach oben bewegt – es gibt nichts, das du dazu tun musst, nichts zu analysieren und nichts zu "verarbeiten". Die meisten Methoden halten dich in der alten Korrigier-Vorstellung und, was noch schlimmer ist, von anderen abhängig. Übe nach innen zu gehen und höre auf, Antworten "dort draußen" zu suchen. Trage jedes Gefühl, jedes Problem und jede Freude zur göttlichen Präsenz in dir selbst.

Es kann sein, dass etwas auftaucht, wie beispielsweise ein Problem in der Arbeit. Erlebe einfach das reine Gefühl. Wenn dich etwas traurig macht, erlebe die Traurigkeit. Wenn du ängstlich wirst, spüre es und auch das wird sich nach oben bewegen.

In anderen Worten: Erlebe es alles innerlich. Denke nicht darüber nach, analysiere es nicht, erzähle dir keine Geschichte dazu und sprich nicht darüber. Fühle es. Wenn du dich entspannen kannst und es durch dich durchfließen lassen kannst, so wird es nicht kleben bleiben; es wird rasch vorbei gehen. Wir bleiben nur dann stecken, wenn wir in die "Geschichte" einsteigen, in das Drama, wenn wir über die Situation oder Person urteilen und darüber nachdenken, wie verkehrt es ist. Die Geschichte erschafft das Gefühl immer wieder neu. Halte dich aus der Geschichte heraus und erlebe das Leben einfach so, wie es ist. In der Entfaltung der Erleuchtung wird es für dich wichtiger sein, glücklich und liebevoll zu sein, als mit deiner Geschichte Recht zu haben. Bald wirst du kraftraubende Geschichten ignorieren.

Nach einem Divine Opening kann es sein, dass du dich augenscheinlich absolut grundlos deprimiert, ärgerlich, wütend oder traurig fühlst. Bleibe einfach dabei, nimm es wahr und sage dir: "Oh, ich bin deprimiert." oder "Oh, ich bin traurig." Es gibt nichts weiter dazuzutun oder irgendjemandem zu sagen. Es hängt wahrscheinlich nicht einmal mit etwas Momentanem zusammen, auch wenn es sich so anfühlt, als würde es gerade jetzt geschehen. Es ist wahrscheinlich sehr alte Energie.

Sobald du deine Emotionen innerlich erleben kannst, anstatt sie äußerlich auszuleben, wird dein Leben eine dramafreie Zone. Die Hilfe der Gnadenenergie bewirkt, dass dies mit viel mehr Leichtigkeit möglich ist. Ich denke an die Zeiten zurück, als ich versuchte, mich aus den Konflikten mit meinem Exmann herauszuhalten, und es einfach nicht konnte. Jetzt scheint es mir unvorstellbar, wie man in solch einem Drama leben kann, und ich lache über mich: "Was habe ich mir nur dabei gedacht?" Aber das war aus einem anderen Bewusstsein heraus und aus dem neuen Bewusstsein heraus wirst du feststellen, dass viele der alten Probleme einfach nicht mehr existieren, und es seltsam erscheint, dass du sie je hattest.

Zum Beispiel lösen sich die meisten Konflikte und Ärgernisse mit anderen Menschen in Luft auf, sobald du zu erkennen beginnst, auf welche Weise du diese Beziehungen geschaffen hast. Ab einem bestimmten Punkt deines Erwachens fangen die Menschen an, sich dir gegenüber ganz anders zu verhalten. Typischerweise gibt es drei Kategorien von Veränderungen: Sie verändern sich, du veränderst dich und es stört dich nicht länger, oder eure Wege trennen sich mit Leichtigkeit.

Deine größte Kraft liegt darin, deine eigenen Gefühle zu klären, bevor du zu jemandem sprichst oder in Bezug darauf handelst. In diesem Buch gibt es später etliche Prozesse, die dir dabei helfen.

Versuche, mit niemandem zu sprechen und keinerlei wichtige Entscheidungen zu treffen, während du in einem niederen emotionalen Zustand bist. Selbst wenn es so aussieht, als würden sie dir etwas antun oder als ob du handeln müsstest, schau, ob du noch warten kannst. Es sieht vielleicht so aus, als wäre die Ursache für dein Gefühl "da draußen", doch halte deine Aufmerksamkeit nach innen gerichtet, dorthin, wo deine Kraft liegt. Bleibe, wenn möglich, bei dir, bis du wieder in einem klaren Zustand bist. Du wirst froh darüber sein.

Sobald du deine Emotionen vollständig erlebst, bekommst du einen klareren, helleren Blick auf die Situation. Nachdem du dich durch deine eigenen Emotionen bewegt hast, werden deine Worte und Handlungen klar und effektiv sein. Wenn es dann immer noch etwas gibt, das du der anderen Person sagen musst, so wirst du kraftvoller, positiver und konstruktiver dabei sein.

Sobald du innerlich klar bist, wirst du aus deinem Herzen heraus als dein Großes Selbst sprechen, ohne Schuldzuweisungen, ohne emotionale Angriffe und ohne eine Spur von Opferbewusstsein. Von einem unschuldigen und reinen Standpunkt aus kannst du demjenigen sagen, wie es dir ging. Vielleicht brauchst du es auch gar nicht mehr zu sagen. Derjenige, von dem du wirklich brauchst, dass er für dich da ist, bist du. Aber wenn du von diesem reinen, makellosen Ort aus sprichst, so wird der andere hören, was du sagst – vielleicht sogar zum ersten Mal – und eure Beziehung verbessert sich. Ich werde es später noch einmal wiederholen:

Negative Gefühle sind "nur für den inneren Gebrauch".

Wenn du aus dem negativen Gefühl wieder herausgekommen bist, kannst du besser kommunizieren. Aber wenn du dich aufregst und jemanden anschnauzt, bist du menschlich. Übernimm lediglich die Verantwortung dafür, sag den Anderen, du hättest es lieber nach innen tragen sollen, als es an ihnen auszulassen, und schon bist du zurück in der Integrität. Sie werden dich dafür respektieren.

Einmal kritisierte mich eine Verwandte vor einem Freund und listete ihm alle meine Fehler aus ihrer Perspektive auf. Nachdem ich zu Bett gegangen war, spürte ich gründlich in das Gefühl hinein, ohne zu versuchen, es zurechtzurücken. Am nächsten Morgen war ich in meiner Mitte und in meinem Herzen und ich wusste, dass ich gut kommunizieren konnte. Als mein Freund den Raum verließ, gab ich der Verwandten eine Umarmung und Tränen stiegen mir in die Augen – nicht etwa Tränen eines Opfers oder eines Anklägers, sondern die Tränen eines offenen Herzens. Ich dachte darüber nach, wie ich es machen konnte, dass es mehr darum ging, wie "ich mich gefühlt hatte" als darum, "was sie getan hatte". Also sagte ich: "Es tut mir weh, wenn du solche Dinge über mich sagst, vor allem zu anderen." Sie entschuldigte sich auf der Stelle und ich hörte einfach zu, als sie über ihre eigenen Sorgen sprach. Sie war wegen der Behinderung ihres Mannes seit seines Schlaganfalles sehr deprimiert. Unsere Beziehung hob sich auf eine völlig neue Ebene.

Es wird Zeiten geben, in denen du rohen Ärger konstruktiv einsetzen kannst, um etwas zu verändern, um dich aus Depression, Angst, Trauer oder Verzweiflung herauszuholen, um dich jemandem zu stellen oder um für jemanden einzustehen, den du liebst oder um zu jemandem durchzudringen. Wenn er bewusst und gezielt eingesetzt wird, wenn du sein Meister bist anstatt von ihm unbewusst übermannt zu werden, wird er sehr kraftvoll sein. Du wirst alle Methoden erhalten, die du brauchst, um dies in der wirklichen Welt umzusetzen.

Warum dieses Buch einen solchen Schwerpunkt auf Emotionen legt:

- Emotionen sind dein Instrumentenbrett, dein Kompass, der dir anzeigt, wo du stehst und wo es nach oben geht. Du wirst dies im Laufe des Buches noch detaillierter kennenlernen und erfahren. Zu viele Menschen entwickeln ein hohes spirituelles Wissen, aber ihr tägliches Leben läuft nicht sehr gut. Zu lernen, wie du dein Instrumentenbrett akkurat ablesen kannst, hilft, dass dein Leben besser läuft.

- Erfahrungen, körperliche Gesundheit, Finanzen und Beziehungen spiegeln alle die emotionale Energie wider, die du aussendest. Sobald du Emotionen meisterst, *kannst du kraftvoll manifestieren*. Das Paradox ist, dass du dich, wenn du bei jedem Gefühl bleiben kannst, die meiste Zeit gut fühlst. Wenn du emotionale Energie bewegen kannst, so kannst du jede Energie bewegen. Manifestation ist im wahrsten Sinne des Wortes die Fähigkeit, Energie fokussieren und fließen lassen zu können.

- Emotionale Meisterschaft ist die Voraussetzung zur Erleuchtung. Kein noch so großes esoterisches Wissen kann sie ersetzen. Viele haben Lichtblitze der Erleuchtung, verlieren sie aber wieder, sobald sie mit Emotion konfrontiert werden.

Im Sein sein

Für meine Einweihung darin, die göttlichen Gnadenenergien übertragen zu können, verbrachte ich 21 Tage in einem strengen Schweigeprozess in Indien, in dem ich nur mit dem inneren Gott kommunizierte. Es war eine solch köstliche Erfahrung, dass ich den harten Betonboden, auf dem wir saßen, die winzigen Faltbetten in Schlafräumen mit 16 anderen Frauen und das "schlechte" Essen kaum bemerkte. 250 weitere Menschen aus aller Welt nahmen daran teil, aber ich lernte niemand von ihnen kennen, bevor es vorbei war. Mein Fokus war nach innen gerichtet; ich war nicht gekommen, um Freunde zu finden. Ich war gekommen, um eingeweiht zu werden, so dass ich danach die Fähigkeit hatte, den Erleuchtungsprozess zu aktivieren. Auch wenn sich nicht alle an das strikte Schweigen hielten – ich tat es – gab es keinerlei Sprechen und nur soviel Augenkontakt wie nötig, um auf den Gängen nicht zusammenzustoßen. Die Stille transformierte mich tiefgehend und dauerhaft.

In dieser geschützten, abgeschiedenen Umgebung gab es nichts anderes, das wir hätten tun oder um das wir uns hätten kümmern müssen. Ich entschied mich, nicht per Telefon oder Email mit meinem Zuhause in Kontakt zu bleiben, außer einigen knappen Mails, um mitzuteilen, dass ich noch am Leben war und es mir gut ging. Das feste Ziel war, nach innen zu gehen und ohne Ablenkungen mit der göttlichen Präsenz zu kommunizieren. Ich schöpfte diese Gelegenheit voll aus und sie veränderte mein Leben.

Was war das für eine wunderbare Ruhepause – eine möglicherweise einzigartige Gelegenheit, drei Wochen lang nichts tun zu müssen, außer mit dem Göttlichen zu kommunizieren. Ich fühlte mich wie im Himmel! Der Effekt war eine Entspannung, die so tief ging, wie ich es noch nie zuvor erlebt hatte. Und er hält immer noch an, obwohl ich durch den Erfolg dieser Arbeit mit vielen Projekten, Veranstaltungen, Kursen, Musik und Kunstproduktionen mittlerweile viel beschäftigter bin. Die chronische Anspannung, die ich mein Leben lang trug, ist einfach nicht mehr da. Wenn sie sich auch nur ein bisschen aufbaut, brauche ich sie nur zu bemerken, eine kurze Pause zu machen und sie geht. Mein Körper ist nun wach und lebendig, voller göttlichem Bewusstsein. Mit Hilfe von einem kleinen bisschen Bewusstheit korrigiert er sich in der Regel selbst.

Während der 21 Tage Stille flossen Gefühle aller Art, eines nach dem anderen, durch mich hindurch. Zuerst kam Terror, als mir am Tag meiner Ankunft mein Reisepass abgenommen wurde, um in einem nahe gelegenen Ort kopiert zu werden. Die Effizienz der Leute, denen ich auf meiner Reise zum Campus begegnet war, hatte mir keinerlei Grund zu der Hoffnung gegeben, dass ich meinen Reisepass je wiedersehen würde. Die ganze erste Nacht lag ich mit dem schrecklichen Gefühl wach, ich wäre in Indien gestrandet, wenn sie ihn verlieren würden. Ich wusste aber, dass dieses Drama Jahrzehnte alte Ängste widerspiegelte und als Geschenk für mich da war, damit ich es voll erleben und weiter bewegen lassen konnte.

Angst war eine Sache, die ich geschworen hatte loszulassen, daher war ich bereit, damit konfrontiert zu werden, ohne die Angst zu lösen oder sie wegzuschicken. Alles, was ich bereit war in seiner ganzen Tiefe zu erleben, hob sich in seiner Schwingung an, oftmals bis in die Seligkeit. Am zweiten Tag war die Angst erträglich, am dritten Tag war sie bereits kein Thema mehr und ich lachte sogar, als mir mein Reisepass am vierten Tag, viel später als man mir zugesagt hatte, zurückgegeben wurde. Ich lernte, dass, wenn es jemandem gelingt, ein oder zwei tiefe Gefühle nach innen zu nehmen und sie wahrhaftig zu erleben, sich tief auf sie einzulassen, sich nicht nur diese in ihrer Schwingung erhöhen, sondern alle Gefühle bald gemeistert sein werden. Du musst nicht durch jede einzelne Emotion und jedes einzelne Trauma durchwaten, die du je erlebt hast – Gott sei Dank. Diese Zeiten, in denen du Themen einzeln, eines nach dem anderen und Schicht um Schicht angehen musstest, *sind vorbei*. Du wirst eine Massenentlassung und Massenevolution erleben. Du wirst für die späteren Prozesse in diesem Buch vorbereitet. Mach langsam! Wenn du ein Bedürfnis verspürst, Teile zu überspringen oder dich zu eilen, dann mischt sich dein Kopf ein. *Mach langsamer und genieße.*

Gefühle kamen in Wellen und flossen durch mich und die anderen Teilnehmer oft ganz ohne Grund hindurch. Grundlose Freude, grundloser Ärger, Traurigkeit ohne Inhalt, Tränen, die genauso plötzlich wieder versiegten, wie sie gekommen waren. So vieles von dem, was wir spüren, ist nicht einmal unseres. Wir übernehmen es vom Uralten Denken, einer riesigen und kraftvollen kollektiven Gedankenform. Wir übernehmen Schwingungen aus dem Uralten Denken und meinen, es wären unsere eigenen. Dann ziehen wir mehr von dem an, auf das wir uns fokussieren, und so geht es weiter, durch Generationen hindurch. Jeder Gedanke, der jemals gedacht worden ist, ist immer noch dort draußen.

Wellen der Angst schlugen über mir zusammen, als ich durch ein Meer an inneren Fragen, Zweifeln, Trauer und Leid watete. "Was mache ich hier? Ich fühle mich so viel schlechter als in der Zeit, bevor ich herkam!" Ich hatte zu Hause in einem beständigen Gefühl des Glücks gelebt. Ich wusste ganz genau, wie wichtig es ist, sich gut zu fühlen. Als ich all diese starken Emotionen fühlte, fragte ich mich, ob es nicht ein großer Fehler gewesen war, hierher zu kommen. Und doch gab es einige entscheidende Dinge in meinem Leben, bei denen ich nach so vielen Jahren auf meinem Weg immer noch feststeckte. Tief in meinem Inneren wusste ich, dass ich am richtigen Platz war. Es gab offensichtlich einige blinde Flecken, deren ich mir nicht bewusst war und die mich einbremsten. Ich hatte sie nicht einmal definieren, geschweige denn ändern können. Irgendwie wusste ich, dass die Stille mir die vollkommene Freiheit geben würde, nach der ich suchte. Sie tat es und es ist mir seitdem geblieben.

Das Uralte Denken hält bereits seit langer Zeit, bis auf einige wenige Erleuchtete, alle Menschen in einem Drama des Überlebenskampfes und des Mangels; sie stecken im Leiden fest, in der Ohnmacht und in der Trennung von Gott. Aber glücklicherweise ermöglicht uns die Gnadenenergie Dinge, die wir nicht für uns selbst tun können. Jeder kraftvolle Agent des Göttlichen, der auf der Erde lebte, kam, um uns das Geschenk der Gnade zu bringen – uns auf eine Art zu erheben, die unseren eigenen, menschlichen Bemühungen einfach nicht möglich ist.

Überraschenderweise war das Gefühl, mit dem ich am längsten kämpfte, der Ärger über die Leute, die nicht still sein konnten, die mit den anderen Leuten in unserem Schlafraum und im Speisesaal flüsterten und damit die herrliche, heilige Stille störten. Ich wusste, dass sie schreckliche Angst vor der Stille und der Begegnung mit sich selbst hatten, aber ich wollte, dass sie still wären und *mich* die Stille genießen lassen würden. Und wie konnten sie es wagen, die Regeln zu brechen! Diese Entrüstung war komisch: Ich selbst bin nicht jemand, der sich gerne an Regeln hält. Mit meinem harschen Urteil über sie kämpfte ich am längsten und schwersten, während "größere" Lebensthemen sich mit vollkommener Leichtigkeit aufwärts und weiter bewegten!

Urteil ist eine tief sitzende Gewohnheit. Viele Religionen sind sogar darauf aufgebaut. Schließlich konnte ich bei meinem Urteil einfach aufmerksam dabeibleiben und es zulassen. "Ich verurteile sie also als schwach und rücksichtslos. Sie verschwenden also ihre wertvolle Zeit hier. Dann ist es halt so!" Dann löste es sich auf und ich sah sie mit Mitgefühl. Voilà!

Während Welle für Welle jeder nur vorstellbaren Emotion vorbeizog, konnte ich mit jedem Mal gelassener darin stehen, immer gereinigter und offener und fühlte mich schließlich immer wunderbarer. Eine neue Hoffnung begann in dem harten, verbrannten Grund meines jahrelangen, endlosen Suchens und der wachsenden Entmutigung zu sprießen. Dies hier war anders als alles zuvor. Ich fühlte, wie sich eine Tiefe und Sicherheit in mir öffnete. Mein größter Wunsch war es, vollkommen von innen heraus geführt zu werden, ohne das Bedürfnis, mich für Antworten und Heilung an andere wenden zu müssen – meine eigene Standleitung zum Göttlichen zu haben. In der tiefen, reichhaltigen Stille wurde dieser Wunsch Wirklichkeit.

Nach so viel Loslassen begann ich, mich von der Hoffnung zur Freude und zur Ekstase hin zu bewegen, ab und zu mit einem kurzen Fall in Gefühle, die wir negativ nennen, und dann begann ich selbst diese Gefühle zu akzeptieren und willkommen zu heißen – beobachtete mich dabei, wie ich sie erlebte, ohne mich mit ihnen zu identifizieren und ohne sie als gut oder schlecht einzustufen. Sie alle wurden zu "einfach nur einer Erfahrung" und sie alle gingen vorüber. Gleichgültigkeit ersetzte die Achterbahn, die ich mein Leben lang gefahren war und von der ich dachte, ich würde für immer darin feststecken. Gleichgültigkeit ist schlicht ein Okay-sein mit dem, was ist.

Obwohl ein paar Tage äußerst schwierig waren, waren es im Großen und Ganzen einige der schönsten, Ehrfurcht einflößendsten und wertvollsten 21 Tage meines Lebens. Ein paar Minuten bitterer Tränen, einer Stunde tiefen Schmerzes oder einem Tag der Wut folgte immer ein tiefer Frieden oder sogar Seligkeit. Wenn jede Schwingung voll erlebt wird und man nicht vor ihr davonläuft, so wandelt sie sich dabei immer in etwas Höheres und Feineres, so dass nur noch unser natürliches, ureigenes Großes Selbst übrig bleibt. Diese Gefühle waren nicht Ich! Wie faszinierend, dies aus erster Hand, sicher und geborgen in den Armen des Göttlichen erleben zu dürfen.

Ich entspannte mich noch mehr, als ich die Möglichkeiten sah. Es löste immer alles, was es an die Oberfläche brachte, mit solcher Schönheit und Einfachheit. Solange ich keinen Widerstand leistete, war ich frei, egal wie ich mich fühlte. Angst vor dem Fühlen und Widerstand gegen das Gefühl verursachen mehr Leid als das ursprüngliche Gefühl an sich. Ich sah, wie andere Menschen das nicht verstanden und Widerstand leisteten und wie sie litten. Diejenigen, die großen Widerstand leisteten, etwa 80 Prozent der Teilnehmer, wurden körperlich krank. (Du erschaffst mehr Schwierigkeiten, wenn du sie wegschiebst.) Ich leistete den Gefühlen keinen Widerstand, wurde nicht krank und würde nie wieder Angst vor dem Fühlen haben.

Wieder zurück zu Hause war ich bald in der Lage, mich genauso zu zentrieren, genauso produktiv und "OK" zu sein, wenn ich Trauer spürte, wie wenn ich Verzückung spürte, während zuvor ein negatives Gefühl mit ziemlicher Sicherheit meine Produktivität an diesem Tag oder manchmal sogar monatelang lahm legen konnte. Jetzt trug ich tief in mir eine Sicherheit, dass die Rückkehr zum Glück etwas Natürliches war – eine Sicherheit, dass alles außer Glück einfach nur eine vorübergehende Ablenkung von der Realität war, ein Abzwicken der Gnade, die immer fließt. Alles, was ich zu tun hatte, war zu entspannen oder sogar hineinzutauchen und es zu umarmen, um sanft zu meinem Großen Selbst zurückzukehren (viel mehr dazu folgt später im Buch).

Innerhalb von ein paar Monaten nach dem 21-Tage-Prozess wurde ich nicht mehr länger von äußeren Umständen, anderen Menschen, negativen Emotionen oder den dichten Schwingungen des Uralten Denkens gebeutelt. Meine innere Mitte war solide; ich war so geerdet wie ein Fels. Die Emotionen und Negativität anderer Menschen beeinträchtigten mich nicht mehr. Ich fühlte mich durchlässig und unsinkbar.

Sei bei dem, was ist, und du bist frei.

Energie und Emotionen müssen sich bewegen

Emotion, emotionale Energie, ist dazu bestimmt, sich zu bewegen und durch uns hindurch zu fließen. Wenn wir Emotionen oder Energien Widerstand leisten und sie nicht durch uns durch fließen können, sind wir von unserer Erfahrung des Göttlichen abgeschnitten. Jede Krankheit und jedes Leiden kann zu der Energie zurückverfolgt werden, die sich nicht hatte frei bewegen dürfen.

Zu viele spirituelle Menschen versuchen, negative Emotionen zu vermeiden, sie auf magische Weise umzuwandeln, sie mit Sitzungen oder Behandlungen loszuwerden oder leugnen sie. Sie möchten alle "schlechten", niedrigen Gefühle vermeiden und gleich direkt in die höheren springen. Ich nenne das den "spirituellen Bypass". Interessanterweise ist ihre spirituelle Entfaltung solange unterentwickelt, bis sie in das sehr menschliche Gebiet der Gefühle eintauchen. Erleuchtung erfordert die komplette Annahme der ganzen menschlichen Erfahrung, ganz im Physischen verkörpert, nicht das Darüberstehen oder die Flucht davor. Als erleuchtete Menschen bringen wir den Himmel auf die Erde; wir suchen nicht nach dem schnellsten Weg nach draußen.

Wenn wir versuchen, negative Emotionen wegzuschubsen, dann bleiben sie länger bestehen, denn dadurch, dass wir unseren Fokus auf das richten, was wir nicht möchten, geben wir ihnen mehr Lebenskraft und sie wachsen. Wenn wir versuchen, positive Gefühle oder Erfahrungen festzuhalten, so handeln wir, als gäbe es nur wenige davon. Wenn wir erkennen, dass es einen unendlichen Vorrat davon gibt, dann gibt es keine Notwendigkeit mehr, sie einzufrieren oder aufzubewahren. Lass sie fließen. Hör auf zu versuchen, positive Gefühle oder Erfahrungen festzuhalten oder negative Gefühle oder Erfahrungen wegzuschieben, da beides etwas aufhalten möchte, in dessen Natur es liegt, sich zu bewegen.

Du feierst Geburtstag und öffnest ein tolles Geschenk; du bewunderst und genießt es, du reichst es herum und freust dich daran, solange du kannst, aber das nächste Geschenk, das du öffnest, wird anders sein. Es wird nicht dasselbe wie das erste sein, doch kannst du das nächste genauso genießen und dann nimmst du das nächste Geschenk und dann das nächste. Erfahrungen sind genauso. Sie kommen und gehen und es gibt noch viele mehr. Die Quelle versorgt uns mit einem endlosen Strom an Vergnügungen und Erfahrungen und wenn wir entspannt und offen sind, so wird jede süßer als die vorhergehende, bis in die Unendlichkeit.

Halte das Geschenk nicht fest. Halte dich an den Schenkenden.

Unterstützt durch die Einweihungen, die wir von unseren mönchähnlichen Führern erhielten, war ich bald in der Lage, innerhalb von Minuten nach ihrem Auftauchen bei jeglichen negativen Gedanken oder Emotionen "zu sein" und sie anzunehmen, egal wie schwer, alt oder stark sie waren. Schließlich ging alles, was ich fühlte oder dachte, sanft vorüber und hinterließ im Mindesten Frieden, Leere und innere Stille, in den besten Fällen Seligkeit. Es war immens befreiend.

Während sich der Widerstand gegen das "was ist" entspannte, öffneten sich meine Sinne und ich begann, die Dinge in einer völlig neuen Intensität wahrzunehmen. Sogar mein Geruchssinn verbesserte sich. Ich fühlte mich weit offen und so, als ob ich ganz große Augen hätte – wie ein neugeborenes Baby. Nun kann ich eine Emotion nehmen, die mich früher für Monate oder Jahre in die Tiefe zog, und kann so tief in sie hineintauchen, sie umarmen und sie so vollständig fühlen, während ich mit geschlossenen Augen dasitze (oder später, während ich meinen Tätigkeiten nachgehe), dass sie innerhalb von Minuten sprichwörtlich zu bunter Seligkeit in mir explodiert. In meinem Innersten ist Seligkeit. Dies ist keine Überraschung, sobald du erkennst, dass dein Großes Selbst nur Seligkeit erlebt. Gott erlebt nur Seligkeit. Wenn du weniger als das empfindest, so bist du einfach nicht ganz im Einklang mit deinem Großen Selbst. Du bist vom Kurs abgekommen und hast dich aus der Einheit abgetrennt. Bald wirst du wissen, wie du wieder leicht nach Hause kommst.

Du wirst bald in der Lage sein, dich selbst mit Leichtigkeit dabei zu beobachten, wie du Gefühle "hast" ohne dich darin zu verwickeln. Nichts wird mehr so fesselnd sein, wie es früher war. Klienten berichten mir ständig davon. Nichts stört sie mehr so wie früher. Ich fühle alles, aber ich kann mir nicht mehr vorstellen, durch den Verlust von jemandem oder irgendetwas am Boden zerstört zu sein. In diesem Buch wirst du später durch einen Prozess geführt, der Eintauchen genannt wird und der dir dabei hilft, dies zu meistern.

Das Leben mag tödlich sein, aber es ist sicher nichts so Ernstes.

Das, was ich nun für mich selbst und andere tue, ist jenseits von Heilung, Reinigung, Klärung, Energiearbeit oder Therapie. Es beeinflusst die Schwingung dauerhaft; wogegen Energiearbeit lediglich etwas korrigiert, das die Menschen für gewöhnlich bald wieder auf dieselbe Art neu erschaffen, weil sich die Gewohnheit, die diese Schwingung hervorgerufen hat, nicht verändert hat. Divine Openings Guides erwecken die Menschen mit neuer Information/Licht/Intelligenz. Die Erde, die Sonne, das Internet, Computer, Geld, Gedanken, Steine, der Ozean und du und ich bestehen aus Energie/Licht/Intelligenz, aber viele Menschen haben zugelassen, dass sich ihre Frequenz verzerrt. Du musst nicht geheilt werden, du musst nur aufwachen, die Fehlinformationen und Illusion durch reine Energie/Licht/Intelligenz ersetzen und die Themen und Probleme lösen sich von selbst auf.

Das Wirklichste ist unsichtbar und kann nicht gesehen werden. Manifestierte Realität besteht aus subtiler Nicht-Materie, die nur wenige sehen können. Wissenschaftler haben uns schon seit mindestens 50 Jahren Hinweise darauf zukommen lassen. Sie wissen, dass nichts solide ist – was sie nicht erklären können, ist, warum es auf uns so solide wirkt. Was die Physiker herausgefunden haben, ist so fantastisch surreal; die meisten von ihnen wollen gar nicht sehen, wie unglaublich es ist. Sie "vergessen", was sie sahen, weil der Verstand Schwierigkeiten hat, es zu begreifen.

Alles wird im Nicht-Physischen geboren. Wir erinnern uns daran und richten mehr Aufmerksamkeit und Fokus auf das Erschaffen im Nicht-Physischen anstatt so schwer auf der physischen Ebene zu arbeiten – der schwersten, dichtesten Ebene, auf der man arbeiten kann. Jedes Mal, wenn dieses Bewusstsein tiefer in dein Wissen einsinkt, wirst du freier von der Illusion, dass etwas solide oder unveränderlich sei. Alles ist reine Möglichkeit. Vor Millionen von Jahren warst du lediglich eine Möglichkeit.

Selbstwert

Du existierst. Dir wurde das Leben geschenkt. Daher bist du wertvoll. Punkt. Ende der Diskussion. Wenn das kleine Selbst das Flugzeug während des Großteils deines Lebens gesteuert hat, so hast du möglicherweise zu hart daran gearbeitet, etwas zu erreichen, das du bereits hast, oder etwas zu beweisen, das nie in Frage gestellt worden war – deinen Wert. Wertlosigkeit ist ein Konstrukt des Verstandes. Sie existiert in Wirklichkeit nicht. Sogar Menschen, die du als schlecht oder böse bezeichnen würdest, sind wertvoll, da ihnen das göttliche Leben und freien Willen gab, um aus ihrer Entscheidungsfreiheit heraus handeln zu können. Ja, Hitler kehrte genauso in die reine, positive Energie oder den Himmel zurück wie Mutter Teresa. Der Innewohnende urteilt nicht, sondern gibt allen freien Willen, da er weiß, dass es für ein unendliches Wesen letztlich kein Risiko gibt. Fehler werden vom Göttlichen nicht gezählt oder gegen dich verwendet. Karma ist ein schädliches, religiöses Konzept, an das man glauben kann, genau wie die Hölle. Jedes Leben, jeder Tag, jeder Moment ist ein frischer Neustart – wenn wir es zulassen.

Im Leben geht es um Freude und Liebe – wenn du es erlaubst. Wir sind hier um zu leben, zu lachen, zu lieben, zu genießen, zu erschaffen, zu entfalten und zu wählen, was immer wir möchten. Es gibt nichts zu verdienen, zu bekommen, zu überwinden oder zu beweisen. Viele Menschen zogen den Rückschluss, sie wären nicht gut genug oder dass, wenn sie wertvoll wären, sie die Liebe und Zuwendung hätten, die sie sich wünschen, die Beliebtheit oder die tollen Sachen. Es hatte nichts mit ihrem Wert zu tun. Wir haben den Fehler gemacht, menschliche Eigenschaften auf Gott zu übertragen. Beispielsweise haben wir gedacht, wenn unsere Eltern oder andere Menschen uns verurteilten, anstatt uns bedingungslos zu lieben, dann wäre es bei Gott genauso. Menschliche Liebe ist launisch und an Bedingungen geknüpft. Göttliche Liebe ist zuverlässig und bedingungslos. Gott, dein Großes Selbst, liebt dich von Herzen, egal was du tust.

Religionen erzählen uns manchmal, wir wären nicht wertvoll. Das ist nicht wahr, aber wenn du es glaubst, so wirst du die Folgen dieses Glaubens erleben. Unsere Überzeugungen übertragen sich in unsere Realität, so dass sie mit all den sich anhäufenden "Beweisen", die mit unseren Überzeugungen in Resonanz treten, umso echter wirken.

Du hast die Wertlosigkeit von anderen Menschen gelernt, die von ihrem Großen Selbst getrennt waren. Sie haben diesen Glauben wieder und wieder "bewiesen" und du hast ihn ihnen abgekauft. Du hast Schwingungen von ihnen übernommen, um so zu werden wie sie; um dazuzugehören und auf der sicheren Seite zu sein. Das ist vor so langer Zeit geschehen, dass du dich gar nicht mehr daran erinnern kannst. Wenn du nie etwas anderes gefühlt hast, dann bist du daran gewöhnt und hinterfragst es nicht. Und du kannst nicht spüren, wie schädlich es ist. Wenn es sich schlecht anfühlt, so ist es nicht dein göttlicher Zustand. Wenn es sich schlecht anfühlt, so sagt dir das, dass du nicht mehr in Einklang mit dem bist, was Gott darüber denkt. Wertlosigkeit fühlt sich schlecht an und das sollte sie auch, denn sie zeigt dir *in Bezug auf dieses Thema* deine Trennung von Gott auf. Das Göttliche liebt dich und wenn du dem widersprichst und sagst, du wärst es nicht wert, so bist du nicht mehr in Einklang mit Genau Dem Einen, der dich erschaffen hat. Wisse um deinen Wert und lass das grenzenlos Gute, das beständig zu dir fließt, ein.

Gefühle der Wertlosigkeit sind eine der größtmöglichen Blockaden gegen das Empfangen der göttlichen Gnadenenergie. Je eher du diese Urteile gegen dich selbst also gehen lassen kannst, desto mehr kannst du das Gute empfangen, das ständig zu dir und durch dich hindurch fließt. Wertlosigkeit ist eine Lüge und ein Fehler. Lass sie los. Beschließe jetzt sofort, dass du wertvoll bist. Gott hat es bereits so beschlossen. Stimme zu.

Dein Wert steht bereits fest.
Du darfst jetzt alles Gute zulassen.

Die vier häufigsten Widerstände, die das Erwachen bremsen, sind:

1) Wertlosigkeit – du lässt das Gute nicht zu, wenn du nicht glaubst, dass du dessen würdig bist. Akzeptiere jetzt deinen Wert.
2) Süchte – sie bemächtigen sich deines Willens, verbrauchen deine Kraft und verdrehen deine Entscheidungen. Löse dich von ihnen.
3) Nicht frei fließende Liebe zu all den Menschen, die jetzt oder früher Teil deines Lebens sind bzw. waren – wir kommen später noch darauf zu sprechen.
4) Eine äußerst starke, zu dominante linke Gehirnhälfte – Lass mich zu deiner Seele singen, denn du wirst Divine Openings nie, niemals mit deiner linken Gehirnhälfte begreifen.

Es ist dein Leben und du bist wichtig.
Gib dir selbst höchste Priorität.

Was ist Mitgefühl?

Wenn jemand, den du liebst, in ein tiefes Loch voller Wasser fällt, ohne eine Möglichkeit herauszuklettern, was würdest du tun? Würdest du aus Mitgefühl hinterher springen? Wenn du das tätest, was würde es helfen? Was du wahrscheinlich tun würdest, ist, ein Seil zu holen und oben in Sicherheit zu bleiben, während du den anderen herausziehst. Mit jedem tiefen, dunklen, emotionalen, spirituellen, mentalen oder physischen Loch, in das jemand aus deiner Familie, deinem Freundeskreis, deiner Gemeinde oder deiner Nation fällt, ist es dasselbe. In diesen sich schlecht anfühlenden Ort hinunterzusteigen, hilft niemandem daraus heraus. Es verringert nur deine Fähigkeit, irgendjemandem auf irgendeine Art zu helfen.

In diesem Prozess sollst du dich zunächst auf dich selbst konzentrieren. Du kannst anderen besser helfen, sobald du selbst befreit bist.

Wir sind an der seltsamen Idee hängengeblieben, dass Mitgefühl das Gleiche ist wie Mitleid zu haben oder die Last mitzutragen. Diese Idee ist so überzeugend geworden, dass die Leute erwarten, dass du mit ihnen trauerst, mit ihnen leidest, jammerst und dich mit ihnen schlecht fühlst. Wenn du obenauf bleibst, bist du für alle von größerem Nutzen, vor allem für dich selbst. Wenn jemand leidet, so kannst du ihn hören und ihn wissen lassen, dass du ihn hörst, aber steige nicht an diesen niedrigen Ort zu ihm hinunter. Bleib immer "oben", egal was um dich herum geschieht.

Mitgefühl für dich selbst ist der nächste Schritt. Bevor du weiterliest, entscheide dich, gütig zu dir selbst zu sein. Viele spirituelle Menschen haben viel Liebe und Mitgefühl für alle – außer für sich selbst. Schließe Frieden damit, wo immer du genau in diesem Moment stehst, in dem Wissen, dass du dein Bestes getan hast und dass du nun nach vorne schreitest, ohne zurückzuschauen. Frieden damit zu schließen, wer du bist und wo du stehst, befreit dich, so dass du dein Leben auf dieser Reise genießen kannst – genau jetzt, so wie du bist. Du bist, wo du bist! Gott urteilt nicht – warum solltest du es tun? Bist du genauso mitfühlend dir selbst gegenüber, wie du es anderen gegenüber bist?

Was auch immer du in diesem Prozess erlebst, ist perfekt. Du steckst niemals wirklich fest. Mach einfach weiter. Gönne dir selbst viel Ermutigung und Unterstützung in diesem und jedem anderen Bereich deines Lebens. Wie der äußerst unterhaltsame Cajun Priester Jesse DuPlantis sagte: "Wenn du durch die Hölle gehst, bleib nicht stehen! Geh weiter!"

Deine Vergangenheit führte dich zu diesem Moment

Ich sage *nicht*, dass all die spirituellen Dinge, die du in diesem Leben gelernt hast, bevor du zu Divine Openings kamst, notwendig waren, um dir dabei zu helfen, Divine Openings zu "begreifen". Dieses alte Klischee ist überhaupt nicht wahr. Die bisherigen Dinge sind genauso oft ein Handicap, denn sie haben nicht vollständig funktioniert, nehmen aber nun wertvolle Grundstücke in deinem Kopf in Beschlag. Ich meine, von der größeren, evolutionären Warte aus hast du dich seit Jahrtausenden auf diesen Ort und diese Zeit vorbereitet.

Die Lebenskraft hat Milliarden von Jahren mit der Evolution dieser Umgebung für Dich verbracht. Dann hat sie Dich entwickelt. Du entwickelst Dich immer noch und wirst es wohl bis in alle Ewigkeit tun. Die Quelle liebt es zu erschaffen und auszudehnen und hört niemals damit auf. Es gibt kein Endziel. Dies allein ist eine befreiende Erkenntnis. Du wirst nie fertig sein, daher kannst du genauso gut aufhören, dich um Perfektion oder Vervollkommnung zu sorgen oder darüber, wie weit du "hinterher hinkst" oder wann du "zur Erleuchtung findest". Genieße diesen Moment, als wäre es Heiligabend, und du wärst gerade dabei, den erstaunlichsten Stapel an Geschenken zu öffnen, den du je erhalten hast. Ist das nicht ein gutes Gefühl?

Dieser Moment ist alles, was es wirklich gibt. In diesem Buch geht es darum, in diesem Moment glücklich zu sein, und wenn du in diesem Moment glücklich bist, dann bist du in Übereinstimmung mit dem Göttlichen. Die richtige Zeit für Erleuchtung ist JETZT. Die richtige Zeit für die Menschheit zu erwachen ist JETZT. Die Mittel um anzufangen sind hier für dich verfügbar, genau hier, genau JETZT in diesem Buch. Du bist jetzt auf deinem Weg zur Erleuchtung. Wirklich! Endlich. Genieße die Reise. Es hat sich schon lange angebahnt. Auf meinem jahrzehntelangen spirituellen Weg sah es so aus, als würde sie nie kommen, aber nun ist sie hier. Es erfordert wenig von dir, denn sie wird dir durch die Gnade gegeben. Universelle Intelligenz greift mit ein und gibt dir, was dir aus der menschlichen Perspektive heraus unmöglich zu finden war.

Das war schon immer so. Mönche studierten fieberhaft, beteten und schenkten ihre ganze Aufmerksamkeit, ihren ganzen Dienst über Jahre hinweg der Suche nach Erleuchtung, ohne irgendein Zeichen der Erleuchtung zu bekommen und dann, eines Tages, wenn sie Glück hatten, erleuchtete die göttliche Gnade sie plötzlich aus dem Nichts heraus. Divine Openings öffnet dich, damit du es zulässt.

Eines war sicher – sobald mein Erwachen begonnen hatte, war mein Leben nie wieder gewöhnlich.

Dieser Moment ist ein neuer Anfang und genauso die Ewigkeit.

Viele Persönlichkeiten

Du wirst feststellen, dass du nicht eine einzelne Persönlichkeit bist. Du bestehst aus vielen. Beobachte sie einfach, wie sie in Relation zu den Umständen kommen und gehen. Zu manchen Zeiten bist du zum Beispiel vielleicht der Schulmeister, der Faulpelz, das Kind, der Ängstliche, der Geizkragen, der Anführer, der Jünger, der Träumer, der/die Geliebte, der Fürsorgliche und der Künstler. Widerstand gegen die unerwünschten Aspekte in Dir wird sie nur verstärken. Was du bekämpfst, bleibt länger bestehen. Beobachte einfach, wie sie kommen und gehen; beobachte, verurteile nicht und nimm sie alle an. Diese Achtsamkeit ist alles, was du brauchst. Mit der Zeit wirst du immer mehr dein authentisches, ureigenes Selbst sein. Genau wie du Emotionen fließen lässt, so lass diese Persönlichkeiten durch dich durchfließen. Verfange dich nicht darin, sie zu korrigieren oder zu verarbeiten. Damit spielst du ihr Spiel, wirst nie gewinnen und es wird nie enden. Lass sie ohne Widerstand kommen und gehen und sie bewegen sich so weiter, wie es alle Energie tun möchte.

Es mag sogar Zeiten geben, in denen du dich verabscheust, während du Aspekte von dir spürst, die weit von deiner Göttlichkeit entfernt sind. Du fühlst dich möglicherweise verlegen, schuldig, beschämt oder abgestoßen von Dingen, die du gesagt oder getan hast. Sei bei diesen Gefühlen und lass die Geschichte über das, was du getan hast, los.

Fühle es einfach nur. Wirklich, das ist alles, was du tun musst. Die göttliche Präsenz verurteilt dich nicht, also spüre die Gefühle und lass die Geschichte los. Sobald sich die Gefühle bewegen, erhöht sich deine Schwingung, was dich auf die göttliche Präsenz ausrichtet, die dich vergöttert, egal, was geschieht. Die Gnade hilft dir, diese unerwünschten Kontraste zu spüren, und dann wird dir klarer, was du möchtest.

Du wirst bemerken, dass ich nie über das Ego spreche. Das Ego ist ein künstliches Konstrukt, das nicht wirklich existiert, und mit "ihm" zu hadern, erschafft nur mehr Probleme. Was du bekämpfst, bleibt länger bestehen. Du brauchst ein sogenanntes Ego, um dein Überleben auf der physischen Ebene abzusichern. Menschen mit dem, was man ein "großes Ego" nennt, sind für einige der Entdeckungen und Ereignisse in der Geschichte verantwortlich, von denen die Menschheit am meisten profitierte. Mach es nicht schlecht und mache dir keine Sorgen darüber. Fokussiere dich einfach darauf, dein Großes Selbst zu sein, und du wirst dich gar nicht um das Ego zu kümmern brauchen. Es verfeinert sich auf natürliche Weise von allein, während du dich entfaltest. Dein kleines Selbst mag durch Phasen gehen, von "Ich bin wertlos" über "Ich bin besser als alle "anderen" bis hin zu einer reiferen Wertschätzung *deiner authentischen Großartigkeit*. Wie du siehst, gibt es wieder einmal nichts daran zu "arbeiten". Das Loslassen vom Verarbeiten und vom An-sich-selbst-arbeiten ist oftmals dasselbe, wie aus einem Suchtkreislauf auszusteigen. Man hatte sich davon abhängig gemacht.

Halte es schlicht um die besten Ergebnisse zu erzielen

Niemand lässt sich gerne sagen, was er tun und lassen soll, und das ist ganz natürlich. *Tu, was immer du gerne möchtest*, aber wenn du großartige Ergebnisse möchtest, dann lass alles los. Selbst wenn dir etwas einst hilfreich war, wenn es gar so gut funktioniert hätte, wärst du jetzt nicht hier und würdest nicht immer noch suchen. Divine Openings verschafft dir unvorstellbare Freiheit, wenn du es schlicht hältst.

Drei Jahre lang machte ich *nur* Divine Openings. Dies gab mir enorme, innere Stärke und beendete endlich meine Abhängigkeit von anderen Menschen und äußeren Dingen. Wenn wir im Äußeren suchen, fragen und festhalten (was ich 25 Jahre lang getan hatte), ist es unmöglich zu erwachen. Unsere eigene Führung hören wir nur dann, wenn wir aufhören, sie mit zu vielen Stimmen zu übertönen. Dein Großes Selbst kann nur dann auf den Fahrersitz, wenn du dort Platz dafür gemacht hast. Seit meinen 21 Tagen abrupter, nicht-suchender, alles-loslassender, Endlich-bin-ich-hier-Stille habe ich kein Interesse mehr an spirituellen Büchern, metaphysischen Veranstaltungen oder Seminaren. Ich würde diese Dinge tun, wenn mir danach wäre, aber fast alles davon ist für mich nun unglaublich langweilig. Wenn ich ab und zu etwas Inspirierendes lese, dann nur für den reinen Genuss. Meistens lese ich Romane.

Die meisten (nicht alle) spirituellen Bücher, Therapien, Seminare, Lesungen, Energiearbeiten und emotional/spirituellen "Heilungs-"Methoden stehen im Widerspruch zu Divine Openings. Du wirst dies nach und nach deutlicher merken; denke jetzt erst einmal nur etwas darüber nach. Wir wollen deine Energie nicht für dich ausgleichen, Negatives für dich klären, dich heilen oder zurechtrücken; wir geben dir die Kraft dazu und zeigen dir, wie du es jederzeit, an jedem Ort selbst für dich tun kannst. Der Grund dafür, dass sich Menschen nach Energiearbeit vorübergehend besser fühlen, dies jedoch nicht anhält, ist der, dass sie zu denselben Schwingungsgewohnheiten zurückkehren und dieselben Blockaden wieder von neuem erschaffen. Darüber hinaus erschaffen sie aus dem Glauben heraus, dass es etwas zu klären oder zu heilen gibt, weitere Themen zum Klären oder Heilen und es *hört nie auf*. Es ist eine endlose Tretmühle.

Divine Openings ist weder "Energiearbeit" noch ist es irgendeine Art der "Arbeit". Es gibt kein häppchenweises Angehen endloser Themen. Damit bist du *fertig,* obwohl dein ganzes Wesen sich weiterhin automatisch weiterentwickelt; mit der Gnaden-beschleunigten Geschwindigkeit und von der Essenz des Lebens angeleitet.

Benutze das Wort "Heilung" nur dann, wenn du körperlich krank bist. Wenn du nicht krank bist, brauchst du keine "Heilarbeit"; du musst nur erwachen. Weder du noch die Erde brauchen "Heilung". Entschuldigung, aber all dies ist New-Age--Müll, der dich in einer endlosen Schleife des "etwas stimmt nicht und ich muss es korrigieren" hält. Bald wirst du ein kraftvoller Schöpfer sein, aber kein Zurechtrücker. Sobald du einmal frei bist, musst du niemals zurück, außer du entscheidest dich dafür, wieder einzuschlafen oder wieder auf die Suche zu gehen (was dasselbe ist).

Mache dein Sporttraining, Yoga, deine Körperarbeit und deine Massagen weiter. Schlichte Meditationen zum Genießen sind super – verabschiede dich von den komplizierten – zu viel Arbeit. Praktiziere deine Religion, wenn sie dich weiterhin anspricht. Du kannst ausgesuchte, inspirierende Dinge lesen oder anhören, wenn sie jedoch widersprüchlich sind, indem sie dich "an dir arbeiten" lassen, von jemand anderem korrigieren lassen oder "deine Emotionen oder deinen Geist heilen" (diese sind nicht krank!) so führen sie zu dem Versuch, zwei gegensätzliche Dinge gleichzeitig zu tun. Werde dir deiner Entscheidungen sehr bewusst: Erwachen oder endlose Suche und an dir Arbeiten. *Kämpfe und sträube dich ruhig eine Weile lang gegen die Einfachheit darin, wenn du möchtest* – am besten ist es, wenn du diesen Aha-Effekt für dich selbst entdeckst.

Ich verlange von dir jedoch keinen Glauben. Du brauchst keinen. Divine Openings funktioniert, du wirst also Beweise bekommen. Du wirst auf eine ganz neue, sehr schlichte Weise nach innen gehen. Du wirst anfangen, natürliche, beschleunigte Evolution zu erleben, die Freude macht. Divine Openings befreit dich wirklich von Leid, Mühsal und der Notwendigkeit, an dir zu arbeiten – auf immer.

Hier ist dein zweites Divine Opening. Du brauchst für die Wirkung keinen Bezug zu diesem Thai Buddha zu haben oder ihn zu verehren. Ich selbst habe keinen großen Bezug zu Buddha und habe den Buddhismus oder Ähnliches nie studiert (Ich war noch nie ein "Anhänger von Wegen"). Das Gemälde floss während einer Reise einfach so aus meinem Pinsel. Ich malte es im Freien auf einem Picknicktisch eines kalifornischen Campingplatzes. Jedes Divine Opening ist einzigartig und wird nicht wie dein vorheriges sein. Du brauchst während eines Divine Opening nicht unbedingt etwas zu spüren, damit es kraftvoll wirkt. Bemühe dich nicht und arbeite nicht. Setze einfach die Absicht, dich der göttlichen Gnade zu öffnen und lasse los.

Divine Opening

Dieses Kunstwerk erzeugt ein Resonanzfeld voller Gnadenenergie.

Setze dich still hin und lass das Bild zwei Minuten lang auf dich wirken.

Schließe danach deine Augen, lege dich hin und spüre mindestens 15 Minuten oder länger.

Illustration 2 – *Thai Buddha*, Gemälde von Lola Jones.

Wer ist die göttliche Präsenz?

Dies ist kein religiöses Buch. Jeder Mensch jeglicher Glaubensrichtung oder ohne Glaubensrichtung, der geistig offen ist, wird vom Lesen darin und dem Erwachen, das dadurch ausgelöst wird, profitieren. Obwohl ich Ausdrücke wie das Göttliche verwende, kannst du sie genauso mit universelle Intelligenz, organisierende Intelligenz, der Innewohnende, die Energie der Quelle, der Schöpfer, die Präsenz, das Licht, Jesus Christus, Buddha, Mohammed, Quan Yin, die Mutter, Gaia, Natur, Lebenskraft, Es, das "Ich-Weiß-Nicht-Was-Es-Ist", Fred oder irgendeinem anderen Ausdruck, der dir zusagt, ersetzen.

Es ist egal wie du es nennst, es weiß genau, wer es ist! Und du wirst dies in diesem Prozess selbst für dich herausfinden, anstatt es mir oder irgendjemand anderem zu glauben. Ich wollte dir dies sagen, bevor ich nun von meinen Wahrnehmungen berichte, die natürlich durch meinen momentanen Bewusstseinszustand gefiltert sind und die die höchsten Schwingungen waren, zu denen ich Zugang hatte, als ich dies schrieb. Sie entwickeln sich immer weiter und die neuesten Energie-/Licht-/Intelligenz- Downloads, die ich bekomme, fließen immer in die Onlinekurse, Level 1, 2 und Jumping The Matrix auf DivineOpenings.com. Sie gehen über dieses Buch hinaus. (Anm. d. Ü.: Der Level 1 Onlinekurs ist bereits auch in deutscher Sprache erhältlich, die anderen werden nach und nach dazukommen.)

Werden wir, während wir in diesen Körpern leben und dieses Gehirn benutzen, jemals das gesamte Ausmaß des göttlichen Mysteriums kennenlernen? Werden wir es mit Worten definieren und wissenschaftlich festnageln? Ich bezweifle es. Du wirst reichlich Gelegenheit bekommen, wieder um dieses Mysterium zu wissen, so wie du es bereits früher wusstest, wenn du nach diesem Leben in das große, unendliche Wissen zurückkehrst. Das Vergessen, wer wir sind, und sich wieder daran zu erinnern ist hier ein beliebtes Spiel. Freue dich an der Entfaltung der Erinnerung.

Eine Ärztin, die sagte, sie glaube nicht an Gott, nahm an einer Live-Kursserie bei mir teil. Atheisten kommen normalerweise nicht zu mir und ich war neugierig, wie es ihr ergehen würde. Ihre Augen leuchteten direkt nach ihrem allerersten Divine Opening auf und begannen zu strahlen. Die Präsenz in ihr erwachte sehr schnell. Es war komisch: Sie hatte keinerlei Bezug zu Erfahrungen wie dieser und es verwirrte sie ein wenig. Etwas passierte. Da gab es etwas in ihr, von dem sie nicht geglaubt hatte, dass es existierte, doch hier war es nun. Sie hatte keinerlei Bezeichnung oder Erklärung dafür. Sie sah fassungslos aus. Sie stürzte in die Unterrichtsstunden und wieder heraus, ohne irgendetwas zu sagen, bis sie mir später per Email von den Veränderungen in ihrem Leben berichtete. In mancher Weise ist sie gesegnet. Sie kann das Göttliche ohne die Last von kulturellen Prägungen, Religionen oder Dogmen erfahren.

Ihre durchdringende Anspannung in Bezug auf das Leben, Beziehungen, Karriere und alleinerziehende Mutterschaft verschwand nach der ersten Unterrichtsstunde. Sie war weg. Auch das ist ein wenig verwirrend für die Menschen. Wenn ein Gefühl, das sie ihr Leben lang spürten, auf einmal weg ist, so kann es sich wie eine Leere oder sogar wie ein Verlust anfühlen. Aber es füllt sich bald mit etwas Besserem.

Ob du nun daran glaubst oder nicht, es ist bereits da und du wirst es erleben. "Erfahrene" und "Fortgeschrittene": Je mehr ihr eure vorgefassten Vorstellungen und Definitionen loslassen könnt, desto reiner könnt ihr es erleben.

Mit Divine Openings erleben wir einen sehr persönlichen Gott ganz direkt und die meisten von uns verlieren das Interesse daran, darüber zu sprechen, und ziehen es vor, nur darin zu leben. Definitionen schmälern es. Oft sagen die Leute nach einem Divine Opening zu mir: "Es ist schwer zu beschreiben." Ich lächle und nicke.

Der Schöpfer scheint aus Seinsebenen zu bestehen, vom unendlichsten und größten Aspekt, der undefinierbar und für uns unmöglich zu verstehen ist, bis hin zum persönlichsten Aspekt, der als Wir in die Materie herabgestiegen ist. Der größte Aspekt ist unpersönlich und ehrlich gesagt, glaube ich nicht, dass er sich mit uns beschäftigt; das Universum in dieser Größenordnung lebt weiter, ob mit oder ohne uns. Niemand vermisst die Dinosaurier. Es ist der persönlichere Aspekt Gottes, zu dem wir leichter Bezug aufbauen können, mit dem wir uns in diesem Buch beschäftigen.

Die göttliche Präsenz oder unser Großes Selbst lebt immer in Seligkeit und hegt keinerlei Urteil über unsere Erfahrungen. Das Göttliche kennt sein (und unser) ewiges Naturell, daher sind Tod, Zerstörung, unsere Fehler, Missgeschicke und scheinbaren Tragödien nur ein kurzes Aufblinken auf der ewigen Bildfläche des Lebens. Die Präsenz in uns summt weiter auf ihrer hohen, feinen Schwingung, egal, was in unseren weltlichen und sehr menschlichen Leben vor sich geht. Ob wir Menschen erwachen oder nicht und egal wie unsere Leben aussehen, die

Essenz Des Lebens hat aus ihrer hohen Schwingung heraus Freude daran, durch uns zu leben. Gott taucht niemals in die tieferen Schwingungen ein, so wie wir es tun – egal was passiert. Gott sieht immer die Lösung, hält ihre Schwingung und bietet sie uns an. Nur wir haben die Fähigkeit, die niederen Schwingungen zu erleben. Wir kamen hierher mit dem Wissen, dass wir aus Kontrasten oder Gegensätzen würden wählen können: Freude oder Leiden, Begeisterung oder Verzweiflung, gute oder schlechte Gefühle. Diese größeren Kontraste und Wahlmöglichkeiten sind Teil des Abenteuers und der Vielfalt, die zu erfahren wir gezielt hierher kamen. Wir haben hier die freie Wahl und freien Willen. Wir können bewusst unter den Kontrasten auswählen. Wenn es so aussieht, als könntest du das nicht, so wirst du es bald können, wenn du dranbleibst.

Du bist so viel mehr als das, was du sehen kannst, doch es ist nicht immer so einfach, dir dessen sicher zu sein, denn du setzt deine körperlichen Sinne ein, um festzustellen, was real ist, und deine körperlichen Sinne können dein nicht-körperliches Sein nicht immer wahrnehmen. Aber der größte Teil von dir – dieser größere, breitere, uneingeschränkte, ältere Teil, dein Großes Selbst, von dem du nur ein kleiner körperlicher Aspekt bist – ist immer für dich da.

Viele, die dieses Buch lesen, akzeptieren die Vorstellung bereits, dass sie schon vor diesem Leben gelebt haben, dass es etwas vor dieser körperlichen Erfahrung gab und auch danach geben wird. Aber die gute Nachricht lautet: Du musst nicht sterben und in das Körperlose gehen, um diesen Aspekt von dir erleben zu können. Du kannst jetzt wissen, dass du eins mit diesem größeren, körperlosen Aspekt von dir bist, dass du jetzt in diesem Moment Zugang dazu hast und dass eine wunderbare Führung durch dieses Innere Selbst für dich da ist, die zu jeder Zeit den vollen Überblick über die ganze Wirklichkeit hat – eine Größere Perspektive aus deinem Größeren Selbst heraus.

Eine Klientin, die in meinem schönen Wohnzimmer saß, sah mein Gemälde einer Thai Göttin (du siehst es weiter hinten im Buch). Sie fragte, ob ich frühere Leben im Osten verbracht hatte. Sicher, die Göttin ist wahrscheinlich ich, aber alles, was ich in vergangenen Leben wurde, ist jetzt hier bei mir und dehnt sich täglich weiter aus, ohne dass ich "etwas tue". Wenn ich unterrichte, lächelt sie, aber ihre Energie und Weisheit sind genau hier und jetzt in mir. Ich plane keine Sitzungen oder Seminare. Es kommt in dem Moment durch mich durch, in dem ich mich entspanne, loslasse und die Energie fließen lasse.

Dein Großes Selbst ruft nach dir, damit du aufwachst und dich an all das erinnerst, was *du* wirklich bist – damit du das Leben genauso erlebst, wie dein Großes Selbst es tut, weise, voller Freude, Akzeptanz und Mitgefühl, ohne Urteil, ohne Leid und ohne Anstrengung. Dein Großes Selbst sendet ein konstantes Heimkehr-Signal aus, es ruft dich dazu auf, kraftvoll und herrlich als die Präsenz in physischer Form zu leben. Es ist keine "Heilung", es ist ein "Aufwachen".

Wir ewigen Geschöpfe sind niemals "fertig" und Der Schöpfer ist niemals "fertig". Wir dehnen uns weiter aus und experimentieren. Der Schöpfer erschafft dabei selbst und mit uns und so können wir es wieder so gut machen, ausgleichen und verbessern, wie wir möchten. Ich fühlte mich tief geehrt, als ich meinen Platz in der Schöpfung erkannte – im Zentrum des Universums. Natürlich ist auch jeder andere, wunderbarerweise, im Zentrum dieses holographischen Universums.

Um die physische Welt vollständig erleben zu können, braucht die formlose, nicht-physische Essenz des Lebens dich. Wenn du vollkommen zu deinem Großen Selbst erwacht auf dieser Erde wandelst, wenn du weißt, dass du ein körperlicher Brennpunkt des Göttlichen bist, so ist der Wunsch Des Schöpfers nach dem vollständigen und bewussten Erfahren dieser materiellen Schöpfung erfüllt. Du erforschst neue Grenzbereiche und erschaffst Dinge, die es noch nie zuvor gab.

Das Göttliche kann es nicht ohne dich tun!

Die Leute reden darüber, ihren Lebenssinn zu finden, als wäre es eine ernsthafte, schwerwiegende Angelegenheit. Es ist solch eine puritanische Einstellung zu glauben, Gott hätte irgendeine hohe, schwere Erwartung an dich oder dass du irgendeine Mission erfüllen müsstest. Nichts könnte die Wahrheit noch weiter verzerren. Der Sinn deines Lebens ist es, dich an deinem Leben zu freuen! Entdecke, wer du wirklich bist, und gib dich dem hin – dein Großes Selbst, ein fröhliches Wesen – und deine Talente werden sich von selbst vervielfältigen und erweitern. Lebenssinn ist eine alberne New-Age-Idee. Frage einmal eine Giraffe nach ihrem Lebenssinn. Der Sinn ihres Lebens ist zu leben. Ich garantiere dir, dass Botschaften von deinen Geistführern, die sagen, du müsstest eine schwere Mission erfüllen, durch ein altes Konzept von einem Gott gefiltert wurden, der Opfer und harte Arbeit einfordert. Du bist Hände, Stimme und Körper des Göttlichen, aber werde dabei nicht zu ernsthaft. Liebe, lebe und genieße. Diene, wenn es sich wirklich gut für dich anfühlt. Tatsächlich ist Spiel genauso wertvoll für den Planeten Erde wie Arbeit.

Unsere Lehrer, wir selbst

Meine erste Einweihung erhielt ich 1985 von meinem ersten Lehrer Maharaji, einem erleuchteten Meister. Als sein eigener, fünfjähriger Sohn ihn fragte: "Wer ist Gott?" antwortete er: "Du kannst nach innen gehen und es selbst herausfinden." Er wollte, dass sein Sohn eine eigene, ursprüngliche Erfahrung machte und kein weitergereichtes Konzept übernahm! Maharaji sagte oft: "Wenn du Durst hast, so willst du nicht über Wasser reden. Du willst kein Bild vom Wasser – du willst einen Schluck Wasser trinken." Maharaji war von internationalem Charakter und gebrauchte nie indische Ausdrücke oder Praktiken. Er lehrte uns, uns direkt an Gott zu wenden, Konzepte loszulassen und nicht zu sehr vom Lehrer abhängig zu sein. Das war mir sehr dienlich. Sein Meditationsprozess war ein großer Segen für mich, aber die Verbesserungen in meinem äußeren, praktischen Leben verliefen zu langsam, daher verabschiedete ich mich nach zehn Jahren davon und bewegte mich weiter.

Ich teile einige meiner Erkenntnisse über das Leben mir dir und sie entwickeln sich beständig weiter, so wie sich auch deine weiterentwickeln werden. Dein Verständnis des Lebens wird durch das momentane Niveau deines Bewusstseins gefiltert und wird immer nur so hoch sein, wie deine Schwingung es ist. Was du Gott sagen "horst", wird immer von deiner Schwingung und deinen Glaubenssätzen gefärbt sein.

Ein paar Menschen werden nicht aufnehmen können, was ich sage. Sie sagen vielleicht, es habe ihnen nicht geholfen oder sie ärgern sich über mich. Wenn ihre Gefühle in Bewegung kommen, laufen manche Hals über Kopf davon. Ein paar Jahre bevor sie Divine Openings und mich kennenlernte, hatte eine Freundin von mir eine ziemlich bombastische, kosmische Erfahrung des Einsseins – eine, von der man wohl sagen würde, es wäre die ultimative. Aber ihr Erwachen ist immer noch angehalten, weil sie weder bereit war, niedere Schwingungen zu spüren noch anzuerkennen, dass sie sie erschafft. "Ich habe meinen Ex-Mann nicht erschaffen…" "Mein Vater ist einfach ein Idiot…" Ich musste lächeln, als sie über dieses Buch sagte: "Dieses Buch lässt mich Dinge spüren, die ich nicht mag." Sie hörte auf, es zu lesen. (Wir sind immer noch befreundet.)

Jeder Lehrer, Kanal, Hellseher, jedes Medium, ja jeder Mensch hört, sieht und fühlt etwas anderes, wenn sie mit Gott sprechen, je nach Entwicklungsstufe ihres Bewusstseins. Dinge, die auf einer Entwicklungsstufe des Bewusstseins "wahr" sind, sind auf einer höheren Stufe "weniger wahr". Es ist eine große Herausforderung, Gott frisch und unbeeinflusst von kulturellen Vorstellungen und Mythen zu erleben, aber ich rate dir, darauf abzuzielen. Dein Verständnis von Gott wird sich mit Divine Openings endlos weiterentwickeln.

Wenn jemand sagt, Gott hätte etwas Wütendes, Harsches oder Verurteilendes gesagt, Gott hätte ihm schlechte Nachrichten gebracht oder er hätte eine negative Manifestation des Geistes erlebt, so ist dies einfach die höchste Stimme Gottes, die dieser Mensch zu diesem Zeitpunkt und in diesem Bewusstsein hören kann. Du kannst nicht den Fernsehkanal 24 TV anschauen, wenn deine Antenne auf die Frequenz von Kanal 7 ausgerichtet ist. Du hörst immer die höchste Schwingung, die du von deinem Zustand aus hören kannst. Sei nicht hart zu dir. Bleibe offen für ein noch höheres Wissen und sei bereit, gehen zu lassen, was du "gewusst" hast. *Die Führung vom letzten Jahr ist bereits veraltet.*

Die Autoren der alten Schriften schrieben aus ihrem damaligen Bewusstsein heraus und jeder Übersetzer, der ihre Texte übertrug, kolorierte seine Interpretation mit seinem eigenen Bewusstseinszustand, oftmals mit einer starken politischen Agenda. Es ist einfacher Menschen zu kontrollieren, die sich ihrer wahren Großartigkeit nicht bewusst sind.

Ein Lehrer oder ein Medium, das ungelöste Wut-Schwingungen in sich trägt, wird einen zornigen Gott hören und diese Nachricht an die Schüler weitergeben. Ein Lehrer, der ungelöste Angst-Schwingungen in sich trägt, wird Botschaften der Gefahr, Gewalt und des Untergangs übermitteln und wird dich zu Verteidigungsmechanismen drängen. Jemand, der aktive Schwingungen von Traurigkeit in sich trägt, wird eine nicht so positive Botschaft über Liebe und Beziehungen vortragen. Leer zu werden, war ein Bestandteil meiner 21 Schweigetage in Indien. Meine früheren Prägungen, mein emotionaler Ballast und meine spirituellen Konzepte mussten zuerst ausgeleert werden, bevor ich Gott ohne Vorurteile erfahren konnte.

Du musst zumindest in der Schwingungsnachbarschaft dieses Materials sein, um es aufnehmen zu können. Es ist schwieriger, jemanden zu hören, dessen Schwingung viel, viel höher ist als deine. An einem anderen Tag nimmst du dieses Buch vielleicht wieder zur Hand und sagst: "Wow, warum habe ich das nicht schon früher verstanden?"

Du wirst schrittweise immer höhere Lehrer haben, bis du dich eher als ihr Kamerad fühlst. Du hältst dich möglicherweise weiterhin in ihrem Umfeld auf, weil es Spaß macht. Wenn dein gegenwärtiger Lehrer nicht länger wertvoll für dich ist, dir keine Freude mehr macht oder wenn seine Hilfe nicht mehr stimmig oder hilfreich für dich ist, dann hast du bei ihm abgeschlossen. Dann ist es an der Zeit, diesem Lehrer zu danken, ihn zu ehren und zu neuen Ufern aufzubrechen. Viele meiner früheren Lehrer sind immer noch geliebte, ewige Gefährten in meinem Herzen, selbst wenn ich mich nicht mehr an sie wende, um von ihnen zu lernen.

Wenn ich auf meine eigene Entwicklung zurückschaue, sehe ich, wie sich mein Blick auf viele Dinge gemeinsam mit meinem Bewusstsein weiterentwickelt hat. Zum Beispiel in Bezug auf Beziehungen. Ich schrieb ein Buch mit dem Titel *Dating To Change Your Life (Dates, die dein Leben verändern)*. Es war ein Durchbruch für mich und half vielen Menschen. Jetzt blicke ich darauf zurück und sehe dabei, dass so viele der Ideen, Regeln und Überzeugungen, die ich damals entwickelt hatte, heute nicht mehr für mich gelten. Aber für Menschen, die auf dieser Entwicklungsstufe in Bezug auf Beziehungen stehen, bietet das Buch immer noch eine sehr wertvolle Erfahrung, die ihr Leben verändern kann! Das Leben führt die richtigen Menschen zum jeweiligen Buch.

Eine universelle Eigenschaft eines Lehrers von hohem Niveau ist Einfachheit. Wenn die Methode oder die Botschaft sehr einfach, direkt und effektiv ist, so trägt sie in der Regel eine höhere Schwingung. Wenn sie kompliziert ist, technisch, schwierig und du die ewige Führung durch den Lehrer dazu brauchst, so ist sie weiter von der direkten Kraft des Göttlichen entfernt. Das Göttliche braucht keine komplizierten Prozesse, Theorien oder Methodik; seine Arbeit ist elegant, effizient und schnell (wenn du es zulassen kannst).

Ich persönlich respektiere die Lehrer am meisten, deren Botschaft von sehr hoher und positiver Schwingung ist; Schwarzseher und Vermittler von schlechten Nachrichten meide ich. Ich hole mir immer noch gelegentlich Inspiration von denen, die mir voraus sind, und lausche jedem Botschafter, den das Göttliche schickt. Ein Fremder im Vorübergehen, ein Freund oder ein Obdachloser übermittelt manchmal eine Überraschungsbotschaft vom Göttlichen. Wir schätzen diese Fälle von Synchronizität sogar noch mehr, wenn wir erkennen, dass die "Anderen", die die Botschaften bringen, in der Einheit genauso Aspekte von uns selbst sind. Immer öfter erlebe ich das Göttliche direkt in mir selbst.

So wie ich es in meinen 21 Schweigetagen erfuhr, verschwinden die Fragen, die wir vor dem Erwachen stellen, oft einfach oder sind nicht länger von Bedeutung anstatt sich zu beantworten. Dementsprechend stellen wir, wenn wir Gott direkt erfahren, keine Fragen mehr über Gott; wir sind zu beschäftigt damit, die Erfahrung zu erleben. Divine Openings verhilft dir zur direkten Erfahrung. Lebe es einfach und es entfaltet sich alles. Du kannst aufhören, daran zu arbeiten.

Bald wirst du dein eigenes direktes Wissen haben
und wirst dich für die meisten Antworten nach innen wenden.

Die Gestaltung einer eigenen, persönlichen Beziehung zu Gott

Da das riesige Alles-Was-Ist, die ultimative Form Gottes, so groß, unpersönlich und so unmöglich zu kennen ist, können wir einfach keine Beziehung dazu entwickeln. Deshalb besteht die beste Art und Weise für uns, Gott zu "kennen", in persönlicheren Formen, mit denen wir sprechen können. Dich für die Antworten auf deine Fragen nach innen zu wenden, wird leichter, wenn du eine innige Beziehung zum Innewohnenden aufgebaut hast und wenn du seine reine Schwingung in Worte übersetzen kannst, die du verstehst. Die Menschheit hat seit Anbeginn des Bewusstseins nach Bildnissen von Gott gesucht, zu denen wir Bezug entwickeln können – von den ersten Höhlenzeichnungen in der Steinzeit über die Regen- und Fruchtbarkeitsgötter, die vielen spezialisierten Hindu-Gottheiten bis hin zur griechischen Mythologie, der weißen Büffelfrau der Indianer, Jesus und so weiter.

Dieser persönlichere Gott kennt uns, interessiert sich für uns und will nicht nur, dass wir überleben, sondern auch, dass es uns gut geht und wir uns freuen können. Dieser persönliche Gott hat uns erschaffen und jeder von uns ist ein holographischer Punkt davon. Darum fühlt sich jeder von uns als Zentrum des Universums und ist es auch tatsächlich. In Wahrheit gibt es nur ein "Wesen" in vielen einzigartigen und wundersamen Körpern, jeder in der Illusion des Getrenntseins.

Der Innewohnende ist bereit, sich uns in jeglicher Gestalt zu zeigen, zu der wir Bezug aufbauen oder die wir annehmen können. Einem Christen zeigt er sich als Jesus, als Heiliger Geist oder als Der Herr. Einem Inder mag er als besonderer Aspekt von Krishna, Lord Ganesha, Lakshmi oder Shiva erscheinen, einem Buddhisten als Buddha, einem New-Age-Anhänger als weißes Licht, einer mehr wissenschaftlich orientierten Person als formlose, universelle Intelligenz. Ein Musiker mag ihn in inspirierter Musik spüren. Es kann sein, dass du ihn als Kraft des Lebens kennst, als Intuition oder Bewusstsein. Andere nennen ihn Mutter Erde. Gott macht sich nichts aus dem Namen, bei dem wir ihn nennen; nur die Menschen treffen solch lächerlich dogmatische Urteile. Gott weiß, mit wem wir sprechen.

In Indien passierte etwas ganz Außergewöhnliches mit meinem Verständnis von Gott. Ich erfuhr, dass Gott keine Selbst-Natur hat, sondern das ist, was du glaubst, dass Gott ist, und dass die Fülle der Gnadenenergie, die du einlässt, von eurer Beziehung abhängt. Ich hatte bereits früher Beweise dafür gesehen, denn meine tiefgläubigen Großeltern väterlicherseits bekamen tatsächlich alles, worum sie Gott baten, sogar körperliche Heilungen und Wunder. Wie primitiv ihr biblischer Höllen- und Fegefeuerglaube auch auf mich wirken mochte, sie hatten offensichtlich eine persönliche Beziehung zu ihrem Gott, die funktionierte. Als Kind und als Jugendliche konnte ich mit diesem verurteilenden Gott, den mein Großvater als "Assembly of God"-Priester predigte, nichts anfangen. Unglücklicherweise warf ich einen Gott hinaus, der mich auf andere Weisen gut hätte unterstützen können.

Es war spannend und inspirierend, in Indien zwei neue Namen für Gott kennenzulernen. Obwohl mich die Hindu-Traditionen nie interessierten und es auch immer noch nicht tun, haben diese Namen meine Beziehung zum Göttlichen für immer verändert und halfen mir, ein Konzept von Gott zu entwickeln, mit dem ich wie mit einem Freund sprechen und unterwegs sein kann. *Yathokthakari*, ein Name für Gott, bedeutet: "Einer der tut, worum er gebeten wurde". *Bhakti Paradina* bedeutet: "Einer, der dem Verehrenden auf den leisesten Wink gehorcht und auf Abruf zu Verfügung steht". Was für ein Konzept – dass Gott in der Tat tut, worum wir Ihn bitten und sich entsprechend unserer Erwartungen verhält! Es sollte allerdings gar nicht so überraschend sein. Die gesamte Realität beugt sich unserem Glauben. Wir sind es, die in unserem Glauben steif und unbeweglich sind und uns dessen berauben, was möglich wäre.

Yathokthakari: Einer der tut, worum er gebeten wurde.

Bhakti Paradina: Einer, der dem Verehrenden auf Abruf zu Verfügung steht.

Ich meinte, ich hätte diese negativen Vorstellungen von Gott, die ich in meiner Kindheit angenommen hatte, bereits abgeschüttelt und einen fortschrittlicheren und umfassenderen Gott angenommen. Doch ich erkannte, dass der riesige, formlose Gott, zu dem ich Bezug aufzubauen versucht hatte, viel zu nebulös und unpersönlich, viel zu groß für mich war, als dass ich irgendeine persönliche Beziehung zu ihm hätte aufbauen können. Kein Wunder, dass die Beziehung kühl und distanziert gewesen war. Das Leben ist heiß und nah am Geschehen und dein Gott sollte lieber deutlich spürbar und real sein, wenn er mit deiner täglichen, physischen Realität mithalten soll. Mein Gott war nicht so real wie die sehr ablenkende, äußere Realität gewesen, daher war mein Gott schwach, schwer zu spüren und ineffektiv gewesen. Ich brauchte einen Gott, der näher und persönlicher war. Eine unserer Herausforderungen in der physischen Welt besteht darin, die materielle Welt nicht zu unserem Gott werden zu lassen. Was immer deine größte Aufmerksamkeit bekommt und an was auch immer du deine Macht abgibst – das ist dein Gott. Wenn dir die Umstände deines Lebens ins Gesicht springen, so können sie deine Aufmerksamkeit leicht auf sich ziehen und deinen allerwichtigsten inneren Gottfokus übertönen.

Als wir Kinder waren, geschah es sehr leicht, dass wir unser Bild von unseren Eltern auf unser Bild von Gott übertrugen. Das ist nicht überraschend – unsere Eltern *waren* für uns Gott – der Kanal, durch den alle Dinge so viele unserer prägenden Jahre lang flossen. Mein Vater war der wortkarge, starke, stille Typ, daher war mein Konzept von Gott natürlich genauso. Falls deine Eltern nicht verurteilend waren, falls sie gütig, ermutigend und unterstützend, liebevoll und weise waren, so ist dein Bild von Gott wahrscheinlich ein sehr sehr gutes. Falls deine Eltern jedoch gewöhnliche Eltern waren, kann es sein, dass du die weniger positiven, unbewussten Vorstellungen von Gott hinauswerfen und sie mit deinen Wunschqualitäten erst noch ersetzen musst. Warum? Weil Gott sich so verhalten wird, wie du es erwartest und das Leben dir Entsprechendes als Folge davon bringt.

Da all dies bereits in uns geprägt wird, bevor wir überhaupt sprechen können, kann es unsichtbar und schwer identifizierbar für uns sein – so tief in uns eingeschliffen, dass wir es nicht einmal bemerken. Wie könnten Fische bemerken, dass sie im Wasser sind? Es ist keine andere Wirklichkeit vorstellbar! Du spürst die Kleidung auf deiner Haut nicht – du bemerkst sie nicht, denn du hast sie schon dein ganzes Leben lang gespürt. Wir können diese frühen Annahmen buchstäblich nicht spüren, weil wir nie etwas anderes gespürt und deshalb keinen Kontrast haben, mit dem wir vergleichen könnten. Die meisten Menschen hatten niemals Gelegenheit, dies zu klären – bis jetzt. Es ist aber keine Arbeit. Alles, was du tun musst, ist um göttliche Hilfe zu bitten, dein neues Konzept von Gott zu entwickeln, und Gott wird den Rest übernehmen. Das Göttliche wird sogar zu dir kommen, falls du dich vor ihm fürchtest, darauf wütend bist oder Zweifel hast. Bitte einfach darum.

Ich erschuf mir eine Persönlichkeit von Gott, mit der ich wirklich reden und eine Beziehung aufbauen konnte; eigentlich habe ich mir meine eigene Traumbeziehung mit Gott geschaffen, habe Ihm/Ihr alle Qualitäten gegeben, die ich mir von Herzen wünschte, alle Qualitäten, die meine irdischen Eltern nicht hatten und alles, was ich mir vom Leben wünschte, aber noch nicht bekommen hatte.

Das hat Spaß gemacht! Ich bat darum, dass "mein" Gott mir mit Humor und auf spielerische, freundliche, fürsorgliche Art begegnet und außerdem all die Qualitäten aufweist, die man von ihm erwartet, wie bedingungslose Liebe, Allwissenheit und Macht (aber ohne eine herumkommandierende Autorität zu sein). Später ergänzte ich dies zu einem Gott, der sich um jedes einzelne meiner Bedürfnisse und um alle meine Sorgen kümmert, der mit mir spielen will und Teil meines ganzen Lebens sein will, der mir Botschaften schickt, die ich verstehen kann, der es liebt, gemeinsam mit mir zu erschaffen, und der mich als Partnerin sieht. Gott entwickelte sich schließlich zu einem inneren Freund, der wirklich zuhörte und mit mir in Zeichen, Ereignissen oder durch meine eigene Stimme kommunizierte. Dies war etwas ganz anderes als die einseitigen Bitten an den zornigen, kleinlichen, verurteilenden Gott, von dem mein Großvater gepredigt hatte. Opa meinte es gut, hatte mir aber gesagt, dass Gott Mädchen, die Hosen trugen, verdamme und auch wenn ich es ihm nicht wirklich abkaufte, so hatte es mich doch von diesem verurteilenden "Gott" distanziert. Ich mochte damals nicht einmal das Wort Gott. Viele mögen es immer noch nicht. Beobachte, ob du zusammenzuckst, wenn du es hörst. Dieser neue Gott brauchte mich, schätzte mich und fand an allen meinen Abenteuern Vergnügen, sogar an meinen banalen, täglichen Aufgaben. Dieses Konzept entwickelte sich beständig weiter, so dass ich mich heute gar nicht mehr als getrennt von Gott vorstellen kann, und daher ist es schwierig, es überhaupt noch eine

"Beziehung" zu nennen. Beginne von dort aus, wo du jetzt bist und lass es sich weiterentwickeln.

Viele Menschen spüren immer noch einen Widerstand gegen Autoritätsfiguren und rate mal, was ist, wenn dies bei dir der Fall ist? Dann zeigt sich Gott als die ultimative Autoritätsfigur und dies schafft eine große Distanz zwischen Gott und dir, ohne dass du es bemerkst. Nimm Gott aus der Autoritätsrolle heraus und setze Gott in die fürsorgliche Rolle, wenn du eine offenere, liebevollere Beziehung möchtest.

Mit Hilfe von Divine Openings wird Gott greifbare Realität; Gott wird nach diesem Neugestaltungsprozess zu einer Erfahrung anstatt einem Konzept. Ein humorvolles Wunder während meines Schweigens ließ mich das vollständig erkennen. Ich hatte eine kleine Taschenlampe, die ich mir nach dem offiziellen "Licht aus" im dunklen Schlafsaal um den Hals hängte. Ihr kleiner Metallgriff ging eines Tages kaputt und ein Stück Metall ging verloren. Ich stellte die Taschenlampe während der Nacht auf den Nachttisch. Am nächsten Morgen war der Metallgriff der Taschenlampe repariert. Er war heil; das fehlende Stück war wieder daran. Es war keinerlei Knacks zu sehen, wo der Bruch im Griff gewesen war. Ich lachte. Mein verspielter Gott hatte mir ein spielerisches Zeichen gegeben und ich verstand die Botschaft. Sie sagte mir: "Alles ist dir jetzt so sicher – es gibt nichts mehr für mich zu tun, außer deine Taschenlampe zu reparieren." Sie sagte außerdem: "Sogar dieses kleine Detail deines Lebens ist mir so wichtig, dass ich ein Wunder für dich wirke, nur um deine Taschenlampe zu reparieren." Diese kleine Taschenlampe steht bis heute zur Erinnerung auf meinem Kaffeetisch. Tränen der Freude kommen mir mit der Erinnerung.

Wenn sich eine innere Stimme gut anfühlt, weiß ich, dass es mein Großes Selbst ist. Wenn sie sich schlecht anfühlt, ist es mein kleines Selbst. Von Minute zu Minute, von Tag zu Tag vertiefte sich meine Beziehung zum Göttlichen weit mehr als sie je zuvor gegangen war.

Das Göttliche wird sein, was immer du willst.

ÜBUNG: Schreibe dein Konzept von Gott in dein Notizbuch und verbringe einige Zeit damit, dir eine neue Art von Gott auszumalen, zu der du eine Beziehung aufbauen kannst. Erschaffe kontinuierlich ein neues Konzept von Gott, das dir mehr Freude macht.

Die Erfüllung deiner Wünsche

Sprich einfach zum Innewohnenden in dir. Jede Art von Kommunikation funktioniert. Es freut sich von dir zu hören! Es stößt sich nicht daran, wie du es ansprichst oder ob du das Gebet, Meditation oder Konversation nennst, ob du es ordnungsgemäß formulierst, ob du es aufschreibst oder nicht. Hänge dich nicht an den Wörtern, Prozessen oder Ritualen auf. Sprich zu Gott wie zu einem Freund. Sei du selbst. Du kannst sogar mit Gott streiten oder dich aufregen. Wer könnte besser oder weniger verurteilend damit umgehen?

Gott freut sich schon, überhaupt von dir zu hören.

Der Innewohnende kennt deine unausgesprochenen Bedürfnisse. Wenn es dir schlecht geht, hört Der Innewohnende, dass du dich gut fühlen möchtest, und erschafft das, was du möchtest. Alles, was du tun musst, ist darin einzusteigen. Wenn du nicht hast, was du dir wünschst, spürt Der Innewohnende deinen Wunsch. Ich hatte Klienten, die während der Divine Openings Spontanheilungen von Verletzungen erlebten, die sie schon lange mit sich getragen hatten. Sie hatten mir weder von diesen Verletzungen erzählt noch hatten sie mich um Heilung gebeten. Gott wusste es. Divine Openings öffnet dich im wahrsten Sinne des Wortes, so dass die Gnade, die beständig zu dir fließt, endlich zugelassen wird. Viele komplizierte Technologien wurden entwickelt – die nicht verstehen, wie einfach es ist, zu bitten und zu empfangen. Sobald Divine Openings dir diese Tür geöffnet hat, spürst du einfach nur, was du brauchst und dir wünschst, und lässt los in dem Wissen, dass es kommt.

Die Grundformel lautet: Du fragst (oder spürst ein Bedürfnis), Der Innewohnende antwortet, du lässt es ein. Aus dem Weg zu gehen und zu lernen, den Widerstand zu lösen, ist deine einzige Aufgabe. Aber das erfordert Geduld. Der Innewohnende hört dich immer fragen, selbst wenn du es nicht in Worte fasst, selbst wenn es nur ein schlechtes Gefühl oder ein tiefes, inneres Sehnen ist, das du spürst. Das Fragen geschieht von deiner Seite aus also automatisch. Der Innewohnende erfüllt immer die Essenz deiner Bitte und wartet nur auf den Spalt einer Öffnung, um sie in der materiellen Welt zu erfüllen. Die Gnade erledigt 90 Prozent. Deine 10 Prozent bestehen darin, aus dem Weg zu gehen und es zuzulassen.

Die Gnade erledigt 90 Prozent.
Deine 10 Prozent bestehen darin, es zuzulassen.

Divine Openings hilft dir glücklicherweise mit dem Teil des Prozesses, mit dem die Menschen die größten Schwierigkeiten haben: *Es zulassen*. Wenn unsere Kanäle verengt sind, kann die Gnade nicht so voll einfließen, wie sie angeboten wird. Wir bitten und dann lassen wir das Gewünschte nicht ein; wir spannen uns an und zweifeln, fühlen uns unwürdig, fokussieren uns auf den Mangel davon und blockieren so seine Ankunft. Versuche Folgendes: Spanne dich komplett an, alle deine Muskeln, deine Kiefer, deine Fäuste. Nun versuche dir vorzustellen, dass dir jemand etwas geben möchte, damit es dir in diesem Zustand besser geht. Das ist Widerstand. Nun entspanne dich und öffne deine Hände. Jetzt könntest du etwas annehmen. Es ist die Konditionierung des menschlichen Urzeit-Denkens, die uns angespannt und voller Widerstand hält. Wir selbst können sie nicht lösen, aber die Gnade kann es mühelos. Sag einfach "Ja". Sprich es gleich jetzt laut aus. *JA!*

Ich rätselte früher darüber, warum in der Bibel stand, dass Jesus der einzige Weg war, durch den wir "erlöst" werden könnten, denn das schien einen großen Teil der Menschheit auszuschließen, der noch nie von Jesus gehört hatte. Ich konnte mir nicht vorstellen, dass der Schöpfer, den ich persönlich und so gut kenne, irgendjemand ausschließen würde. Jetzt habe ich das Gefühl, dass damit gemeint ist, dass der Mensch Schwierigkeiten hat, es alleine zu schaffen, weil er so in dem kleinen, separaten Selbst feststeckt, dass die Gnade des Göttlichen das Einzige ist, das kraftvoll genug ist, um diese Aufgabe zu erledigen – dass der einzige Weg der Menschheit aus dem Leiden heraus das Erwachen zu diesem Christus-Bewusstsein ist. Reine Taten auf der weltlichen Ebene reichen nicht aus. Du wirst von der Gnade "erlöst" (unterstützt), egal unter welchem Namen. Du wirst bald erleben, was das bedeutet, egal welcher Religion du angehörst oder welchen Weg du gehst. Es kann sogar sein, dass du dich entschließt, zu "den Händen" zu werden, die dabei helfen, sie auf die Erde zu bringen. Menschen aus aller Welt kommen zu mir, um als Divine Openings Guide initiiert zu werden.

Viele von uns haben mittlerweile die Art von Beziehung zur göttlichen Präsenz, die es uns erlaubt, dass wir einfach nur an etwas denken, ohne formelles Gebet oder einen Prozess, und es geschieht. Auch du kannst diese Art von Beziehung haben. Dieses Buch wird dir Schritt für Schritt zeigen wie. Lass alle Vorstellungen von einem Gott los, der dir nicht alles gibt, was du dir wünschst. Diese Glaubenssätze blockieren deine Annahme. Wenn dein Gott liebevoll, gütig und unterstützend ist, so wird dir alles, worum du bittest, gegeben. Du kannst es zulassen, weil es zu deinem neuen Glauben passt.

Wenn dein Gott so freundlich zu dir ist, so intim in dein tägliches Leben mit eingebunden ist, dann wird dir die Essenz von all dem geschenkt, worum du bittest, egal wie profan es ist. Menschen, die eine solche Beziehung zu Gott haben, brauchen nicht zu beten, etwas aufzuschreiben oder Ziele zu setzen. So ist es mittlerweile für mich. Ich frage einfach nebenbei und die Lebenskraft gewährt meine Bitte, genau wie ein liebender, irdischer Elternteil oder Wohltäter es tun würde. Du kannst eine solche Beziehung haben, wenn du anfängst, regelmäßig mit Gott wie zu deinem Freund und Vertrautem zu sprechen, und aufhörst, Gott als eine Art Autoritätsfigur zu betrachten, die getrennt von dir ist und sich nicht für deine weltlichen Bedürfnisse interessiert. Ich bin an einen Punkt gekommen, an dem ich kaum noch um etwas bitte. Ich lasse los und lasse mich von Gott in die beste Richtung führen. Gestern bat ich um Regen und ließ dann los. Mit einer Wettervorhersage ohne jeglichen Regen kam er heute morgen und nun ist die ganze Woche Regen angesagt.

Ersetze und lasse alle Vorstellungen los, dass du dir Dinge verdienen müsstest, denn mit dieser Vorstellung wirst du dir alles verdienen müssen. Beschließe, dass Gott dich mit Leichtigkeit mit allem beschenken möchte, was du dir wünschst. Erinnere dich daran, dass dein Wert für Gott nicht in Frage steht. Unwürdig zu sein, ist ein Konstrukt des Verstandes. Du bist würdig, genau wie die Vögel und Blumen es würdig sind, genährt zu werden.

Ersetze und lasse alle Vorstellungen los, dass du es nicht würdig wärst, etwas zu erhalten, denn wenn du das glaubst, so ist es schwieriger für die Gnade, deine Gaben zu dir zu bringen. Beschließe, Gott darin zuzustimmen, dass dein Wert bereits feststeht. Allein die Tatsache, dass du das Geschenk des Lebens erhalten hast, beweist deinen Wert. Allein das Lesen dieses Buches und das Erhalten der Divine Openings darin werden dir helfen, dich dem Wissen um deinen Wert zu öffnen und die Gnadenenergie einzulassen, die dir in jedem Augenblick angeboten wird.

Lass den Glauben los, es ginge im Leben um Lektionen, denn wenn du das glaubst, so wirst du viele Lektionen erhalten, während du mit dem Glauben, dass es im Leben um Freude geht, viel mehr Freude erlebst. Das Leben wird dich weiterentwickeln, du wirst dazulernen und auf natürliche Weise wachsen, aber das muss keine ernste, öde Schule sein! Beschließe, dass Gott möchte, dass du Spaß hast, während du dich weiterentwickelst. Tatsächlich bist du Gott am nächsten, wenn du glücklich bist, und du wirst auch bald wissen warum.

Ersetze und lasse alle Vorstellungen los, dass deine weltlichen Wünsche Gott unwichtig wären. Wenn du denkst, Gott habe kein Interesse an deinen täglichen Bedürfnissen, dann kannst du nicht so viel Gnade einlassen. Das Göttliche möchte durchaus, dass du das hast, was du dir in der materiellen Welt wünschst. Je mehr du also aus dem Weg gehen und das Gute einlassen kannst, desto leichter kann es zu dir kommen. Menschen, deren materiellen Bedürfnisse und Beziehungswünsche erfüllt sind, sind freier, ihre spirituelle und dienende Seite zu leben. Jemand, der finanziell permanent darum kämpft zurechtzukommen, ist weder ein gutes Vorbild für andere noch hat er Zeit und Geld, um sich der Spiritualität und dem Dienst am Anderen zu widmen.

Erschaffe eine neue Beziehung zu einem persönlichen Gott, der dir nahe steht.

Also, bete, wenn beten sich persönlich für dich anfühlt. Aber mache eine beidseitige Kommunikation daraus. Sei still und lass Gott mehr sprechen. Sei dir bewusst, dass die Antwort gegeben wurde, auch wenn du noch nicht weißt, wie sie lautet. Es kann sein, dass die Antwort nicht durch eine Stimme kommt; oft ist sie ein Gefühl, ein Wissen, ein schlichter Gedanke; oder ein Ereignis oder eine Person taucht später einfach auf. Lausche, beobachte, spüre und sage im Voraus Danke – jetzt.

Zur Präsenz nach innen tragen

Der Hauptzweck meiner langen Schweigezeit in Indien war, all meine Zeit dafür zu nutzen, mit dem Innewohnenden zu kommunizieren; alles zur göttlichen Präsenz nach innen zu tragen – die Gefühle, die Gedanken, die Fragen – mit der Präsenz im Inneren wie mit einem lieben Freund zu sprechen. Ich bekam Rat, Antworten, wurde genährt und entwickelte diese intime Beziehung auf einer tieferen, greifbareren Ebene weiter als je zuvor. Dadurch, dass ich nicht mit den anderen Teilnehmern sprach und Augenkontakt vermied, hielt ich meinen Fokus nach innen gerichtet. Wie oft schenken wir auch nur einen Tag lang unser ganzes Sein und unsere ungeteilte Aufmerksamkeit der Präsenz?

Für mich war es köstlich, still zu sein – der ultimative Urlaub! Die wachsende Beziehung zu meiner geliebten göttlichen Präsenz in mir wurde viel zu kostbar, als dass ich es überhaupt in Erwägung gezogen hätte, das Schweigen zu brechen. Es war wie in den intensiven, ersten paar Wochen einer Liebesbeziehung, in denen deine Aufmerksamkeit und dein Fokus nur auf den Geliebten gerichtet sind, nur dass es diesmal der ultimative Geliebte im Innern war. Je tiefer ich in diese stille Umarmung eintauchte, umso süßer fühlte es sich an und umso stärker wurde ich. Es war die absolute Erfüllung.

Sobald diese Beziehung zum Innewohnenden hergestellt war, war der Rest einfach. Ich bemerkte, dass diejenigen von uns, die all ihre Gefühle, Herausforderungen und Fragen zum Göttlichen nach innen trugen, tiefgehende Erfahrungen machten, während diejenigen, die sich nach außen zu anderen Menschen wandten, weder diese Tiefe in der Kommunikation mit dem Innewohnenden entwickelten noch Zugang zu ihrer inneren Kraft bekamen.

Manche der Teilnehmer konnten die Stille nicht ertragen und, indem sie ihre Gefühle und Gedanken anderen gegenüber ausließen, hielten sie ihre alten Strategien weiter in Gang, mit denen sie auch bisher Gefühle vermieden und ihre Geschichten am Laufen gehalten hatten. Ich hatte meine Geschichten satt und wollte sie nie wieder erzählen. Bereits lange vor Indien hatte ich unterrichtet, dass die Wiederholung unserer negativen Geschichten die ungewollte Wirklichkeit nur noch stärkt. Die Geschichten geben der negativen Wirklichkeit mehr Sprit und entziehen uns unsere Kraft. Als ich die Geschichten fallen ließ und alle negativen Gefühle nach innen in diese intime Beziehung trug, während die Gnade mich anhob, übernahm das Göttliche sie. Dinge, mit denen ich seit Jahren gekämpft hatte, lösten sich wie Nebel in Luft auf.

Beobachte, wie trivial und ineffektiv das meiste Reden ist, wie sehr es uns Energie kostet und uns aus dem Augenblick heraus holt. Beobachte, wie wir das Sprechen benutzen, um vor Gefühlen wegzulaufen, sogar während wir über Gefühle sprechen! Das Sprechen über Gefühle wurde durch das stille Spüren der Gefühle bis in den innersten Kern ersetzt. Ich verspürte einen immer stärker werdenden Wunsch, alles zur göttlichen Präsenz in mir zu tragen und verlor im gleichen Maß meine Lust auf Beratung von außen. Wenn du wirklich frei bist, macht Beratung und "Geheiltwerden" überhaupt keinen Sinn. Ich staunte über die Lichtgeschwindigkeit, in der meine Bitten erfüllt wurden. Jetzt sehe ich, dass meine Klienten und Zuhörer die gleiche Erfahrung machen.

Schon seit langem spürte ich eine Sehnsucht in mir aufzuhören, nach äußeren Quellen für Antworten, Geborgenheit, Informationen und Führung zu suchen. Es war ein wahr gewordener Traum. Sobald ich aus dem Weg war, konnte die Gnade, die schon immer herabgeregnet war, einfließen. Alles, worum ich gebeten hatte, kam – manches sofort und anderes nach einer Weile. Ich wurde so zuversichtlich, dass alles kommen würde, dass meine alte Gewohnheit des Zweifelns *verschwand*. Ich kam gar nicht mehr auf die Idee, je wieder an mir zu arbeiten, sobald ich erkannt hatte, dass ich auf einer evolutionären Schnellspur war, die von mir nichts anderes erforderte, als aufzupassen und wach zu bleiben.

Diese Gewohnheit, mich für alle Bedürfnisse nach innen zu wenden, hat seit den 21 Schweigetagen lange angehalten. Das Göttliche ist genau hier und wird jedes Bedürfnis schnell, passend und vollständig aus seinen unendlichen Quellen und seinem allumfassenden Wissen heraus stillen. Alles, was ich zu tun brauche, ist zu entspannen und aus dem Weg zu gehen. Es mag sein, dass ich immer noch nach praktischem Rat oder Hilfe in weltlichen Spezialgebieten frage. Das Göttliche kann jede Art von Antwort durch eine andere Person schicken. Ich rufe, weiß Gott, immer noch den Techniker an, obwohl sogar bei einem technischen Problem möglicherweise das Erste, das ich tue, ist, mich still hinzusetzen, meine Augen zu schließen, meinen Verstand herunterzufahren und mir Inspiration zu holen; oder meine Schwingung auf Empfangsmodus zu schalten, so dass ich die Hilfe oder Antwort annehmen kann. Oft bekomme ich Antwort von innen oder das Problem löst sich von alleine!

Es gibt etwas, auf das du dich immer verlassen kannst, und du findest es in deinem Innern.

Eine Beziehung zum Göttlichen in glücklichen Zeiten

Es gibt einen Cartoon von Tex Reid, in dem ein Cowboy in die Kirche geht und zum Priester grüßend an den Hut tippt, worauf der Priester fragt: "Was ist es diesmal, Clem? Dürre? Fallen die Rinderpreise? Ist die Grundsteuer gestiegen?" Nachdem ich gesehen hatte, wie wohltuend und praktisch meine neue Beziehung zu Gott war und wie viel Spaß sie machte, beschloss ich, meine Kommunikation mit dem Göttlichen nie wieder auf die Zeiten zu begrenzen, in denen ich Hilfe brauchte. Was für eine Freundschaft ist das? Ich wusste, dass Gott mich nicht dafür verurteilen würde, wenn ich es täte – ich war diejenige, die etwas verpassen würde. Mittlerweile führen wir einen durchgehenden Dialog miteinander, jede Minute und sogar während ich mit anderen Menschen, Tieren oder der Natur kommuniziere, an meinem Computer oder in meinem Auto sitze. Gott ist überall und alles. Das Leben ist diese Kommunikation. Meditation ist super für die reine Freude darin oder um sich einfach in der Stille der Leere auszuruhen. Sie ist erholsamer als Schlaf. Meditiere, um einen Neustart zu machen, dich zu erfrischen oder zu entleeren, aber nicht, um etwas zurechtzurücken oder irgendwohin zu gelangen.

Die Leute sprechen davon zu meditieren, um die Erde zu retten. Werde glücklich und strahle Glück aus, dann trägst du damit durch hohe Schwingungen mehr zum Guten für die Erde bei, als dir bewusst ist. Meditation aus dem Bewusstsein heraus "Auf der Erde liegt etwas im Argen", erschafft nur noch mehr davon und erzeugt mehr Dissonanz in dir. Tatsächlich kann es die Lage eher noch verschlimmern.

Auch wenn es nicht jeden Tag ist, versuche ich, mich still hinzusetzen und meinen Tag vorzubereiten, indem ich loslasse, so dass das Göttliche mir eine glatte Entfaltung ermöglichen kann und ich meine Gelegenheiten, diesen Tag erfüllend, freudig, effizient und konstruktiv zu gestalten, erkennen kann. Ich bitte um die Lösung von Widerständen gegen wichtige Gespräche, die ich haben werde, sowie gegen Dinge, um die ich gebeten habe. Dieser pro-aktive Fokus hat meine alte Einstellung des "Heilmachens" so weit ersetzt, dass Problemlösungen nun nicht mehr der Mittelpunkt meines Lebens sind. Manchmal wache ich mit einer solchen Klarheit darüber auf, was ich tun werde, dass ich aufspringe und mich sofort hineinstürze. An anderen Tagen schaue ich zurück und erkenne, dass es eine gute Idee gewesen wäre, etwas göttlichen Fokus zu setzen.

Wir bewegen uns auf eine neue Welt zu, die auf *Schaffenskraft anstatt auf Problemlösungen* basiert. Spüre diesen Unterschied. Das ist der Schlüssel.

Reparieren, Verhindern und Überleben sind alte Denkmuster. Wir können die Lösung nicht sehen, solange wir das gleiche Bewusstsein haben, das das Problem geschaffen hat. Unsere Dialoge mit Gott werden das Bitten um Hilfe (wie Kind seine Eltern) bald übersteigen und mehr zu einem Prozess des gemeinsamen Erschaffens (wie unter Partnern) werden. Das kleine Selbst wird dir sagen, dass du immer noch weitersuchen, dich verteidigen und Probleme lösen musst. Das ist aber eine auf Fehler programmierte Granate! Das kleine Selbst weiß, dass es, sobald du ein freies, in seiner Kraft stehendes, kreatives Wesen bist, keine Kontrolle mehr über dich hat.

Freiheit von Suchen und Ausgleichen ist für viele eine fremde und unmögliche Vorstellung und sie mag anfangs unbegreiflich erscheinen. Nach einem Leben voller Mühsal, voller Überwinden von Hindernissen, voller Korrigieren und Verdienen mag es seltsam wirken, einfach auf eine neue Welle zu hüpfen und dich tragen zu lassen, wohin auch immer du willst und wann immer du willst. Worum wird sich das Leben drehen, wenn du nicht mehr nach Erleuchtung suchst, nach der Erfüllung von Wünschen strebst, Probleme zu lösen versuchst oder irgendwohin kommen möchtest – wenn alle deine Grundbedürfnisse gestillt sind? Es ist aufregend, darüber nachzusinnen, und aus diesem Nachsinnen heraus werden deine nächsten Schritte entstehen.

Wenn du alles erschaffen könntest, was du wolltest, nicht aus einem Bedürfnis heraus, sondern einfach aus der puren Freude daran (und du kannst und wirst es tun), was wäre es? Der Level 2 Onlinekurs steigt tief in Schaffenskraft und Freude ein, nachdem du aus dem meisten Leid herausgekommen und bereit bist, auf dieser Erde zu spielen!

Kommuniziere auch in guten Zeiten! Es wird viele davon geben!

Das Ende der Fragen

Während der 21 Schweigetage bekamen wir manchmal eine halbe Stunde Zeit, um mit unseren Begleitern zu sprechen, die im Grunde genommen Mönche waren. Wir alle hatten Fragen an sie und manche Teilnehmer waren wie kleine Kinder im Süßwarenladen, die sich mit so viel Leckerem vollstopfen, wie sie nur können. Ich war mir jedoch klar darüber, dass ich an diesen Ort gekommen war, um Antworten im Inneren zu finden und wurde bald dazu geführt aufzuhören, Fragen an sie zu stellen und anzufangen, meine Fragen direkt zum Göttlichen zu tragen. Auf einmal tauchten Antworten zu Fragen auf, über die ich jahrzehntelang gegrübelt hatte "Warum bekam ich Angst, als ich vor Jahren ein strahlend weißes Licht beim Meditieren und später noch einmal beim Zelten sah?" Die Antwort kam von innen heraus: Das kleine Selbst interpretiert alles Unbekannte durch einen Filter der Angst. Ich erinnerte mich daran, dass in den Bibelgeschichten, die ich als Kind gelesen hatte, die Leute sich fast immer in Angst auf den Boden warfen und ihre Augen bedeckten, wenn sie einem Engel begegneten. Unser kleines Selbst hat Angst vor unserem eigenen Licht!

Um den neunten Tag herum hörten sogar meine unablässigen inneren Fragen an das Göttliche über das Leben, die Liebe, Geld, die Zukunft und die Bedeutung von all dem auf – zum ersten Mal in meinem Leben. Es herrschte eine unheimliche Stille in meinem Kopf. Anstatt "beantwortet" zu werden, verloren die meisten Fragen einfach ihre Bedeutung oder lösten sich auf, während mein Kopf leer und still wurde. Ich berichtete den Begleitern, dass ich keine Fragen mehr hatte und keine Treffen mehr mit ihnen benötigte. Ich erkannte, dass die meisten unserer Fragen nur dadurch entstehen, dass unser Verstand seinem Naturell freien Lauf lässt. Der Verstand hinterfragt und zweifelt – das ist schlicht und einfach das, was er tut. Wenn der Verstand aufhört zu plappern und wir still sind, können wir einfach *sein.*

In mir war alles still und ich saß oft und staunte über den ungewohnten Raum in meinem Kopf. Jegliche neu auftauchende Frage wurde entweder sofort und entschieden vom Göttlichen in mir beantwortet oder schnell als bedeutungsloses, intellektuelles Geschwafel erkannt. Es zeigte mir klar und humorvoll, dass das Leben kein Warum hat. *Leben ist.* Das Leben ist zum Leben da oder wie meine Freundin Penny zu sagen pflegte: "Das Leben lebt einfach." Fragen zu stellen, analysieren, es verstehen zu wollen, es zu benennen und zu kategorisieren, sind Ablenkungen des Verstandes vom tatsächlichen Leben. Menschen, die wahrhaft leben, fragen nicht nach dem Sinn des Lebens – sie leben! Sie erleben jeden Augenblick. "Warum?" Frage einen Vogel, warum er lebt.

Ich würde nie wieder so große Fragen haben. Meine Fragen sind jetzt praktischer Art. "Was mache ich heute?" "Was würde sich gut anfühlen?" "Was werde ich als nächstes erschaffen?" "Was wäre ein einfacherer Weg, um dies zu erledigen?" Jetzt kommen die Antworten einfach oder ich lasse die Frage fallen und lasse los.

Ich wurde so leer, dass Stunden und Tage vorübergingen, an denen kaum ein Gedanke die Oberfläche meines Verstandes kräuselte. Es war Seligkeit. Als ich nach Hause ins Alltagsleben zurückkehrte, füllte sich mein Verstand zwar gelegentlich wieder an, klärte sich aber wieder, sobald ich es zum Göttlichen in mir trug, ablegte und die Stille wiederfand. Bald hatte sich ein Rhythmus eingestellt, Gedanken kamen und gingen und hinterließen einen freien Raum für den nächsten Moment.

Es gab immer noch Momente der Verwirrung, aber ich wusste, dass dies bedeutete, dass ich mich still hinsetzen, wieder herunterkommen und den Raum sich wieder klären lassen musste. Dann konnte ich die Antwort erkennen oder die Frage würde wieder einmal bedeutungslos werden, sobald sich ein neues Bewusstsein öffnete. Probleme existieren nur in dem Bewusstsein, das es erschaffen hat. Im helleren Licht des neuen Bewusstseins ergeben die alten Fragen nicht einmal mehr Sinn – sie sind Nicht-Themen. Um ein Beispiel zu nehmen: Wenn Regierungen aus dem defensiven und am Überlebenskampf orientierten Bewusstsein heraus, das nukleare Waffen geschaffen hat, versuchen sich darüber zu einigen, was mit diesen Waffen geschehen soll, so kommen dabei nur Gesetze und Bestimmungen heraus, die teilweise oder gar nicht funktionieren und bei denen sich keiner sicher fühlt, wenn er sie befolgt. Aus einem erweiterten Bewusstsein heraus kämen die Menschen gar nicht auf die Idee, diese Waffen zu benutzen. Fragen darüber, wer welche Arten haben sollte und wie sie kontrolliert werden sollten, erscheinen aus diesem neuen Bewusstsein heraus ziemlich unsinnig. Die Leute schauen zurück und wundern sich, warum das nicht schon eher offensichtlich war.

In den meisten Ländern hat ein erhöhtes Bewusstsein in Bezug auf Frauen zu einer besseren Behandlung von ihnen, sowie zu ihrem Wahlrecht und einem Recht auf Gleichstellung geführt. Das vorherige Bewusstsein hat diese Möglichkeiten nicht unterstützt. Auf einmal erscheinen sie ganz natürlich. Bewusstseinssprünge werden zuerst in einigen wenigen Menschen geboren, in ein paar Ländern, dann springen sie auf andere über und schließlich verändert sich die gesamte materielle Welt, um sich ihnen anzupassen. Du bist ein Vorläufer für Bewusstseinsveränderungen. Wenn es sich anfühlt, als würde es zu lange dauern, dann erinnere dich daran, dass die Evolution ewig weiterläuft. In einem universellen Sinne gibt es keine Eile und keine Ziellinie.

Als ich wieder zu Hause war, war die innere Hilfe immer für mich da und wenn es nur ein beruhigendes Gefühl war. Manchmal war die Antwort eine klare Auskunft, manchmal war es ein Gefühl von "Warte nur, sei glücklich, es wird alles gut sein", manchmal war es eine Handlung, die gleich getan werde musste. Das Ergebnis in meiner neuen Arbeit war tief greifend; die Führung strömte herein. Du musst aktiv werden, wenn du dazu geführt wirst. Dies ist eine materielle Welt!

Die Leute fragten mich: "Wie kann man unterscheiden welche Gedanken vom Göttlichen stammen und welche nur Lärm sind?" Ich hatte dies nicht beantworten können, bis ich es aus eigener Erfahrung wusste. Jeder von uns erhält permanent Kommunikation, Inspiration, Anstöße, Einflüsterungen und Vorschläge vom Göttlichen, aber wenn unsere Köpfe zu voll und unsere Augen auf Probleme und Ablenkungen fokussiert sind, landen diese inspirierten Gedanken in einem Haufen von lautem Gedanken-Geplapper und es ist schwer, so etwas danach durchzusortieren, welche Gedanken inspiriert sind, vor allem, da die Einflüsterungen des Göttlichen oft besänftigend sind, anstatt zu brüllen. Die Führung kommt meist nicht durch einen brennenden Dornbusch und eine dröhnende Stimme. Aber in meinem neuen, stillen, klaren Kopf wurde es einfach, die subtilen, leisen, vom Göttlichen inspirierten Gedanken zu erkennen. Sie fühlen sich immer gut an und bringen immer gute Nachrichten.

In der Stille kannst du die Stimme Gottes hören.
Sie kann sich genau wie du anhören, nur schlauer.

Eine zweite Chance für eine glückliche Kindheit

Um den fünfzehnten Tag der 21 Tage herum wurde ich sprichwörtlich wieder zum kleinen Kind. Ich flocht meine Haare zu Zöpfen, ging wie ein kleines Mädchen, sah aus wie ein kleines Mädchen und fühlte mich so unschuldig wie jedes neugeborene Kind. Als eine Frau im Vorbeigehen das Tabu des Augenkontakts brach, um über meine Zöpfe zu lachen, streckte ich ihr die Zunge heraus und sie kicherte! Ich lachte über mich selbst und erkannte, dass es die authentische Reaktion einer Fünfjährigen gewesen war. Ich lachte erneut, als Marian, die 74 Jahre alt war, mir eine Woche später die Zunge herausstreckte! Wir alle kehrten zur Unschuld zurück.

Mit dem Plantschen durch die Pfützen auf dem großen Rasen vor dem Frauen-Schlafsaal, mit dem Gelächter über die Frösche, die ihre Köpfe aus den Ritzen streckten, mit Liedern, die ich mir selbst vorsang und den leisen, ausgesprochenen Gesprächen, die ich mit der Präsenz führte, war es eine sanftere, behutsamere Kindheit als die erste. Es gab bedingungslose Liebe und Unterstützung und diesmal waren die inneren Stimmen beruhigend und weise und im Gegensatz zu meiner ersten Kindheit gab es keine Stimmen außerhalb von mir, um sie zu übertönen. Die Liebe hatte eine Chance.

Es lebt immer noch ein unschuldiges Kind in dir.

Angst vor dem Unbekannten

Es kann sein, dass du ein paar Schritte gehen musst, bevor du bereit bist, die alten Gewohnheiten, alten Verletzungen und anderen Ballast loszulassen. Geh locker damit um. Je weniger du schiebst und drängst, desto leichter und schneller geht es. Leiste deinem Widerstand keinen Widerstand.

An einem Punkt sah es so aus, als wäre die eine Sache, die mich immer noch zurückhielt, die Angst meines kleinen Selbst davor, das letzte Stückchen Kontrolle aufzugeben. Wir wissen, dass unser Loslassen, unsere Hingabe an den größeren Strom des Lebens oder an Gott – wie auch immer du es lieber nennst – ein Schlüssel zur Freiheit ist. Das Göttliche winkt uns zu, wir sollen unseren Flieger drehen und mit dem Rückenwind fliegen, aber es wird uns nicht zwingen oder uns unseren Freien Willen entwenden. Und das kleine Selbst schätzt seinen Kampf und will ihn nicht aufgeben, weil sein Spielchen dann zu Ende wäre.

Wir können uns aussuchen, wie viel wir loslassen und wann wir das kleine Selbst auf den Beifahrersitz setzen und das Göttliche ans Steuer. Es kann passieren, – muss aber nicht – dass das kleine Selbst sich zu bestimmten Zeiten aufregt, gerade dann, wenn du gedacht hast, du hättest losgelassen. Aber addiere nicht noch mehr Widerstand zum Widerstand! Sei lieb zu dir selbst, bleibe locker und hab Spaß.

Am Tag nach dem 21-Tage-Prozess lagen wir alle am Strand und ruhten uns aus. Wir wussten, dass der Erleuchtungsprozess begonnen hatte, aber noch lange nicht zu Ende war. Ich vertraute Marian an, dass ich immer noch eine gewisse Angst davor hatte, die Identität meines kleinen Selbst zu verlieren. Sie schnaubte, zog eine Grimasse und sagte: "Nach 74 Jahren habe ich es satt. Ich werde froh sein, wenn es weg ist!"

Es war ein fundamentaler Moment für mich: Ich konnte fühlen, wie ihr kleines Selbst ihr in all ihren 74 Jahren, in denen es die Kontrolle gehabt hatte, nie das alles gegeben hatte, was sie wollte. Sie war bereit, sich dem Strom des Lebens hinzugeben. Ich wusste nicht, wovor ich mehr Angst hatte: dass mein kleines Selbst auf den Beifahrersitz rutschte oder dass es weiterhin steuerte! Tatsächlich wird das kleine Selbst sehr glücklich, sobald du loslässt. Es war gar nicht so schlimm.

Für die Befreiung, die ich dort erfuhr, werde ich auf immer dankbar sein. Andere Elemente davon ließ ich durch meine Führung bald hinter mir. Den Guru zum Gott zu machen, damit konnte ich nichts anfangen. Gott ist auf gleiche Weise in jedem von uns. Egal wie mächtig ein Lehrer ist, gib niemals deine Macht an ihn ab. Ich sehe meine Aufgabe darin, dich so zu führen, dass du dich daran erinnerst, wer du bist und dass du deine Macht für dich beanspruchen kannst. Ich lehnte höflich jedes Angebot, Macht an die Gurus abzugeben, ab und wandte mich stattdessen jedes Mal an das Göttliche in mir.

Ich wurde gefragt, warum ich kraftvoller nach Hause kam als andere, die dort initiiert worden waren. *Spüre* langsam in jede meiner Antworten hinein: 1) Ich gab meine Kraft und Macht an niemanden ab und fokussierte mich ausschließlich in Stille nach innen. 2) Ich ließ alles los, das ich wusste und wurde leer. "Wenn ihr werdet wie die kleinen Kinder so betretet ihr das Himmelreich Gottes." 3) Ich versuchte nicht, es zu verstehen, sondern ging in einen verstandesfreien, sehr kraftvollen Zustand des direkten Wissens, jenseits von rationalem Denken. 4) Ich hörte auf zu suchen.

Nie mehr wieder an dir arbeiten

Bevor ich dir Methoden an die Hand gebe, möchte ich sicher sein, dass du komplett aufgehört hast, an dir zu arbeiten – damit du Divine Openings nicht in das müde, alte "Arbeits-Paradigma" hineinstopfst. Das alte Bild des lebenslangen an dir Arbeitens, des "Lektionen-Lernens", Karma-Klärens oder dich selbst Heilens ist das genaue Gegenteil von Divine Openings. Es geht hier bei allem um Freude und es bringt noch mehr Freude. Ich weiß, das habe ich schon gesagt, aber manchmal dauert es ein bisschen, bis Leser dies annehmen. Es ist wirklich möglich, die Prozesse der Divine Openings zu genießen und dich dabei zu entspannen. Sie funktionieren und *das ist alles.*

Lasse los und lass das Göttliche die Schwergewichte für dich tragen und mit was immer du kämpfst, löst oder wandelt sich. Divine Openings ist Vergnügen, keine Arbeit. Wenn du an dir arbeitest oder deine Macht an jemanden abgibst, der an dir arbeitet, dreht es deinen Prozess nach hinten um.

Hier kommt der "Cowgirl Guru" in mir: Fang an zu leben – damit meine ich ohne spirituelles Suchen. Wenn sich dein Sozialleben rund um Sitzungen dreht, voller Gespräche über schwierige Themen ist, voll Empfangen und Geben von emotionaler Unterstützung, der Diskussion neuer Therapien, metaphysischer Treffen, Meditationsrunden, Seminaren und der Arbeit an dir, dann *beginne ein echtes Leben.* Erzähle von diesem Buch und deine Freunde und Familie werden bald auch nicht mehr über Probleme, Themen, Mangel oder das, was im Argen liegt, reden wollen. Geh lebendigen Hobbys nach und hab Spaß. Bau dir auch ein Leben außerhalb der Arbeit auf. Strahle auf und lebe. Wir alle haben uns doch auf den spirituellen Weg gemacht, um glücklich zu werden und ein super Leben zu leben, nicht wahr? Du kannst jetzt anfangen zu leben.

Jemand fragte mich, ob nicht alle göttliche Energie dieselbe sei. Nein. Es gibt verschiedene Frequenzen, genau wie verschiedene Radiosender verschiedene Frequenzen senden. Manche sind wesentlich kraftvoller als andere und bewirken andere Dinge. Würdest du zwei Sendern gleichzeitig zuhören, selbst wenn beide gut sind? Spirituelle/Metaphysische Menschen, die sich mit zu vielen Energien, Büchern und Methoden beschäftigen, haben eine unklare Schwingung, merken es aber nicht. Wenn du einen Widerstand dagegen verspürst, dass es so einfach und leicht sein darf, wie Divine Openings ist, so lies einfach weiter und lass die Gnade weiterhin ein. Es wird sehr klar werden, während du vollständig erwachst.

Beobachte deine Träume, die sich durch Divine Openings drastisch verändern können. "Schlechte Träume" lösen Widerstände für dich auf. Wir dachten früher, dass wir unsere Träume interpretieren oder mit ihnen arbeiten müssten, aber Divine Openings hat auch dem die Arbeit genommen. Es gibt nichts, das analysiert oder getan werden muss. Du profitierst davon, ob du dich an den Traum erinnern kannst oder nicht. Ein Großteil der "Arbeit" in diesem Prozess geschieht in deinen Träumen oder im Schlaf, wenn du am wenigsten Widerstand leistest. Lasse zu, dass es so leicht sein darf.

Es kann sein, dass du in seltsamen Zuständen wach liegst. Liege einfach nur da, entspanne dich, atme, kuschle dich ein und genieße. Sträube dich nicht gegen das Wachsein und du wirst ausgeruht sein. "Schlaflosigkeit" als Krankheitsbild ist nur ein weiterer Name, den der Widerstand benutzt. Wir haben Divine Openings Guide, die mittlerweile nur noch ein paar Stunden pro Nacht schlafen – sie strahlen und haben unendlich viel Energie. Es ist keine kranke Schlaflosigkeit. Ich lag schon einmal die ganze Nacht wach, während ich einen energetischen Download für ein Seminar erhielt, und fühlte mich am nächsten Tag wunderbar.

Divine Opening

Setze dich still hin und lass das Bild zwei Minuten lang auf dich wirken. Arbeite an nichts und versuche nichts. Öffne dich einfach der göttlichen Gnade. Dann schließe deine Augen und setze oder lege dich hin, um die Energie aufzunehmen. Nimm dir dafür mindestens 15 - 20 Minuten Zeit, wenn du kannst, mehr.

Illustration Nr. 3 – *Libelle,* Gemälde von Lola Jones

Lege es alles dem Göttlichen zu Füßen

Nachdem ich niemand bin, der Rituale liebt, tolerierte ich die uralten Hindu-Rituale lediglich, die wir in Indien durchführten. Manche waren schlicht, andere gingen über mehrere Stunden und waren unvorstellbar komplex. Obwohl ich ihren Wert erkannte, ihre Schönheit und Kraft spüren konnte und die Tausende von Jahren und Generationen an Meistern, die uns ihr Erbe in diesen Ritualen vermacht hatten, und vor allem die Zeit und leidenschaftliche Energie der Mönche wertschätzte, die in der glühenden Hitze Feuerzeremonien für uns durchführten, so hatte ich doch vor, all dies in Indien zu lassen und zu Hause eine einfachere und direktere Beziehung zu Gott zu haben – ohne Rituale. Auf eine Weise fühlt sich alles, was zu kompliziert ist, so an, als würde ich meine Kraft und Macht daran abgeben. In meinem Herzen wusste ich, dass meine Beziehung zu meiner Inneren Quelle niemals schwierig oder kompliziert zu sein brauchte. Sie ist schlicht und sie ist in jedem Moment genau hier – ohne dass es spezielle Rituale oder Umstände dafür bräuchte.

Ein Ritual berührte mich tief und blieb bei mir. Jeden Morgen sang einer der Mönche zum Beginn unseres Tages mit erhebender, überweltlicher Stimme einen Gesang und das Arati wurde vollzogen (hingebungsvolles Schwenken einer angezündeten Öllampe vor dem Altar). Nicht das Arati berührte mich so tief, es war das ausgestreckte Niederwerfen am Ende des Arati. Wenn wir uns niederwarfen, legten wir uns mit dem Gesicht nach unten komplett ausgestreckt auf die Strohmatten, Stirn flach auf dem Boden und die Hände mit den Handflächen geschlossen aneinander in Richtung Altar ausgestreckt. (Eine genauere Beschreibung des Rituals folgt später.)

Ich hatte keine Lust mich, wie vorgeschlagen, vor einem Altar vor dem Guru niederzuwerfen – ich benutze keinerlei Altar und gebe auch keine Macht an Hilfsmittel oder Gegenstände ab. Stattdessen richtete ich meine Hingabe direkt an das innere Göttliche. Das Niederwerfen wurde für mich zum Symbol des Loslassens und der Hingabe an den Fluss des Lebens, meiner Wiederverschmelzung mit der Quelle und eine Möglichkeit, Widerstände zu lösen. Jedes Mal, wenn wir uns innerhalb dieser 21 Tage niederwarfen (wahrscheinlich circa 30 Mal insgesamt) hörte ich, wie mein Körper, sobald meine Stirn den Boden berührte, von alleine tiefer und tiefer seufzte. Manchmal spürte ich eine alte Last oder unnennbare Schwere abgehen, während ich unter Tränen der Erleichterung flüsterte: "Danke, dass es nicht mehr meine Aufgabe ist, *das* zu verstehen", oder "Gott sei Dank brauche ich *dieses* schwere Gewicht nicht mehr zu schleppen, egal was es war."

Du darfst nun alle Schwere ablegen.

Mit dem Ablegen der Stirn auf dem Boden begann ein tiefes Loslassen, während sich mein kompletter Körper so sehr entspannte, wie ich es nie zuvor erlebt hatte. Spannungen, Lasten, Ängste und Begrenzungen, die ich weiß Gott wie lange in mir getragen hatte, schmolzen einfach dahin – ohne Mühe, ohne Verstehen, ohne Verarbeiten. Schließlich musste ich wohl so ziemlich alles abgelegt haben, denn mein Körper entspannte sich in erstaunlichem Ausmaß. Dieses Lösen von Widerständen zeigte sich auf viele Arten und Weisen. Eine sehr greifbare davon war, dass meine Hüften so flexibel und frei wurden und beim Gehen derart mitschwangen, dass es sich anfühlte, als hätte ich gar keine Knochen mehr. Mein Hüftgelenk kugelte sich nie wieder aus. Allein zu spüren, wie mein Körper den langen Schotterweg von Schlafsaal zur Meditationshalle dahinglitt, war ein Genuss. Eine Körpertherapeutin fragte mich am Ende des Programms, wie ich nur so locker geworden war; sie hätte noch nie jemand so frei in den Hüften gehen sehen, nicht einmal nach ausgiebiger Körperarbeit. Sie wollte meinen Geheimtrick wissen. Ich sagte es ihr: "Es ist das Lösen von Widerständen! Loslassen." Leider wussten viele der anderen Teilnehmer dort nichts über Widerstand.

Anschließend wurde mir am Strand von Mahabalipuram erneut gezeigt, wie entspannt und lebendig mein Körper war. Ein Masseur mit sehr gutem Ruf bot mir für zehn amerikanische Dollar eine Massage an. Ich schaute ihn verständnislos an, denn allein die Vorstellung, ich bräuchte Entspannung, ergab für mich keinen Sinn. Mit einem breiten, strahlenden Lächeln warf ich den Kopf in den Nacken. Ich konnte nicht nachvollziehen, warum ich mir eine Massage wünschen würde. Stattdessen machte ich einen seligen Spaziergang am Strand, immer noch lächelnd bei dem Gedanken daran und in staunendem Genuss des Glücksgefühls in meinem Körper. Und nach 32 Stunden Heimreise war ich weder müde noch steif noch hatte ich einen Jet Lag. Mein Körper ist jetzt die meiste Zeit immer noch genauso entspannt. Wenn nicht, dann lasse ich bewusst los.

Dr. Hans Selye ist als der Vater des modernen Stressmanagements bekannt und in den Fünfzigern führte er vor, dass das Gehirn einer normalen Durchschnittsperson aus einem chronischen Zustand des Überlebenskampfes heraus arbeitet, der in einer lebensbedrohlichen Situation, wie im Kampf mit einem Löwen oder auf der Flucht vor einem Bär, vollkommen angebracht wäre. Schlimmer noch, wir haben uns so daran gewöhnt, dass wir nicht einmal mehr merken, wie gestresst wir sind. Jeder sagt, es ist normal. Vielleicht ist es normal, aber es ist nicht notwendig. Erst nachdem ich diese Spannung losgelassen hatte, wusste ich endlich, wie sich ein entspannter Körper anfühlen kann, und das war mein neuer "Normalzustand". Bis heute halte ich meinen Stresspegel viel, viel niedriger. Ich kann am Computer sitzen, die Schultern verspannen sich und ich löse die Anspannung allein durch meine Absicht. Und da wir evolutionäre Schritte an andere weitergeben können, übernehmen meine Zuhörer dies ebenfalls sehr schnell. Bei vielen "lost" sich ihre Fähigkeit, einen Stresszustand länger zu halten, nach ein oder zwei Sitzungen. Ich freue mich auf deine Rückmeldung, wie es dir damit geht.

Das Lösen von Verspannungen war die erste von vielen immer angenehmeren Erkenntnissen darüber, wie körperlich das Phänomen der Erleuchtung ist. Je mehr sie sich entfaltet, desto mehr erlebe ich sie als Ganzkörperphänomen. Sie transzendiert den Körper nicht, erhebt sich nicht über den Körper oder überwindet den Körper – sie bewohnt den Körper vollständig, erlebt den Körper voll und ganz in einer Weise, die über jede sinnliche Erfahrung hinausgeht, die ich je hatte. Sie ist fast orgiastische Ekstase in mondänen Momenten, ein tiefes Genießen einfacher Erlebnisse oder strömende Tränen der grundlosen Glückseligkeit. Es ist ein Erleuchten des Physischen mit gleichzeitig noch mehr Erdung dazu.

Aber wann bin ich auf diesem Planeten fertig?

Als Kind war ich mir sicher, ich wäre auf dem falschen Planeten gelandet. Ich kenne viele Menschen, die diese Erfahrung, sich fehl am Platz zu fühlen, gemacht haben und auch viele, die sich immer noch so fühlen. Es ist wahr, dass sich die irdische Ebene im Vergleich zum nicht-physischen Reich, in dem der größere Anteil von uns lebt, dicht und schwer anfühlen kann, aber sobald wir wissen, wie diese physische Raum-Zeit-Realität funktioniert, sind ihre Freuden großartig – so großartig, dass unser nicht-physischer Teil lautstark danach schreit, immer wieder hierher zu kommen.

Menschen fragen nur dann: "Wann habe ich das Erdenleben endlich erfolgreich abgeschlossen und brauche nie mehr zurückzukommen?", wenn sie sich als getrennt von Gott empfinden. Wo Leiden ist, wünschen sich die Menschen natürlich eine Ruhepause und Erlösung. Sobald kein Leiden mehr herrscht, gibt es auch keine Sehnsucht mehr, von hier fortzugehen. Hier ist genauso gut wie anderswo. Du bist mit auf der Fahrt – jetzt kannst du es genießen.

Es gibt nichts, das man erfolgreich abschließen könnte, denn es gab nie eine Prüfung zu bestehen. Du verdienst dir den Weg hier heraus nicht. Das ist der Glaube "das Leben ist eine Schule" den ich herzlich gerne losgelassen hatte. Wenn wir wissen, wer wir sind und wenn wir eins mit der Göttlichen Präsenz sind, genießen wir dieses Leben vollkommen und brennen darauf, wieder hierher zu kommen. Du kannst die Schule auslassen und gleich auf den Spielplatz gehen, auf den du dich so sehr gefreut hast, als du hierher kamst. Wir kamen voller positiver Pläne und Offenheit hierher, in Einheit mit Allem.

Menschen, die davon sprechen, aus dem Körper aufsteigen zu wollen oder die diese physische Dimension verlassen möchten, haben offensichtlich noch keinen voll erwachten Körper und kein voll aufgeblühtes Herz erlebt! Meist ist viel Schmerz in diesem Körper und Herz; natürlich wollen sie das verlassen.

Genau wie in vielen anderen spirituellen Mythen (suche nach "spiritual myths" auf DivineOpenings.com oder unter den Artikeln auf DivineOpenings.de) wurde uns erzählt, dieser Körper wäre irgendwie weniger spirituell als Körperlosigkeit. Diese Raum-Zeit-Realität ist die vorderste Front der Schöpfung, sie ist dort, wo "sich die Schöpfung gerade abspielt", und es ist ein großer Segen, dass wir in dieser Zeit hier sein dürfen. Es mag eine Zeit geben, in der es angebracht ist, in andere Dimensionen des Lebens überzuwechseln, aber in dieser Zeit wirst du es mit dem freudigen

Lebewohl eines mächtigen und erfüllten Wesens tun, nicht mit dem Rückzug eines Opfers, das genug gelitten hat.

Es ist unmöglich, sich auch nur vorzustellen, in einem unendlichen Universum irgendetwas einmal "abzuschließen" oder "fertigzustellen". Wenn du in Glückseligkeit, Frieden und Liebe lebst, wirst du dir keine Gedanken darüber machen, irgendetwas in dir oder anderen zurechtzurücken. Und du wirst nicht von diesem Leben gerettet werden wollen – du wirst es wirklich leben und genießen.

Das Leben fließt fortwährend in einem unendlichen Strom der Schöpfung dahin. Du wirst immer mehr freudvolle und wunderbare Dinge erschaffen und sie dann gehen lassen. Du wirst nichts mehr Widerstand leisten oder an etwas festhalten – du wirst es nicht wegschieben und dich auch nicht daran hängen. Ein Kennzeichen der Erleuchtung ist nicht nur die Akzeptanz oder das Ertragen dessen, was ist, sondern das authentische Erleben der Schönheit und Vollkommenheit dessen, was ist. Natürlich kannst du dies nicht mit dem Kopf erschaffen oder so tun, als ob du es spürst, wenn du es nicht tust. Entspanne dich einfach, genieße die Reise und gib dir die Erlaubnis, dass es geschehen darf. Es wird geschehen.

Diese Raum-Zeit-Realität ist das angesagteste Spiel auf dem Markt, aber unser Hiersein wird mühsam, wenn wir beständig gegen den Wind anfliegen. Lass los, flieg mit dem Wind und er wird zum Rückenwind. Nach dem Tod lassen wir Widerstände los. Dann stellen wir uns frisch und fröhlich aufs Neue an, um zurückzukommen und es noch einmal zu versuchen, voller Zuversicht, dass wir es das nächste Mal schaffen werden uns zu erinnern, unserem inneren Wissen zu folgen und mit dem Strom zu treiben. Aus der nicht-physischen Perspektive heraus, die wir vor unserer physischen Manifestation hatten, wollten wir unbedingt die Wunder der physischen Welt kennenlernen und freuten uns schon aufgeregt auf ihre Genüsse und Kontraste – mit dem vollen Wissen um die Herausforderungen und Möglichkeiten des Spieles. Jetzt kannst du es genießen!

Ein Teil des Spiels ist so zu tun, als wüssten wir nicht, wer wir sind, und es dann wieder zu entdecken – dass wir einschlafen und dann erwachen. Babys lieben das Versteckspiel, bei dem sie ihre Augen mit den Händen verdecken und dann zwischen ihren Händen durchgucken. Wir sind nach dem Ebenbild unseres Schöpfers erschaffen, der ebenfalls Versteckspiel, Abenteuer und Herausforderungen liebt. Am meisten liebt der Schöpfer es, zu erschaffen.

Es stimmt, sobald wir hier ankommen und der Dichte dieser Ebene begegnen, kann es schwierig sein, die hohe Schwingung, die wir beabsichtigt hatten, aufrechtzuerhalten. Rundherum begegnen uns Disharmonie, verwirrte Energie, andere Menschen, die nicht auf die Reine Quelle ausgerichtet sind, und es ist leicht, sich ablenken zu lassen. Es ist leicht, unsere frische Unschuld zu verlieren, uns mit den Gedanken und Prägungen der Gesellschaft und anderer Menschen zu belasten und darin steckenzubleiben. Es kann so aussehen, als wäre es eine schlechte Idee gewesen, hierher zu kommen.

Wenn Babys in die Dichte der materiellen Ebene eintauchen und ihre Schwingung etwas abfällt, weinen sie. Sie sind immer noch ziemlich offen und eins mit der Quelle des Lebens. Und dann beginnen wohlmeinende Menschen ihnen beizubringen, wie sie "sich schützen" können und welche Schrecken sie meiden sollen, wie "das Leben funktioniert" und wie hart es ist. Sie verlieren Stück für Stück ihre positive Erwartung und fangen an, ihre Aufmerksamkeit auf das zu richten, was sie nicht möchten und die Abwärtsspirale, weg von der Reinen Essenz, beginnt. Sie verlieren ihren Fokus auf ihr eigenes inneres Wissen, beginnen auf andere "erfahrenere" Wesen zu hören und hören auf, ihrer eigenen Führung zu vertrauen. Sie hören auf, sich zu dem hinzubewegen, das sich gut anfühlt.

Das Ergebnis ist, dass viele Menschen, vor allem spirituelle Menschen, das Gefühl bekommen, am "falschen Platz" oder auf dem "falschen Planeten" zu sein oder dass dieser Ort "schlecht" ist und geheilt werden muss. Wenn wir an den Ort der Unschuld, des Vertrauens und der Verbundenheit zurückkehren, sind wir glücklich auf diesem Planeten, mit all seinen kontrastreichen Erfahrungen; in dem Wissen, dass wir wählen können und dass unsere Sicherheit letztlich garantiert ist. Das "Schlimmste", das uns passieren kann, ist, dass wir vollständig zu unserem körperlosen, uneingeschränkten Großen Selbst zurückkehren.

Aus dieser breiteren Perspektive heraus genießen wir das Erdenleben und sind sicher, in dem Wissen, dass wir, sogar falls wir auseinanderreißen, wieder für eine neue Runde zurückkommen werden und das Experiment auf eine weitere Ebene ausweiten. Wir wissen, dass wir nächstes Mal sogar noch mehr tun können, denn alle Sehnsüchte, die in diesem Leben nicht erfüllt werden, werden ins Nächste hinübergetragen werden. So funktioniert die Evolution. So kam der exponentielle Wachstumsschub der letzten Jahre zustande. So können Kinder, die in den letzten Jahren geboren wurden, bereits mit drei Jahren einen Computer benutzen. Sehnsüchte übertragen sich von einer Generation auf die nächste und werden oft von der nächsten Generation erfüllt. Die Sehnsüchte der vorhergehenden Generationen hatten sich bis zu einem Punkt aufgebaut, an dem die kritische Masse erreicht war. Selbst wenn sie starben, bevor sie ihre Sehnsüchte erfüllen konnten, ernten wir nun die Ergebnisse davon. Im Tierreich ist dies genauso.

Nach dem Wiedererwachen wirst du nirgendwo anders mehr sein wollen. Du wirst zu sehr mit Leben beschäftigt sein. Die vollkommen erwachte göttliche Präsenz in dir schätzt die Gelegenheit, die physische Schöpfung in ihrer ganzen, sinnlichen Fülle zu erfahren, wie man sie nur in einer physischen Inkarnation erleben kann!

Du bist am richtigen Ort! Und jetzt macht es bald richtig Spaß!

Das Ende der Dramen

Schleier lüften sich, Dinge zeigen sich, die vorher unsichtbar waren, und es gibt keinen Weg zurück, außer du wählst ihn. Ich erinnere mich an einen unvergesslichen Tag, lange vor meiner Indienreise, an dem ich ein flaches, leeres Gefühl verspürte, nachdem es in meinem Leben keinerlei Drama mehr gab. Ich hatte eine unglückliche und dramatische Beziehung beendet und begonnen, mich auf gesunde und angebrachte Weise mit Männern zu verabreden, die ausgeglichener waren und die zu mir passten. Im Nachhinein war es einfach, das alte Drama als das zu sehen, was es wirklich war, und es war nichts Schönes. Die unerwiderte "Liebe", das Streiten, die Konflikte, Beschwerden und das Mitleiden mit anderen, die Sehnsüchte und Leiden und die extrem aufgeladenen, radikalen Emotionen fühlten sich nun gewalttätig und ungenießbar für mich an. Drama füttert das kleine Selbst mit einer beständigen Kost an Rohöl, das kontinuierlich neues Drama erschafft. Die endlosen Gespräche mit Freunden, um "Probleme zu lösen", gaben nur weiteres Öl aufs Feuer.

Die verpuffte Sucht nach Drama hinterließ eine Lücke, wo vorher Zisch und Bumm und Tschak gewesen waren. Ich wollte es auf keinen Fall zurück, aber ich hatte das Gefühl, als fehlte mir so etwas wie Leidenschaft. Ein damaliger Lehrer von mir erklärte mir, dass ich mir willentlich eine völlig neue Art von Leidenschaft und Begeisterung erschaffen konnte, vergleichbar mit der Entwicklung eines neuen Geschmacks für Gourmetgemüse, wenn die Geschmacksknospen von Keksen, Eis, Kuchen und fettigem Fast Food verstopft waren. Das Gemüse schmeckt am Anfang ziemlich fade, aber nach einer Weile kannst du jede Nuance davon schmecken und jeden noch so feinen Geschmack genießen. Der gelegentliche Verzehr von zuckrigem Fast Food schmeckt sogar widerlich. Wenn ich ab diesem Zeitpunkt ab und zu Drama schmeckte, dann war es richtig unangenehm und ich zog mich schnell davon zurück. Ich dankte Gott für die Süße meines neuen, undramatischen Lebens.

Endlich – die Suche ist vorbei!

Ein weiterer Schleier lüftete sich während meiner dreiwöchigen Stille und zuerst war dahinter ebenfalls Leere. Ich hatte so viel von meinem Leben mit Suchen verbracht – der Suche nach Gott, der Suche nach Antworten, der Suche nach meinen Träumen und als die Suche zu Ende war, ging es mir wie vielen Menschen: Ich wusste kaum mehr was zu tun. Mein Freund Bob sagte einmal über seine Freundin: "Wenn sie keine Suchende wäre, keine Sich-Erholende von was-auch-immer und keine "Überlebende" von etwas, so wüsste sie nicht, wer sie ist." Bei mir war es beinahe genauso weit gekommen. Ich hatte mich bereits so weit mit der Suche identifiziert, dass ein Ende davon unvorstellbar war. Während mein kleines Selbst sich innerhalb der folgenden Monate langsam entspannte und losließ, erkannte ich, dass das Suchen eine Möglichkeit für das kleine Selbst ist, weiter festzuhalten und in Kontrolle zu bleiben. Wenn das kleine Selbst eine unablässige Suche am Laufen halten kann, dann kann es im Fahrersitz bleiben und das Theater weiterführen, in dem es vortäuscht, nach Erleichterung zu suchen, während es süchtig weitere Probleme erschafft, gegen die es kämpfen kann, mehr Wege, die es ausprobieren kann, und mehr Ausreden dafür nicht anzukommen. Sobald die Suche vorüber ist und das Große Selbst am Steuer sitzt, muss das kleine Selbst auf dem Rücksitz Platz nehmen und loslassen. Es gibt nicht mehr viel für das kleine Selbst zu tun; nichts mehr, von dem es vortäuschen könnte, es zu lösen zu versuchen.

Ich hatte die Sucht nach Drama abgeschüttelt und war bereit, die Sucht nach Suche abzuschütteln, ihr bewusst ein Ende zu setzen. Ich war bereit für ein Leben, in dem es um Schaffenskraft, Entfaltung, Spiel, Vergnügen und Liebe geht.

Es gibt eine alte Geschichte über einen Suchenden, der unerwartet zu einer Tür im Wald kam, an der geschrieben stand: "Hier wohnt Gott. Sei willkommen und tritt ein." Selig ging der Suchende zur Tür und hob die Hand um anzuklopfen und hielt dann inne. Verdattert setzte er sich auf die Stufe vor der Tür. Bald stand er auf, drehte sich um und ging den Weg wieder weiter. Er konnte seine Sucht nach Suchen nicht aufgeben.

Als ich nach meinen 21 Schweigetagen nach Hause kam, wachte ich morgens zum ersten Mal nach vielen Jahren mit innerem Frieden auf. Anfangs fühlte es sich manchmal etwas leer an. Ich hatte mich an einen Kopf voller Gedanken an all die Dinge in meinem Leben gewöhnt, die es zu lösen, zu erledigen, zu überwinden oder zurechtzurücken gab. Aber ich verspürte keine Eile, diesen leeren Raum zu füllen. Ich ließ es sich natürlich weiterentwickeln und verbrachte ein paar Tage in der Leere, lag auf dem Sofa mit kaum Interesse an Essen oder irgendetwas anderem außer Fühlen und Atmen, die mir auf einmal wie völlig neue Entdeckungen erschienen.

Und dann begann sich mein Körper eines Tages bewegen zu wollen und mein Verstand fing an, einige neue produktive Gedanken zu formen. Irgendwann wusste ich, was zu tun war; ich begann zu leben und zu erschaffen, anstatt zu suchen! Jeden Tag tat ich, wozu ich geführt wurde, gab jeden einzelnen Moment mein Bestes, um aus dem Weg zu gehen, und Dinge fingen an, in Bewegung zu kommen, selbst die, die zuvor stagniert hatten.

Wenn ich über meine Wünsche sprach, so verwendete ich schon seit einer Weile die Metapher von Vogelschwärmen, die mit großer Geschwindigkeit Kurven, Bögen und Schwünge fliegen und doch, Wunder über Wunder, nie zusammenstoßen oder abstürzen. Beim Tiefseetauchen habe ich Fische beobachtet, die in riesigen Schwärmen, so groß wie Häuser, mit nur Millimetern Abstand voneinander schwimmen. Sie stoßen nie zusammen, sie wenden gemeinsam – getrennt und sich doch als ein großes Ganzes bewegend.

Mein Wunsch wurde Wirklichkeit. Das Leben begann viel öfter auf diese leichte Weise dahinzufließen. Jetzt weiß ich, dass es ein Energiefeld gibt, das alles Leben verbindet, und dass Wesen, die im Einklang damit schwingen, von einer unsichtbaren Kraft geführt werden, die alles miteinander koordiniert. Mit einer immer größeren Leichtigkeit reihten sich die Inspirationen und Lösungen für mich auf, die Menschen und Umstände, die das beste Ergebnis für alle Beteiligten brachten. Alles was ich zu tun hatte, war loszulassen und mich zu entspannen, mich gut zu fühlen und mich vom Universum mit allem versorgen zu lassen. Ich war mir bewusst, dass ich immer noch eine ganze Strecke auf meiner Reise zur Erleuchtung vor mir hatte, doch ich war völlig zufrieden damit, einen Fuß vor den anderen zu setzen, ohne Streben danach oder Stress deswegen. Ich "wusste" nicht mehr als vorher und hatte auch nicht mehr "Antworten"; ich konnte nicht weiter als die nächsten zwei Schritte vor mir sehen. Trotzdem ging ich mit dem großartigen Gefühl umher, dass nicht nur alles in Ordnung, sondern sogar in perfekter Ordnung war.

Während der vorzeitigen Midlifecrisis und dem langen, dunklen Durchhänger ein paar Jahre zuvor, hatte ich mich gefragt, ob ich je wieder meine Begeisterung und Zuversicht zurückerlangen würde. Als ich von Indien nach Hause kam, war ich bald völlig erneuert, im Alter von 52 – brennend vor Inspiration. Ich konnte es kaum erwarten, jeden Tag in Aktion zu treten. Die Dinge entfalteten sich mit erstaunlicher Geschwindigkeit. Meine Kreativität sprudelte in neuen und köstlichen Formen.

Innerhalb von sieben Wochen hatte ich auf einmal ein voll beschäftigtes Leben, gefüllt mit Netzwerken, Veranstaltungen, Partys, Vortragsengagements, Privatklienten und Projekten. Ich gab Divine Openings jede Chance, die ich bekam, und innerhalb von drei Monaten hatte ich sie ungefähr dreihundert Menschen gegeben. Ich war aktiver und inspirierter, als ich es seit Jahren gewesen war, und arbeitete manchmal unermüdlich zwölf bis sechzehn Stunden am Tag. Es war geführte Aktion, inspirierte Aktion. Es fühlte sich gut an. Sobald die Sache gestartet und auf einem stabilen Kurs war, verringerte sich die Arbeit und ich hatte reichlich Freizeit. Alles hat seine Saison.

Jetzt kannst du leben und dich entfalten, anstatt weiterzusuchen.

Anpassung an die neuen Energien

Nach meiner Heimkehr von Indien lag ich etwa drei Tage lang auf dem Sofa, war einfach nur im Sein und gewöhnte mich an die seltsamen neuen Eindrücke und Wahrnehmungen. Ein Freund, der bei mir wohnte, meinte: "Hey, ich weiß gar nicht, was du denkst, was du fühlst oder was mit dir los ist." Ich sah ihn spitzbübisch an und sagte: "Schau her, ich zeig dir, was sich in meinem Kopf abspielt." Dann starrte ich ihn etwa 30 Sekunden lang mit dem allerleersten Blick an. Nach ein paar Sekunden verstand er und lachte – es spielte sich überhaupt nichts in meinem Kopf ab, das ich hätte mitteilen können, und ich hatte wenig Lust zum Reden. Die frische, neue, reine Erfahrung des Lebens war so reichhaltig, dass alles Sprechen darüber vergleichsweise blass war. Ich spreche selten darüber, es sei denn, ich unterrichte. Ich erlebe es lieber, als darüber zu sprechen.

Das Komische an der Sache ist, egal wie erstaunlich und umwerfend die erhöhten Schwingungszustände anfangs für uns sind, sie fühlen sich recht bald ganz normal an. Ein Mann berichtete mir, dass ich auf einer öffentlichen Veranstaltung seine Schulter im Vorbeigehen berührte und dass er dabei solch einen elektrischen Schlag verspürte, dass es ihm einen Ruck gab und er sich umsah, wer das gewesen war. Divine Openings Guide spüren diesen elektrischen Impuls oft, wenn sie einen neuen "Energie-Download" bekommen, aber ich fühlte mich in diesem Moment ganz normal. Meine Schwingung fühlte sich für ihn durch den Kontrast außergewöhnlich an (alles ist relativ), auch wenn sie sich für mich recht gewöhnlich anfühlte. Leute bemerken, wie sehr ich strahle, und ich fühle mich zur gleichen Zeit vielleicht sogar eher müde. Ich bin einfach daran gewöhnt zu strahlen, daher ist es keine große Sache mehr.

Eine Klientin staunte darüber, wie sich ihre Endometriose bereits nach einer Sitzung gelöst hatte und sie sich zum ersten Mal seit Jahren in der Zeit ihrer Periode nicht mehr vor Schmerzen krümmte und der Kopf wieder zu klaren Gedanken fähig war. Sie fühlte sich lockerer und entspannter als seit Jahren und im Gegensatz zu früher erfand ihr Verstand keine Geschichten mehr darüber, was alles passieren könnte. Ihre Augen leuchteten klar und hell, während sie in der Woche zuvor abgestumpft und müde gewirkt hatte.

Als ich das alles so selbstverständlich hinnehmen und bereits einen Schritt weitergehen wollte, beugte sie sich vor und strahlte: "Das ist erstaunlich. Das ist ein Wunder!" Da begann ich zu lachen. Ich sagte ihr: "Ich weiß, wie unglaublich dies auch alles für dich ist, mir passiert es mittlerweile so oft, dass ich es einfach für normal halte! Ich schätze es sehr und danke dem Göttlichen jeden Tag dafür, aber es überrascht mich nicht mehr so sehr." Ich war froh, dass sie es so betont hatte; es gab mir eine neue Chance, es wieder frisch zu betrachten und davon zu schwärmen.

Zu dem Zeitpunkt, an dem sich deine Erleuchtung beträchtlich entfaltet hat, wirst du sie als etwas Normales annehmen. Du wirst dich schnell an jeden höheren Stand, den du gewonnen hast, gewöhnen und du wirst immer noch mehr wollen. Ich erinnere meine Zuhörer daran, denn sie erwarten das Wunder und Staunen täglich zu spüren, es wird aber nicht jeden Tag so sein, außer du achtest darauf, dich darauf zu fokussieren und davon zu schwärmen, denn dieses

Niveau an Wunder und Staunen wird für dich normal werden. Am deutlichsten spürst du es jedes Mal, wenn du in einen noch höheren Zustand kommst und es dadurch wieder neu ist. Davon zu Schwärmen bringt dir das Gefühl zurück.

Anscheinend ist dies die laufende Realität für uns, während wir uns weiterentwickeln. Die Schöpfung ist niemals vollendet. Sie war bei den Dinosauriern nicht fertiggestellt und wird es auch bei uns nicht sein. Wir werden niemals "fertig" sein; selbst dann nicht, wenn wir einen sehr hohen Grad der Erleuchtung erlangt haben. Wir werden nicht mehr so mangel-orientiert "suchen", wir werden stattdessen erschaffen, uns entfalten, ausdehnen, bewegen, aufrichten; genau wie sich das Universum ständig weiter ausdehnt.

Suche fühlt sich an wie der Mangel an etwas, als ob es etwas zu korrigieren gibt, etwas zu erreichen oder zu bekommen. Ausdehnung fühlt sich an, wie der natürliche Drang, sich freudig weiterzuentwickeln, einfach nur weil dies in unserer ewigen Natur liegt. Du hast deinen Schulabschluss gefeiert und hast dann studiert oder eine Ausbildung begonnen. Du hast deinen ersten tollen Job gefeiert, vielleicht deine Hochzeit und die Geburt deiner Kinder. Und du hast dich immer noch nicht vollständig entfaltet. Divine Openings entfaltet dich beständig weiter, wenn du loslässt und mitfliegst.

Menschen "gewöhnen" sich an die Dinge, sei es Seligkeit oder Schmerz, und egal wie intensiv eine Empfindung ist, wenn sie länger bestehen bleibt, fühlt sie sich irgendwann normal an. Du hast das schon erlebt, wenn du dir etwas Größeres kaufst, das du dir schon seit langer Zeit gewünscht hast. Am Anfang wirkt es so aufregend, diesen neuen Computer mit all den schicken Funktionen zu besitzen. Du bestaunst ihn wie ein Wunder. "Wow, ich kann gar nicht glauben, dass ich ihn habe." Ungefähr einen Monat später scheint es schon keine große Angelegenheit mehr zu sein. Wenn du dich entfaltest, ist es schließlich dein natürlicher Zustand, zu dem du zurückkehrst.

Unsere Körper sind momentan nicht darauf ausgerichtet, die ekstatischen Gipfelerlebnisse, die du ab und zu erleben wirst, dauerhaft zu halten. So schön sie sind, am besten ist es, wenn du sie genießt und sie frei kommen und gehen lässt – wie Ebbe und Flut. Halte an nichts fest. Es kann sein, dass das kleine Selbst dazu tendiert, die altbekannten Tiefs zurückhaben zu wollen. Das kleine Selbst hat Angst vor dem eigenen Licht!

Anfangs war die neue Energie, die ich herunterlud, vorübergehend sehr intensiv. Manchmal fühlte sie sich an wie ein Druck, wie wenn man versucht, mehr Energie durch Rohre zu stopfen, als der Durchmesser zulässt. Zu anderen Zeiten fühlte es sich an wie ein aufgeregtes Prickeln oder eine verstärkte Intensität der Sinne. Aber in dem Maß, in dem sich meine Fähigkeit steigerte, die Menge und Intensität des Energieflusses zu halten, verringerte sich der Druck. Wenn ich den Druck nun ansteigen fühle, was er regelmäßig tut, dann weiß ich, dass mehr Energie versucht durchzukommen und dass mein kleines Selbst dem Strom widersteht. Ich weiß, dass ich dann genießerisch atmen, ein heißes Bad nehmen, körperliche Übungen oder etwas anderes tun kann, das sich gut anfühlt. Jetzt weiß ich, wie ich loslassen und es fließen lassen kann; wie wir uns weiter entfalten lassen. Widerstand tut weh!

Die neuen Energien können sich anfangs ungewohnt anfühlen,
später erscheinen sie dir ganz normal.

Die Gegenwart übernimmt

Es wurde immer schwieriger, in der Vergangenheit oder der Zukunft zu weilen, während die Gegenwart so reich und fesselnd wurde. Ich lachte mit meinen Freunden so fest, dass uns die Bäuche weh taten, und am nächsten Tag konnten wir uns nicht mehr erinnern, worüber wir so gelacht hatten. Es schien auch nicht mehr wichtig. Wir wussten, dass morgen mindestens genauso lustige Dinge, wenn nicht sogar noch lustigere passieren würden. Und so war es. Es gab nichts mehr festzuhalten. Verluste waren genauso schnell vergessen. Ja, es kann sein, dass dir ein paar Menschen vorwerfen, dich kümmere nichts und niemand mehr. Bevor sie nicht selbst in diesen Zustand kommen, werden sie nicht verstehen können, dass das Leiden an Verlusten, Rückschlägen oder Beleidigungen nur ein Symptom davon ist, vom Großen Selbst abgeschnitten zu sein. Aus der Sicht des Großen Selbst gibt es in Wirklichkeit keinen Verlust, aber selbst wenn du ein vorübergehendes Gefühl von Verlust empfindest, so wird dein Großes Selbst einen Weg finden, die Lücke zu füllen, wenn du es lässt. Ein "Nachteil"? Wenn du ganz im Jetzt lebst und wenn du dich gerade jetzt von deinem Großen Selbst abtrennst, fühlt es sich richtig schlimm an (und es soll sich schlecht anfühlen). Es kann sich anfühlen, als würde dieser Moment nie enden – als ob dieser Moment das Einzige ist, das existiert. Denn dieser Moment, das ewige Jetzt IST *das Einzige, das existiert.*

Das Göttliche bietet immer, in jedem Moment, Segnungen an und sobald wir unseren festen Griff von der Vergangenheit lösen, ist unsere Hand offen, um sich auszustrecken und das neue Geschenk entgegenzunehmen. Kinky Friedman, Gouverneurs Kandidat für Texas in 2006, Sänger/Komponist und Schriftsteller, sagt es in der direkten texaner Art:

Wenn das Pferd stirbt, steig ab.

Die Erstaunliche Kraft des Humors

Kinkys Zitat ist ein guter Übergang zum nächsten Thema: Humor. Humor ist seit einigen Jahren eines der am meisten geschätzten Elemente in meinem Leben. Ich habe ja bereits davon erzählt, wie ich mir mein eigenes Konzept von Gott zurechtgelegt hatte und dass Gott anfing, mehr mit mir zu spielen, und mich zum Lachen brachte. Die meisten von uns sind viel zu ernsthaft, was unser Leben betrifft, und unsere alten Vorstellungen von Gott waren nicht gerade lustig! Sie waren oft ernst, unfreundlich, verurteilend – sogar beängstigend, rachsüchtig und gemein. Damals war uns kaum bewusst, dass dies die menschlichen Eigenschaften von genau den Menschen waren, die dieses Bild von Gott erschaffen haben – nicht von Gott selbst.

Schon lange vor Divine Openings setzte ich die "ernsthafte Absicht", mehr Humor in mein Leben zu lassen. Jedes Mal, wenn ich nach noch mehr fragte, drehte mein Leben die Lacher entsprechend mit auf. Lustige Freunde tauchten auf, lustige Filme, lustige Ereignisse, lustige Gedanken und Szenarien gingen zu meinem eigenen Vergnügen durch meinen Kopf. Bis heute bin ich mit meinen Freunden und in Kursen immer noch unverschämt albern.

Ich verwandelte meine Beziehung zu meiner sorgenvollen, unglücklichen und ehemals kritischen Mutter, indem eine klare Absicht setzte, dass ich sie jedes Mal, wenn ich sie anrief, schon beim ersten Satz zum Lachen bringen würde. Ich konnte ihr Leben nicht verändern, aber ich konnte meine Beziehung zu ihr verändern und sie zu einem Höhepunkt ihres Tages machen. Ich sammelte Witze, die ich ihr erzählen konnte, und begann unsere Telefonate mit lustigen Stimmen und Sätzen wie "Hallo Mami, dachtest du etwa, mich 1965 im Einkaufszentrum zurückzulassen, würde dich auf immer frei machen? Ich weiß, wo du wohnst!" oder ich schrie: "Mami!!! Maaaaammi!!!" auf ihren Anrufbeantworter, dann hörte sie mich und rannte lachend zum Telefon um abzuheben. Aus irgendeinem Grund tut es ihr gut, wenn ich sie Mami nenne. Es erinnert sie an die Zeit, als sie noch jünger war.

Als ich Divine Openings anfing, setzte meine Mutter sich zu mir und fragte mich, ob ich einem Kult beigetreten war. Ich sah sie entsetzt an und erwiderte: "Ich *fasse* es nicht, dass du dir auch nur *vorstellen* könntest, dass ich ein solches Schaf wäre! Ich bin *nicht* einem Kult beigetreten – (ich machte eine Pause, um den Effekt zu steigern) – ich *leite* einen Kult!" Sie fiel vor Lachen fast vom Stuhl und es war nie wieder ein Thema.

Sogar als mein Vater viel Zeit in der Klinik verbrachte, rief ich sie an und brachte sie zum Lachen. Zu der Zeit verstand sie die Idee bereits, wie wichtig es ist, die eigene Schwingung hochzuhalten (na ja, zumindest auf der Verstandesebene), und machte mir nur manchmal das Leben schwer, weil ich nicht mit ihr litt!

Herrlich, wie meine spirituelle Kraft jedes Mal einen großen Schritt nach vorne machte, wenn ich um mehr Humor bat. Wenn man weiß, dass alles schwingende Energie ist, überrascht das natürlich nicht: Humor erhöht deine Schwingung. Ich fühlte mich schon immer von spirituellen Lehrern angezogen, die einen Sinn für Humor haben, und mied die sauren, strenggläubigen, allzu ernsthaften unter ihnen wie die Pest. Igitt, wenn es das ist, was du von ihnen bekommst, verzichte ich darauf.

Vor einigen Jahren war ich wahnsinnig in einen Mann verliebt, der kaum lachte und der meinen Humor überhaupt nicht verstand. Seither bat ich um Humor in allen meinen Beziehungen und habe das auch bekommen. Ich schrieb darüber in meinem ersten Buch *Dating To Change Your Life* (erhältlich in Englisch über DivineOpenings.com). Die nächste Beziehung war mit einem Mann, der sehr lustig war, liebend gerne lachte, meinen Humor absolut verstand und der mich für die witzigste Person hielt, die ihm je begegnet war. Wir lachten jeden Tag und führten ein glattes, sorgenfreies, harmonisches, häusliches Leben, das zu dieser Zeit perfekt zu unserem Leben passte, obwohl es auf der romantischen Ebene nicht stimmig war. Schließlich trennten wir uns und begannen neue Beziehungen mit passenderen Partnern. Ich ging nie wieder mit jemandem aus, der keinen ausgeprägten, locker leichten und begeisterten Sinn für Humor hatte.

Ein Partner von mir schloss durch ein Interview Freundschaft mit Kinky Friedman, dem Gouverneurs-Kandidaten für Texas in 2006, und eines Tages führte er mich zu einem gemeinsamen Essen aus, damit ich Kinky kennenlernen konnte. Kinky ist furchtbar witzig, selbst aber eher unbewegt. Er ist es gewohnt, derjenige zu sein, der andere zum Lachen bringt, ohne selbst mitzulachen. Nachdem er meinen Partner und mich eine Weile beobachtet hatte, fragte er: "Ist das eine ernsthafte Beziehung?" Ohne zu zögern antwortete ich: "Nein, es ist eine humorvolle Beziehung."

Diese Partnerschaft war von häufigem Gelächter gekennzeichnet, oft war es unkontrolliertes, nach Luft schnappendes, prustendes, Bauch schmerzendes, krümmendes Eselgebrüll-Gelächter. Wir hielten unsere Augen für Gelegenheiten offen, bei denen wir uns gegenseitig zum Lachen bringen konnten. Eines Tages, er hatte gerade ein Divine Opening erhalten und stand im Wohnzimmer auf dem Kopf, um seine Yoga- und Karate-Übungen zu machen, sah er den Schwanz von meinem Hund vor dem Fenster auf und ab wedeln. Aus seiner Sicht auf dem Kopf meinte er, es wäre ein seltsamer Vogel, der auf einem Flügel vorbeihüpfte. Als er erkannte, dass es der Hundeschwanz war, zerriss es ihn förmlich, er fiel aus seinem Kopfstand und kam nicht mehr hoch vor lauter Lachen.

Meine Absicht ist darauf ausgerichtet, ständig Gründe zum Lachen zu finden. Doch genauso oft finden die Lachgelegenheiten mich. Derselbe Freund stöberte herum, um seine Brille zu suchen. Er hob das Hinterteil des schlafenden Hundes hoch und sah darunter nach. Nun weiß ich ja nicht, wie das bei dir ist, aber ich hatte noch nie jemanden nach irgendetwas unter einem Hundehintern suchen gesehen und ich brach in Wellen von Bauch krampfenden Gekicher aus, was unweigerlich zu Keuchen und Pfeifen führte und das brachte uns beide noch mehr zum Lachen. Bald waren wir beide halbtot vor Lachen und schnappten nur noch nach Luft.

Ein anderes Mal machte er mir ein richtig leckeres Omelett mit Gemüse und Avocado. Omeletts richtig herauszubacken, ging immer über meine Fähigkeiten. Ich sagte, ich würde das nächste Mal kochen, wenn er mir zeigen könnte, "wie man eines dieser, äh, zusammengeklappten Dinger macht". Da waren wir wieder mittendrin im hemmungslosen Lachen und die Geräusche von unserem Gegacker brachten mich nur noch mehr zum Lachen. Ich prustete mit vollem Mund los und schnappte mir eine Serviette, damit ich nicht das ganze Essen versprühte, woraufhin er sagte: "Wenn du nicht aufpasst, wird einiges von dem gelben, zusammengeklappten Zeug mit der grünen Füllung aus deiner Nase kommen."

Um also profimäßig zu demonstrieren, wie das ganz leicht zu verhindern war, stopfte ich mir zwei Ecken der Serviette in meine Nasenlöcher. Wir hatten daraufhin einen running gag und als meine langen blonden Haare in den Waffelsirup hingen, sagte er: "Oh, dein langes, gelbes Zeug hängt in dem klebrigen Zeug." Eines Tages fing er an: "Die roten, gefiederten Viecher haben dir eines dieser braunen, ovalen Dinger gemacht." Daraufhin meinte ich: "Davon gäb's noch mehr, wenn das lange, geschuppte Ding sie nicht fressen würde."

Wenn du die kindliche Unschuld wiedergefunden hast, gibt es Nichts, das dir zu dumm oder zu albern wäre, um jemanden zum Lachen zu bringen, also sei großzügig mit deinem Lachen. Ich erinnere mich an einen Artikel, in dem es hieß, die höfliche, europäische Gesellschaft betrachtete es früher als unfein, laut zu lachen. Daher unterdrückte man sein Lachen und erlaubte sich nur ein leichtes Lächeln, um seine Erheiterung zu zeigen, damit man nicht wie ein gemeiner Bürger wirkte. Reste dieser alten Ansicht sind heute immer noch zu finden und ich bin so froh, frei herauslachen zu können und meine Wertschätzung und Freude zeigen zu können. Bei meinen Seminaren für Unternehmen beobachtete ich früher, dass Teilnehmer, die aus der reservierten, professionellen Ebene auftauchten und anfingen zu lachen, daraufhin richtig ins Material hineinfanden. Sie waren den restlichen Tag über wacher, glücklicher und engagierter.

Es braucht nur einen ganz kleinen Anlass; allein ein Glitzern in den Augen des anderen, das man aus dem Augenwinkel bemerkt, oder der Ansatz eines spitzbübischen Grinsens auf den Lippen des anderen bringen einen Divine Openings Guide und mich bereits oft dazu, uns vor Lachen zu kugeln. Das Beste ist, wenn Lachen und Freude uns ohne irgendeinen Grund überrollen; dies nennt man "grundlose Seligkeit" und sie kommt, wenn man sich in dieser hohen Schwingung bewegt, auf der Ebene von Freude und Seligkeit, auf der Gelächter spontan entsteht, ohne dass es einen Grund bräuchte. Wenn du eins mit dem Göttlichen bist, dann erlebst du die reine Freude des Seins und wenn du die ganze Zeit so nahe daran lebst, braucht es nur ganz wenig, um dir den Rest zu geben. In diesen Momenten habe ich wirklich keine Ahnung, warum ich lache – aber es fühlt sich so gut an, dass mir das egal ist.

Sowie du immer öfter zu deinem göttlichen Selbst wirst, wird es auch noch einfacher innezuhalten, wenn ein Streit anfängt, und Humor einfließen zu lassen. Es gibt nichts, was Wut und Ärger so auflöst wie Humor. Ein Freund war einige, wenige Male ärgerlich auf mich. Einmal – er war bereits wegen einer Geschichte in der Arbeit sauer gewesen – fing er an, sich wegen etwas zu rechtfertigen, was ich darüber gesagt hatte. Es hatte offensichtlich etwas sehr Altes in ihm aktiviert. Ich sah, wie das Feuer in seinen Augen auflodene und sein Kiefer sich kampfbereit spannte. In mir zwinkerte etwas und ich packte ihn an den Schultern, sah ihm gerade in die Augen und sagt: "ICH FREUND!!!" Im ersten Moment erschrak er, dann entspannte er sich sichtlich. Dann lachten wir.

Wenn jemand in einer Emotion feststeckt, besonders in einer alten, ist jegliche Logik dahin. Es ist, als ob man ein brennendes Streichholz in einen trockenen Heuhaufen geworfen hätte. Will man vernünftig darüber reden, so dreht man sich stundenlang im Kreis, weil es nicht logisch ist. Du weißt das. Humor kann die ganze Flammenbrunst mit ein paar Worte löschen.

Ab und zu bricht die grundlose Seligkeit im 5-tägigen Schweigeretreat aus. Jemand fühlt ein Kitzeln im Innern und lässt es ausbrechen und am Ende johlen wir alle wie die Affen. Oder es fließen Tränen, die sich plötzlich in Seligkeit wandeln. Du könntest es "das Göttliche lacht dich" nennen. Ich habe keinerlei Bedürfnis zu wissen, warum. Das Bedürfnis danach, das Warum zu kennen, rückt im Leben mehr und mehr in den Hintergrund, je mehr man es genießt, einfach zu leben.

Wenn du sie bemerkst, bringt jeder Tag Gelegenheiten zum Lachen. Fang einfach an, lustige Bücher zu lesen, lustige Filme anzusehen und dir witzige Freunde zu suchen. Merke dir Witze aus dem Internet und erzähle sie weiter, während du dir ansiehst, was es ist, das die Dinge witzig macht. Sieh dir an, wie witzige Menschen, gute Geschichten und Witzeerzähler den Zeitpunkt für ihre Pointe wählen. Es ist eine Kunst und du kannst sie lernen; bleib locker dabei. Dies ist keine Arbeit, es ist ein fröhliches Spiel und es gibt keinen Abgabetermin. Strukturiere deine Pointen zuerst so, wie es die Profis machen, und später wirst du deinen eigenen Stil entwickeln. Beobachte, welchen Tonfall sie wann benutzen und wie sie sich mit dem Überraschungsmoment spielen, um dich zum Lachen zu bringen. Probiere aus, wie lange man wartet, bis man die Bombe hochgehen lässt, und achte auf die Dinge, die andere Menschen lustig finden. Je mehr du lachst, desto mehr Gelegenheiten zum Lachen und andere zum Lachen zu bringen, wird dir das Leben servieren.

Also, was für eine Hausaufgabe! Lachen zu üben und witziger denn je zu werden! Schreibe diese Absicht in dein Notizbuch und notiere ein paar Ideen, wie du mehr Humor in dein Leben bringen kannst. Der Blog und das Forum auf DivineOpenings.com unterstützen dich darin (beobachte, was auf DivineOpenings.de als deutsche Variante zu finden ist.)

Entwickle die Gabe des Humors.

Eines Abends, als ich im Bett lag und meinem schwerkranken Vater ein Divine Opening über die Ferne schickte, blubberte eine Fröhlichkeit aus dem Nichts heraus durch mich hindurch und ich begann zu kichern und dann laut aufzulachen, während ich spürte, wie sein Geist höher segelte. Dies war eine tolle Erinnerung daran, dass, egal wie schlimm die Krankheit ist oder wie ernst die Situation aus der menschlichen Perspektive heraus aussieht, das Göttliche in uns immer Freude erlebt – ständig. Dieses Wissen macht jede Situation leichter.

Eine einfache Art, deine Schwingung zu verändern, ist dich zu fragen:
"Was fühlt mein Großes Selbst jetzt gerade?"
Die Antwort lautet immer: "Glückseligkeit"

Divine Opening

Dieses Kunstwerk ist die reine Essenz der Gnade und der Freude in unsicheren Umständen.

Setze dich still hin und lass das Bild zwei Minuten lang auf dich wirken.
Dann schließe deine Augen und lege dich 15 Minuten oder länger hin.

Illustration Nr. 4 – *Cowgirl Up,* Gemälde von Lola Jones

Meditation leicht gemacht

Meditation wird mit den Divine Openings einfacher. Meditiere, weil es sich gut anfühlt, nicht weil du gut oder spirituell sein möchtest oder etwas erreichen möchtest (das bringt dir alles keine Pluspunkte ein). Tu es, um dein inneres, stilles Sein zu genießen und dich an deinem entfalteten Selbst zu freuen, anstatt um zu versuchen, damit irgendein Ziel zu erreichen. Versuche gehen zu lassen, was dir andere Menschen über ihre Erfahrungen erzählt haben und mache deine eigene Erfahrung. Tiefes, köstliches Fühlen ist genauso viel wert wie alle mystischen Visionen des Universums.

Es gibt keinen Zaubertrick und keinen einzig richtigen Weg, der für alle gut ist. Ich schlage vor, du folgst deinem Herzen. Ich halte es sehr schlicht. Du brauchst keine Regeln, kein Zubehör, keine Dogmen und keine komplizierten, geheimen Rituale. Wenn es zu viel Arbeit wird, wie kannst du dann entspannen?

- Setze dich in einer bequemen Stellung still hin. Schließe deine Augen und richte die Aufmerksamkeit auf deinen Atem. Du brauchst den Atem nicht zu verändern. Richte nur deine ganze Aufmerksamkeit darauf.

- Wenn Gedanken auftauchen, "folge ihnen" nicht. Lass sie wie Wolken vorüberziehen. Bringe deinen Fokus sanft so oft zu deinem Atem zurück, wie du es brauchst.

- Nun beginne dein Atmen zu genießen; mach jeden Atemzug voll, köstlich, leicht und langsam. Bemerke, wie wunderbar es ist, zu atmen. Stelle dir vor, wie du mit dem Atmen tief in dein Inneres Sein eintauchst.

- Halte deine Aufmerksamkeit beim Atmen. Wenn sie abdriftet, bringe sie sanft zurück. Du kannst es nicht falsch machen, also lass diese Sorge gehen. Wenn du ab einem bestimmten Punkt innere Führung vernimmst, dann sei aufmerksam, aber versuche nicht, sie zu bekommen und suche nicht nach ihr. Lass los.

*Meditiere aus Freude,
um die reine, positive Energie zu spüren, die du bist.*

Morgen- und Abend-"Schwärmereien"

Über ein Jahr lang verbrachte ich jeden Abend vor dem Schlafengehen und jeden Morgen gleich nach dem Aufwachen, ganz egal, ob ich mich super oder weniger gut fühlte, ein paar Minuten damit, von allem zu schwärmen, für das ich dankbar war und das mir gefiel. Indem ich meinen Fokus ausdrucksstark und mit Leidenschaft auf all das richtete, was in meinem Leben gut war, und alles feierte, worüber ich glücklich war, erhöhte ich ganz bewusst meine Schwingung. Jetzt ist es zur Gewohnheit geworden und ich mache es automatisch.

Die Schwingung von Dankbarkeit entspricht der gleichen Frequenz wie die der Liebe. Die meisten Menschen haben eine äußerst vorbelastete oder verzerrte Vorstellung von Liebe, möglicherweise fällt es ihnen schwer, Liebe" überhaupt aufkommen zu lassen, wenn sie nicht glücklich sind. Unsere Vorstellung von Dankbarkeit dagegen ist recht klar und rein, so dass es viel einfacher ist, sich bewusst in der Dankbarkeit zu üben als in der Liebe. Du kannst jederzeit ehrlich etwas finden, für das du dankbar bist, selbst wenn du es, ihn oder sie in dem Moment nicht lieben kannst.

Dieses Schwärmen über alles Gute ist zu einer solchen Gewohnheit geworden, dass ich es gar nicht mehr versuchen muss. Das ist das Schöne an einem erleuchteten Geist – es ist leichter, dich ganz automatisch zu Liebe, Freude und Dankbarkeit hinzubewegen – und dann werden mehr von diesen Schwingungen magnetisch von dir angezogen. Wir haben immer die Wahl, auf was wir unseren Fokus richten: auf die Dinge, die "falsch" laufen oder auf die Dinge, die "richtig" laufen, auf das "Schlechte" – oder auf das "Gute". Wähle danach, was sich besser anfühlt, was dich mehr in Einklang mit deiner göttlichen Präsenz bringt. Fühlt sich dies besser an oder das?

Und bald wirst du nicht mehr so viel von dieser "gut/schlecht"-Dualität wahrnehmen, du wirst alles als

"Erfahrung" betrachten und es wird leicht sein, sich in jeglichen Umständen gut zu fühlen. Aber jetzt kannst du wählen, auf was du deinen Fokus richtest, damit du dich jetzt – heute – besser fühlst. Heute ist alles, was wirklich zählt. Gestern ist vorbei und Morgen ist noch nicht da. Und genau jetzt ist alles, das du in der Hand hast.

Vor kurzem gab ich ein Gruppen Divine Opening. Wie üblich saß ich mit geschlossenen Augen da und schuf das Resonanzfeld für die Gruppe von 27 Personen und anschließend saß jeder einige Minuten lang in der göttlichen Präsenz, um sie zu erleben.

Als ich fragte, ob jemand seine Erfahrungen mitteilen möchte, erzählte uns eine ältere Dame, die auf dem spirituellen Weg bereits recht erfahren war, ein tief gehendes Erlebnis. Sie sah Szenen aus ihrem ganzen Leben vor sich erscheinen. Manche Ereignisse schienen zur damaligen Zeit "schlimm" und andere "gut" und schließlich ordneten sie sich alle wie zu einem Mosaik an. Daraufhin sah sie überrascht, dass sie für sie nun alle gleich in Ordnung waren. Da war kein Urteil mehr, das manche gut und andere schlecht nennen würden. Das lag nicht daran, dass plötzlich alle "gut" geworden wären, sondern dass es einfach sinnlos schien, sie überhaupt zu benennen. Dies ist ein Zeichen von Erleuchtung, das "Gleichgültigkeit" genannt wird. Du nimmst, durch die Gnade unterstützt, die Realität auf unerklärliche Weise so hin, wie sie ist, ohne Leid, ohne eine Geschichte dazu und ohne Urteil. Das ist nicht nur ein anderer Blickwinkel, es ist nicht nur eine veränderte Wahrnehmung – es ist ein Sprung in eine neue Dimension des Lebens, jenseits der Dualität.

Eine andere Art, Gleichgültigkeit zu definieren, ist alles stehen lassen zu können, ohne ihm Widerstand zu leisten. Alles fließt vorüber – das Erwünschte und das Unerwünschte. Und je freier wir es fließen lassen, desto mehr Glückseligkeit fühlen wir, sogar in widrigen Umständen.

Bis die Dankbarkeit zu einer ständigen, minütlichen Gewohnheit für dich geworden ist, wird eine Zeit des morgendlichen und abendlichen "Schwärmens und Dankens" deine Schwingungshöhe und deine Einstellung anheben, bis du ganz natürlich die Gleichgültigkeit erreichst und frei vom Geist und seinen Urteilen bist.

Ich finde es aufregend, wenn man bedenkt, dass sogar unsere kühnsten Träume der Erleuchtung und der eigenen Kraft angesichts dessen verblassen, was dann tatsächlich kommt. Wir beginnen gerade erst zu erkennen, wie wir unsere Realität erschaffen. In nicht so ferner Zukunft werden du und ich im wahrsten Sinne des Wortes neue Welten erschaffen, ganze Realitäten – aus Freude daran.

Mache es dir zur Gewohnheit, von allem zu schwärmen, das du schätzt.

Der Ruf des Göttlichen kann nach Erfolg, Sex oder Geld klingen

Die meisten Menschen suchen nicht bewusst nach Erleuchtung. Ich bemerkte früher, dass sehr wenige Menschen sich für die Idee der Erleuchtung begeisterten und viele davon sogar abgeschreckt waren, wenn ich an einem geselligen Ort darüber sprach (mittlerweile tue ich das gar nicht mehr). Sie suchten nach Geld, einer besseren Beziehung, Befreiung von Leiden oder besserer Gesundheit. Dieses Streben nach emotionalen oder materiellen Bedürfnissen wird letztendlich vom natürlichen inneren Drang genährt, sich besser zu fühlen, und das ist der Ruf des Göttlichen. Gott will, dass du dich gut fühlst und es dir gut geht. Auch wenn es nicht jeder Erleuchtung nennt, im Grunde wollen sie alle Erleuchtung. Sie wollen ihre Vollständigkeit wiederherstellen, die ihnen Glückseligkeit bringt. Wie auch immer sie das nennen, was sie möchten und wie auch immer sie zur Erleuchtung finden, ist für mich in Ordnung.

Partnerschaft, Gesundheit, innerer Frieden, weniger Stress und mehr Geld oder Erfolg, das ist es, was die meisten Menschen möchten, die zu mir kommen. Es sind die "Big Five" ganz oben auf der Liste von dem, was die meisten Menschen sich wünschen und nicht haben. Es ist der Ruf ihres Großen Selbst, den sie am leichtesten hören können. Eine Frau kam zu ihrer zweiten Unterrichtsstunde und ich konnte spüren, wie weit sie sich bereits geöffnet hatte. Sie sagte, ihr Kopf sei mittlerweile meistens still, Sorgen und Bedenken existierten die meiste Zeit gar nicht, und wenn sie entstanden, waren sie nur von kurzer Dauer. Der Ärger auf ihre Kinder hatte sich gelegt.

Ihr drittes Divine Opening wirkte sogar noch tiefer. Sie sagte, sie wünsche sich einen reichen Mann, der für sie sorgen würde. "Okay, du kannst diesen Mann haben" erklärte ich mit der Autorität, die mit dem Göttlichen in uns einhergeht. "Setze es auf deine Wunschliste und in der Zwischenzeit habe ich ein paar Überlegungen für dich."

Erstens ist es sehr einfach, dass man anfängt zu glauben, eine Person, vor allem eine reiche oder mächtige Person, wäre unsere Quelle. Diese Personen sind in Wirklichkeit nur ein Kanal, durch den das Leben uns Segnungen schickt. Aber was passiert, wenn wir in das Mangeldenken übergehen und glauben, sie wären der einzige Ort, an dem wir Liebe oder Geld oder Fürsorge oder was auch immer bekommen könnten? Was passiert, wenn wir unsere Macht an sie abgeben? Wenn wir es erlauben, kann das Leben uns diese Segnungen durch beliebig viele Menschen überbringen.

"Zweitens bringt uns das Leben mehr von dem, was wir bereits fühlen. Wenn du also jetzt einen Mangel an dieser Fülle empfindest und du dir deshalb diesen Mann herbeiwünschst, der für dich sorgen soll, dann kann dir das Gesetz der Anziehungskraft nur mehr Mangel bringen. Wenn du jetzt anfangen würdest, dich bereits reich zu fühlen, dann kann das Gesetz der Anziehungskraft einen reichen Mann zu dir führen. Er wird zu deiner Schwingungsfrequenz dazupassen, du wirst ihn nicht brauchen und deshalb kann er bleiben. Wir Amerikaner sind bereits reicher als jeder Sultan es vor zweihundert Jahren war – wir müssen nur einmal innehalten, um es zu bemerken.

Drittens wird sich deine Beziehung zum Göttlichen äußerlich in deiner Partnerschaft spiegeln. Beginne, nur für diese Woche, zuerst einmal eine Liebesaffäre mit Gott. Wende dich direkt an die Reine Quelle, um die Liebe zu bekommen, die du suchst, die Gespräche und die Zweisamkeit – und dann beobachte, wer mit der Zeit im Äußeren auftaucht. Geh und unterhalte dich mit deinem Schöpfer, der dich vergöttert, dich genauso liebt, wie du bist und für dich sorgt – kannst du dir vorstellen, wer auftauchen würde, um dem im Physischen zu entsprechen?"

Am Ende der Stunde legte ich meine Hände für das Divine Opening ein paar Minuten lang auf ihren Kopf und ging zurück in mein Arbeitszimmer, um zu schreiben, während sie ruhte. Nach einer langen Ruhe füllten sich ihre Augen mit Tränen und sie hatte Schwierigkeiten ruhig zu sprechen. Sie sagte: "Ich fühlte mich gehalten, umarmt, genährt vom Göttlichen und dann konnte ich Seine Anwesenheit spüren, neben mir sitzend, als ob Er (Sie/Es) darauf warten würde, mir zuzuhören, mit mir zu sprechen – alles zu tun, was ich brauchte. Es hat mein leeres Herz aufgefüllt." In diesem Moment war sie vom Mangel in die Fülle übergegangen.

"Sei dir selbst dankbar dafür, dass du offen warst, um dieses Geschenk einzulassen", sagte ich mit einem Lächeln. "Du hast die Tür zu vielen Segnungen geöffnet." Diese Beziehung wurde kontinuierlich tiefer. In der folgenden Woche hatte sie intensive Nackenschmerzen (wahrscheinlich eine Spannungs- oder Kampfenergie, die sich löste) und die Bemühungen ihres Chiropraktikers, dies zu lösen, blieben ohne Erfolg. In der Nacht danach sah und fühlte sie im Schlaf eine physische Hand gegen ihren Nacken drücken und am Morgen waren die Schmerzen weg. Ich kann mir kein besseres Beispiel dafür vorstellen, wie unsere weltlichen Wünsche uns am Ende immer zu unserer Beziehung mit dem Göttlichen zurückrufen.

Dein Großes Selbst ruft dich immer auf die beste Weise,
die du hören kannst, nach Hause zurück.

Wie uns das Göttliche sieht

Eine Klientin hatte bei ihrem ersten Divine Opening eine bemerkenswerte Erfahrung, die sich noch monatelang weiter entfaltete. Sie saß auf einem Sofa in einem Raum mit etwa zwölf Personen. Als ich meine Hände auf ihren Kopf legte, sah sie sich augenblicklich mit drei Meter großen, weißen Flügeln. Das Bemerkenswerteste an ihrem Erlebnis war jedoch, dass sie sich genauso sah, wie das Göttliche sie sieht, als etwas absolut Vollkommenes. Sie fühlte es tief in ihrem innersten Sein. Sie war einst eine exotische Tänzerin gewesen und hegte einige Zweifel an ihrem Selbstwert und Urteile über sich selbst. Nun gab es keinen Zweifel mehr – als sie jede Falte ihres fünfzigjährigen Gesichts in 3D, liebevoll vergrößert betrachtete, war Verehrung im Blick. Sie war das Göttliche, das das Göttliche ansieht und es war eins mit ihr. Das Göttliche verehrt und liebt uns. Es macht keinerlei Unterschied, was wir getan oder nicht getan haben, wer wir sind oder wie verloren wir sind. Es sind nur die Menschen, die darüber urteilen.

Manchmal ist es mehr ein Gefühl. Andere fühlen sich einfach von einer überwältigenden Liebe umhüllt und in diesem Moment wissen sie, dass sie geliebt werden.

Das Göttliche liebt dich inniglich... und IST du.

Sich vom Uralten Denken lösen

Carl Jung sprach über das Kollektivbewusstsein der Menschheit. Nachdem jeder Gedanke, der je gedacht wurde, immer noch da ist, gibt es einen gigantischen Pool an kollektiv geteilter, menschlicher Schwingung. Es wird auch das Uralte Denken genannt. Es hilft, wenn man weiß, dass wir zu einem großen Teil von den Gedanken und Schwingungen, die wir aus dem Uralten Denken aufsammeln, hypnotisiert sind und uns einer recht einschränkenden Konsensrealität anschließen. Die Erinnerung daran, wie das Uralte Denken andere gefangen halten kann, hilft mir, Menschen gegenüber Mitgefühl zu empfinden, die schreckliche Dinge tun, denn ich weiß, dass sie in dieser Zeit nicht in der Lage sind, Zugang zu ihrem göttlichen Selbst zu finden.

Das Uralte Denken sendet starke Schwingungen in Bereichen der Angst, des Mangels, des Schutzes, der Wut, der Trennung und der Illusion aus. Es enthält genauso die positiven Emotionen der Freude, Liebe und des Friedens. Bis wir jedoch höchst bewusst und wach sind, haben wir wenig Wahlmöglichkeiten, welche Schwingungen wir davon aufnehmen und ausleben. Ich weiß aus meiner eigenen Erfahrung, wie schwierig oder sogar unmöglich es war, mich davon zu lösen, bevor ich den Erleuchtungsprozess begann.

Manchmal ist es eine Herausforderung seinem Sog zu entkommen um den Weg zu glücklichem, erleuchtetem Denken und Handeln zu finden. Hast du schon jemals eine Situation erlebt, in der du wusstest, wie du sein und handeln wolltest, es aber um alles in der Welt nicht tun konntest? Das haben wir alle. Es ist wie ein Versinken im Treibsand – das eine tun wollen, aber zu unserem Entsetzen stattdessen etwas anderes tun, das wir gar nicht wollen. Es ist, als ob wir alle an einen Kreislauf angeschlossen wären, der uns mit disharmonischen Energien auflädt. Wenn du eine Lampe an eine Steckdose anschließt, hat sie keine Wahl, woher ihr Strom kommt. Jetzt fangen wir an, uns an die klarere, reinere Kraftquelle anzuschließen und die Energie, mit der wir uns dabei aufladen, ist anders.

Divine Openings löst uns vom Uralten Denken, wir schließen uns an pure positive Energie an und beginnen, in größerer Harmonie mit der Reinen Quelle zu schwingen.

Während wir uns vom Uralten Denken lösen, erleben wir manchmal die letzten Japser seiner lange eingeübten Muster. Keine Sorge – sie gehen vorbei und lassen dich jedes Mal freier denn je zurück. So wie du die "positive" Energien aktivierst, so sterben die "negative" durch mangelnden Gebrauch ab. Je mehr Menschen sich vom Uralten Denken lösen, desto mehr verliert es buchstäblich seine Macht. Um unsere Beziehungen zu klären, müssen wir uns vom Uralten Denken lösen und gleichzeitig Mitgefühl für diejenigen haben, die es noch fest im Griff hat. Du wirst bald durch einen Prozess geführt werden, der dich befreit.

Die göttliche Intelligenz, die in jedem von uns erwacht, ist ein viel mächtigeres Bewusstsein ohne einschränkende Konsensrealität – wir sind die vielen, die eins sind. Wir sind hier, um Individualität zu erleben und um unsere Einheit zu wissen – um individuelle Realitäten zu erschaffen, keine Konformität.

Alltägliche Beziehungen sind der Schlüssel zum Weltfrieden

Bevor ich begann, das Erwachen des Göttlichen in mir tatsächlich zu erleben, war Einheit lediglich ein nettes, unerreichbares, intellektuelles Konzept für mich gewesen. Wenn das kleine Selbst loslässt, verlieren wir die Angst der Trennung, des Wettkampfes, der Gefahr und des Mangels. Wenn wir ein Teil von Allem-Was-Ist sind, was gibt es dann zu fürchten oder wovor sollten wir uns dann schützen? Wir verlieren unsere Angst vor "anderen", wenn wir erkennen, dass es keine anderen gibt. Obwohl ich praktisch genommen weiß, dass mein Körper und mein Selbst von deinem getrennt sind, erkenne ich, dass wir immer noch Teil desselben Lebensstroms sind, dass wir aus demselben Stoff gemacht sind, wir aus derselben Quelle kommen. Ich kann dem scheinbar anderen nicht schaden, ohne mich buchstäblich selbst zu verletzen. Dies ist der wahre Anfang von großartigen Beziehungen, in denen wir unsere Handlungen danach richten, wie es sich anfühlt, anstatt nach dem, wie wir uns verhalten sollten.

Während mehr und mehr Bewohner dieser Welt erleuchten, werden wir unsere umwelttechnischen, politischen, sozialen und wirtschaftlichen Krisen leicht und spontan aus einem ganz neuen Bewusstsein heraus lösen, das Möglichkeiten sieht, die wir jetzt nicht sehen können. Der momentane Zustand ist das natürliche Ergebnis des momentanen, kollektiven Bewusstseins und es ist seine Konsensrealität, die den Möglichkeiten Grenzen setzt. Sobald unser Denken besser mit der göttlichen Intelligenz in uns mithalten kann, werden wir beständig auf einem Niveau handeln, das jetzt als genial betrachtet wird. Jeder Mensch trägt die Samen seines eigenen, einzigartigen Genies in sich.

Wir alle tragen verschiedene Anteile in uns, die uneinig sind oder in Konflikt miteinander stehen. Es ist dieser Disakkord in jedem von uns, der sich dort draußen in der Welt als Konflikt oder Krieg manifestiert. Wenn wir uns verurteilen, verachten oder kritisieren und Anteilen in uns widerstreben oder sie ablehnen (anstatt sie einfach zu erleben und sie sein zu lassen), dann entspricht das einem Krieg in uns. Wenn wir von unserem Großen Selbst, das immer friedvoll ist, abgetrennt sind, herrscht in uns Krieg. Wenn es Kampf und Unruhe in unseren eigenen Familien gibt, so ist das die gleiche Energie wie Krieg.

Friede beginnt in jedem von uns mit dem Mitgefühl für und der Akzeptanz von uns selbst – mit einem stillen, ruhigen Geist und dem Zulassen aller unserer Anteile und Aspekte. Sowie all unsere verstreuten Anteile akzeptiert, geschätzt und erlebt werden, beruhigen sie sich – sie schließen Frieden. Dann, aus diesem friedlichen und stillen Ort in uns heraus, fließt ganz mühelos die Liebe, die unsere wahre Natur ist. Das Herz blüht auf. Aus dem heraus ist es ganz natürlich, auf authentische Weise mehr Liebe, Anerkennung und Mitgefühl zu unseren Lieben, unserer Familie, unseren Kollegen und unseren Freunden zu spüren und zu geben. Dann beginnen wir die Einheit mit unserer Stadt zu spüren, mit unserem Land, der Welt und so weiter und dieser innere Frieden zieht seine Kreise in die Welt hinaus. Jeder von uns ist eine Funkstation für jegliche Energien, die wir bevorzugt generieren. Unterschätze nicht, was für ein kraftvoller Generator du bist.

Mutter Teresa wurde einst um Rat gefragt, wie der Weltfrieden verbreitet werden könnte. Sie antwortete: "Geh heim und liebe deine Familie."

Die logische Erweiterung des inneren Friedens, den wir durch Divine Openings erlangen, ist äußerer Frieden. Friede bedeutet nicht Übereinstimmung. Er kann bedeuten, sich respektvoll und liebevoll darüber einig zu sein, dass man verschiedene Ansichten hat.

Nur aus dem Großen Selbst heraus kann es eine echte Beziehung zu einem Geliebten, einem Kind, einem Elternteil oder einer Arbeitsgruppe geben. Beziehungen aus der Perspektive des kleinen Selbst heraus sind unecht und austauschbar, voller Schutzängste, Konflikte, Bedingungen, Bedürfnisse und Einsamkeit und zerbrechen leicht. Vom Großen Selbst aus sind Beziehungen bedingungslos, lassen Verschiedenheiten zu, sind reich und tief, sicher, lohnend und dehnen sich beständig weiter aus. Bedingungslose Liebe bedeutet nicht, dass du bei jemandem bleibst, es bedeutet, dass du sie so liebst, wie sie sind und wie sie nicht sind. Du liebst sie, egal was daraus im Physischen entsteht. Du liebst sie von nah oder von fern, ganz wie du möchtest.

Erlebe ganz die Perspektive eines anderen, sieh die Welt durch seine Augen und spüre die Welt durch seine Sinne – und du fängst wirklich an, Bezug aufzubauen. Nelson Mandela sagt, er brauchte 22 Jahre im Gefängnis bis er in der Lage war, seinen Ärger gehenzulassen, aus der Perspektive seiner "Feinde" zu sehen und sie zu seinen Freunden zu machen. Dann wurde er entlassen und veränderte sein Land und dessen Leute. Er war kein perfekter Mensch; du musst nicht perfekt sein.

Bezug aufzubauen ist etwas anderes als Beziehung. "Beziehung" ist eine Sache, die man kontrollieren oder besitzen kann.

"Bezug aufzubauen" ist ein Prozess, der zulässt, der lebendig und aktiv ist.

Nenne es eine Beziehung und es ist allzu leicht, sie als etwas Festes zu betrachten. Leben ist Veränderung, wenn eine Beziehung sich also nicht verändert, dann sind wir es, die es nicht zulassen. Angst führt uns dazu zu versuchen, sie zu kontrollieren, sie haltbar zu machen, einzufrieren oder sie zu besitzen. Baue Bezug zu deiner Mutter, deinem Vater, deinem oder deiner Geliebten auf und es wird zu einem aktiven Prozess, der dein Herz und deine volle Präsenz verlangt. Entscheide dich, wahren Bezug in einer Beziehung zu *erleben* (nicht nur als Konzept aufzubauen) und du wirst Geben und Nehmen kaum noch auseinanderhalten können.

Mitgefühl, Liebe und Einheit können nicht wie ein Gesetz erlassen, geregelt oder verteidigt werden. Wie erfolgreich waren unsere Gesetze und Gefängnisse bei der Regelung und Kontrolle von Kriminalität und Terrorismus? Der Versuch, von außen eine Veränderung zu erwirken, indem man Menschen kontrolliert, führt zu nichts Beständigem. Gott sei Dank ist es nicht notwendig, Frieden zu erzwingen, zu manipulieren oder gesetzlich zu regeln. Mit dem Aufblühen der Erleuchtung entspringt er authentisch aus dem Inneren eines jeden Individuums – sowie mehr und mehr Individuen um ihre eigene Göttlichkeit wissen und ihre Einheit mit allen anderen spüren, verbreitet sich der Friede weiter. Jeder Mensch wird auf natürliche Art und Weise die Entscheidungen treffen und die Lösungen erschaffen, die sein Wissen um seine wahre Natur widerspiegeln.

Von dort aus wird das gute Auskommen mit anderen Familien, Abteilungen und schließlich auch anderen Ländern die Regel, die gegenseitige Achtung und das Zusammenarbeiten mit ihnen zum natürlichen Fluss der Dinge anstatt eines Rätsels, wie man dies erreichen könnte. Es gibt keine andere Art mehr zu handeln, sobald wir wissen, wer wir sind – sobald wir unser ganzes Selbst, unser Großes Selbst erfahren haben.

Es beginnt bei dir zu Hause.
Dein liebendes, friedliches Herz erschafft äußeren Frieden in deiner Welt.

Okay – wie kläre ich also meine Beziehungen?

Die Gnade hilft dir. Dein Großes Selbst hilft dir. Deine Absicht und Bereitschaft, dich zu befreien, sind alles, was du brauchst. Die göttliche Quelle wird dich nicht zwingen loszulassen, wenn du das nicht willst. Es ist deine Wahl, aber du musst nicht wissen, *wie* es geht, du brauchst nur zu sagen: *Ich will es. Tu es für mich oder zeig mir wie es geht.* Dann wird der Innewohnende für die Mittel und Wege sorgen. Mach es nicht schwierig oder kompliziert. Deine Aufgabe ist nur zu entspannen, keinen Widerstand zu leisten und es geschehen zu lassen.

Während eines Workshops in Houston sah eine Teilnehmerin in der Stille ihres eigenen Geistes nach ihrem ersten Divine Opening eine kurze Diaschau in ihrem Kopf, in der ihre verstorbene Mutter erschien, die nicht liebevoll mit ihr umgegangen war. Sie fühlte die Disharmonie, fühlte, wie sie sich löste, und "wusste", dass es damit erledigt war. Fertig! Sie war mit der Absicht, weiter voranzukommen, zu diesem Workshop gekommen, aber sie hatte nicht erwartet, die Beziehung zu ihrer Mutter zu heilen. Gott wusste, wie wichtig es ist, Schlüsselbeziehungen zu klären und die göttliche Gnade übernahm die Arbeit. Viele Klienten hatten eine ähnliche "Diaschau", die ihnen ohne die dramatischen Emotionen, die mit dem ursprünglichen Erlebnis einhergingen, eine sofortige Lösung des Konflikts ermöglichte. Manche fühlten nur, wie *sich etwas löste*, ohne irgendwelche Details zu sehen oder zu wissen. Andere hören und fühlen gar nichts während des Divine Openings, aber dann "passiert etwas" in den nächsten Tagen. Der Vater einer Frau rief sie am Tag nach einem Divine Opening zum ersten Mal nach dreißig Jahren wieder an. Sie fühlte keine "Vergebung". Sie fühlte Liebe.

Gott vergibt nicht!

Eine Frau betete monatelang inbrünstig zu Gott um Vergebung für einige furchtbare Dinge, die sie getan hatte. Eines Abends lag sie erschöpft von ihrem Leiden im Bett, gab auf und wollte nur noch sterben. Da hörte sie eine Stimme sagen: "Ich kann dir niemals vergeben..." Sie bekam Panik und begann zu wehklagen. Aber die Stimme fuhr fort: "... weil ich dich niemals verurteilt habe."

Das Göttliche urteilt nicht über dich, es kritisiert dich nicht und grollt nicht. Menschen schon. Ich hörte vor kurzem, dass eine Amish Mutter, deren Kind bei einer Schießerei an einer Schule getötet worden war, erklärte, sie würde keinen Groll davontragen. Um ein Beispiel zu setzen, dem andere folgen könnten, erwarb sie Tausende von Radiergummis, ließ sie mit den Worten "grudge eraser" (Grollradierer) bedrucken und verschenkte sie bei Medienveranstaltungen.

Klienten öffneten ihre Herzen spontan für Menschen, die sie ausgeschlossen hatten, manchmal bereits nach einem einzigen Divine Opening. Innerhalb eines Augenblicks verschob sich ihre Perspektive zu der des Großen Selbst und sie wunderten sich, warum es so schwierig oder kompliziert gewesen war, die Sache einfach gehen zu lassen. Sobald dieser Umschwung passiert, kann das Wort "Vergebung" nicht einmal ansatzweise beschreiben, was geschieht. Aus diesem neuen Bewusstsein heraus gibt es nie, niemals etwas zu verzeihen, weil dein Großes Selbst erst gar nicht verurteilt.

Nach einem Divine Opening hatte eine Frau den Impuls, eine Liste von ungefähr zehn Personen zu machen, denen sie seit Jahren "versucht hatte zu vergeben". Und als sie dann die Personen auf der Liste eine nach den anderen abging um "daran zu arbeiten", merkte sie, dass es nichts mehr zu vergeben gab! Alles was geblieben war, war Frieden und sogar Liebe.

Denk darüber nach. Hört es sich nicht ein wenig arrogant an, jemandem zu sagen "Ich vergebe dir"? Als ob dein kleines Selbst jemals das Recht gehabt hätte, über den anderen zu urteilen? Und jetzt erklärst du ihn für in Ordnung? Ich betrachte es jetzt als "loslassen". Ich habe daran festgehalten; jetzt lasse ich es los. Ich habe diesen Groll getragen; jetzt lege ich ihn ab. Ich habe diesen Schmerz genährt; jetzt gehe ich wieder als freier Mensch.

Für mich fühlt es sich treffender an zu sagen: "Ich habe aufgehört, über dich zu urteilen" als zu sagen: "Ich vergebe dir."

Anstatt zu sagen "Ich vergebe dir",
probiere "Ich habe aufgehört über dich zu urteilen."

Ich sage innerlich zu dem Anderen: "Ich weiß um deine innere Göttlichkeit und deinen Wert."

Verletzungen loszulassen, an denen du festgehalten hast, *befreit dich* und beendet die Vergiftung deines Körpers und deiner Seele mit Groll, Wut und Trauer. Das ist der beste Grund dafür es zu tun. Nicht für die anderen.

Den besten Nutzen, den ich für das Wort Vergebung finden konnte, ist die Vergebung für *mich selbst*. Dich selbst zu verurteilen ist das Schädlichste der ganzen Schöpfung, das du dir antun kannst.

Sage dir: "Ich vergebe dir, dass du dies erschaffen hast. Ich liebe dich."

Vergangene Verletzungen erlösen

Setze dich still hin und sprich in deinem Herzen zu jedem, der dich verletzt hat, egal ob die Person bereits verstorben ist oder noch lebt. Sag ihnen, wie du dich gefühlt hast und was du dir von ihnen gewünscht hattest. Geh die Geschichte nicht noch einmal durch. Nur das, was du fühltest und was du wolltest. Punkt, aus. "Ich fühlte mich wertlos, als _____ geschah. Ich wollte geschätzt und geliebt sein."

Ein Mann ging in die innere Stille und bat das Göttliche, ihm zur Seite zu stehen, als er seinem verstorbenen Vater sagte, wie verletzt er gewesen war, als der Vater ihn von Kleinkind an bis in seine Jugendzeit hinein geschlagen hatte. Er sagte seinem Vater, dass er umarmt und gelobt hatte werden wollen. Liebe durchströmte ihn als er von dieser Last frei wurde und als er spürte, wie gequält sein Vater gewesen war.

Sobald du dies getan hast, wirst du wissen, ob du der richtigen, lebenden Person irgendetwas sagen musst. Und falls du mit demjenigen sprichst, so tu es aus der Perspektive heraus, wie du dich fühltest und was du wolltest, anstatt darüber zu reden, was der andere tat. Lass ihre Antwort los. Dies ist für deine Freiheit.

Befreie dich selbst. Der Rest folgt von allein.

Wenn dich jemand in der Vergangenheit verletzt hat, egal wie schmerzhaft es war, so ist das jetzt vorbei. Und jetzt weißt du, wie du dir in der Zukunft etwas Besseres in dein Leben holen kannst. Wenn du die Emotion spürst, ihr erlaubst, durch dich durch zu gehen und dich zu verlassen, dann steigt deine Schwingung auf natürliche Weise an und du bist frei. Wenn du ein Opfer bleibst, in dieser ganz tiefen Schwingung bleibst und dir diese schreckliche Geschichte immer wieder neu in dein Leben ziehst, wer tut dir nun weh? Wenn du die Emotion immer wieder neu generierst, indem du die Geschichte für dich selbst oder vor anderen ständig wiederholst, wer tut dir jetzt weh? Du tust dir selbst immer wieder weh.

Der Versuch, logisch zu verstehen, wer wem zuerst wehtat und warum, ist oft zu schwierig. Es geht zu weit in die Urzeit zurück. Jetzt weißt du, wie sehr das Uralte Denken die Menschheit im Griff hat. Du kannst spüren, wie die Menschen, die dich verletzten, selbst auf irgendeine Art im Schmerz waren. Du siehst wahrscheinlich die Notwendigkeit, den Kreislauf aus Schmerz und Verletzung anzuhalten. Die Schmerzenskette wurde Tausende von Generationen weitergegeben. Sie kann bei dir enden.

Entscheide dich, loszulassen und die Schwergewichte dem Göttlichen zu überlassen. Daran zu arbeiten, lädt noch mehr Widerstand auf den Widerstand. Erlebe und fühle, ohne etwas zurechtzurücken oder dich dagegen zu stemmen. Lass alles aufsteigen und sich lösen. Bitte darum, die Wahrheit zu wissen, dir der Einheit bewusst zu sein und dir zu erlauben, dass die Quelle des Lebens dich voll und ganz durchströmt. Bitte darum, dass jegliche Hindernisse entfernt sind. Bitte darum, dass dieser Prozess mit Leichtigkeit und Anmut für dich abläuft.

Indem du die Vergangenheit ziehen lässt und die Liebe, die ausgeschlossen war, wieder fließen lässt, befreist du dich selbst. Tu es für dich selbst, nicht für den Anderen. Wenn dein Liebeskanal verschlossen bleibt, dann ist deine Lebensenergie abgezwickt, du ziehst dich zusammen und du bist nicht mehr in Einklang mit deinem Großen Selbst. Dein Großes Selbst hat nie etwas zu vergeben, weil dein Großes Selbst nie urteilt. Die einzige Person, der es Sinn macht zu vergeben, bist du selbst.

Sei genau jetzt für dich selbst da, selbst wenn damals niemand für dich da war. Dies ist unglaublich kraftvoll und verändert deine Vergangenheit, Gegenwart und Zukunft. Wenn du dies für dich selbst tust, tust du es automatisch für die Menschheit. Aber du bist der Einzige, den du kontrollieren kannst.

Selbst wenn diese andere Person nicht für dich da gewesen war,
jetzt kannst DU für dich da sein.

Beziehungen sind das, worum es im Leben in dieser Dimension geht, und sie sind einer der Schlüssel zu deiner Freiheit. Wenn du Fehler und Verletzungen ziehen lässt, sagst du nicht, dass das, was geschah in Ordnung war; du sagst damit, dass es dir wichtiger ist, glücklich zu sein als Recht zu haben. Du sagst, es endet bei dir. Du willst, dass andere für dich da sind? Es ist kraftvoller, wenn du selbst für dich da bist. Dein Großes Selbst ist bereits da und wartet auf dich, ruft dich zur Freiheit. Wenn du wählst, dich wieder auf dein Großes Selbst auszurichten, sieht die Situation automatisch anders aus und fühlt sich anders an.

Die Schmerzenskette kann bei dir enden.
Du bist frei, wenn du loslässt.

Ich erzähle dir diese nächsten beiden Geschichten mit Mitgefühl (ohne Verurteilung) um aufzuzeigen, dass wir sogar mit der seligen Gratisfahrt, die uns die Gnade schenkt, unsere Erleuchtung aufrecht erhalten müssen und sie auf die Erde herunterholen müssen. Der *bewusste Verstandesteil* besteht zwar insgesamt nur aus etwa 10 Prozent, aber er ist für unser Erwachen notwendig.

Erinnerst du dich an die Freundin, die ich erwähnte, die vor unserer Begegnung eine sehr beeindruckende, kosmische Einheitserfahrung gemacht hatte, bei der man hätte glauben können, es wäre jedermanns ultimative, alles-beendende Goldgrube? Sie war monatelang in orgasmischer Ekstase, aber es mag überraschen, dass sich ihr Leben im Anschluss kaum veränderte. Sie war damit zufrieden, schlicht mit wenig Geld zu leben, aber sie hegt immer noch Groll gegen ihre Familie, rechtfertigt ihn, glaubt nicht daran, ihre Realität selbst zu erschaffen, neigt zu Unfällen (was dem

Glauben entspricht, dass die Probleme in ihrem Leben Unfälle sind) und obwohl sie bezaubernd und sexy ist, halten die Liebesbeziehungen nicht lang. Sie liest immer noch buchstäblich hunderte an spirituellen Büchern, ist aber nicht bereit, ihre niedrigeren Schwingungen zu spüren und sich als Autorin ihres Lebens anzuerkennen.

"Energie-Süchtige" jagen den kosmischen Energiehochs hinterher, versuchen jedoch die alltäglichen Gefühle zu vermeiden und leugnen, dass sie sie erschaffen.

Ein diplomierter Psychologe, der dieses Buch nicht gelesen hat, erlebte eine spontane, kosmische Explosion der Ekstase und Einheit, die wochenlang anhielt, lang bevor wir uns begegneten. Anschließend kehrte er wieder dazu zurück, seine Ex-Partnerinnen zu verabscheuen und kontinuierlichen Liebeskummer anzuziehen. Er unterrichtet das Gesetz der Anziehungskraft, kämpft aber damit, es zu leben. Das Erwachen ist nur dann vollständig, wenn wir unseren kleinen Teil des freien Willens erfüllen.

Die Gnade wirft dich hoch, wie eine Taube zum Flug.
Deine bewussten Entscheidungen halten dich dort oben.

Diese Übung, zusammen mit dem darauffolgenden Divine Opening befreit dich und stellt den Fluss in dir wieder her. Deine Aufgabe ist es, einfach aus dem Weg zu gehen und es geschehen zu lassen – bereit zu sein. *Es gibt nichts daran zu arbeiten.* Stelle in deinem Notizbuch eine Liste mit all den Menschen in deinem Leben zusammen, für die deine Liebe auch nur ein kleines bisschen zurückgehalten oder eingeschränkt ist. Es ist egal, ob diese Menschen früher Teil deines Lebens waren oder es jetzt sind, egal ob sie noch leben oder bereits verstorben sind.

Die wichtigsten sind Eltern, Geschwister, Kinder, Familienmitglieder, (Ehe)Partner und Ex-Partner.
Danach kommen Geschäftspartner, Vorgesetzte, Kollegen und Freunde.
Beziehe dich selbst mit ein – fließt die Liebe zu dir selbst völlig frei? Verehrst du dich selbst so, wie es das Göttliche tut?
Wie steht es mit Regierungschefs, deinem Präsidenten, Politikern?
Feinden der Nation? Terroristen? Umweltverschmutzern?
Menschen in deiner Arbeit? Reichen, gierigen Menschen? Armen, faulen Menschen?
Menschen, die engstirnig, gemein oder pervers sind?
Menschen, die andere niedermachen?
Diejenigen, die dich enttäuschten, dein Herz brachen oder deren Herz du gebrochen hast.
Menschen, die dir offensichtlich geschadet haben.
Diejenigen, gegenüber denen du auf der guten Seite stehst und die (ganz!) klar böse oder schlecht sind.
Jeder, der dich auf die Palme bringt oder brachte.
Jeder, bei dem du emotional geladen bist.

Wenn deine Liste leer ist und deine Liebe zu jedem auf der Erde frei fließt, prüfe zuerst ob du ehrlich zu dir bist! Wenn es wirklich so ist, setze dich hin und genieße, wie diese bedingungslose Liebe von dir ausstrahlt. Deine Absicht könnte lauten: "Wie kann ich noch tiefer gehen?" oder "Mach mich zu einem Leuchtfeuer."

Erinnere dich daran: All die Menschen auf deiner Liste waren genauso im Griff des Uralten Denkens, wie du es gewesen bist, und ihre Gedanken und "Entscheidungen" waren oft nicht ihre eigenen gewesen. Erinnere dich daran, dass auch sie besser sein und handeln wollten und frei von den Fesseln des Verstandes und der Gefühle hatten sein wollen. Aber sie konnten es nicht; genau wie du es nicht immer konntest. Bitte dein Großes Selbst dir zu helfen, deine Schwingung in Bezug auf Beziehungen zu erhöhen, damit du frei sein kannst und deine Erleuchtung voll aufblühen kann. Du musst die Arbeit nicht tun, du brauchst nur bereit zu sein, sie deinem Innewohnenden zu übergeben, und es wird für alles gesorgt.

ÜBUNG: Hör auf zu Lesen und tu jetzt Folgendes:
Lege deine Hand auf dein Herz.
Stelle dir vor, es ist die Hand deines Großen Selbst, des Innewohnenden, der göttlichen Präsenz.

Flüstere deine Verletzungen, Enttäuschungen, Verluste.
Drücke aus, *was du dir gewünscht und nicht bekommen hast*.
Lass das Göttliche alle niedrigeren Schwingungen in dir zu höheren anheben.
Setze die Absicht, dein Herz zu öffnen und allen Schmerz und Widerstand loszulassen.
Nimm das Divine Opening auf der nächsten Seite auf.

(Tu dies zu einem anderen Zeitpunkt in Bezug auf alle, *die du verletzt hast*.)

Notiere während der nächsten Tage oder Wochen in deinem Tagebuch, was dir an deinen Beziehungen auffällt. Es kann sein, dass du nichts Außergewöhnliches während der Übung und des Divine Opening gespürt hast, aber sich Beziehungen von selbst weiter öffnen, Liebe fließt oder du dich einfach ein bisschen besser dabei fühlst. Feiere jede Bewegung.

Fortgeschrittene Perspektive

Aus der Perspektive des Großen Selbst erkennst du, dass du deine Realität erschaffst. Alle niedrigeren Emotionen in Bewegung zu bringen, während du sie spürst, hilft dir automatisch, aus ihnen aufzusteigen. Sei nicht auf die kleine-Selbst-Art eines Opfers "für deine Realität verantwortlich". Gehe freundlich mit dir um. Erhöhe zuerst deine Schwingung, bevor du zu viel Verantwortung übernimmst. Hol dir zuerst deine Kraft zurück.

Erkläre aus deinem Großen Selbst heraus: "Ich habe das erschaffen", und spüre, wie deine Kraft zunimmt. Du musst nicht wissen, warum du es erschaffen hast. Wenn es wichtig ist zu wissen, wird die Antwort zu dir kommen.

Analysiere nicht, zwinge dich nicht und kämpfe nicht damit. Es kann sein, dass dies, wenn du das Buch zum dritten oder vierten Mal liest, auf einmal ganz natürlich und mühelos wirkt. Du kannst diesen Tag dann feiern, wenn er gekommen ist!

Es gibt keine Eile. Dein Großes Selbst ruft geduldig nach dir, urteilt jedoch nicht über dich.

Wenn du verinnerlicht hast, dass du es erschaffen hast, bekommst du deine Kraft zurück.

In diesem Level 1 Buch geht es vor allem darum, dich aus dem Leiden zu befreien und dir Frieden und Freude zu bringen, dein Großes Selbst öfter auf den Fahrersitz zu bekommen. Bei Divine Openings gibt es nicht auf ewig Gewölle und Rüttelschwellen. Wenn du immer noch zu kämpfen hast, kannst du dir absolut sicher sein, dass die Gnade ihren Teil tut, aber du musst deinen freien Willen nutzen, um deinen Teil zu tun. Hörst du immer noch auf die beängstigenden Geschichten in deinem Kopf? Machst du die Übungen oder liest du nur?

Ein paar Mal bin ich in den "Direkt-ins-Gesicht-Cowgirl-Guru"-Modus gesprungen und habe zu Klienten gesagt: "*Entscheide dich!* Werde sauer, wenn es sein muss! Entscheide dich, deinen Kopf nicht länger über dein Leben bestimmen zu lassen. Schluss damit! Entschließe *dich jetzt*, die Spitze deines Fliegers nach oben gerichtet zu lassen und beschließe, dass nichts – *gar nichts* – es wert ist, die Spitze länger nach unten zu halten! Dies ist dein kostbares Leben. *Nur du* kannst diese Entscheidung treffen. Ich kann sie nicht für dich treffen. Du hast freien Willen." Sie wurden wachgerüttelt, trafen ihre Wahl und es brachte sie auf eine ganz neue Ebene.

Um deine Entscheidungen zu bekräftigen oder deinen Prozess zu beschleunigen, kann es dir Spaß machen beim Level One Self-Paced Online Retreat teilzunehmen. Es beinhaltet Videos und eine große Zahl an Tonaufnahmen von Einzelsitzungen und viel Material, das durch mich durchkam, nachdem ich das Buch geschrieben hatte. Da ich während dieser Sitzungen Kanal bin, ist die Energie spannend genug, aber das, was als Antwort auf die speziellen Bedürfnisse und Wünsche zu jedem Thema der Klienten durch mich durchkommt, ist erstaunlich (und manchmal erheiternd). Wähle auf jede Weise in jedem Lebensbereich das, was dich nährt und unterstützt. Wähle vor allem, dein Leben genau jetzt zu genießen – das ist kraftvoller als "fortgeschrittener" zu werden.

Dein nächstes Divine Opening funktioniert wunderbar in schwarzweiß, aber in Farbe ist es so schön. Du kannst es auf DivineOpenings.com in der Art Gallery farbig auf dich wirken lassen. Viele Menschen berichteten bei diesem speziellen Kunstwerk von Spontanheilungen. Etliche haben es als Posterdruck zu Hause oder in ihren Büros hängen. Es ist eines von meinen persönlichen Lieblingsstücken. Das Original hängt in meinem Wohnzimmer auf der City View Ranch. Die meisten Originale hängen bei mir zu Hause.

Divine Opening

Dieses Kunstwerk aktiviert eine spezifische Energie/Licht/Intelligenz.
Setze dich still hin und lass das Bild zwei Minuten lang auf dich wirken.
Dann schließe deine Augen, lege dich hin und genieße über 15 Minuten oder länger.

Illustration Nr. 5 – *Goldfische*, Gemälde von Lola Jones

Liebesbeziehungen

Es ist erstaunlich, wie Liebe sich anfühlt, wenn du frei, erfüllt und vollständig bist. Einheit mit deinem eigenen Großen Selbst gibt Sicherheit und Stabilität, egal wie dein äußeres Leben aussieht, egal wer dich liebt oder nicht liebt. Das verstärkt deine Fähigkeit, die Wirklichkeit einer anderen Person zu erleben, anstatt einer Illusion dieser Person, und zwar nicht in einer co-abhängigen, ungesunden, verstrickten Weise, sondern auf eine positive Art. Ein Zusammensein, das im alten Paradigma vielleicht exzessiv gewirkt hätte, wird im Neuen normal und gesund, weil es dabei um zwei Menschen geht, die wissen, wer sie sind, und in ihrer eigenen Mitte sind.

Sex ist fantastisch, wenn du spürst, was dein Partner spürt und dich daran erregst – wenn du die Haut des anderen streichelst und spürst, wie sich dein eigener Genuss dadurch steigert. Wenn die Liebe in einer intimen Rückmeldeschleife zirkuliert, steigert sich das Vergnügen ungeheuerlich. Es ist ein wunderschöner Aspekt unserer Einheit. Auf die gleiche Weise wirst du spüren, wenn du jemanden verletzt. Wenn du weißt, dass der/die andere "Du" ist, kannst du ihm/ihr nicht weh tun, ohne Schmerz zu erfahren, und du kannst ihm/ihr keinen Genuss bereiten, ohne es selbst zu erleben. Wenn die Kommunikation schlicht, direkt und freundlich ist, gibt es nicht oft Streit.

Wenn sich das Gefühl der Trennung zwischen zwei Menschen verringert hat und sie erkennen, dass sie das männliche und weibliche Gegenstück zueinander sind (zumindest in heterosexuellen Beziehungen, die das Einzige sind, in dem ich Erfahrung habe), dann wird die Intimität umso köstlicher. Du kannst deinen Partner verzückt betrachten und eine faszinierende, männliche oder weibliche Version von dir selbst sehen.

Es ist einfach, wirklich füreinander zu sorgen, wenn du den Anderen als dich selbst wahrnimmst und als einen Ausdruck des Göttlichen. Tiefere Verbundenheit im Sex geht weit über das körperliche Erlebnis und sogar weit über Liebe hinaus. Mit einem offenen Herzen ist Liebe zu machen eine Tür zu höherem Bewusstsein.

Ein Geliebter und ich sangen einmal gemeinsam eine Stunde lang ein heiliges Mantra. Die Schwingung, die es erzeugte, brachte uns an einen hohen, feinen Ort. Wie gewöhnlich war diese Erfahrung für mich nichts Visuelles, sondern eher ein Gefühl. Er sah Visionen einiger ägyptischer Götter mit Tierköpfen, wie Horus, den Falkenköpfigen. Ich analysierte nicht, was die Dinge bedeuten, sondern genoss das ekstatische Resonanzfeld, das wir schufen! Wenn es für uns wichtig gewesen wäre, zu wissen was diese Visionen bedeuteten, so hätten wir es gewusst. Dies ist Frieden mit dem Mysterium.

Genauso wie es kein Limit für die menschliche Evolution gibt, weiß ich, dass es kein Limit für Liebe und Nähe gibt. Ich habe keine Eile, aber ich freue mich darauf zu sehen, wo es mich als Nächstes hinführt.

Beziehung wird zu einer völlig neuen Erfahrung, wenn deine Beziehung zu dir selbst bereits kraft- und liebevoll ist, wenn es keine Bedürfnisse mehr gibt, keine Leere, die gefüllt werden muss, keinen Mangel, dem man versucht zu entfliehen. Das schwarze Loch der Bedürftigkeit zieht einen Mangel an Liebe an. Wenn du dich vollständig und gesättigt fühlst, ziehst du mehr Liebe an und deine Beziehungserfahrungen sind einfacher. Das schmerzende, sehnende Gefühl, das viele Menschen mit Liebe assoziieren, ist in Wahrheit das Gefühl der Abwesenheit von Liebe oder die nagende Angst, sie zu verlieren.

Beziehungsprobleme lösen sich auf, wenn es gelingt, einfach bei den Emotionen zu sein, die auftauchen und sie durch sich und den Geliebten hindurchfließen zu lassen, wenn man Emotionen erlebt, ohne sich mit ihnen zu identifizieren und nicht von ihnen überrollt wird, wenn man den anderen genauso akzeptiert wie er/sie ist – gibt es kein Leid mehr. Und wenn dein Geliebter/deine Geliebte dein echtes, selbst-erschaffenes Glück spürt, fällt die Bürde von ihm/ihr ab, deine Quelle des Glücks zu sein. Was für eine Erleichterung. Dann könnt ihr spielen wie Kinder.

Ich habe jedoch niemals darauf bestanden, dass eine Liebesbeziehung ewig halten muss. Einen Partner und mich begann es nach zwei wunderbaren Jahren in verschiedene Richtungen zu ziehen. Wir passten in unserer Liebesfrequenz nicht mehr so zueinander wie früher. Ich spürte ein tiefes Bedürfnis, öfters alleine zu sein. Ich bin im Grunde sehr freiheitsliebend und empfand die Menge an Zusammensein, die er brauchte, als erstickend. Wir hatten als Freunde für eine Weile noch unerhört viel Spaß und innovative Ideen, bis er aufhören musste, mich zu sehen, um neue Wege gehen zu können. Jede Beziehung, die ich hatte, war wunderbarer als die vorhergehende.

Beziehung ist für mich eher eine Entwicklung, anstatt den einen Richtigen zu finden. Ich habe so viele Leben in diesem Körper gelebt – ich kann mir niemanden vorstellen, der mit all diesen Inkarnationen von mir hätte zurechtkommen können. Es macht die meisten ganz wirr im Kopf. Ich liebe sie alle, bis heute. Echte Liebe endet nicht, wenn sich die Beziehung verändert. Selbst wenn du mit jemandem lebenslang zusammen sein möchtest, liebe leicht und lass es sich natürlich entfalten. Lass es so sein, wie es ist. Wenn es ein Leben lang sein soll, dann wird es so sein. Du könntest es überhaupt nicht aufhalten.

Ich habe durchaus das Gefühl, dass es irgendwann jemand geben wird, der auf lange Zeit mit mir fliegt. Wir werden uns gemeinsam weiterentwickeln, im selben Tempo. Ich habe schon gewitzelt, dass ich, obwohl ich nie jemandem versprochen habe, bis dass der Tod uns scheidet, dies eines Tages doch erleben werde, weil wir so alt sein werden, dass einer von uns den Planeten verlassen muss! Ich freue mich am Leben und warte genüsslich auf was immer als Nächstes kommt.

Bedingungslose Liebe in der Praxis

Selbst vor Divine Openings verstand ich nie, wie Menschen jemanden "aufhören zu lieben", nachdem sie geschieden sind, sich trennten oder einen Streit hatten. Sie schneiden den Strom ihrer eigenen Liebe ab, was wiederum einen Teil des Stroms ihrer eigenen Lebenskraft abschneidet. Es entfernt sie buchstäblich ein Stück von ihrem Großen Selbst.

Bedingende Liebe sagt: "Du musst mich zufrieden stellen, um meine Liebe zu bekommen." Bedingungslose Liebe sagt: *"Ich bin glücklich, egal wie es dir geht."* Du dachtest, ich würde sagen: "Ich werde dich lieben, egal wie es dir geht." Nein, du musst nicht *mögen*, was der andere tut, aber wenn du glücklich bist und dein Großes Selbst bist, *liebst du einfach*, weil dein Großes Selbst Liebe ist! Wahre Liebe geht nicht weg, wenn der Geliebte dich verlässt oder sich verändert. Wenn sie weggeht, war es keine wirkliche Liebe – es war Sucht, ein Lückenfüller für deine Leere, Besessenheit oder Unterhaltung. Wahre Liebe bleibt, auch wenn du dich entscheidest, nicht mehr mit der anderen Person zusammenzuleben oder sie sich entscheidet, nicht mehr mit dir zusammenzuleben.

Du wirst an all dem nicht mehr arbeiten müssen, sobald die Divine Openings eine Weile an dir gearbeitet haben. Göttliche Gnade erlaubt uns, innerhalb von Minuten zu tun, woran wir jahrelang geknabbert haben. Die Gnade kann Dinge für uns tun, die wir für uns selbst nicht tun konnten. Die Definition von Gnade ist ein Segen, den du dir nicht verdient hast.

Aber bis du ganz zu deinem göttlichen Selbst geworden bist, richte deine Aufmerksamkeit beständig immer wieder auf das Gute in deinem Partner. Das, worauf du deine Aufmerksamkeit lenkst, wird stärker. Wenn du deine Aufmerksamkeit auf das lenkst, was du am anderen schätzt, wirst du mehr davon haben. Wenn du deine Aufmerksamkeit auf das lenkst, was du am anderen nicht magst, bekommst du stattdessen mehr davon. Wähle weise. Wenn du merkst, dass du dich mit den Fehlern des anderen beschäftigst, dann nimm dir eine Minute täglich, um seine guten Seiten aufzulisten. Weißt du noch, wie du ihn/sie angehimmelt hast, als ihr euch zum ersten Mal begegnet seid? Es ist immerhin die gleiche Person. Nur deine Wahrnehmung hat sich verändert. Dein Kopf, fehlgeleitete Granate die er ist, freut sich daran, Fehler zu finden. Dein Großes Selbst sieht nur das, was gut ist.

Ein älterer Mann entdeckte, dass die Beziehung zu seiner Frau, als er seit einer Weile Divine Openings bekam, nach vielen schalen Jahren wieder zum Glücklichsein aufblühte. Ihm war plötzlich klar geworden, dass er ihr gegenüber über lange Zeit passiv aggressiv gewesen war, obwohl er sich freundlich und kooperativ gab. Diese alte Gewohnheit war nun weg und er erlebte wieder pure Liebe zu seiner Frau. Sobald die Negativität, die Du nicht bist, sich in ihrer Schwingung anhebt, bleibt nur die Liebe – das bist Du.

Es ist möglich, dass dein Partner/deine Partnerin und du ab einem bestimmten Punkt feststellst, dass ihr in eurer Schwingung nicht mehr im Einklang miteinander seid und ihr euch auf verschiedenen Wegen weiterentwickeln wollt, oder dass einer von euch wählt, in der gleichen Schwingung zu bleiben, während der andere sich weiter entfalten möchte. In diesem Fall könnt ihr mit Liebe auseinandergehen, ohne jemand dafür zu beschuldigen.

Halte deine eigenen Liebeskanäle offen, während ihr auseinandergeht – wenn du irgendetwas von deiner Liebe ausschließt, ist dein Fluss behindert – nicht der des anderen. Fühle es vollständig, selbst wenn es wehtut und bleibe offen. Es wird vorbeigehen und wenn deine Kanäle offen und im Fluss sind, so bist du frei und voller Energie.

Da es kein Gefühl von Knappheit gibt, wenn man im Fluss mit Allem-Was-Ist und eins mit dem Leben ist, können Beziehungen in deinem Leben kommen und gehen, ohne dass du mehr als ein flüchtiges Gefühl des Verlustes spürst. Du weißt, dass du die Liebe, die du willst, immer haben wirst, in dir und um dich herum.

Liebe hört nie auf.

Transformationsprozess

Dieses Buch enthält viele Prozesse, die dir helfen, wieder in Einklang mit deinem Großen Selbst zu sein und als dein Großes Selbst zu leben. Dies führt auf natürliche Weise zu all den guten Dingen, die du in deinem Leben haben willst. Zum schnell zugänglichen, täglichen Überblick findest du am Schluss dieses Buches eine präzise Liste mit dem Titel "30 Wege, um deine Schwingung zu erhöhen" sowie einige Übungen, die dir helfen, deine Schwingung dauerhaft hoch und stabil zu halten. In jedem jetzigen Augenblick, mit jedem Gedanken und jedem Gefühl erschaffst du deine Zukunft. Alles, was nötig ist, sind Aufmerksamkeit und Wahl. Entspann dich. Du hast Zeit, jeden niedrig schwingenden Gedanken zu verändern, bevor er sich manifestiert.

Hänge eine Kopie der Liste an einen Platz, an dem du sie oft siehst, übe jeden Tag und entwickle neue Gewohnheiten. Glücklicherweise fühlt sich jede einzelne Sache auf der Liste so gut an, dass es Spiel ist, keine Arbeit.

Sich vor dem Göttlichen niederwerfen

Hier folgt eine detaillierte Anleitung zu einem der kraftvollsten Prozesse in diesem Buch. Auf DivineOpenings.com sind unter "Ask Lola" Fotos davon zu sehen. Ganz unten auf der Seite.

Während meiner 21 Schweigetage entdeckte ich die Schönheit im Niederwerfen und als ich wieder nach Hause kam, benutzte ich es für die Zeiten, in denen es mir schwerfiel, etwas an das Göttliche abzugeben. Es war meine Wunderwaffe. Jetzt mache ich es manchmal von vorne herein, aus dem reinen Genuss heraus und aus dem Wunsch, mich noch weiter in die göttliche Ordnung hinein zu entspannen. Ich werfe mich nicht auf eine fromm, demütige Art nieder, denn dies fühlt sich für mich unecht an, und "Ich bin es nicht wert" ist eine sehr niedrige Schwingung. Ich werfe mich mit dem Gefühl nieder, dass sich mein kleines Selbst an mein Großes Selbst hingibt, um seliger mit Gott vereint zu sein und um so mit mehr Leichtigkeit durch das Leben zu tanzen. Am besten ist es, wenn du es tust, weil es sich gut anfühlt!

Bevor du dich niederwirfst, kannst du mit dem Göttlichen darüber sprechen, was du möchtest. Bitte um das, was du brauchst, und kläre deine Gefühle dazu. Oder du erstellst eine Liste mit allem, das du tun oder erreichen musst, und übergibst sie dem Göttlichen, damit Es sie für dich erledigt. Gott weiß schon, was du willst. Das Niederwerfen drückt aus, dass du bereit bist loszulassen und es Gott tun lässt!

Bitte um Hilfe, Verletzungen gehen zu lassen und die Liebe in den Beziehungen wiederherzustellen. Gib deiner Absicht Ausdruck, dass du Recht haben, harte Arbeit und den Anspruch, alles selbst zu tun, loslassen möchtest. Bete für Mitgefühl, Weisheit, Lösung von Widerständen, Befreiung von Leiden, für alles, was du willst. Dieses Ritual kann dabei helfen, dich vom Uralten Denken abzutrennen und dich zu einer stärkeren Kraft für die Erleuchtung auf der Erde zu machen.

Rituale sind nichts Magisches. Rituale können Energie auf kraftvolle Art und Weise fokussieren; gib aber nicht deine Macht an sie ab. Sie tragen einfach dazu bei, dass Körper und Geist besser loslassen können. Du kannst dieses Ritual so verändern, wie es für dich gut ist:

- Schreib dir auf oder sprich für dich aus, für was du die Hilfe des Göttlichen möchtest, und halte es an dein Herz. Oder halte die Absicht in deinem Geist und lege die Hand auf dein Herz. Oder falte die Hände in einer Gebetsstellung – tu es so, wie es sich für dich richtig anfühlt.

- Setze dich still auf den Boden und fühle deine ganzen Gefühle ohne ihre Geschichte.

- Wirf dich auf den Boden nieder. Du streckst dich dabei mit dem Gesicht nach unten in voller Länge auf dem Boden aus, die Stirn berührt den Boden und deine Arme sind nach vorne, über dem Kopf, mit den Handflächen zusammen ausgestreckt, wie beim Gebet. Du kannst auch knien oder es auf eine andere Art tun, die dir angenehm ist.

- Lege alles nieder. Lass los. Hör auf darüber nachzudenken und zu versuchen, es zu lösen und spüre einfach nur.

- Atme tief durch, mit tiefen Seufzern, atme "mit Genuss".

- Gib mit dem Ausatmen alles an das Göttliche ab. Bitte darum, dass all deine Lasten gelöst werden und vom Göttlichen übernommen werden. Spüre, wie dein Körper einen letzten tiefen Seufzer ausstößt.

- Bitte darum mit dem Gefühl und Wissen von Dir als göttlicher Präsenz erfüllt zu sein.

Wo immer du auch bist, ist wo du bist. Von hier aus kannst du überall hin.

Gesundheit und Krankheit

Während der 21 Tage Schweigens erlebten viele Gruppenmitglieder die Lösung alter Muster, Glaubenssätze aus der Kindheit oder anderer Negativität in Form von Krankheiten, anstatt die Emotionen direkt zu fühlen. Die Krankheit half, diese Schwingungen aufwärts zu bewegen. Etwa Prozent aller Teilnehmer wurden krank. Ich bekam keine Krankheiten, denn ich war bereit, meine Gefühle zu erleben und bewegte alles emotional. Manche können das nicht, wenn sie Emotionen nicht verstehen und akzeptieren. Im Glauben, dass niedere Emotionen sie zu jemandem weniger Spirituellen machen, versuchen sie möglicherweise den spirituellen Bypass. Zurück zu Hause, bei meinen Klienten, hatte ein Mann wiederholt Unfälle (Überzeugung, das Leben sei willkürlich und unfallartig), als er Gefühlen Widerstand leistete und sich um den Anspruch drückte, alles selbst zu erschaffen. Physische Erscheinungen sind die harte Tour, um die alten, unerwünschten Energien zu entdecken, wenn jemand nichts spürt. Auch wenn es ihnen nicht gefällt, so können die meisten doch sehen, dass die manchmal intensiven, physischen Symptome ein sicheres Zeichen dafür sind, dass etwas Mächtiges, Kraftvolles abläuft!

Mit Divine Openings bewegen sich große Massen an stagnierender Energie. Das ist eine rasche, massive Bewegung, nicht der Prozess des alten Paradigmas, der sich über lange Zeit, unendlich lang, Stückchen für Stückchen bewegt. Es ist nicht ungewöhnlich, dass "die Hölle los ist", sobald du eine kraftvolle Entscheidung getroffen hast, dein Gepäck loszulassen. Aber die gute Nachricht ist, dass es schnell vorbei ist, wenn du es zulässt. Manche Menschen bewegen es mit emotionaler Entladung, andere mit physischer Entladung oder Krankheit; wieder andere, indem sie die Ergebnisse im Spiegel des Lebens sehen. Manche Menschen lassen es sich ohne großes Tamtam bewegen, ohne Widerstand und mit absoluter Leichtigkeit.

Alles, was sich bewegt, ist ein gutes Zeichen. Je höher du schwingst, desto wichtiger ist es jegliche Dichte über Bord zu werfen. Wenn sich diese Dichte in ihrer Schwingung anhebt, so kann das mühelos ablaufen oder in Gestalt von Unwohlsein, Krankheit, niederen Emotionen, Müdigkeit oder anderen Leiden. Ich mag den verschiedenen Formen des Leidens nicht einmal Namen geben, denn dann werden sie eine große "Sache". Gedanke, Emotion, Materie, Geist – alles ist nur Schwingung mit verschiedener Dichte. Leiden ist ein Schwingungszustand; es nicht wirklich eine "Sache", bevor wir ihm nicht einen Namen geben, es diagnostizieren, uns darauf fokussieren und es dazu machen. Es kann auf jeder Stufe unterbrochen werden. Divine Openings unterbricht es auf einer sehr hohen, spirituellen Schwingungsstufe und dann erkennt der Körper und restrukturiert sich. Auch hier wieder: Leiste keinen Widerstand – wähle Leichtigkeit.

Lass dich nicht von einer medizinischen Diagnose beunruhigen. Spüre es und es kann leicht vorbeigehen oder du wirst es sich auf irgendeine Weise lösen lassen, selbst wenn du medizinische Hilfe zulässt. Physische Diagnosen von Leiden sind eine der Dinge, bei denen es den Leuten mit am schwersten fällt zu entspannen. Wenn ein Arzt dir sagt, dass du ein Leiden hast, und dir Daten zum Beweis dafür vorlegt, dann braucht es Absicht, Klarheit und Fokus, um diese autoritäre Erklärung nicht gelten zu lassen und die Wunschvorstellung deines gesunden Zustandes so lange zu halten, bis deine Vision die Realität des Leidens überwindet. Wir sind unserem Körper sehr eng verbunden!

Die meisten von uns denken, wir beobachten die Realität nur. Aber durch das Beobachten erschaffen wir. Wir beobachten das, was ist, und schwingen in der Frequenz dessen, was ist, was noch mehr von dem, was ist, erschafft. Dann beobachten wir das, was ist, schwingen in der Frequenz dessen, was ist und erschaffen noch mehr von dem, was ist. Jegliche Realität existiert überhaupt nur, weil du lange genug in der Frequenz ihrer Essenz geschwungen hast. Wenn eine Person zum Beispiel lange genug in der Frequenz von Unsicherheit, Sorge, Stress oder Ärger schwingt, so kann es sich beizeiten als Leiden manifestieren. Das Wohlsein, das beständig fließt, hält dich gesund und korrigiert Probleme. Widerstand gegen den Fluss ist der einzige Grund für Unwohlsein oder Leiden.

Akzeptiere als Erstes, wo du bist, und entspanne dich in Bezug darauf. Löse den Widerstand gegen deinen momentanen Stand. Hör auf zu beobachten/zu erschaffen, was ist, und wende deine machtvolle Aufmerksamkeit dem zu, das du möchtest. Dann fängst du an, das einzulassen, was du möchtest. Dann, wenn du die verbesserte Situation betrachtest, lässt du noch mehr Verbesserung zu.

Wenn du eine körperliche Krankheit oder Schmerzen hast und dir durch dieses Buch keine Erleichterung verschaffen kannst, so gibt es in den Einzelsitzungen und Kursen spezielle Hilfen, die genauer auf dich zugeschnitten sind. Durch unsere Erfahrung und Ausbildung können wir deine blinden Flecken oft leicht sehen, auch wenn du sie noch nicht sehen kannst. Gehe auf DivineOpenings.com. Wir haben in unserem Divine Openings Guides Directory eine Auflistung von kraftvollen Heilern. Es gibt keine Grenzen, die einschränken, was möglich ist, geheilt zu werden. Keine. Folge immer deiner eigenen Führung und hole alle Hilfe, die du brauchst, einschließlich medizinischer. Das Leben bietet viele Möglichkeiten.

Missachte die Realität!

Wer sind wir?

Du bist nicht irgendein niederes, kleines Wesen, das hier ist, um sich seinen Weg zu irgendeiner Belohnung oder sogar zu deinem Wert zu verdienen. Du bist von herrlicher Größe – des Göttlichen feinste Schöpfung, Pionier der Entfaltung in der physischen Dimension. Diese wundervolle Welt von Geschmäckern, Gerüchen, Licht, Klang und Berührung muss von deinen Lippen geschmeckt, mit deiner Nase gerochen und mit deinen Augen gesehen werden. Das Leben genießt, es durch uns zu leben und es überliegt uns, ob wir es genießen oder nicht! In den nicht-physischen Bereichen wird groß gefeiert, wenn wir es tun.

Das Leben hat unsere Spezies über Millionen von Jahren weiterentwickelt, hat unseren Verstand und Körper entwickelt und vorbereitet, um mehr von der Präsenz zu verkörpern. Aber neue Energien, die jetzt zur Erde kommen, lösen mit reiner Gnade Quantensprünge für uns aus, während wir uns auf die vollständige Ankunft des Geistes in der Materie vorbereiten (du könntest es auch als Materie betrachten, die sich in Licht wandelt). Du kannst das Erwachen nennen, wie immer du möchtest; das Mysterium kann nicht vom Verstand erklärt werden, aber es kann mit Leichtigkeit genossen werden.

Die Gnade, für die Divine Openings dich öffnet, ermöglicht dem Gehirn eine zunehmende Fähigkeit, höhere Zustände zu halten und die Realität direkt zu erleben, so dass wir mit dem Wissen auf der Erde leben können, dass wir Aspekte Gottes sind. Unsere physischen Körper sind noch nicht bereit, es über längere Zeit voll und ganz zu verkörpern.

Die Essenz des Lebens bleibt immer in seinem enormen, formlosen, multi-dimensionalen, zeitlosen, körperlichen Zustand. Sie fokussiert jedoch Teile ihrer selbst in viele körperliche Gestalten, wie beispielsweise in Wesen wie uns. Unsere Körper und die physischen Dinge, die wir erschaffen, sind flüchtige Manifestationen, aber unsere Essenz bleibt durch alles hindurch bestehen und entwickelt sich an Intelligenz und Weisheit weiter. Die Effekte dieser Evolution wirken zeitlich sowohl vorwärts als auch rückwärts. In anderen Worten, wir verändern buchstäblich unsere Vergangenheit und Zukunft, wenn wir unsere Gegenwart verändern. Ich empfinde meine Kindheit jetzt als eine glückliche Zeit, auch wenn sie mir einst unglücklich erschien.

Für ein ewiges, unsterbliches Wesen gibt es kein Risiko, weil es keinen Tod gibt; es gibt nur Leben und noch mehr Leben. Es war solch eine Freiheit, als ein Nahtoderlebnis mir zeigte, dass ich wirklich keine Angst vor dem Sterben hatte! Ich überlegte sogar hin und her: "Gehen? Oder bleiben?" Dann kamen Jahre, in denen ich immer zuverlässig in der Lage war, dieses ruhige, stete, unerschütterliche Zentrum in mir zu finden, das niemals wankte, egal was im Außen geschah. Alles, was ich jetzt tue, ist mich einzustimmen und auf die Party zu gehen. Jedes Mal, wenn du innehältst und still bist, kannst du es finden. Nimm dir jeden Tag Zeit, um dich einzustimmen, ob durch Meditation, Augenblicke der Stille oder Spaziergänge in der Natur.

Es wurde immer klarer, dass es jederzeit im Inneren da war, wann immer ich es erleben wollte. Als mentales Konzept hatte ich dies bereits seit Jahren gewusst, aber nun war es lebendig und real. Dann warten Abenteuer auf der Erde und anderswo und deine Fähigkeiten nehmen auf erstaunliche Weise beständig weiter zu. Du fängst gerade erst an, Zugang zu finden, und je mehr du es tust, desto mehr entdeckst du deine ungenutzten Gaben.

Auch wenn es aus der Perspektive des kleinen Selbst heraus nicht immer ersichtlich ist, so sind wir aus der Größeren Perspektive vergleichbar mit den frühen Astronauten und stellen uns dem Unbekannten, um das unerklärliche Verlangen danach zu stillen, unsere Welt jenseits der von der alten Ordnung vorgegebenen Grenzen zu erweitern. Genau wie deren Bodenkontrollzentrum agiert unsere Universelle Intelligenz als navigierendes Basissystem für uns und bietet uns alle Unterstützung, die wir brauchen, um irgendetwas erfolgreich tun zu können. Unsere Aufgabe ist es, unsere Schwingung hoch genug zu halten, um sie akkurat empfangen und interpretieren zu können, so ähnlich wie wenn du deine Satellitenschüssel beständig auf das stete Hauptsignal anstatt auf irgendeine disharmonische Ablenkung ausrichtest. Wir entwickeln uns weg vom Urteil und Leid, das die dominante Herrschaft des Verstandes verursacht. Wir brauchen nicht zu wissen, wie es geht. Unser Wunsch gebärt die Lösungen in der immensen Universellen Intelligenz und wir unternehmen die Schritte so, wie wir geführt werden.

Letztendlich ist es unser physisches Selbst, das die physische Welt ausdehnt, indem es in der Dualität und dem Kontrast von Erwünschtem und Unerwünschtem, von "Gut" und "Böse" experimentiert, während die Essenz des

Lebens verlässlich, glückselig und nicht-dual bleibt. Wenn du eine starke Sehnsucht nach etwas verspürst, das noch nicht manifest ist, dann erinnere dich daran, dass es bereits für dich da ist. Wenn du in Harmonie mit diesem Wunsch schwingst, kannst du die Freude daran schon jetzt erleben. Selbst wenn es dir nicht gelingt, es zu deinen Lebzeiten zu sehen, so hast du es erschaffen und hast es zur Evolution dieser und aller anderen Dimensionen beigetragen. Stelle dir Sciencefiction-Autoren wie Jules Verne vor, die in diesem Leben nicht zu sehen bekamen, wie ihre Geschichten Wirklichkeit wurden – sie können es in ihrem nächsten erleben. Deine Sehnsucht ist niemals verloren oder verschwendet, sondern wartet in einem anderen Körper, an einem anderen Ort oder zu einer anderen Zeit auf dich. Zu was wir uns als Nächstes entwickeln liegt jenseits der Vorstellungskraft. Du wirst all deine Entfaltung mit dir nehmen und sogar noch darüber hinaus gehen. Stelle es dir einfach mal vor, nur so zum Spaß...

An der Spitze der universellen Ausdehnung

Der Schöpfer hat keinen Plan bis in alle Ewigkeit ausgelegt. Die Schöpfung ist beständig neu, immer am Ausprobieren und immer ausdehnend. Es gibt keinen fertigen Meisterplan, der darauf wartet, dass wir ihn durchschauen und richtig hinbekommen. Es gibt keinen Test zu bestehen, keine Orden zu verdienen, keine Quote zu erreichen. Es gibt nichts zu erreichen, weil es keine Ziellinie gibt, sondern du mit diesem Leben tun darfst, was immer du möchtest. Du bist frei.

Das Universum ist eine unendliche, ekstatische Explosion von Kreativität und wir spiegeln seinen Durst nach Erleben in mehr als sechs Milliarden Gesichtern wider. Wenn du dies liest, bist du wahrscheinlich jemand, der nicht unbedingt der Norm folgt; du erschaffst neue Möglichkeiten. Der Status Quo interessiert dich nicht. Du siehst, dass alles Teil der göttlichen Ordnung ist und dass nichts jemals "falsch" ist, aber du willst immer noch mehr und Besseres. Wir sind keine kosmischen Stubenhocker, wir sind Mitglieder einer göttlichen Pfadfinder-Truppe an vorderster Front der endlosen Schöpfung. Wie allen Erforschern gefällt uns auf irgendeiner Ebene die Idee, dass wir an diese äußerste Grenze kommen würden, an der wir neue Pfade bahnen, Risiken eingehen, Neues ausprobieren und manchmal scheitern würden, um wieder aufzustehen und es neu zu versuchen. Du wirst locker, leicht, forsch und fröhlich große Dinge tun

Hast du dich je gefragt, warum du manchmal keine klare Führung dafür bekommst, was du tun sollst? Das kommt daher, dass du dir als göttliche Präsenz in einem physischen Körper deine eigenen Wegweiser, inspirierten Ideen und Lösungen selbst erfinden darfst. Du darfst neue Sachen ausprobieren und es ist nicht wirklich wichtig, ob sie gelingen oder nicht. Letztendlich gibt es kein Risiko, weil es kein Ende gibt. Du kannst nicht versagen, denn es ist nie vorbei. Natürlich möchtest du, dass dir deine Vorhaben gelingen, aber wenn du dich auf diese Art selbst beruhigst, so kann es dir helfen, das Ganze leichter zu nehmen und es zu wagen. Was hast du zu verlieren? Wir haben Führung, wir haben diese stabile Basisstation mit der weiteren Aussicht, mit ihrem Radar, ihren Navigationsgeräten und den kraftvollen Ressourcen, die uns hilft. Aber es gibt keine Landkarte dieses Grenzlandes, nur historische Hinweise, die uns ohnehin nicht interessieren. Wir wollen die Geschichte nicht wiederholen; wir sehnen uns nach Größerem. Selbst wenn es sicherer ist, es befriedigt nicht. Wir werden unsere Erkundung der fernen Winkel der Möglichkeiten für alle Zeiten fortführen und manche von uns werden immer wieder zu dieser faszinierenden und doch unerträglich dichten und langsamen (im Vergleich zur Lichtgeschwindigkeit der Schöpfung in den geistigen Ebenen) physischen Welt zurückkommen, in die Unsicherheit der Vorreiter und Pioniere.

Der Schöpfer ist nichts Vollständiges, Fertiges und Perfektes, das darauf wartet, dass wir "Fehlerhafte" es richtig hinbekommen, uns erlösen, uns reinigen oder brav sind, so dass wir belohnt werden. Wir sind die geliebten physischen Verlängerungen des Schöpfers, die die physische Dimension in mehr Einklang mit den geistigen Dimensionen bringen, einfach indem wir fröhlich, liebevoll und kreativ sind. Ist es nicht erleichternd, dass es nicht anstrengend ist? Der Himmel war schon die ganze Zeit hier auf Erden; es braucht nur erwachte Augen, um dies zu sehen.

Der Himmel ist genau hier auf Erden.

Was ist Erleuchtung?

Erleuchtung ist keine große Sache. Es ist einfach die Rückkehr in den natürlichen Zustand, in dem zu leben du geschaffen wurdest. Du wurdest dazu geschaffen glücklich, liebevoll und gesund zu sein. Wenn du die ganze Zeit in diesem Zustand lebst, erscheint es dir nur normal. Ich gebe zu, wenn du zum ersten Mal den vollen Strom der Lebenskraft durch dich durchfließen spürst, kann es sich anfühlen, als hättest du deinen Zeh in eine Steckdose gesteckt. Aber wenn du dich daran gewöhnt hast, fühlt es sich nicht mehr so an, als wäre es eine große Sache. Es ist dein natürlicher Zustand. Ein großartiges, gesundes und vitales Rennpferd fühlt sich in seinem Körper wohl. Es ist ein Wunder, wenn man ihm zusieht, aber es ist nichts Übernatürliches. *Es ist natürlich.*

Wenn du etwas Übernatürliches erwartest, wirst du vielleicht enttäuscht sein, wenn dies nicht der Weg ist, den dein Großes Selbst für dich gewählt hat. Manchmal geschieht dies nicht sofort, sondern eröffnet sich mit der Zeit. Manchmal bekommen Menschen, die gar nicht um eine übernatürliche Erfahrung gebeten haben, eine! Lass das Göttliche entscheiden. Kannst du loslassen und die wunderbaren Geschenke so genießen, wie sie kommen? Wenn ja, kommen sie schneller.

Bevor wir uns weiter damit auseinandersetzen, was Erleuchtung ist, lege ich dir ans Herz, dich in Bezug auf den Zeitpunkt und genaue Einzelheiten zu entspannen. Es kann sein, muss aber nicht sein, dass du die "klassische" Erleuchtung erlebst. Deine Erleuchtung wird einzigartig sein. Sowie die Erleuchtung aufblüht, wirst du anfangen, Dinge zu sehen, zu fühlen und zu erleben, die bereits da waren, auf die du dich nur nicht einschwingen konntest. Liebe zu einem entfremdeten Elternteil oder Ex-Partner, eine persönliche Beziehung zum Göttlichen, Wertschätzung für die Schönheit in allen Dingen – all dies war bereits da. Eine Veränderung in dir ermöglicht dir, auf einmal Dinge wahrzunehmen, die du vorher nicht wahrnehmen konntest. Du ersetzt dein AM-Radio plötzlich mit einem FM-Radio und nun kannst du all diese Sender hören, die bereits existierten, die du aber mit dem AM-Radio nicht einstellen konntest.

Du wirst buchstäblich an ein reichhaltiges, komplexes, weltweites Netz angeschlossen, doch du musst nicht wissen, wie es funktioniert, um das Wunder darin genießen zu können. Du musst nicht wissen, wie ein Computer funktioniert, wie dein Herz schlägt oder wie die Pflanzen wachsen, die du isst, um es zu schätzen und davon zu profitieren. Sowie du deine Verbindung zum einheitlichen Lebensfeld wieder entdeckst, bist du wieder zurück in der Harmonie mit der Essenz des Lebens, die alles lenkt. Wenn du bewusst als dein Großes Selbst lebst, wirst du dorthin geführt, wo du sein sollst; Synchronizität wird dich mit Leichtigkeit mit den Menschen zusammenführen, die perfekt zum beidseitigen Gewinn und beidseitiger Freude beitragen. Du weißt, dass Wohlgefühl dich umhüllt.

Erleuchtet zu werden, ist ein Prozess, der definitiv einen Geburtsmoment hat. Divine Openings löst ihn aus. Es gibt einen Schritt über eine Türschwelle und doch ist sie nie wirklich "vollendet". Wenn du ein erleuchtetes Wesen fragst: "Bist du erleuchtet?" so wird die Antwort ungefähr so lauten: "Ich entwickle mich immer noch weiter, genau wie alles andere sich immer noch weiter entwickelt, entfaltet und neu wird." Jemand, der erleuchtet ist, braucht es nicht zu sagen. Jemand, der es sagen muss, ist noch nicht erleuchtet.

Für manche beginnt das Aufblühen der Erleuchtung innerhalb von wenigen Tagen. Für die meisten ist es ein langsamerer Prozess, der einem erlaubt, sich an eine völlig neue Sicht auf die Welt zu gewöhnen. Mein eigener Prozess verlief eher schrittweise, er entfaltete sich über Monate und Jahre hinweg und vertieft sich immer noch. Ich glaube, das Göttliche gab mir einen langsameren Prozess, damit ich im normalen Leben bleiben konnte, mit Leichtigkeit Beziehungen zu normalen Menschen aufbauen kann und sie einen Bezug zu mir in meiner Unvollkommenheit aufbauen können. Ich helfe ihnen dabei, die Ängste ihres kleinen Selbst zu beruhigen und Widerstände zu lösen, aus einem Sein heraus, das dies selbst erlebt hat, anstatt alles in einem Blitz der Erleuchtung erhalten zu haben. Die großen, kosmischen Blitze sind nicht die Wunderwaffen, für die man sie halten mag.

Mach langsamer und genieße jeden Tag! Langsamer ist oft schneller

.Es kann sein, dass dein Verstand weiterhin leugnet, dass die Erleuchtung in dir aufzublühen beginnt und er versucht, seine alten Gewohnheiten weiterzuführen. Ein Ventilator dreht sich immer noch weiter, nachdem man ihn ausgeschaltet hat. Er wird aufhören. Wir sind Lebensenergie in menschlicher Form, die in ihrer eigenen Schöpfung spielt. Als ich zum ersten Mal sah, wer ich wirklich bin, hatte mein kleines Selbst Angst vor dem Licht meines eigenen Seins.

Sowie sich das Bewusstsein erweitert, erhalten wir bewussten Zugang zu einer breiteren Perspektive und das ist, was ich "mein Großes Selbst sein" nenne. Das Große Selbst ist weiser, liebevoller und machtvoller als das eng fokussierte, kleine Selbst. Das kleine Selbst braucht nicht alle Details zu wissen, wenn es der Führung des Großes Selbst aus der Kommandozentrale folgt. Astronauten müssen nicht alle Daten der Instrumentenanzeigen wissen, die die NASA vom Boden aus sieht; sie erhalten die Informationen, die sie im Moment brauchen, um dorthin zu gelangen, wohin sie möchten oder um ihre momentane Aufgabe zu erfüllen. Dein kleines Selbst ist der Astronaut; dein Großes Selbst ist die Kommandozentrale.

Der viele Universen, viele Dimensionen und viele Realitäten umspannende Höchste Schöpfer, mit seinem Blickwinkel so weit und riesig, dass wir ihn nicht erfassen können, hat beschlossen, einen kleinen Teil von sich als einen Brennpunkt in dir auszudrücken. Du bist also ein etwas schmalerer Fokus von ihm. Der um ein vielfaches größere Teil von dir ist jenseits des physischen Seins, aber du hast Zugang dazu. Jetzt kannst du als dieses Große Selbst auf der Erde leben und das Spiel, das wir "Leben auf der Erde" nennen, in deiner ganzen Meisterschaft spielen. Erleuchtung ist das Wiederbewusstwerden dieses Größeren Du. Bei der Erleuchtung geht es darum, zu Allem zu erwachen, das du bist. Es geht dabei darum, vollen Zugriff auf die Ressourcen des Großes Selbst zu bekommen, von denen die großartigsten Liebe und Freude sind.

Erleuchtung ist Bewusstwerdung.

Klassische Anzeichen der Erleuchtung

Anzeichen der Erleuchtung werden anfangen, sich bei dir zu zeigen und du wirst dich vielleicht fragen, was du dabei zu erwarten hast oder was das alles bedeutet. Die ersten Anzeichen von Erleuchtung sind meist verstärkter innerer Frieden, ein stiller Verstand, grundlose Seligkeit und mysteriöses Verschwinden von Sorgen und Ängsten. Synchronizität tritt verstärkt auf. Sobald du dich dem Strom des Lebens entspannt hingibst, bringt sein natürliches Zusammenspiel Menschen, Umstände und Ereignisse so zusammen, wie es alle brauchen. Das Leben ist vollkommen verbunden, vollkommen intelligent und vollkommen eins, natürlich arbeitet es im Einklang mit deinen Bedürfnissen und Wünschen. Die Wissenschaft nennt es das Einheitliche Feld. Ich bat um eine gut anwendbare, geerdete, verbundene und praktische Form der Erleuchtung, weil ich voll in der Welt und ihren Angelegenheiten stehen wollte. Manche möchten irgendwo in einer Höhle sitzen und aus der Entfernung erleuchtete Energie in die Welt aussenden. Das ist ein wertvoller Dienst – wenn es das ist, was du möchtest. Ich wollte eine praktische, geerdete, spirituelle aber nicht-religiöse Erleuchtung, die Spaß macht. Ich wollte, dass sie mich in meinen Arbeitsangelegenheiten noch effizienter macht, dass sie mich in all meinen Beziehungen liebevoller und zugänglicher macht. Du kannst dir deine Erleuchtung genauso gestalten, wie du möchtest und an einer späteren Stelle im Buch bekommst du dafür Hilfestellung.

Auch wenn deine Erleuchtung einzigartig sein wird und auch wenn nicht jeder die "klassische" Bandbreite erlebt, so gibt es doch ein paar klassische Anzeichen. Es kann sein, dass sie nicht alle auf einmal auftreten, sondern als Teil einer Entfaltung.

1. Dich selbst miterleben: Dich selbst objektiv aus deinem Großen Selbst heraus zu beobachten, als wärst du außerhalb von dir selbst, ist eines der Markenzeichen. Dieses "Miterleben" deiner Selbst kann in Form einer tatsächlich außerkörperlichen Erfahrung ablaufen, in der du auf deinen Körper herabschaust. Es kann auch subtiler ablaufen, in dem du, das weisere, objektive Große Selbst, die Handlungen und Reaktionen deines eingeschränkteren kleinen Selbst bemerkst, wie aus einer dualen Perspektive. So erlebe ich mit. Du fängst an, die Mechanik deines eigenen Verstandes mit Klarheit und Objektivität zu sehen – ohne zu urteilen, indem du dir der Hässlichkeit oder Rechtfertigung, beispielsweise deines kleines Selbst einfach bewusst bist. Plötzlich kannst du die alten Muster und Glaubenssätze, die dein Leben lenkten, ganz klar sehen. Der Verstand hört nicht unbedingt komplett auf zu tun, was er tut, aber er kontrolliert dich nicht mehr. Du fängst an zu verstehen, dass du nicht dein Verstand bist. "Nur weil mein Kopf etwas sagt, heißt es noch lange nicht, dass ich darauf hören muss!"

Du identifizierst dich nach und nach weniger mit den Dramen, Geschichten und Täuschungen des Verstandes und wirst nicht mehr von ihnen überrollt, sowie du dich mit dem Standpunkt des Großen Selbst identifizierst. Du bist immer noch menschlich und machst immer noch Fehler, aber du bist dir deiner selbst bewusst. Du bist dir bewusst, was du fühlst, sagst oder tust und lässt dich nicht davon steuern. Jetzt kann ich sogar dann tiefe Meditationszustände erreichen, wenn mein Kopf weiterplappert. Ich kann ihn einfach ignorieren. Ich kann produktiv sein, egal wie ich mich fühle. Gefühle beherrschen mich nicht.

2. Gleichgültigkeit und das Ende des Leidens: Die Fähigkeit jeden Augenblick so zu erleben, wie er kommt, ohne das Bedürfnis ihn verändern oder ihm entfliehen zu müssen, ist "Gleichgültigkeit". Dieser Aspekt der Erleuchtung erlaubt einem, die gegenwärtige physische Realität, andere Menschen und deren eigene Gefühle so zu erleben, wie sie sind, ohne Widerstand, ohne Vermeidungs- oder Fluchtversuche. Der Erleuchtete schätzt und akzeptiert alles, so wie es ist, ohne dass er es verändern müsste, um glücklich zu sein. Er erlebt die Bewegung durch eine kaleidoskopische Parade. Er ist die Ruhe im Zentrum des Sturms. Es wird keine Geschichte zur Wahrnehmung dazu gegeben, keine Dramatisierung der Situation. Erleuchtete sagen oft: "Es ist, wie es ist." Sie urteilen nicht darüber.

Erleuchtung wurde das Ende des Leidens genannt. Ich habe einen guten Freund, 56 Jahre alt, der als bettlägriger Dialysepatient in einem Pflegeheim lebt. Er lebt von einer Behindertenrente und hat durch seinen Diabetes gerade ein Bein verloren. Ich gab ihm monatelang Divine Openings. An einem Punkt, als er in die Tiefen der Verzweiflung eintauchte, durchlief er eine abgrundtiefe Nacht der Seele. Er verließ seinen Körper und sprach in einem weiten, weißen Raum ohne Boden oder Wände mit verstorbenen Verwandten. Dann tauchte er friedlich und voller Freude wieder auf. Er ist nun einer der glücklichsten Menschen, die ich kenne. Er baut die Ärzte und Schwestern wieder auf. Trotz seines eingeschränkten Körpers fühlt er sich nicht ohnmächtig. Er ist voller Hoffnung. Er ist erleuchtet.

Meine persönliche Erfahrung ist ein allmählicher Rückgang der Leidensfähigkeit – buchstäblich bis an den Punkt, an dem nur noch sehr wenig meinen inneren Frieden länger als ein paar Minuten stört, wenn es ganz arg kommt, ein paar Stunden oder einen Tag. Wenn wir die Dinge aus der Perspektive des Großen Selbst oder aus Gottes Perspektive heraus erleben, dann gibt es nichts, worunter man leiden könnte. Selbst wenn jemand stirbt, wissen wir, dass es keinen wirklichen Tod gibt, nur eine Veränderung der Lebensform. Wenn wir jemanden oder etwas verlieren, wissen wir, dass es keinen Mangel gibt. Wenn wir das Leid in der Welt ansehen, halten wir die Energie der Lösung bereit und wissen, dass dies kraftvoller ist als das Mitleiden ihres Leidens, das die Schwingung des Leidens nur noch verstärkt und dadurch mehr davon in uns und in der Welt erschafft.

3. Eins-Sein oder bedingungslose Liebe: Dies ist der vielleicht wichtigste Aspekt der Erleuchtung. Geistige Kräfte, Manifestieren und mystische Visionen sind trivial, ja sogar nutzlos, wenn die Liebe nicht dabei ist. Die Öffnung des Herzens kennzeichnet die volle Erleuchtung. In diesem vollständigen Aufblühen des Herzens erlebt man die Verbindung mit Allem-Was-Ist. Es kann sich anfühlen, als wäre alles in dir oder als gäbe es keinen Unterschied zwischen dir und allem, was ist. Es kann die volle, körperliche Erfahrung der Einheit mit dem Schöpfer und mit der ganzen Schöpfung sein oder ein Gefühl der Verbundenheit mit allem, was ist. Es kann sein, dass du direkt mit der Natur sprichst, Regen bringst, mit den Tieren sprichst oder mit der Erde selbst. Du wirst dich an die Universelle Intelligenz anschließen, um Nützliches aus deinen Interessengebieten zu wissen, sei es Wissenschaft, Automechanik oder Geschäftliches. Es gibt kein Gefühl der Trennung mehr zwischen dir und Allem-Was-Ist. Du bist dir bewusst, ein individueller Teil von Allem-Was-Ist zu sein.

Eines Nachts erwachte ich ganz ruhig mitten in der Nacht. Bis auf die Augenlider rührte ich keinen Muskel. Es war stockdunkel im Raum, denn der Mond war nicht zu sehen und die Vorhänge fest zugezogen. In dem Augenblick, in dem ich meine Augen öffnete, sagte mein damaliger Partner, der bereits mit dem Gesicht zu mir lag, leise: "Hallo Süße." Ich fragte ihn: "Woher wusstest du, dass ich wach bin?" Er antwortete, dass er ebenfalls erst in diesem Moment aufgewacht war und dass er einfach wusste, dass ich auch aufgewacht war. Wir sind dabei zu erkennen, dass wir nur einen Bruchteil unseres Bewusstseins und unserer Intelligenz benutzt haben (weit über die intellektuelle Kapazität des Gehirns hinausgehend).

Für manche Dinge im Leben ist es gut, wenn man jemanden hat, der dir sagt, was du zu erwarten hast und von dessen Erfahrung du profitierst, aber ich bitte dich dringlich, offen in dieses äußerst persönliche, spirituelle Abenteuer zu gehen und die einzigartigen Geschenke zu entdecken, die das Göttliche nur für dich vorbereitet hat. Du kannst hier nicht fehlgehen und Perfektion ist nicht das Ziel dieses sich beständig ausdehnenden Universums, genauso wenig wie sie von den Menschen erwartet wird. Perfektion ist keine Qualifikation zur Erleuchtung. Im Verlauf dieses Buches und im Verlauf deiner Erfahrungen wirst du noch mehr dazu lernen.

Sobald du mit der Entfaltung deiner Erleuchtung begonnen hast, ist es ähnlich wie auf einem Flug von New York nach Kalifornien; du kannst nicht aus dem Flugzeug aussteigen, du brauchst dir also keine Sorgen darüber zu machen, ob du dort ankommst oder nicht. Du kannst die Reise nicht beschleunigen, indem du den Gang auf und abläufst, du kannst also genauso gut entspannen und die Reise genießen. Jedes Stadium hat seinen eigenen Reiz, also genieße sie. Du wirst zur geplanten Zeit ankommen!

Es gibt klassische Anzeichen, aber deine Erleuchtung wird einzigartig sein.

Kräfte und mystische Phänomene

Kräfte und mystische Phänomene sind wunderbare Talente und nützliche Geschenke, aber sie sind nicht gleichzusetzen mit Erleuchtung. Jemand, der beeindruckende Dinge vorführen kann, geistig Informationen übermitteln kann, heilen kann oder Geistführer und andere Wesen aus anderen Dimensionen sehen kann, der aber gegenüber seiner Familie oder seinen Lieben immer noch Liebe zurückhält, oder der in Mangel, Konflikt oder Angst lebt, der hat das Aufblühen der Erleuchtung immer noch nicht erlebt.

Es kann sein, dass du mit der Entfaltung deiner Erleuchtung erwartest, bestimmte Dinge zu sehen oder zu hören, von denen du gehört oder gelesen hast, wie zum Beispiel Visionen, Stimmen, Wesen, Engel, Meister oder Lichterscheinungen. Vielleicht erlebst du dies. Vielleicht auch nicht. Wenn du all deine Vorstellungen darüber loslässt, wie eine spirituelle oder religiöse Erfahrung sein sollte, dann wirst du deine eigene, einzigartige Erfahrung besser schätzen und genießen können. Vergleiche und Erwartungen, dass deine Erfahrung der eines Anderen ähneln soll, sind ein Fundament für Enttäuschung. Erleuchtung ist bei jedem Menschen anders, sieht bei jedem anders aus und soll dies auch.

Manche werden andere Dimensionen und die Aura sehen, werden geistige Wesen kennenlernen, Engel, Geistführer oder sogar "Gott sehen". Andere werden niemals solche Erlebnisse haben. Ich persönlich erlebe die Verkörperungen des Geistes nicht als getrennt von mir. Sie begegnen mir in meinem Großen Selbst, das mit mir spricht. Sie zu trennen und als etwas "Anderes" zu bezeichnen, erscheint mir gekünstelt. Warum das alltägliche, weltliche und das spirituelle Leben trennen? Je öfter du es frisch erleben kannst, desto reiner und weniger verzerrt wird es sein.

Ich möchte dich ermutigen, all deine alten Vorstellungen von dem, was du für spirituell hältst oder wie du Gott siehst, zu verabschieden. Wenn dich niemand je beeinflusst hätte – wenn niemand Bücher darüber geschrieben hätte – was würdest du erleben? Es gibt reichlich Forschungsberichte, die zeigen, dass die Menschen Gott so erleben, wie es ihnen von ihrer Kultur antrainiert wurde. Innerhalb einer Kultur gibt es wenig Unterschiede in den Erfahrungen, es bestehen jedoch große Unterschiede zwischen den Kulturen. In ihren mystischen Erfahrungen sehen Christen Jesus, Maria oder Engel. Im Osten sieht sie niemand! Sie sehen Krishna oder Ganesha, Mohammed oder Buddha.

Was wäre, wenn du Konzepte wie Engel, Geistführer und andere Namen aufgeben würdest? Was wäre, wenn du vergisst, was in den Büchern steht, was deine Kultur und andere Leute gesagt haben, und wenn du deinen Schöpfer direkt und persönlich erlebst? Du könntest deine allererste reine, echte, spirituelle Erfahrung machen. Oft sind die Menschen so damit beschäftigt, nach etwas zu suchen, von dem sie gelesen haben, dass sie ihre eigene Erfahrung verpassen!

Für viele wie mich bestehen die tiefsten Erfahrungen aus reinem Fühlen oder der Stille und wenn du nach etwas mehr Sichtbarem oder Auffälligem suchst, kann es sein, dass du die tiefste Erfahrung von allen übersiehst. Keine Sorge, irgendwann wird sie so intensiv, dass du sie nicht mehr übersehen kannst. Wenn die Seligkeit den Körper erstrahlen lässt, fühlt es sich schon ekstatisch an zu atmen. Und dann gewöhnst du dich daran.

Eines Morgens wachte ich auf und fühlte mich körperlich und emotional mies. Also entspannte ich mich in das Gefühl hinein, um es vollständig zu erleben, damit es sich zu einer höheren Schwingung weiterbewegen konnte. Innerhalb von zehn Minuten bewegte es sich nicht nur weiter, ich war in solch tiefer Seligkeit, dass ich noch eine halbe Stunde liegen blieb, nur um mich darin zu baden. Solche Erfahrungen sind für mich viel gängiger als auffällige Phänomene und ich liebe sie. Ich würde mit niemandem tauschen. Sie sind meine. Hab du deine.

Du wirst die Realität, die du hast, bald nicht nur akzeptieren, sondern lieben! Was jeder Mensch möchte, ist, glücklich zu sein und sich gut zu fühlen und sobald du das hast, wird es dich nicht mehr kümmern, welche Gestalt es hat.

Genieße deine einzigartige Erfahrung und sie wird sich vertiefen und erweitern.

Gestalte deine eigene Erleuchtung

Eine meiner größten Ängste davor, nach Indien zu gehen, war, dass ich so verzückt heimkommen würde, dass ich nicht mehr in der Lage wäre, in dieser Welt zu leben, mich mit normalen Menschen auszutauschen und die praktischen alltäglichen Dinge zu erledigen. Dann erfuhr ich, dass wir unsere Erleuchtung so gestalten können, wie wir es möchten. Ich hatte Bedenken, dass das Programm extrem oder kult-orientiert sein würde. Dann erfuhr ich, dass es keine Dogmen gab, nichts an das man glauben müsste, keine Praktiken, niemanden dem man folgen musste, und keine Regeln, an die ich mich danach halten müsste. Das war nicht ganz der Fall, denn es wurde zu viel Macht an die Gurus abgegeben, aber ich nahm den Teil mit, den ich wollte und ließ den Rest hinter mir. Bei Divine Openings gibt es kein Dogma und keine Regeln, nur Lehren, die dir auf deiner Reise hilfreich sein können.

Der letzten Angst, der Angst davor mein "getrenntes Selbst" oder meine Persönlichkeit zu verlieren, dieser Angst würde ich mich stellen müssen. Einerseits wusste ich, dass wir alle unsere Probleme selbst erschaffen und dass es dieses kleine, getrennte Selbst ist, das sie alle verursacht. Aber ist es nicht komisch, wie wir dem Göttlichen, unserem Großen Selbst, dem uneingeschränkten Teil von uns, nicht zutrauen zu wissen, was für uns am besten ist? Wir trauen unserem Auto zu, dass es fährt, der Sonne, dass sie am Morgen aufgeht, und dem Flugzeug, dass es sich in der Luft hält, aber wir trauen Gott nichts zu! Es war seltsam zu wissen, dass die Hingabe an das Göttliche der richtige Weg war, es aber nicht ganz tun zu wollen. So ist die Menschheit in die Lage gekommen, in der sie ist, getrennt von Gott und fest entschlossen, es auf "eigene Art" zu machen, selbst wenn es der härtere Weg ist.

Es zog mich so stark zu diesem unbekannten Prozess nach Indien, der von mir unbekannten Menschen geführt wurde, dass ich beschloss, einfach einen Fuß vor den anderen zu setzen. Beruhigend war die Botschaft, dass wir unsere eigene Erleuchtung selbst gestalten konnten und dass keiner dieselbe Erleuchtung erleben würde wie ein anderer. Manche baten um mystische Erfahrungen und kosmisches Bewusstsein. Manche wollten sogar gelöscht werden und wenn man darum bat, stand auch das zur Auswahl; gut für sie, doch das war nichts für mich. Menschen, die gelöscht worden waren, waren manchmal kaum fähig, mit den Alltagsaufgaben zurechtzukommen. Für einen Mönch ist das in Ordnung, auch für esoterische Lehrer oder Menschen, die kein Interesse an der materiellen Welt haben, aber für mich war klar, dass ich voll und ganz in der Welt mitwirken wollte. Die Erleuchtung, die ich mir gestaltete und um die ich das Göttliche bat, war eine alltagsnahe, praktisch umsetzbare, mit der ich im Geschäftsleben, in Beziehungen sowie in allen Bereichen der materiellen Welt effizient sein würde.

Wenn du jegliche Konzepte darüber, was Erleuchtung ist, gehen lassen kannst, dann merkst du, wie sich eine authentische Erleuchtung für dich entfaltet. Die meisten in der Literatur beschriebenen und bekannten Beispiele sind von spirituellen Lehrern, aber es ist nicht jedermanns Aufgabe ein spiritueller Lehrer zu werden. Erleuchtete Menschen arbeiten nun als technische Ingenieure, fahren Schulbusse, stellen Rezepte aus und ziehen Kinder auf. Mein Traum ist es, erleuchtete Menschen in allen Berufen, Kulturen und an allen Orten zu sehen; sie ist nicht nur für Mystiker, spirituelle Lehrer und Heiler gedacht, auch wenn dies das Stereotyp ist, das wir erwarten. Ich sehe, wie Menschen unnötig wegen ihrer beruflichen Laufbahn leiden, sich erfolglos abmühen Heiler oder Lehrer zu sein, obwohl dies nicht ihr Weg ist.

Wir brauchen erleuchtete Menschen in allen Lebensbereichen, vom Bäcker, der mit Liebe bäckt, über Haushaltshilfen, die mit Bewusstsein putzen, bis zu CEOs, die erleuchtete Firmen leiten. Ich habe die volle Absicht, arbeitslos zu sein, wenn jeder seine innere Führung gefunden hat und erwacht ist. Vielleicht werde ich eine Sängerin sein, die Freude verbreitet. Also lass dich bitte nicht von der beliebten Manie anstecken, die sagt, du wärst glücklicher oder erfüllter, wenn du einen Beruf von größerer spiritueller "Bedeutung" hättest. Ich hatte das Unterrichten aufgegeben, denn ich wusste, dass Künstlertum genauso gut sein würde. Dann wurde ich überraschend von innen heraus dazu bewegt, zum Unterrichten zurückzukehren. Leute, wenn ihr dazu bestimmt seid zu lehren oder zu heilen, dann könnt ihr euch selbst gar nicht davon abhalten! Ich kann das bezeugen. Wenn es sich für dich nicht ergibt, wenn es nicht frei fließt, dann achte gut darauf, was sich für dich leicht ergibt und frei fließen kann und sei glücklich. Du bewirkst in jedem Beruf etwas Gutes für andere.

Genau wie in meinem Gottesbild, wollte ich auch in meine Erleuchtung viel Humor und Spaß, Spielerisches und Spontaneität einbeziehen. Ein echtes Cowgirl hat nicht das geringste Interesse an Qualitäten wie Heiligkeit und Frömmigkeit. Ich wollte nur ausreichend Ernsthaftigkeit und Schwerkraft, um glaubwürdig zu sein und ernst genommen zu werden; meine Gabe liegt eher darin, die Menschen aufzuheitern, als der schwere, ernsthafte Typ zu sein – wie langweilig! Jeder von uns ist in unserem Alltag ein Sendeturm. Wir strahlen immer etwas aus, ob wir nun eine geschäftliche Beratung führen, Essen servieren oder ein Auto reparieren. Erleuchtung macht dich zu einem Leuchtfeuer, egal was du gerade tust. Es gibt keinen Beruf, der einer erleuchteten Person unwürdig wäre oder weniger würdig wäre als ein anderer. Wenn es dir Freude macht und du gut darin bist, ist es wertvoll. Ich würde die Landwirtschaft gerne als erleuchteten Beruf sehen, mit Bauern, die eins mit dem Land, den Pflanzen, Tieren und dem Ökosystem sind und die lebendiges, gesundes Essen und eine saubere Umwelt produzieren. Eine als Divine Openings Guide eingeweihte Bäuerin aus Nordkalifornien kann ihre Kühe mit ihrem Geist lenken.

Also, wie könnte deine Erleuchtung aussehen? Was möchtest du gerne darin haben und was möchtest du gerne weglassen? Denke einige Momente lang darüber nach. Natürlich entdeckst du, sobald sie sich entfaltet, neue Anteile in dir, die du dir jetzt noch nicht vorstellen kannst und du kannst sie bis in alle Ewigkeit weiter verfeinern. Aber gönne dir den Spaß jetzt davon zu träumen. In deinem voll erleuchteten Zustand bist du ein mächtiger Schöpfer; du kannst sogar Wunder wirken. Was wirst du wohl daraus machen?

ÜBUNG: Schreibe jetzt in dein Notizbuch. Stell dir die idealste Welt vor und deinen wunderbarsten Platz darin. Einfach nur zum Spaß. Sei offen für unbekannte Möglichkeiten.

Divine Opening

Betrachte es etwa zwei Minuten, schließe danach deine Augen, lege dich hin und genieße.

Illustration Nr. 6 – *Sedona Nach dem Sturm*, Fotografie von Lola Jones

Dieses Kunstwerk ist auch in Farbe in der Art Gallery auf der Webseite zu finden.

Zwischen den Welten

Wir bilden eine Brücke zwischen zwei Dimensionen – zwischen der älteren, vergehenden Dimension, in der wir unsere Gedanken und Gefühle massieren müssen, um sie aufzurichten oder auf einer großen Höhe halten zu können – und der nächsten Dimension des Lebens, die sich öffnet und in der unsere erleuchteten Gemüter öfter Gedanken und Gefühle von sehr hoher Schwingung produzieren. In der alten Welt mussten wir hart arbeiten, um erleuchtete Gedanken zu halten, weil unser Gehirn noch nicht darauf ausgerichtet war, sie zu nähren. Jetzt steckt uns Divine Openings buchstäblich in die Steckdose unserer Größeren Intelligenz ein, aktiviert unsere höheren Fähigkeiten vollständig und rüstet unsere Systeme auf, so dass wir "Erleuchtungssoftware" laufen lassen können. Wir sind nicht länger die Sklaven unserer Gedanken und Gefühlen, noch identifizieren wir uns auf unangebrachte Weise mit ihnen, es ist leichter oben zu bleiben. Wir haben aber immer noch Wahlmöglichkeiten.

Erleuchtete Wesen erleben immer noch die Kontraste von erwünschten und unerwünschten Erfahrungen, sie tendieren jedoch dazu, die unerwünschten Erfahrungen als Treibstoff zu nutzen, um sich mit höherer Geschwindigkeit auf ihre gewünschten Ziele zuzubewegen. Wir stoßen uns von den unerwünschten Dingen so ab, wie wir einen Spielball von der Seite eines Billardtisches abprallen lassen, um ihn im richtigen Loch zu versenken. Die meisten Menschen bemerken während des Prozesses des Erwachens, dass sie zunächst schwanken, bevor sie sich stabilisieren. Am einen Tag spürst du vielleicht Frieden und Einheit, am nächsten Tag erlebst du möglicherweise ein extremes Abgetrenntsein, während alte Schwingungen aktiviert werden und sich anheben. An einem Tag bist du vielleicht selig verzückt und am nächsten deprimiert. Es gibt tatsächlich nichts dabei für dich zu tun, außer "dein Erleben zu erleben". Es bewegt sich alles recht schnell. Eines Tages wirst du kein Gefühl mehr fürchten und dann bist du frei.

Dieses Buch deckt den Teil für den bewussten Verstand und den Teil für die Gnade ab; es gibt dir Werkzeuge an die Hand, die du sofort einsetzen kannst, um das Beste aus den Wahlmöglichkeiten deines freien Willens zu machen, während die Divine Openings an dir und für dich auf eine Art und Weise arbeiten, wie du es für dich selbst nicht tun könntest. Ich habe dich tiefer in den Gnadenteil geführt, in das Geschenk, das du dir nicht durch eigene Bemühungen verdienen kannst.

Das nächste Kapitel behandelt den Teil für den bewussten Verstand und stellt dir dein "Instrumentenbrett" vor, zeigt Navigation und wie du "deine Flughöhe aufrechterhalten" kannst. Die Teile für den bewussten Verstand entstammen nicht den 21 Schweigetagen. Dies alles erschien über mehrere Jahrzehnte, durch meine Träume und die Unternehmerkurse, die ich leitete, durch die Arbeit von Esther und Jerry Hicks und anderen und der Rest entstammt aus fortlaufender innerer Inspiration. Das Konzept des Großen und kleinen Selbst entwickelte ich vor 18 Jahren für die Unternehmerwelt. Jetzt stelle ich fest, dass meine Klienten wesentlich rascher vorankommen, wenn wir den Teil für den bewussten Verstand zusätzlich zur Erweckung der göttlichen Gnade mittrainieren. Es hilft dem Verstand zu verstehen, wohin das Große Selbst führt, und verringert die Einmischung des Verstandes.

Navigation

Der nächste Abschnitt vermittelt die Grundkenntnisse, wie du dein Leben lenkst und deine Wünsche manifestierst. Wenn du Schwierigkeiten dabei hast, die Dinge, die du dir wünschst, in deinem Leben zuzulassen, so bedenke: Eine erleuchtete Person, die erfüllt und reich ist und deren eigenen Bedürfnisse gedeckt sind, hat mehr Kraft und Fähigkeit, die Welt zu verändern. Mühen, deine Rechnungen zu bezahlen und Benzin für dein Auto zu zahlen, versetzen dich in einen Modus des Überlebenskampfes, und in dieser niedrigen Schwingung zu sein, hilft dir nicht, ein Licht in die Welt zu strahlen.

Vor Jahrzehnten träumte ich jahrelang immer wieder, ich hätte eine "Kontrolltafel", mit deren Hilfe ich mein Raumschiff steuerte. Beim Aufwachen löste sie sich in meinen Händen auf, so verzweifelt ich auch danach griff und das fühlte sich schrecklich an. Einige Jahre später fand ich, Gott sei Dank, meine lang vermisste Kontrolltafel und bekam dauerhaften Zugang dazu. Ich stelle dir nun gleich deine lang vermisste Kontrolltafel vor.

Auf meinem Hin- und Rückflug nach Indien gab es vor jedem Sitz einen Bildschirm, der abwechselnd Flugstatistiken und das Flugzeug auf einer Weltkarte anzeigte, so dass ich immer wusste, wohin wir flogen, wie weit wir noch vom Ziel entfernt waren, wie schnell wir flogen, wie hoch und in welche Richtung.

Mit der Kontrolltafel wieder in Händen ist mein Leben genauso geworden. Es ist kein Blindflug mit Höchstgeschwindigkeit mehr, nach dem ich an irgendeinem überraschend unangenehmen Ort lande und mich wundere, wie ich hierher kam. Jetzt weiß ich immer, wie ich dorthin kam. Bald wird es auch für dich recht klar sein.

Sobald du deine wunderbare Kontrolltafel oder dein "Instrumentenbrett" wieder entdeckt hast, wirst du nie wieder für längere Zeit verwirrt, verirrt oder vom Kurs abgekommen sein. Du wirst dich sicher auf den vereinbarten Ort, an den du dich wünschst, zubewegen und du wirst weit im Voraus wissen, wann du deine Route oder Flughöhe verändern musst, um einen Zusammenstoß zu vermeiden oder die gewünschte Landung auszuführen. Du wirst nie wieder rätseln, warum etwas geschehen ist, denn du wirst genau sehen, wie du darauf zugesteuert bist, selbst wenn es ohne Absicht oder unbewusst war. Du wirst nun genau wissen, wohin du steuerst, wie schnell du dorthin gelangen wirst und wie es sich anfühlen wird, wenn du angekommen bist. Die Vergangenheit wird Sinn ergeben und du wirst dies für die Zukunft nutzen.

Wenn ich weiß, wo mein Instrumentenbrett ist und es ständig überprüfe, dann weiß ich jeden Augenblick ganz genau, was ich erschaffe und wohin ich unterwegs bin. Wenn ich mich schlecht fühle, weiß ich, dass ich die Spitze des Flugzeugs zum Boden richte und dass das, worauf ich zusteuere, sich ebenfalls schlecht anfühlen wird. Wenn ich mich gut fühle, weiß ich, dass ich die Spitze meines Flugzeugs nach oben halte. Ich fliege in die Richtung meines Ziels und das, worauf ich zusteuere, wird sich gut anfühlen.

Halte die Spitze des Fliegers nach oben gerichtet.

Dein Instrumentenbrett

Seit Jahren wird uns gesagt, dass unsere Gedanken unsere Realität erschaffen – dass wir das bekommen, an das wir denken. Kein Wunder, dass wir so frustriert waren, wenn es nicht immer funktionierte. Uns fehlte unser Instrumentenbrett.

Lies diesen Abschnitt langsam, selbst wenn du meinst, du weißt dies schon. Selbst wenn du bereits 50 Bücher über das Gesetz der Anziehungskraft gelesen hast, das ist noch nicht alles. Bewusste und unbewusste Gedanken schwingen. Gefühle lassen dich wissen, in welcher Schwingung du bist, daher sind sie fantastische Vorhersager der Realität, die du als Nächstes erschaffst.

Schwingung strahlt von dir aus, wie Licht von einem Leuchtturm. Sie zieht ähnliche Schwingungen an dich heran – Menschen, Orte und Dinge, die zu deiner Schwingung passen. Wenn du Traurigkeit ausstrahlst, dann werden mehr traurige Erlebnisse, Menschen, Orte und Dinge von dir angezogen. Wenn du echtes Glücklichsein ausstrahlst, dann werden mehr glückliche Erlebnisse, Menschen, Orte und Dinge von dir angezogen.

Dein Schöpfer gab dir Gefühle, damit du weißt, welche Schwingung du aussendest. Diese Gefühle sagen dir, wie sehr du auf dein Großes Selbst oder göttliches Selbst ausgerichtet bist. Wenn du die höheren Emotionen spürst, wenn du dich entspannt fühlst und es dir erlaubst, vom Leben geführt und getragen zu werden, dann ist dies ein Indikator, dass du mit deinem Großen Selbst – dem Du mit dem größeren Durchblick – in Einklang schwingst. Dein Großes Selbst zu sein fühlt sich besser an und bringt dich dorthin, wo du hinwillst.

Dein kleines Selbst zu sein und die niedrigeren Emotionen zu spüren ist nicht falsch, es hat einfach nur weniger Kraft. Dein Großes Selbst ist immer auf einer großen Höhe, das heißt, deinem Großen Selbst geht es immer gut. Wenn du dich also gut fühlst, bist du auf dein Großes Selbst ausgerichtet. Wenn du dich schlecht fühlst, bist du einfach nicht auf dein Großes Selbst ausgerichtet. Das soll sich schlecht anfühlen! Bald wirst du jederzeit wissen, warum deine Handlungen und Pläne funktionieren oder nicht. Du wirst immer wissen, wo du bist und welcher Weg nach "oben" führt. Mit dem vollen Gebrauch deines Instrumentenbretts wirst du immer wissen, ob du auf dein Großes Selbst ausgerichtet bist und falls nicht, wie du es wieder wirst.

Bald wirst du ganz sicher wissen, ob du auf dein Ziel zusteuerst oder dich davon entfernst. Sobald du dich wieder auf dein Instrumentenbrett eingestimmt hast, wirst du nie wieder "verloren" sein. Genau wie die Flugübersicht auf meinem Transatlantikflug löst es das Rätsel, wo du stehst und wie weit es noch bis zu deinem Ziel ist. Wenn du weißt, wo du bist, ist es einfacher dorthin zu gelangen, wo du im Leben hin möchtest.

Emotionen sind ein Kontinuum von sehr tiefen Schwingungen, wie Kummer, Angst, Traurigkeit und Verzweiflung, bis hinauf zu Freude, Liebe, Wertschätzung, sogar Ekstase. Bevor wir eine detaillierte Aufzeichnung der Bewegung vom tiefsten bis zum höchsten Punkt anlegen, lass uns lieber mit dem Grundgedanken dahinter beginnen – das Ziel ist, auf dem Instrumentenbrett hinaufzuklettern und dich besser zu fühlen.

Wenn du in der Angst, Verzweiflung, Wut, Frustration oder irgendeinem niedrigeren Zustand bist, so nennen wir das einmal eine "niedrige Schwingungshöhe". Es ist gut, wenn du langsam und beständig an Höhe gewinnst und dich auf dem Instrumentenbrett nach oben bewegst, dich bei jedem Level ein kleines bisschen besser fühlst. Richte dich einfach nach dem ein kleines bisschen besseren Gefühl, der etwas höheren Schwingungshöhe. Stabilisiere diese Höhe und geh dann wieder weiter hoch. Sobald du einen Aufwärtstrend in Gang gesetzt hast, wird die Schubkraft zu deinem Freund.

Dein Instrumentenbrett sagt dir, wo du *in Bezug auf ein bestimmtes Thema* stehst. Dein Großes Selbst lebt immer an der Spitze des Instrumentenbretts, daher ist "aufwärts" Richtung Großes Selbst. An der Spitze des Messbereichs liegt POWER. Wenn du dort oben bist, kannst du auf all deine Kraft und Macht sowie alle Kraft und Macht deines Großen Selbst zugreifen. Das ist viel Power. Ziele dorthin, wo dein Großes Selbst ist – hohe Schwingungen, aber noch einmal, es ist *einfacher stückchenweise anzusteigen*, einen Schritt nach dem anderen.

In Bezug auf verschiedene Themen bist du auf der Messlatte auf verschiedenen Höhen. Zum Beispiel kann es sein, dass du in Bezug auf Geld und Freunde weit oben bist und in Bezug auf Liebesbeziehungen auf einer niedrigen Höhe. Daher geht es dir finanziell großartig, dein soziales Leben ist super, aber dein Liebesleben ist nicht so erfüllend.

Das Instrumentenbrett übersetzt deine Gefühle in Flughöhenwerte. Es hilft dir, dich an das zu erinnern, was du wusstest, als du klein warst. Damals konntest du die Gefühle von deinem eigenen Instrumentenbrett ablesen und dich ganz natürlich auf der emotionalen Messlatte nach oben bewegen und an Höhe gewinnen. Wenn es einem Kind erlaubt ist, zu tun was es möchte, dann weiß es von Natur aus, wie es an Höhe gewinnen kann. Aber die meisten Menschen verlieren mit der Zeit dadurch, dass sie auf andere hören, anstatt ihre eigene Messung abzulesen, den Bezug zu ihrem eigenen Instrumentenbrett.

Wichtig ist, spüren zu können, was *dich* "aufwärts" oder "abwärts" führt, und nicht unbedingt meiner Beschreibung der Gefühle aufs Wort genau zu folgen. Die meisten finden das Instrumentenbrett ziemlich akkurat, aber manche von euch platzieren einige Emotionen auf etwas anderen Höhen und das ist in Ordnung. Wörter sind nicht präzise. Gefühle sind äußerst akkurate Vorhersager.

Was immer sich für dich besser anfühlt, ist "aufwärts".

Du musst die Emotion nicht einmal benennen – spüre sie einfach und nimm wahr, ob sie sich gut oder schlecht für dich anfühlt und schau, welcher Weg aufwärts führt. Die Emotion zu benennen, ist am hilfreichsten, wenn du plötzlich merkst, dass Frustration, auch wenn sie sich immer noch schlecht anfühlt, gar nicht so weit unten liegt! Vielleicht stellst du fest, dass du von einem Gefühl der Wertlosigkeit bis zur Frustration aufgestiegen bist und das ist eigentlich ein Grund zum Feiern.

Die größte Entscheidung liegt in jedem Moment darin, ob du das Große Selbst oder das kleine Selbst das Flugzeug steuern lässt. Es gibt keinen schlechten Platz auf dem Instrumentenbrett. Es sind alles wertvolle Informationen. Du bist, wo du bist, und du musst wissen, wo du bist. Und sobald du weißt, wie du steuern kannst, kannst du von überall her überallhin.

Wenn du in Los Angeles bist und du lieber in New York leben würdest, dann besorge dir eine Landkarte, steige ins Auto und lenke es nach New York. Du weißt, dass es eine lange Reise ist, aber du weißt, dass du dort ankommen wirst. Dein Leben wird nun so ähnlich werden. Deine Richtung ist klar und fokussiert. Du kannst steuern. Du kannst daraus, wie du dich in Bezug auf etwas fühlst, vorhersagen, wie lange es dauern wird, bis etwas, das du dir wünschst, eintrifft und in welche Richtung du steuerst. Wenn du dich beim Gedanken daran absolut glücklich fühlst, weißt du, dass es bald eintreffen wird. Wenn du Zweifel daran fühlst, bist du nicht richtig darauf ausgerichtet. Wenn du dich depressiv dazu fühlst, steuerst du davon weg.

Du wirst negative Ereignisse bereits Meilen voraus spüren und wirst dadurch reichlich Zeit haben, deine Höhe zu verändern und deinen Kurs anzupassen, um einen Zusammenstoß mit diesen negativen Ereignissen zu vermeiden. Wenn du dich schlecht fühlst, wirst du sagen können: "Hmmm, ich weiß, dass mich dies nicht dahin führt, wo ich hin möchte. Wie kann ich also meine Schwingungshöhe anheben und meinen Kurs anpassen?"

Um es kurz zu fassen: Es gibt keine "schlechten" Emotionen. Sie sind alle Indikatoren in wie weit du in Bezug auf deine Wünsche auf dein Großes Selbst ausgerichtet bist. Emotionen sind wertvolle Informationen, die dir sagen, wohin du steuerst. Es gibt dazu noch viel mehr und wir werden einen Schritt nach dem anderen machen.

Komm zur Party

Wenn du dir etwas wünschst, so stimmt sich dein Großes Selbst sofort auf deine Schwingung ein und erschafft es im Nicht-Physischen. Schnipp! Erledigt! Dein Großes Selbst feiert diese spezielle Party für dich gleich dann und dort. 99,9 Prozent deines Wunsches ist manifestiert und wartet auf dich – auf deiner Party. Wo bist du? Deine Aufgabe ist nur Folgendes: dorthin zu kommen, hoch oben auf dem Instrumentenbrett, wo dein Großes Selbst in Bezug auf dieses Thema ist – und zur Party zu kommen. Du bist der Ehrengast und die Party ist fertig vorbereitet, 99 Prozent komplett, bereit loszugehen. Die Band ist bereit, das Essen steht auf dem Tisch, die Gäste sind da... und sie stehen alle da und warten auf dich, den Ehrengast. Aber diese Party kann nicht ohne *dich* anfangen, weil sie *deine Party* ist. Bist du das fehlende Element auf deiner eigenen Party? Denkst du an alle Partys, die du in der Vergangenheit nicht feiern konntest, daran, dass es wahrscheinlich keine Party geben wird oder dass niemand kommen wird oder dass etwas schiefgehen wird – und hältst dich von deiner eigenen Party zurück?

Oder lässt du all diese widersprüchlichen Schwingungen los, ignorierst die Zweifel in deinem Kopf und fokussierst dich von ganzem Herzen auf die Party? Sprich von der Party und von Möglichkeiten, wie du hinkommen kannst. Sprich lieber über das, was du möchtest, als über das, was du fürchtest, und du wirst *schneller* auf die Party kommen! Das letzte Puzzlestück, das die Party vollständig macht, bist du. Ich möchte ein T-Shirt machen, auf dem steht: "Ich *BIN* die Party!"

Ich sage nicht: "Sprich niemals zu irgendjemand über deine Herausforderungen", aber tu es sehr sparsam, denn *so, wie du sprichst, erschaffst du*. Mitleid ist Mit-Leiden und lässt deine Schwingungshöhe abstürzen. Wenn du musst, sprich über deine Herausforderungen rasch und lenke deine Worte dann auf das, was du möchtest, auf Lösungen und Möglichkeiten. Ich spreche bei meinen Freunden selten von Herausforderungen. Warum? Direkt-zur-Präsenz ist der kraftvollste Ort, an den du deine Herausforderungen tragen kannst. Bei Freundschaft geht es mir überhaupt nicht mehr um emotionale Unterstützung oder Problemlösungen. Wenn ich mit Freunden und geliebten Menschen zusammen bin, liegt mein Fokus auf leben, lieben und Spaß haben.

Geh auf die Party!

Alles läuft super während ich weg bin – Loslassen und dem Göttlichen die Schwergewichte überlassen

Dein Instrumentenbrett
----- HIER FÜHLST DU DICH KRAFTVOLL-----

Energie ist leicht, schnell, fließend, ohne Widerstand.

Extase Freude, Glückseligkeit
Wissen, in voller Kraft
Freiheit
Liebe, Wertschätzung
Leidenschaft, Begeisterung, Elan
Glücklichsein, Positive Erwartung,
Glaube
Optimismus, Zuversicht, Selbstvertrauen
Hoffnung, Möglichkeiten sehen, Neugier
Selbstbewusstsein, Interesse, Mut

Jeder Schritt höher fühlt sich noch kraftvoller an.

Ausdehnendere Energie
Hier oben ist die Party!

Zufriedenheit, Entspannung, Leere
Akzeptanz, Langeweile, Desinteresse ---- dies ist eine Ruhezone. Nicht sehr aufregend, aber nützlich.
Pessimismus, ich gebe auf

----- DER WENDEPUNKT-----

Frustration, Ärger, Ungeduld
Überlastung, Stress, harte Arbeit -- viele Menschen leben hier und denken, das ist normal

Enttäuschung
Zweifel, Verwirrung, Unsicherheit
Sorgen, Negative Erwartung
Entmutigung, Aufgeben, Müdigkeit

Wut -- Eine Brücke zurück zu deiner Kraft/Energie.

Rache
Hass, Rage
Neid, ungutes Verlangen, Mangel
Schuld, Beschuldigen, Projektion auf andere
Angst
Trauer, Traurigkeit, Depression,
Scham, Wertlosigkeit, Verzweiflung, Apathie

Zusammenziehendere Energie
Geh rauf zur Party!

HIER UNTEN FÜHLST DU DICH MACHTLOS.

Die Energie ist langsam, schwer, dicht, widerstrebend. Du kannst das Große Selbst hier unten nicht so gut hören.

Jede Emotion auf dem Instrumentenbrett ist Lebensenergie in verschiedenen Frequenzen.
Alle Emotionen sind wertvolle Informationen. Schätze sie alle!!!

Großen Dank an Esther und Jerry Hicks, deren Abraham-Lehren mir auf meiner Reise halfen und an David R. Hawkins. Ihre Emotions-/Bewusstseinskalas halfen mir, meine lang vermisste "Kontrolltafel", von der ich Jahrzehntelang geträumt hatte, wiederzufinden. Auch andere Systeme haben eine emotionale Stufenskala benutzt, um Bewusstsein zu steuern.

Alles ist göttliche Energie, aber die Schwingungsfrequenz der Emotionen am unteren Ende der Skala ist niedriger, verglichen mit den widerstandslosen, höheren, schnelleren Schwingungen am oberen Ende. Sowie du auf der Skala nach oben steigst, bewegt sich die Energie schneller und freier. Dort ist Licht, Kraft, Geschwindigkeit und Vitalität. Wenn du auf der Skala nach unten absinkst, bewegt sich die Energie langsamer und träger. Dort ist weniger Licht, Kraft, Geschwindigkeit und Vitalität.

Energie ist Lebenskraft oder göttliche Quelle. Deshalb fühlst du dich am unteren Ende des Instrumentenbretts machtlos. Dort bist du so weit von deiner Kraftquelle entfernt, wie du nur sein kannst. Natürlich kannst du dich nicht komplett von deinem Großen Selbst abtrennen – das ist unmöglich, du bist ein Teil davon. Aber am unteren Ende liegt energetisch die maximale Distanz dazwischen. Widerstand ist schlicht und einfach zusammengezogene, abgezwickte, niedrig schwingende Energie im Gegensatz zu ausdehnender, fließender, hoch schwingender Energie. Schau auf das Instrumentenbrett. Spüre die Energielevel, wie sie sich von unten nach oben steigern.

Wenn du den Gefühlen keinen Widerstand mehr leistest, hebt sich diese Energie in ihrer Frequenz an und wir sind organisierter und intelligenter. Dann fühlst du dich besser. Dann laufen die Dinge besser.

Das kleine Selbst ist von Natur aus ängstlich, zweifelnd und widerstrebend. Es hat keine Lust, die Kontrolle abzugeben und sich vom Leben tragen zu lassen, aber deine *Absicht,* dich gut zu fühlen und das Große Selbst ans Steuer zu setzen, setzt sich mit der Zeit durch. Gehe sanft und mitfühlend mit deinem kleinen Selbst um, es gibt das Beste, das ihm aus seinem eingeschränkten Bewusstsein heraus möglich ist. Es ist angstgesteuert und daher kann es sein, dass es allem Neuen und Unbekannten Widerstand leistet, einfach nur weil es neu ist, selbst wenn das Neue ganz klar besser ist.

Triff von deinem Großen Selbst aus die Entscheidung, dein kleines Selbst zu beruhigen und es auf den Rücksitz zu setzen. *Wähle und entscheide dich* dazu, dein Großes Selbst das Flugzeug steuern zu lassen. Es hat die Fähigkeit, alles zu dirigieren. Es hat die größere Perspektive.

Lass das Große Selbst das Flugzeug lenken.

ÜBUNG: Steh auf und spiele das Instrumentenbrett von unten nach oben mit deinem Körper durch. Dies ist vor allem dann hilfreich, wenn du feststeckst oder dir schwer tust, deine Gefühle zu erkennen. Körperliche Bewegung löst dich rasch aus festen Zuständen, indem es dich vom Konzept zur Erfahrung führt. *Mache* die Übungen, wenn du maximalen Effekt willst. Mach dir einen Spaß daraus, sei albern und hemmungslos. Welche haben langsamere oder schnellere Energie? Schreibe in dein Notizbuch, wie es sich anfühlte und was dir aufgefallen ist.

Die meisten Menschen haben sich so sehr an negative Emotionen gewöhnt, dass sie denken, sie seien normal und ihnen keine Aufmerksamkeit mehr schenken. Kein Wunder, dass sie unangenehme Überraschungen erleben! Oberste Priorität ist nun, dich wieder in Kontakt mit deinen Gefühlen zu bringen, deinen Höhenmesser wieder präzise auszurichten. Beobachte: "Ich fühle dies, ich fühle das." Sag dir einfach: "So fühle ich mich." Kein Schummeln oder Zurechtlegen. Du bist, wo du bist. Mach es nicht schlecht und versuche nicht, es zu verändern; lass es sein, was es ist.

Es ist alles nur Information. Wo immer du auch bist, ist in Ordnung, denn von heute an wirst du durch den Blick auf dein Instrumentenbrett wissen, wie du höher gelangst. Wenn wir uns in den Geschichten verfangen, die wir uns selbst darüber erzählen, wie wir dorthin kamen, wo wir nicht sein wollten, wer daran schuld ist, wie machtlos wir sind und wie wir nichts verändern können, verschaffen dir diese Gedanken dann ein besseres oder ein schlechteres Gefühl? In diesem Spiel geht es darum, dich zu beruhigen und dir eine bessere "Geschichte" zu erzählen; eine, die dich auch nur ein kleines bisschen in der Schwingung anhebt, ein paar Schritte auf dem Instrumentenbrett. Sachte geht es. Ein Schritt nach dem anderen ist alles, was es braucht.

Wahrheit ist hier nicht das Thema. Wo du bist, ist nur deshalb "wahr", weil du es erschaffen hast oder weil du eine Realität übernommen hast, die jemand anderer erschuf. Du hast es wahr gemacht. Es ist vorübergehend wahr, bis du etwas anderes erschaffst! Du kannst jetzt etwas anderes erschaffen, das "wahr" ist und das dir besser gefällt. Deine Geschichte darüber zu verändern, wird dir helfen, dich kraftvoller zu fühlen und sich kraftvoll zu fühlen, erschafft kraftvolle Realitäten.

Überprüfe dein Instrumentenbrett, um zu sehen, wo du bist, wie hoch du fliegst, in welche Richtung du steuerst und was du gegebenenfalls anpassen musst, um dort anzukommen, wo du hin möchtest. Beurteile die Höhenmessung auf dem Instrumentenbrett in deinem Flugzeug nicht als falsch oder richtig; es liefert lediglich Informationen. Wenn dir nicht gefällt, was du siehst, dann verändere entsprechend. Du hast freien Willen. Nutze ihn weise.

Wenn du dein Instrumentenbrett benutzt, so kannst du überall hin. Wenn du es nicht benutzt, endest du oft an unerwarteten Plätzen, erlebst Dinge, die du nicht möchtest und wunderst dich warum. Aber die gute Nachricht ist, wenn du auf San Francisco zusteuerst und die Flugzeugspitze nach oben gerichtet hältst, nicht nach unten, *wirst du dort ankommen.*

Um es zusammenzufassen: Unerwünschte oder "negative" Emotionen sind nützliche Messwerte. Sie zeigen dir an, wo du bist. Es soll sich schlecht anfühlen, wenn die Spitze deines Fliegers auch nur leicht nach unten zeigt, damit du auf die langfristigen Folgen aufmerksam wirst. Ein leichtes Anheben deiner Flugzeugspitze ist enorm. Es verändert den Ausgang deiner gesamten Reise und letztlich deines Lebens.

Es ist nicht wichtig, sofort auf die höchste Höhe zu gelangen – richte die Spitze einfach nur etwas nach oben. Steuere generell in die Richtung, in die du fliegen möchtest. Ziele einfach auf ein kleines Gefühl der Erleichterung oder Verbesserung deines Gemüts ab. Du musst die kleinen Gewinne würdigen. Kleine Gewinne sind auf Dauer das Entscheidende.

Richte deine Spitze nach oben und entspanne dich.

Sobald du weißt, wie du die Informationen aus deinem eingebauten Instrumentenbrett nutzen kannst, die es dir in jedem Augenblick jeden Tag anzeigt, wirst du Dinge meilenweit im voraus spüren und wirst reichlich Zeit haben, deinen Kurs rechtzeitig anzupassen, um mit dem gewünschten Zielpunkt zu verschmelzen oder unerwünschte Zusammenstöße zu vermeiden. Du wirst dir dessen, was du erschaffst, allein durch das Beobachten deines Gefühls **in Bezug auf das Thema** schon lange, bevor es fertig erschaffen ist, vollkommen bewusst sein, anstatt nachdem du fertig erschaffen hast festzustellen, dass deine Schwingungshöhe **bei diesem Thema** niedrig gewesen war.

Eines Tages, ich war gerade glücklich am Schreiben, wurde es bald Zeit, eine Gruppe zu unterrichten und als ich daran dachte, dass ich aufhören musste zu schreiben, richtete sich meine Spitze nach unten. Ich bemerkte, wie ich abfiel und richtete meinen Fokus darauf, wie viel Spaß es mir machen würde, wenn ich nach dem Unterricht wieder beginnen konnte zu schreiben. Ich erinnerte mich daran, wie viel Spaß der Unterricht macht. Abwärtsspiralen beginnen auf solch unschuldige Art und Weise und dies ist alles, was nötig ist, um die Spitze wieder nach oben zu bringen.

Wenn du dich zu einem Thema gut fühlst, so ist deine Spitze nach oben gerichtet und die Manifestation, an der du bastelst, wird dir gefallen. Wenn du dich in Bezug auf ein Thema schlecht fühlst, zeigt deine Spitze nach unten und die Manifestation, die daraus entsteht, wird dir wahrscheinlich nicht gefallen. Wie viel besser ist es da zu spüren und vorhersagen zu können, auf was du hinsteuerst? Du wirst reichlich Zeit haben, deinen Kurs anzupassen, um dich auf dein Großes Selbst auszurichten und damit das gewünschte Ergebnis zu erreichen.

Wenn du in Depression, Frustration oder auf einer anderen, niedrigeren Flughöhe bist, dann weißt du jetzt, dass du deine Spitze nach oben richten und dich auf dem Instrumentenbrett aufwärts bewegen musst, um wieder in dein Großes Selbst zu kommen.

In diesem Spiel geht es darum, auf der Skala aufzusteigen und dich ein bisschen besser zu fühlen. Uns wurde seit so langer Zeit erzählt, dass ein schlechtes Gefühl einfach eine Beschaffenheit der Menschen wäre. Wir haben geglaubt, wir müssten es einfach aushalten und viele schlechte Gefühle tolerieren. Daher haben wir uns erlaubt, auf niedrigen Höhen stehen zu bleiben, ohne uns im Klaren darüber zu sein, wie schädlich das über längere Zeit sein würde. Selbst wenn etwas Schlimmes passiert, wird dir ein schlechtes Gefühl gar nichts bringen, selbst wenn dir jeder darin zustimmen würde, dass dir Unrecht getan wurde. Übernimm die Kontrolle, richte die Spitze nach oben und du veränderst jetzt deinen Kurs. Wenn du dein jetziges Gefühl veränderst, so veränderst du dein Morgen. Nimm wahr, wo du bist, und setze die Absicht aufzusteigen.

Vor Jahrzehnten fühlte ich mich in meinem wiederkehrenden Traum, in dem ich meine "Kontrolltafel" zur Hand hatte, stark und mächtig. Beim Aufwachen hatte ich Panik, dass sie mir aus den Fingern gerutscht war und ich sie nicht mehr finden konnte. Jetzt träume ich oft von anderem Wissen, das mir beim Aufwachen entgleitet. Es macht Spaß zu rätseln, welche neuen Erkenntnisse aus diesem mit der Zeit noch kommen werden. Wie du siehst, jammere ich nicht über meine Unfähigkeit, es jetzt zu wissen. Das würde die Spitze senken. Die Ewigkeit ist lang. Ich bin verspielt, neugierig und genieße das Warten und die Vorfreude darauf.

Triff eine lebenslange Entscheidung, dass das Allerwichtigste auf der ganzen Welt ist, dich besser zu fühlen.

Schritt für Schritt

Wenn du in Bezug auf ein bestimmtes Thema niedrig auf dem Instrumentenbrett stehst, so ist es nicht deine Aufgabe, dazu gleich heute in die Ekstase hinaufzusteuern. Das ist zu schwierig. Deine Aufgabe ist es, dich heute dazu nur ein kleines bisschen besser zu fühlen und morgen noch ein kleines bisschen mehr. Das kannst du. Menschen sind frustriert und geben auf, wenn sie nicht heute in die Freude kommen, oder heute dünn werden oder heute schuldenfrei sind. Aber denk darüber nach: Würdest du von einem Baby erwarten, dass es innerhalb von einem Tag oder selbst innerhalb einer Woche gehen lernt? Würdest du davon ausgehen, dass ein Monat Training ausreicht, um beim Marathon mitzulaufen, nachdem du fünf Jahre lang nichts mehr getan hast? NEIN! *Dein Erfolg hängt davon ab, dass du mit kleinen Schritten zufrieden bist.* Diese kleinen Schritte werden dich ans Ziel bringen und wenn du dort angekommen bist, wirst du stabil stehen und oben bleiben.

Wenn du dich "aufwärts" bewegst, spürst du ein leichtes Gefühl von Erleichterung oder Energiegewinn.

Wenn du dich heute in Bezug auf Geld auch nur ein kleines bisschen besser fühlst, kommt in den Tagen und Wochen danach mehr Geld zu dir. Wenn du dich heute in Bezug auf deinen Körper auch nur ein kleines bisschen besser fühlst, so folgt ein besserer Körper. Wenn du entmutigt bist, zerreißt du deine Energie und widersprichst ihr. Das verzögert deine Manifestation, denn Manifestation folgt der Schwingung. Dich über negative Emotionen und Manifestationen aufzuregen, bringt noch mehr Negativität mit sich, die deinem reinen Wunsch widerspricht! Entspanne dich. Richte die Spitze nach oben. Komm zur Party.

Mach das Meiste aus dem Besten und das Wenigste aus dem Schlechtesten.

Das folgende Beispiel zeigt, wie sich ein Selbstgespräch zum schrittweisen Anheben deiner Flughöhe anhören könnte. Beachte, wo die Erzählerin sich auf dem Höhenmesser befindet **(dick gedruckt),** wie sie langsam aufsteigt und wie sie sich an jedem Punkt stabilisiert:

"Ich fühle mich einfach **wertlos**. Wenn ich etwas wert wäre, würde Bill mich lieben. Ich kann keinerlei Kraft aufbringen, mein Leben zu verändern. Wow, ich bin auf dem Instrumentenbrett ganz unten. Jetzt weiß ich, wo ich bin und ich möchte meine Spitze nach oben richten. Zu wissen, wo ich bin, gibt mir eine Richtung. Okay, ich bin, wo ich bin, also nehme ich es wahr und jetzt weiß ich, was ich will – mich in Bezug auf mich selbst besser fühlen!"

"Ich bin **traurig und deprimiert,** weil Bill mich nicht zu lieben scheint. Selbst wenn es stimmt, so ist er doch nur ein Mensch, auch wenn er anscheinend der einzig wichtige für mich ist. Traurigkeit fühlt sich schlecht an, aber das Schlimmere ist, dass ich hier unten nicht mit meinem Großen Selbst harmoniere. Ich bin nicht auf der Party. Aber... ich bin, wo ich bin!"

"Ich bin **wütend** über diese Kraftlosigkeit und Ohnmacht! Ich will meine Kraft zurück haben! Wie dumm ist er eigentlich? Hat er keine Augen im Kopf? Oh, das tut gut. Ich atme und meine Kraft kehrt zurück. Puh, ich glaube, ich gehe jetzt spazieren und spüre diese Wut. Ich werde sie spüren und weder mit ihm noch irgendjemand anderem darüber reden. Ich hasse seine Dummheit!"

Nächster Tag: "Ich fühle mich **entmutigt,** aber das ist höher als Wut. Ja! Hmm, wenigstens weiß ich, wo ich bin – näher an der Party! Ich nehme Abstand von Beziehungen, bis ich wieder klarer bin. Ich geb's auf; es ist zu entmutigend, es immer wieder zu versuchen, denn meine alte Geschichte über Beziehungen erschafft das gleiche, alte Ergebnis. Ich übe eine neue Art des Lebens. Auf und weiter zur Party!"

"Ich könnte versuchen, mir gut zuzureden, bevor ich mit ihm spreche, damit ich an einem Ausgangspunkt stehe, von dem aus man mich leichter hört. Wenn ich nicht so streng mit mir bin, dann hebt das Weicher-Werden mich schon etwas an. Das kann ich. Ahhh."

"Das fühlt sich besser an – nicht toll, aber besser. Besser ist alles, was ich in diesem Moment brauche."

"Es **verwirrt** mich, dass ich nicht weiß, wie ich mit dieser komplizierten Situation umgehen soll. Es **überfordert** mich, auch nur zu versuchen, mit ihm zu sprechen. Wir haben schon viel zu viele Worte gesagt."

"Es **frustriert** mich, so vieles schon so oft probiert zu haben. Ahh, ich habe versucht ihn so zu manipulieren, dass er mich liebt! Igitt, ich hasse das Gefühl frustriert zu sein, aber ich werde bei dem Gefühl sein!"

"Vielleicht kann ich einfach **akzeptieren,** wer und wie er ist, loslassen und das Göttliche die Angelegenheit regeln lassen. Das Ganze **langweilt** mich allmählich – ich werde ihn für eine Weile vergessen. Ich gehe tanzen."

Nächste Woche: "Ah, loslassen funktioniert. Jetzt fühle ich mich zumindest **hoffnungsvoll**. Ich muss es nicht lösen, aber ich kann über die **Möglichkeiten** nachsinnen, die sich ergeben könnten. Wenn nicht mit ihm, dann mit jemandem besser Geeigneten für mich, der mich vergöttert. Ich spüre jetzt Erleichterung. Ich glaube, ich mache jetzt etwas Produktives, während mein Großes Selbst dies regelt. Ich werde es spüren, wenn es etwas gibt, das ich tun muss."

Wenn du auch nur eine kleine Erleichterung spürst, so feiere einen Erfolg. Wenn du aus der Form wärst und gerade angefangen hättest, für einen Marathon zu trainieren, dann müsstest du ebenfalls mit täglichen, kleinen Fortschritten zufrieden sein oder du würdest es niemals schaffen. Hier gilt dasselbe. Übe dich für jetzt lediglich darin, die Zuversicht aufzubauen, dass du dich etwas bewegen kannst.

Fokussiere dich jetzt noch nicht darauf, deine äußere Welt oder deine Ergebnisse zu verändern. Das ist ein zu großer Schritt. Fühle dich einfach nur jeden Tag ein kleines bisschen besser und lass die Gnade 90 Prozent davon erledigen. Deine 10 Prozent bestehen darin, deinen freien Willen zu nutzen um deine Spitze aufwärts zu halten. Dir darüber Sorgen zu machen oder dich deswegen zu stressen, senkt deine Spitze nur nach unten. Fokussiere dich darauf, glücklich zu sein und loszulassen. Äußere Veränderungen kommen ganz von selbst, wenn du dich innerlich veränderst. Sie müssen – es ist ein universelles Gesetz.

Hebe deine Schwingungshöhe deshalb an, *weil es sich besser anfühlt*, anstatt weil du den Typen, das Mädchen, den Job, das Haus oder das Geld haben willst. Tue es für dich. Tue es, weil du beschlossen hast, das beste Gefühl, das du in diesem Augenblick haben kannst, wertzuschätzen. Dein Leben wird immer *dieser Augenblick* sein und wenn du in diesem Augenblick ein kleines bisschen glücklicher bist – und in diesem Augenblick – und in diesem Augenblick – veränderst du den Kurs deines Lebens. Du kannst die äußeren Umstände vielleicht nicht regulieren, aber du kannst *wählen,* auf was du dich in diesem Moment *fokussierst.*

Hör auf, dich auf äußere Ergebnisse zu fokussieren.
Fokussiere dich auf das Loslassen und das bessere Gefühl.

Da es nach oben keine Grenze gibt, wie hoch du gelangen kannst, geht es also nicht nur darum, aus dem Schmerz und dem Kampf herauszukommen. Aus Schmerz und Kampf herauszukommen ist lediglich der erste Schritt. Du kannst immer noch mehr Freude erschaffen. Als du klein warst, - hast du die Wahrheit des Höhenmessers gespürt. Du wusstest, wie du dich auf natürliche Weise darauf nach oben bewegst. Ich bin hier, um dich an das zu erinnern, das du wusstest, bevor du überzeugt wurdest, deine eigene innere Führung zu ignorieren. Meistere dies und sei dein Großes Selbst, das sich in der physischen Realität spielt – bewusst, fröhlich und vollständig.

Rede dir gut zu. Die Gefühle von Heute erschaffen die Realität von Morgen.

ÜBUNG: Schreibe jeden Abend vor dem Schlafengehen in dein Notizbuch, welche guten Schritte du gemacht hast. Gib das, was dir am Herzen liegt, deine Sorgen und Fehlschritte kurz an die Präsenz ab. Lass sie gehen und verweile nicht in der Geschichte dazu. Wenn dein kleines Selbst sagt, das wäre nicht genug, so versetze dich in den Standpunkt des Großen Selbst. Die meisten großen Erfolge bestehen aus kleinen Schritten. *Höre nicht auf alles, das dein Kopf dir sagt.* Sage danke und gehe zu ermutigenden Gedanken und Gefühlen über. Schreibe dir eine Geschichte, die dich Schritt für Schritt in deiner Schwingungshöhe anhebt. Lass dich nicht zu sehr von der "Realität" betören. Du hast sie erschaffen! Du bist nicht dazu verpflichtet, dich an die Wahrheit zu halten. Sie ist nicht dein Gott. Du hast *sie* erschaffen.

Die Macht ist nicht "dort draußen"

Menschen versuchen das, was sich schlecht für sie anfühlt, allzu oft dadurch zu korrigieren, dass sie etwas oder jemanden "dort draußen" verändern! Sie versuchen, jemanden dazu zu bewegen, sein Verhalten zu verändern, versuchen es auszureden, versuchen die Arbeit zu wechseln, versuchen die Welt zu verändern – damit sie glücklich sein können. Aber wenn sich die Welt verändern muss, bevor du glücklich sein kannst, dann hast du ein richtig großes Problem! Es sind zu viele Menschen und zu viele Dinge, die sich ändern müssten, und hast du es denn jemals geschafft, auch nur *einen* Menschen zu ändern? Muss sich deine Regierung ändern, bevor du glücklich sein kannst? Muss sich zuerst dein Körper verändern? Muss sich zuerst dein Einkommen verändern? Viel Glück!

Deine Welt verändert sich, wenn du dich veränderst. Es ist eine innerliche Angelegenheit. Sie mit Aktionen zu bombardieren und zu versuchen Menschen und Umstände zu kontrollieren, wird sie nicht verändern. Ändere zuerst deine Schwingungshöhe. Halte dich mit Handlungen und größeren Entscheidungen zurück, bis du glücklich und klar im Kopf bist. Wenn du aus einer niedrigen Schwingungshöhe heraus handelst, musst du zu hart arbeiten und erschaffst Dinge, die du nicht möchtest. Erschaffe zuerst mit Hilfe von Absicht und Schwingung im Nicht-Physischen. Dann handle nach deiner inneren Führung. So werden deine Handlungen um ein Vielfaches effektiver sein.

Du kannst deine Aktionen auf einen Bruchteil reduzieren.

Nur weil du es noch nicht sehen kannst

Es ist ein großartiger Teil des kosmischen Humors, dass das meiste von dem, was tatsächlich real ist, unsichtbar und körperlos ist. Du kannst es nicht immer sehen, berühren, hören, spüren oder riechen. Liebe, Energie, Lebenskraft, Mitgefühl, Magnetismus, Schwerkraft und Hoffnung sind unsichtbar und doch auf sehr mächtige Weise real. Die physische Realität, die wir sehen und berühren können, ist weit weniger real und beständig – sie ist flüchtig und vorübergehend und wie die Physiker wissen, nicht einmal so solide und schwer, wie sie zu sein scheint. Deine physischen Sinne entwickeln sich jetzt weiter, so dass sie ein breiteres Spektrum an Realität wahrnehmen können. Du wirst anfangen, mehr Dinge zu sehen, zu hören, zu wissen und zu spüren, die nicht physisch sind. Du wirst in der Lage sein zu spüren, wie etwas kommt, während es noch im Nicht-Physischen ist. Dinge, die noch nicht manifestiert sind, werden dir große Freude machen, weil du wahrnehmen wirst, wie real sie sind.

Du und ein "realistischer" Freund, ihr steht draußen, schaut auf die durstigen Bäume und Gräser und ihr wünscht euch unbedingt Regen. Ihr habt vor ein paar Minuten auf dem Wetter-Radar nachgesehen, ein großer Sturm hat sich gerade aus dem Nichts zusammengebraut, fünfzig Meilen entfernt und bewegt sich auf euch zu. Du surfst in Vorfreude auf der Welle dieses Sturms, während er sich nähert. Der Realist sagt: "Ich sehe keinen Regen, es gibt keinerlei Anzeichen für Regen und es kommt kein Regen. Wir sind in einer Dürreperiode." Was ist nun die Realität?

Das Geld, die Liebe oder die Erfahrung, die du möchtest sind da, selbst wenn du sie nicht sehen kannst. Spring auf und surfe auf der Welle mit, dass es zu dir kommt. Du kannst es genauso gut jetzt genießen. Es ist real. Du hast es erschaffen.

Das Wirklichste ist oft unsichtbar.

Manchmal fahre ich gerne in die Berge. Drei Viertel des Weges liegt die Straße die nächsten fünfzig Meilen flach und schnurgerade vor dir. Es sieht überhaupt nicht nach den Ferien aus, auf die wir aus sind. Trotzdem drehen wir natürlich nicht um, nur weil wir noch keinerlei Anzeichen mit unseren Augen sehen können. Das Straßenschild zeigt an, wir fahren in die richtige Richtung. Wir finden Möglichkeiten, wie wir die Fahrt genießen können – Musik, Lachen, Vorfreude, Fotostopps oder ein gemütlicher Spaziergang.

Wir sind schon fast da, bevor wir auch nur ein paar kleine Vorhügel erspähen. Verglichen mit meinem Bild von schneebedeckten Bergen ist das nicht sehr aufregend – ziemlich unspektakulär. Wir fahren weiter. Es ist das allerletzte Stück der Fahrt, auf dem wir tatsächlich Berge sehen. Wow, hier sind sie, ragen gute dreitausend Meter und höher auf.

Die Luft wird frisch und kühl; der Duft von Kiefern erfüllt sie und kalte, kristallklare Bäche schlängeln sich neben dem Highway entlang. Wir sehen eine hübsche Berghütte für die Übernachtung. Es war die Reise wert.

Deine Reise kann genauso sein. Kein Anzeichen, kein Anzeichen, kein Anzeichen... und dann BUMM! Der Beweis. Es wächst lawinenartig an, aber du siehst nicht, wie es sich aufbaut, bis du vor der Lawine stehst.

Die Party wartet auf dich. Halte einfach durch, mach weiter und genieße den Weg dorthin. Bemerke, wenn du spürst, wie du erlahmst, aufgibst oder zweifelst. Sprich dir genauso zu, wie du jedem Freund zusprechen würdest, der die Richtung verloren hat. "Die Party fängt an, aber sie warten auf mich! Ich muss nicht alles tun; das Göttliche übernimmt die Schwergewichte. Solange ich nicht umdrehe, werde ich ankommen. Alles, was ich tun muss, ist in diese generelle Richtung zu steuern, weiterzufahren und dann komme ich an."

Werte deinen Punktestand nur dann aus, wenn er zu deinen Gunsten steht.

Divine Opening

Dies ist ein Foto von Lola beim Auslösen einer Göttlichen Mutter Umarmung am Strand. Göttliche Mutter Umarmungen kannst du dir jederzeit gönnen ohne auf eine Pause von 7 Tagen, wie bei den Divine Openings, achten zu müssen. Göttliche Mutter Umarmungen beruhigen, besänftigen, erden, schmelzen Widerstände hinweg und machen dich weicher, geschmeidiger.

Betrachte, schließe danach deine Augen und entspanne.

Illustration Nr. 7 – *Lola am Strand*

Das Gesetz der Anziehungskraft oder Gleiches zieht Gleiches an

Die beste Nachricht zuerst: Gnade ersetzt das Gesetz der Anziehungskraft, du bekommst also kostenlose Auftriebe. Divine Openings ist kein "Do it all yourself"-Programm, bei dem du alles alleine schaffen musst, wie das Gesetz der Anziehungskraft, auch wenn wir das Gesetz der Anziehungskraft nutzen. Das Göttliche übernimmt die schweren Dinge. Gnade übernimmt 90 Prozent. Deine 10 Prozent bestehen darin, dich so zu trainieren, dass du deinen freien Willen effektiv einsetzt, um deine Schwingung zu regeln, denn das Gesetz der Anziehungskraft zieht Gefühle, Menschen, Dinge und Erfahrungen an, die zu der Schwingung passen, die du bereits aussendest. Wenn du Glückseligkeit fühlst, bringt das Gesetz der Anziehungskraft noch mehr glückselige Gefühle, Menschen, Dinge und Ereignisse zu dir. Das Instrumentenbrett hilft dir, genau bestimmen zu können, wo du bist und zu verstehen, was du erschaffst.

Genau wie die Naturgesetze der Physik ist das Gesetz der Anziehungskraft nichts Persönliches. Wenn Hitler und Gandhi beide auf einer Klippe stünden und sich vornüber lehnten, so würden beide fallen und unten aufschlagen. Schwerkraft ist weder eine persönliche Sache noch urteilt sie nach gut oder schlecht. Das Gesetz der Anziehungskraft wird dir helfen, oben zu bleiben, wenn du oben bist, aber es wird genauso dazu beitragen, dich auf einem unteren Punkt zu halten, wenn du unten bist. Es hat einen "Klebeeffekt", der dich auf die Schwingungshöhe zurückzieht, die dein Festwert war.

Gleiches zieht Gleiches an.

Lass das Konzept von Gut und Schlecht los. Sie sind menschliche Urteile und werden dir nicht helfen. Beim Gesetz der Anziehungskraft und beim Instrumentenbrett geht es nicht darum, ein guter oder ein schlechter Mensch zu sein – es geht darum, im Einklang mit deinem Großen Selbst zu sein. Du bist nicht "schlimm", wenn du nicht auf dein Großes Selbst ausgerichtet bist; es fühlt sich nur einfach nicht gut an und es führt zu Dingen, die du nicht möchtest. Gönne dir ein wenig Mitgefühl dafür, dass du nun dort bist, wo du bist. Sei nicht so hart zu dir. Das allein ist ein großer Schritt aufwärts auf dem Höhenmesser. Sage dir: "Mensch, bin ich froh, dass sich das nicht gut anfühlt. Das lässt mich wissen, dass ich nicht auf mein Großes Selbst ausgerichtet bin!" Du gewinnst augenblicklich an Höhe. Würdige das!

Du bist nicht "brav", weil du auf einer hohen Schwingungshöhe schwingst – aber wenn du dort oben im Einklang mit deinem Großen Selbst bist, steuerst du auf etwas zu, das dir gefallen wird. Auf einer niedrigen Schwingungshöhe bist du nicht schlecht; du steuerst nur auf Ziele zu, die dir nicht gefallen werden.

Dein angeborener Instinkt weiß (oder wusste es einmal), dass Wut aus Depression, Angst, Trauer oder Verzweiflung heraus im Grunde ein weiser Schritt nach oben ist. Du wurdest mit dem Instinkt geboren, wütend zu werden, um dir deine Kraft zurückzuholen, wenn du ängstlich, traurig oder deprimiert bist. Als Kind wusstest du, dass sich Wut besser und kraftvoller anfühlt als Verzweiflung. Aber was wurde uns als Kindern gesagt, wenn wir wütend wurden? "Du bist ungezogen!" "Sei nett." "Du bekommst gleich was hinter die Ohren!" Wir wurden wütend, bekamen schlechte Reaktionen von Menschen darauf und dann gaben wir es auf und gingen wieder runter in die Depression. Dann meldeten sich unsere natürlichen Instinkte wieder, wir wurden wieder wütend und jemand sagte, wir sollten das nicht tun. Wir schwangen hin und her: Wut, Depression, Wut, Depression. Oder Wut, Angst, Wut, Angst. Und so schafften wir es auf dem Höhenmesser niemals ganz nach oben. Und wir brachten unser Instrumentenbrett durcheinander. Wir stellten es auf den Kopf.

Erlaube dir, die Brücke der Wut zu benutzen, und du kannst sie in Frustration umwandeln, was bereits eine Erleichterung mit sich bringt. Von dort aus kannst du zur Hoffnung aufsteigen, und so weiter, bis du höher fliegst, dort oben als dein Großes Selbst. Es ist am besten, wenn du Wut-, Rache- und beschuldigende Gespräche lieber innerlich führst. Wenn du es deinen Freunden erzählst, so stellen sie sich nur auf deine Seite und bestätigen dir deine "Geschichte". Das hilft dir nicht weiter. Wende dich an die göttliche Präsenz. Deine Wut wird bald vorübergehen und produktivere Gefühle hinterlassen. Wenn wir unsere wütenden Gefühle demjenigen erzählen, auf den wir wütend sind, so eskaliert die Wut nur noch und lädt unsere Negativität auf den anderen ab. Falls der andere nicht weiß, wie er seine Schwingungshöhe wieder anheben kann, fällt es ihm möglicherweise schwerer als dir, das Ganze gehen zu lassen, während du die Skala schon bald wieder hinaufgeklettert bist und dich nun super fühlst. Hebe deine eigene

Schwingungshöhe zuerst an und sprich dann aus deinem Großen Selbst heraus mit dem anderen; wenn du etwas Hartes zu sagen hast, wirst du es effektiver sagen, liebevoller. Dein Großes Selbst kann harte Dinge mitfühlend sagen und die Menschen sind dir später dankbar dafür!

Die Leute möchten, dass wir tun, was sich für sie gut anfühlt, nicht was sich für uns gut anfühlt und wenn das, was sie denken, für uns wichtiger ist als das, was wir wissen, dann sitzen wir fest. Und so kommt es, dass viele von uns ihr Instrumentenbrett in der Kindheit so durcheinander gebracht haben, dass wir es nicht mehr lesen konnten. "Ich liebe das, aber Mama sagt, es ist schlecht." oder "Das fühlt sich schlecht für mich an, aber mein Lehrer sagt, es ist gut." Oben war Unten und Unten war Oben – wohin muss ich jetzt gehen, damit es mir besser geht?

Manche von uns haben ihr Instrumentenbrett ausgesteckt, abgestumpft oder seine Signale ignoriert, ein großes, falsches Lächeln aufgesetzt und sind weitermarschiert, wobei wir uns ständig wunderten, warum uns Dinge passierten, die keinen Sinn machten, weil wir sie nicht kommen gespürt hatten. Wir hatten keine Ahnung, wie wir hierher gekommen waren, weil wir keine Messwerte von unserem Instrumentenbrett hatten.

"Negative" Emotionen sind nur für den inneren Gebrauch empfohlen.

Durch den Klebeeffekt lehnt der Verstand Affirmationen ab, die zu weit von dem entfernt sind, an das du momentan glaubst; der Sprung aus der Depression in die Freude ist zu groß, um dort bleiben zu können. Wenn dein Körper oder deine Gefühle sagen: "Du lügst", dann versuchst du einen zu großen Sprung. Versuche einen bescheideneren Sprung, den dir dein Bauchgefühl "abkauft", und du wirst auf lange Sicht die Nase vorn haben. Dir etwas Fröhliches vorzusagen, das du nicht spüren kannst, hebt deine Schwingungshöhe nicht an; es trickst dich nur aus, indem du meinst, du würdest deine Spitze anheben, während du es gar nicht tust und dir der Boden immer noch entgegen kommt. Mache einen Schritt nach dem anderen. Wenn du langsamer vorgehst und dich auf jeder neuen Höhe stabilisierst, unterstützt dich das Gesetz der Anziehungskraft, du fällst nicht zurück und klebst schließlich an einem neuen, höheren Festwert.

Auch wenn ich das Gesetz der Anziehungskraft zu diesem Zeitpunkt noch nicht vollständig verstanden hatte, jetzt sehe ich, wie es zu dem Dilemma mit dem Anwalt beigetragen hat. Durch den Klebeeffekt meiner alten Schwingung war es für mich schwierig gewesen, auf einen Schlag so viel Geld aus einem Projekt zu bekommen. Ich trug in Bezug auf das Thema Geld damals eine gemischte Frequenz: Opfer gemischt mit Hoffnung. Ich hatte gerade eine vertragliche Stelle aufgegeben, in der ich mich entmündigt gefühlt hatte. Ich erinnere mich jetzt daran, dass ich nervös gewesen war, als der Anwalt mir den Auftrag gab. Mein Kopf sagte: "Oh ja, Ich bin zuversichtlich. Ich habe den Auftrag – das ist gut, hör nicht auf diese Ängste", während mein Bauchgefühl meinte: "Irgendetwas stimmt hier nicht." Ich wusste aber, was dies alles bedeutete. Heute würde ich niemals ein Gefühl ignorieren und sagen: "Spüre die Angst und tue es trotzdem." Ich würde entweder zuerst meine Schwingung anheben, bevor ich es angehe oder es nicht tun. Deine richtige Kraft kommt dann zum Vorschein, wenn du anfängst, das, was du anziehst, *während du es anziehst,* zu spüren und so die Zeit hast, deine Schwingung rechtzeitig zu erhöhen, um es zu verändern.

Übe, bis du deinen Fokus auf etwas, das du dir wünschst, ohne klebrige, widersprechende Gedanken halten kannst, die dich rückwärts ziehen. Wenn du das Gefühl auch nur für ein paar ungestörte Minuten ohne innerlichen Widerspruch genießen kannst, mach eine Pause; du bist auf dem Weg, die Anziehungskraft zu meistern.

Du stehst niemals still – du kreist in jedem Augenblick entweder ganz leicht nach oben oder nach unten, da der Klebeeffekt des Gesetzes der Anziehungskraft *jede* Frequenz verstärkt, in der du schwingst.

Blinde Flecken

Auch wenn Gnade das Gesetz der Anziehungskraft ablöst und dir unverdienten Auftrieb schenkt, kannst du dich trotzdem darauf verlassen, dass das Gesetz der Anziehungskraft dich niemals beschummeln wird. Wir sind niemals Opfer. Das Leben macht Sinn. Selbst wenn ich nicht weiß, *wie* ich es erschaffen habe, *erkläre* ich, sobald ich mich dazu aufraffen kann, dass ich es erschaffen habe, denn zu sagen, ich hätte es nicht erschaffen, würde mich zu einem Opfer machen. Ich *beschuldige* mich aber auch nicht dafür, es erschaffen zu haben, damit würde ich mich zu meinem eigenen

Opfer machen. Ich übernehme Verantwortung, nicht Schuld, und dies gibt mir augenblicklich meine Macht und Kraft zurück. Ich kann diese Kraft nutzen, um mich vorwärts zu bewegen und etwas zu erschaffen, das mir besser gefällt.

Wenn deine Schwingung bezüglich etwas hoch ist, du es aber immer noch nicht erhalten hast, so ist es bereits für dich da. Entweder du hast den Punktestand zu früh ausgewertet (und empfindest und sendest Mangel aus) oder du sendest eine Energie aus, von der du nicht merkst, dass du sie aussendest. Ich nenne das einen blinden Fleck. Manche Schwingungsgewohnheiten praktizierst du bereits so lange, dass du dir ihrer nicht bewusst bist. Du bemerkst nicht mehr, dass sich manches ungut anfühlt – oder du hast dein Instrumentenbrett ausgeschaltet. Du bist bestimmten Dingen gegenüber taub geworden oder bist dazu übergegangen, sie als "normal" hinzunehmen. Sich schlecht zu fühlen, ist *nicht normal*. Hole dir Hilfe, wenn du den Verdacht hast, dass du blinde Flecken hast. Auf DivineOpenings.com und DivineOpenings.de findest du Informationen zu Sitzungen.

Wir haben Überzeugungen und Schwingungen übernommen, von denen wir nicht bemerkten, dass wir sie übernahmen. Wir haben es nicht mit Absicht getan. Ganze Kulturen und Familien senden unbewusst Schwingungen aus, beispielsweise Reichtum oder Armut, Frieden oder Gewalt, Selbstwert oder Wertlosigkeit. Wenn du dich nicht entscheidest zu erwachen, zieht dich die Welt in beliebige Richtungen und die Konsensrealität lässt diese blinden Flecken als normal erscheinen. Wenn jeder es tut, ist es schwieriger, es zu bemerken. Blinde Flecken sind unsichtbar. Erst seit Divine Openings fiel mir auf, wie extrem kriegerisch Amerika als Kollektiv eigentlich ist. Manche Länder führen keine Kriege; es ist einfach kein Teil ihres kollektiven Bewusstseins. Manche Länder senden eine Opferschwingung aus und werden von anderen Ländern oder sogar von ihren eigenen Leuten oder Anführern missbraucht.

Divine Openings öffnet dir stückweise die Augen für Dinge, die du bisher nicht sehen konntest.

Unbewusste Aussendungen (blinde Flecken) wirken genauso.

Stelle dir eine Taube vor, die hoch in die Luft geworfen wird – Gnade hebt dich genauso hoch in die Luft und erledigt 90 Prozent von allem auf der nicht-physischen Ebene für dich. Du musst schon noch ab und zu deine Flügel schwingen und in die gewünschte Richtung steuern. Erledige deine 10 Prozent: Triff bewusste Entscheidungen, nutze deinen freien Willen weise, halte die Spitze aufwärts gerichtet und handle, wenn du dazu geführt wirst. Wenn du Divine Openings praktizierst, wirst du in der Lage sein, mehr Gnade zuzulassen – das Geschenk, das nicht durch eigene Bemühungen "verdient" werden kann. Die Gnade hat schon seit jeher auf dich herabgeregnet, aber die Kanäle der meisten Menschen sind geschrumpft. Divine Openings weitet deine Kanäle und du kannst mehr Gnade und Leichtigkeit zulassen.

Langsamer Anstieg führt zu bleibenden Ergebnissen

Die Gnade schenkt dir diese kostenlosen Aufschwünge zu Frieden oder Glückseligkeit und dann musst du deinen freien Willen nutzen und Entscheidungen treffen, die dich oben halten. Nach jedem Ausbruch an Seligkeit kann es sein, dass dich das Gesetz der Anziehungskraft zunächst wieder ein bisschen zurück nach unten schubst, zu deinem alten, bewährten Festwert. Dein Festwert ist klebrig, daher tendiert er nach großen Höhengewinnen dazu, dich ein wenig zurück nach unten zu ziehen. Schrittweise Anstiege sind leichter zu halten. Manchmal sind sie alles, was du tun kannst, und sie sind genug, um einen Unterschied zu bewirken. Wenn du sie als "nicht gut genug" verurteilst, dann schickt dich dieser Gedanke noch weiter hinunter. Erkenne kleine Erfolge an. Anerkennung schenkt dir immer einen Extragewinn an Schwingungshöhe.

Wenn du dich allerdings höher stabilisiert hast, ist das Gesetz der Anziehungskraft auf deiner Seite. Es klebt dich dort fest und hilft dir wieder hinaufzugelangen, wenn du absinkst. Dann kannst du mehr Höhe gewinnen und dich noch höher stabilisieren, so lange bis du dort bist, wo du sein möchtest. Nicht allzu lang und es werden mehr Dinge auf dich zukommen, die dir gefallen.

Du musst jeden noch so kleinen Aufschwung und jeden kleinen Fortschritt wertschätzen. Wertschätzung beschleunigt deine Ergebnisse – Urteil und Beschwerden drehen sie um. Während du deinen Weg nach oben Schritt für Schritt genießt, wirst du dich auf jeder Ebene so kräftig stabilisieren, dass du in Zukunft mit ein wenig Aufmerksamkeit für dein Instrumentenbrett den kleinsten Einbruch bemerkst und deine Höhe auf immer halten kannst. Das Beste daran ist: Du wirst "elektrisiert" – du stößt vom Boden ab und schnalzt rasch zurück. Dich kann nichts mehr lange unten halten.

Eine Klientin, die traurig und mit klinischer Depression zu mir gekommen war, sagte in ihrer zweiten Sitzung, dass sie in der Woche nach der ersten Sitzung einige tief gehende spirituelle Erlebnisse hatte. "Die Dinge laufen besser, aber ich bin jetzt oft gereizt und frustriert." Ich konnte sehen, dass sie es sich übel nahm – es sollte ihr schließlich besser gehen und nun dachte sie, diese Gereiztheit sei ein Zeichen, dass etwas nicht stimmt. Ich schlug ihr vor: "Du bist depressiv und verzweifelt zu mir gekommen. Wo liegt Gereiztheit auf deinem Instrumentenbrett? Schau es dir an."

"Wow, ich bin ja ganz weit oben, genau bei der Mitte!"

"Ja, deine Spitze zeigt in die richtige Richtung. Du bist am Wendepunkt. Stabilisiere dich hier, sei einfach eine Weile gereizt und gehe dann weiter hinauf. Wir beurteilen manche Emotionen als schlecht und sie sind allesamt wertvolle Informationen. Schau nach, ob du generell in Richtung oben, in Richtung Erleichterung unterwegs bist. Das ist alles, was nötig ist. Wenn du dich entspannst und dir erlaubst, das zu spüren, was du wirklich fühlst, kann die Gnade den Rest für dich erledigen. Wähle, dich in die Gereiztheit eintauchen zu lassen; absichtlich und kraftvoll."

Sie begann sofort zu lächeln und war beruhigt. Beruhigung ist alles, worum es geht. Finde für dich selbst dieses Gefühl von Erleichterung. Beruhigung richtet die Spitze nach oben. Wie würdest du einem Kind oder einem Freund, der dich braucht, beruhigend zureden? "Oh, schau mal, dir geht es ein bisschen besser! Gut gemacht! Weiter so!" Tue das Gleiche für dich selbst. Um deine Schwingungshöhe anzuheben, sprichst du einfach beruhigend auf dich selbst ein, bis du eine leichte Veränderung spürst – keine dramatische Veränderung. Ziele einfach auf eine etwas höhere Schwingungshöhe ab. Schritt für Schritt und mit Hilfe der Gnade kannst du dich auf einen sehr guten Platz anheben und dort oben bleiben.

Ich selbst habe noch kein Flugzeug geflogen, aber ich kenne genügend Piloten und habe genügend Filme gesehen, um zu wissen, dass du, wenn du den Steuerknüppel hochreißt und versuchst, auf einen Schlag mehrere tausend Fuß anzusteigen, riskierst, dass die Maschine aus dem Gleichgewicht kippt und abstürzt. Auf die gleiche Weise ist ein steter Anstieg für dich, für dein Leben, deine Familie und deinen Körper sanfter und leichter. Wenn du versuchst, jeden Tag, jede Woche, jeden Monat auch nur ein kleines bisschen an Schwingungshöhe zu gewinnen, wirst du dich auf jeder neuen Höhe stabilisieren und deinen Höhengewinn dauerhaft beibehalten.

Du hast sicher schon einmal mitbekommen, was passiert, wenn jemand über Nacht berühmt wird und jemand, der an diese Höhe nicht gewohnt ist, sie nicht halten kann. Er stürzt ab und ist weg vom Fenster. Studien zeigen, dass die meisten Lotteriegewinner innerhalb von ein paar Jahren wieder dort enden, wo sie angefangen hatten. Der äußere Geldgewinn bewirkte keinen Unterschied, weil sie sich innerlich nicht wirklich verändert hatten. Man hat festgestellt, wenn alles Geld der Welt gleichmäßig auf alle Menschen neu aufgeteilt würde, so wäre es innerhalb von zwei Jahren wieder in den gleichen Händen, in denen es jetzt ist. Ohne eine Veränderung der eigenen Schwingung in Bezug auf Geld würde jeder wieder dasselbe Niveau erschaffen und in seinen vorherigen Zustand zurückkehren, egal ob er nun besser oder schlechter war. Wenn du plötzlich versuchst, höher zu fliegen, als du es bisher gewohnt warst, geschieht es nur allzu oft, dass du dich nicht halten kannst. Wenn du jedoch stückchenweise ansteigst, dann unterstützt dich das Gesetz der Anziehungskraft und du stabilisierst dich.

Zufriedenheit, Langeweile und Pessimismus sind in Wirklichkeit nette Ruhezonen. An diesen Punkten lösen sich Spannungen und das ist eine großartige Erleichterung, die wiederum Widerstände auflöst. Man ist noch nicht oben in der Hoffnung, auch noch nicht bei der Seligkeit, aber man ist auf dem Weg dorthin. Noch einmal: Ruhe dich aus – sei glücklich darüber, dass du so weit oben bist und löse die Widerstände gegen deinen momentanen Stand. Das befreit dich, so dass du weiter ansteigen kannst. Wenn du in deiner Höhe ansteigst und keine Lust hast, irgendetwas zu tun, dann denk dir nichts dabei – das wird sich bald ändern. Gib der Energie Zeit, sich aufzubauen. Du bist wahrscheinlich noch hundemüde davon, so lange im Widerstand gelebt zu haben.

Übe dich darin, zu jedem Themenbereich deines Lebens Gedanken zu wählen, die deine Schwingungshöhe anheben, so lange, bis es zur natürlichen Gewohnheit geworden ist. Anfangs ist es hilfreich, dir deine Fortschritte auf dem Instrumentenbrett in dein Notizbuch aufzuschreiben. Später machst du es im Kopf.

Deine Aufgabe ist es, Widerstände gegen das zu lösen, was wirklich du bist, loszulassen, an das Göttliche abzugeben und die Gnade zuzulassen. Setze einfach die Absicht, die Spitze deines Flugzeugs aufwärts zu richten und entspanne dich.

Es gibt nur eine wirklich wichtige Frage:
Zeigt die Spitze meines Flugzeugs nach oben oder nach unten?

Du erschaffst das, worauf du dich fokussierst

Auch wenn dich die göttliche Gnade anhebt, so kannst du immer noch deinen freien Willen nutzen, um entweder mit der Gnade mitzugehen oder dich dagegen zu sträuben. Deine Aufmerksamkeit ist mächtig und kraftvoll. Wenn du dich beständig auf das fokussierst, was du möchtest, so ist es, als ob du die Spitze deines Flugzeugs dorthin richtest. Du endest dort, wo deine Spitze hinzeigt. Fokussiere dich auf das, wo du hin möchtest und du wirst zur rechten Zeit dort ankommen. Richte deine Spitze jedes Mal, wenn du abschweifst (dich innerlich oder bei Freunden beschwerst, absinkst, darüber sprichst noch nicht angekommen zu sein, der Negativität frönst) einfach wieder auf deinen Zielort (schau nach dem Guten, stell dir vor, du bist da, hebe die Spitze an, betrachte aus der Perspektive deines Großen Selbst) und bald bist du schon wieder auf Kurs.

Ich wohne sechs Meilen Luftlinie vom Flughafen entfernt. Ich kann ihn von hier aus sehen. Aber ich muss fünfzehn Meilen fahren, um dorthin zu gelangen. Es gibt von meiner Ranch aus keine Straße, die direkt zum Flughafen führt. Manchmal ist es im Leben genauso. Nimm ruhig die Straße, zu der du geführt wirst und halte deinen Fokus auf deinen Zielort, nicht auf die Umwege, die du dafür machen musst. Selbst wenn du vom Kurs abkommst, rechnet dein Großes Selbst, dein inneres GPS, deine Route neu aus. Du kannst also nicht wirklich versagen, solange du in Bewegung bleibst.

Wenn du dich beständig auf das fokussierst, was du nicht möchtest, so ist es, als würdest du sagen, du möchtest nach Kalifornien, aber dann richtest du die Spitze deines Fliegers Richtung New York. Die Spitze auf New York zu richten, darüber zu reden, wie überlaufen und laut New York ist, über New York nachzudenken und dich darüber zu beschweren, dass du immer wieder in New York landest, bringt dich immer wieder nach New York.

Dich im Leben auf das zu fokussieren, was du nicht möchtest, und zu erwarten, dass du das, was du möchtest, bekommst, ist verrückt. Selbst wenn du sehr wirkliche, physische Beweise für die unerwünschte Realität hast, so kannst du es dir nicht leisten, dich darauf zu fokussieren. Fokussiere dich so sehr auf das, was du möchtest, dass du alle widersprüchlichen Schwingungen damit übertönst. Dann *muss* die Essenz dessen, was du dir wünschst, kommen. Aber setze dich nicht unter Druck, *wann* sie kommt oder in welcher speziellen Form sie kommt – das erhöht den Widerstand! Genieße das Leben und schätze das, was bereits da ist und bleibe für alle Möglichkeiten offen – das verringert den Widerstand.

Die meisten Menschen schauen immer wieder auf das Unerwünschte, geben ihre Macht an es ab und füttern es ungewollt mit ihrer Energie. Die Ehefrau tut nicht, was der Mann von ihr möchte, also denkt er die ganze Zeit über seine Unzufriedenheit nach. Ihr unerwünschtes Verhalten vergrößert sich durch seine Aufmerksamkeit darauf, sie entlieben sich und sie lassen sich scheiden. Terrorismus existiert, also ermutigen uns unsere Anführer, Angst davor zu haben und uns darauf zu fokussieren, was unsere Unsicherheit und Angst verstärkt. Krieg ist real, wir mögen ihn nicht und wollen, dass er aufhört. Also reden wir darüber, wie schlimm er ist, wir lesen darüber, wir protestieren dagegen, wir schließen uns Gruppen an, die ihm gemeinsam mit uns entgegenstehen und wir streiten darüber, welcher Politiker schuld daran ist. Wir werden zu Generatoren der Aggression. Die gute Nachricht ist: Jeder von uns hat durch das

Anheben des eigenen Bewusstseins einen mächtigen Einfluss auf das Kollektiv. Ein hoch erleuchteter Mensch gleicht die kollektive Bewusstseinsenergie von Millionen niedrig schwingender Menschen aus. Hoch schwingende Energie ist exponentiell mächtiger als die gleiche Menge an niedrig schwingender Energie.

Das Naturell des Lebens ist beständiger Wandel und alles in unserem Leben ist beständig in Bewegung. Es steht niemals wirklich still und du kannst es auf der Stelle wenden, wenn du aufhörst, die Schwingung der gleichen, alten Sache auszustrahlen. Würden wir die Schwingung von Gesundheit und Wohlstand ausstrahlen, so würden sich Krankheiten von selbst heilen und finanzielle Situationen von selbst verbessern. Wenn wir zwanghaft auf Krankheit und Schulden blicken, erschaffen wir buchstäblich das Gleiche stets aufs Neue, denn unsere Aufmerksamkeit füttert es mit unserer eigenen Kraft. Wenn dich etwas wirklich stark im Griff hat, bemerke, wie du Benzin in seinen Tank füllst; wie du deinen eigenen Tank leerst, indem du seinen Tank füllst.

Nach der Arbeit mit tausenden von Menschen habe ich bemerkt, dass die meisten, die in Therapie gewesen waren, beständig *mehr* Themen und unangenehme Gefühle erschufen – *indem sie darüber sprachen*. Therapeuten, lehrt sie, sich zu fokussieren und zu spüren. Die Gnade, die dieses Buch anbietet, erleichtert es und viele Therapeuten, denen es am Herzen liegt, dass ihre Klienten frei und unabhängig werden, benutzen es.

Du "manifestierst" immer. Das Entscheidende ist zu wissen WIE du es tust.

Manchmal sagen Menschen: "Aber ich brauche doch zuerst eine Veränderung in meiner äußeren Realität oder von dieser Person, bevor es mir gut gehen kann." Ich sage: "Oh oh, da hast du ein Problem! Das ist verkehrt herum und es raubt dir deine Macht." Wie eigenständig bist du, wenn dein Umfeld, andere Menschen und äußere Umstände bestimmen können, wie du dich fühlst? Wenn du deinen Fokus wählst, egal was gerade geschieht, egal was irgendjemand anderer tut, egal wie deine Umstände aussehen – bist du frei. Du kannst erschaffen, was immer du willst, von wo aus immer du dich gerade mit deiner Schwingung befindest. Ich möchte meine Spitze, unabhängig davon, was die anderen tun, aufwärts halten. Wenn ich dort oben bin, kann ich anderen helfen, auch dort hinauf zu kommen.

Lass dich, rein aus Prinzip, von niemandem in Gefühle bringen, die *du nicht wählst*. Das ist die bedeutendste Macht, die du besitzt – deine Einstellung und deine Schwingungshöhe zu wählen. Beanspruche deine Macht und *entscheide* dich, deine Schwingung unabhängig von allem anderen oben zu halten. Nichts ist es wert, deine Schwingung fallen zu lassen.

Das berühmteste und extremste Beispiel dieser Macht, seine eigenen Gefühle frei zu wählen, kann man in Viktor Frankl's Buch *…trotzdem Ja zum Leben sagen: Ein Psychologe erlebt das Konzentrationslager* nachlesen. Frankl überlebte ein Konzentrationslager in der Hitlerzeit mit offenem Herzen. Er behielt sich die Macht, seine Realität selbst zu wählen. Er entschloss sich dazu, liebevoll zu bleiben, sich weiterhin um andere zu kümmern, sich an seine Lebensaufgabe zu erinnern und seine Gedanken beständig auf das Leben zu fokussieren, selbst inmitten der konstanten, täglichen Beweise des Todes, der Bedeutungslosigkeit und Grausamkeit. Er beeinflusste die anderen dahingehend, dass sie ebenfalls an der grundlegenden Wahl festhielten – der Wahl der eigenen Gedanken, der eigenen Gefühle, der eigenen Einstellung. Er weigerte sich, seine Wärter zu hassen, und kappte dadurch niemals *seinen Herzensstrom* und seine Verbindung zu Gott.

Der Schlüssel dazu, das zu erschaffen, was du willst, liegt darin, dich stur auf das zu fokussieren, was du willst, dann loszulassen und ihm nicht zu widersprechen. Dann muss es das Gesetz der Anziehungskraft zu dir bringen. Wenn der unerwünschte Gedanke oder die unerwünschte Realität deine Aufmerksamkeit wieder auf sich zieht, dann lenke schnell um. Ein gutes Mantra ist: *Nichts* ist es wert, dass ich meine Schwingung absinken lasse!

Stelle dir deinen Fokus als einen starken Laserstrahl vor, der deine Realität prägt und formt, und du wirst bewusster darauf achten, worauf du ihn richtest. Auf der Webseite kannst du in unsere originelle, außergewöhnliche Musiksammlung *Whatch Where You Point That Thing* (Pass auf, wohin du zielst) hineinhören.

Reg dich nicht über deine niederen Gedanken auf – das senkt nur deine Schwingungshöhe! Deine positiven Gedanken sind mächtiger als die negativen und die dominante Kraft der Gnade im Universum steht auf deiner Seite. Mach dir keine Sorgen. Ernstlich unangenehme Dinge manifestierst du nur, wenn du diese niederen Schwingungen über längere Zeit zulässt.

Gewohnheitsmäßig glückliche Menschen haben sich ihre Biochemie bewusst oder unbewusst glücklich trainiert. Sag dir: "Egal, was ist, ich werde mich gut fühlen." Widme dich dem guten Gefühl so sehr und richte dich so engagiert auf dein Großes Selbst aus, dass du immer einen Weg findest, dich trotz *jeglicher*, äußerer Umstände ein kleines bisschen besser zu fühlen. Welche andere, geistig gesunde Entscheidung steht zur Auswahl?

Lass dir deine Gefühle nicht von dem diktieren, was du "dort draußen" wahrnimmst. Lass dir deine Schwingungshöhe nicht von "den Fakten" vorgeben. Dann bist du machtlos. Dann bist du ein Opfer. Sei lieber ein Schöpfender als ein Reagierender. Bleibe beständig dabei zu wählen, wie du dich fühlen möchtest.

Die meisten Menschen glauben, wenn sie eine Situation beschreiben, würden sie nur die Fakten darstellen. Aber wenn du etwas beschreibst, erschaffst du es aktiv mit! *Pass auf, worauf du deine Energie richtest!* Deine Geschichte darüber generiert Schwingungen und Schwingungen erschaffen Realität. Sei dir bewusst, welche Geschichten du erzählst, welchen Dingen du deine Aufmerksamkeit schenkst und was du erschaffst! Wenn in den Unterrichtsstunden von Erlebnissen erzählt wird, erinnere ich: "Es ist egal, wie viele Beweise du dafür hast, dass es stimmt. Das Einzige, was zählt, ist: Richtet es die Spitze deines Fliegers nach oben oder nach unten?"

Sprich dir gut zu. Wenn du etwas beobachtest, das dir nicht gefällt, sage dir: "Am Ende geht immer alles gut aus. Dies hier ist vorübergehend. Es wird sich verändern. Alles, was ich mir wünsche, ist auf dem Weg zu mir. Ich kann mich genauso gut schon jetzt besser fühlen."

Andere werden deine Wahl nicht immer verstehen und werden dir vielleicht sogar Vorwürfe machen, dass du nicht mehr für sie da bist, weil du nicht mehr mit ihnen mitleidest. Aber du kannst deiner Welt am besten helfen, wenn du auf der besten Höhe bist. Wenn du dort hinuntergehst, kannst du niemandem helfen. Lass sie wissen, dass du sie liebst, höre zu, was sie sagen und wie sie sich fühlen, aber sinke nicht mit ihnen ab. Ich unterrichte oder lehre nichts außerhalb meiner Kurse. Ich höre nur mitfühlend zu, nicke mit dem Kopf und überschütte sie mit Liebe. Aber ich gehe nicht nach dort unten. Manche Menschen sagen vielleicht, du hast zu viel Spaß und beschuldigen dich: "Du bist egoistisch!" Wenn sie auch nur ein bisschen Humor haben, kannst du antworten: "Ich sollte mich lieber mit dir mies fühlen? *Wer* ist hier nun egoistisch?"

Fokussiere dich auf das, was du willst. Schwärme von dem, was gut ist.

Eintauchen und verweilen

Ich habe dir einen Weg aufgezeigt, deine Schwingungshöhe zu steigern und dir erklärt, dass Wohlgefühl das Allerwichtigste ist. Nun erscheint dieses "Eintauchen und Verweilen" vielleicht paradox oder sogar widersprüchlich dazu. Mach einen Schritt aus dem Schwarz-Weiß-Denken heraus und du wirst sehen, dass es für jede Methode eine passende Situation gibt, in der sie angebracht ist und dass *beide Wege zu einem guten Gefühl führen.*

"Die Spitze aufwärts richten" und "Eintauchen" heben jedes auf verschiedene Weise deine Schwingung an. Das Eintauchen ist gut für deine größten Herausforderungen. Manchmal musst du einfach nur nach unten gehen und dich vom Boden abstoßen, um nach oben zu kommen. Eintauchen erhöht die Schwingung dauerhaft. Es wird dich allgemein von der *Angst vor dem Spüren* befreien. Wenn du erleuchtete Gleichgültigkeit erlangst, wirst du nicht mehr wegen Gefühlen leiden. Du wirst sie alle zulassen, sie werden sich alle rasch bewegen und du wirst dich mit Leichtigkeit abstoßen.

Das Endziel des Eintauchens *ist nicht, die Gefühle zum Verschwinden zu bewegen.* Es ist, die Gefühle im Augenblick gründlich zu spüren. Du wirst zu der natürlichen Art zurückkehren, mit der Kinder geboren werden. Sie spüren jedes Gefühl und es bewegt sich. Du wirst wieder lernen, wie du Emotionen im selben Augenblick, in dem sie auftauchen, sich frei bewegen lassen kannst. So, wie es von Natur aus vorgesehen ist.

Wenn du einer Emotion Widerstand leistest, verringert sich ihre Schwingung noch weiter. Wenn du ihr weiterhin Widerstand leistest, geht sie in den Untergrund. Aber sie schwingt dort unten immer noch und zieht ihr Ähnliches zu dir an. Wenn du einfach darin eintauchst und sie spürst, so ist sie rasch vorbei. Es ist so einfach, dass du dich bald fragen wirst, warum du nicht schon früher darauf gekommen bist. Therapeuten und Divine Openings Guide schwärmen davon, wie rasch es funktioniert.

Die Übung des "Eintauchens" führt zu dem natürlichen Ergebnis, dass du es ab einem bestimmten Punkt nur noch selten formell tun musst. Die Gefühle werden sofort leicht und natürlich durch dich hindurch fließen, ohne dass du innehalten und darüber nachdenken müsstest. Du leistest dem Fühlen keinen Widerstand mehr. Die Gefühle erhöhen ihre Schwingung und dann fühlst du dich besser. Gesundheit, Zufriedenheit und Wohlstand – bei allem geht es darum, die Schwingung zu erhöhen. Übe dich darin, emotionale Energien fließen zu lassen. Dann kannst du Geldenergien, soziale Energien und körperliche Gesundheitsenergien besser fließen lassen.

Das Bild des Eintauchens in das Gefühl wie in einen tiefen See hilft dir, dich daran zu erinnern, es zu tun, wenn du es brauchst. Selbst wenn du diese effektive Strategie zur Erleichterung kennst, so ist es mit das Schwierigste, dich mitten im Chaos oder in der Krise, wenn dein Denken verschwommen ist, an das zu erinnern, was zu tun ist.

Während der 21 Schweigetage entdeckte ich, dass sich jedes Gefühl, das vollständig gespürt wurde, aufzulösen scheint. Jetzt weiß ich, dass sich diese Energie einfach auf eine höhere Frequenz anhebt und du einen Auftrieb auf dem Instrumentenbrett bekommst.

Mit dem Eintauchen meine ich nicht das Eintauchen in die "Geschichte über das Gefühl". Die Geschichte hält dich in dem Gefühl gefangen und generiert noch mehr von dem Gefühl, wie wenn du in einem Hamsterrad läufst. Du wirst dich sogar noch schlechter fühlen. Vergiss die Geschichte; spüre das Gefühl an sich. Bevor du die Magie des "Eintauchens" ganz erleben kannst, musst du wissen, wie man eine Geschichte loslässt.

Welche Geschichte?

Es dauert eine Weile, bis wir unsere eigenen Geschichten überhaupt hören können. Wir haben sie uns unbewusst schon so lange erzählt, dass es ein wenig Übung bedarf, sie wieder bewusst als Geschichten zu hören, anstatt sie als "Fakten" anzunehmen.

Wenn du zum Beispiel deine Arbeit nicht leiden kannst, hast du dir vielleicht auf dem Weg zur Arbeit erzählt: "Ich hasse es, in die Arbeit zu fahren. Warum fühlt sich das so schlecht an? Hmmm, lass mich mal analysieren, woher dieses Gefühl kommt. Das kommt, weil meine Mutter immer so dominant war, usw usw... Soll ich ihnen sagen, ich kündige? Ich sollte mich nicht so fühlen! Ich arbeite schon seit zwanzig Jahren an mir! Wann werde ich jemals einfach einen super Job finden und aufhören so zu leiden? Diese Arbeit hält mich zurück. Meine Kollegen sind alle so negativ. Aber ich kann nicht kündigen, weil ich Angst davor habe, keine Arbeit zu haben."

Diese Art von Selbstgespräch ist eine "Geschichte". Egal, ob du sie nun dir selbst oder jemand anderem erzählst, sie verschlechtert deine Situation, entzieht dir deine Kraft und lässt dich im Kreis drehen. Geschichten sind die Interpretation, Analyse und der Kommentar des Verstandes. Geschichten sind selten eine reine, objektive, auf Fakten begründete Beschreibung einer Situation. Geschichten rechtfertigen und begründen, warum du im Recht bist. Manche Geschichten stellen dich als armes, braves Opfer dar, dem Unrecht getan wurde. Der Verstand liebt seine Geschichten. Das Problem ist, sie werden zu deiner Realität.

Diese Schwingung zieht Menschen, Dinge, Ereignisse und ähnliche Gefühle zu dir heran. Geschichten verstärken das Gefühl sogar noch und halten dich in einem Karussell, das die gleichen Gefühle und Manifestationen immer wieder generiert. Geschichten fügen Interpretation und Drama hinzu. Reiner Fakt ist, dass *du ein Gefühl hast*.

Es ist nur allzu einfach, in einer Geschichte "darüber", wie falsch etwas war, hängen zu bleiben; das negative Gefühl ist gerechtfertigt, genährt und wächst. Die Geschichte hält dich in einem Drama fest und es löst sich nicht. Du vergisst, dass du selbst der Autor der Geschichte bist. Die Geschichte ist eine Falle, die du erschaffen hast.

Es sind nicht immer "negative" Geschichten, die dich zurückhalten. Es kann auch eine alte, positive Geschichte sein, die dir zu einem früheren Zeitpunkt dienlich war, es jetzt aber nicht mehr ist. Einer meiner Klienten besaß ein mittelständisches Computerunternehmen und über mehrere Sitzungen hin kämpfte er damit, gute Angestellte zu bekommen. Er hatte alle Kundschaft, die er brauchte, aber er konnte nicht genügend qualifizierte Mitarbeiter finden, um sie zu bedienen. Wir wussten natürlich, dass seine Schwingung ihn davon abhielt, gute Leute zu finden, aber wir konnten die Schwingung nicht herausfiltern. Ich hatte sogar einen brillanten, arbeitslosen Techniker an ihn verwiesen, aber interessanterweise fand mein brillanter Freund immer wieder Ausreden dafür, ihn nicht anzurufen!

Eines Tages erkannten mein Klient und ich, dass er sein Unternehmen mit dem Glauben gegründet hatte, dass es viele unfähige Menschen auf dem Markt gab, die Computer reparierten, und dass es seine Aufgabe war, derjenige zu sein, der es richtig machte. Das hatte ihn zu einem sehr erfolgreichen Einzelunternehmer gemacht, hielt ihn aber davon zurück, sein Unternehmen auszubauen, indem er die unfähigen Techniker anzog, vor denen die Welt zu retten er ausgezogen war. Sein alter Glaube, dass er der einzig Qualifizierte war, schwang kräftig in ihm und arbeitete nun gegen ihn, anstatt ihm zu dienen. Er ließ ihn los und es begannen sich qualifizierte Techniker bei ihm zu bewerben.

Einen anderen Klienten hatte sein Mentor gelehrt, niemals jemand anderen für etwas zu bezahlen, das er selbst tun könnte. Als er eine komplette Karateschule voll freiwilliger Helfer leitete, war dieser Grundsatz super. Zu einem späteren Zeitpunkt, in einem anderen Unternehmen, führte es zu seiner Erschöpfung. Eines Tages erkannte er, dass er die Geschichte gehen lassen musste, damit er mehr Helfer einstellen konnte.

*Wir glauben, die Realität zu beschreiben,
während wir in Wahrheit Realität erschaffen.*

Die einzige, wichtige Frage zu jeder Geschichte oder jedem Gedanken lautet: "Fühle ich mich dadurch besser oder schlechter?" Ob sie "wahr" sind oder nicht, ist hier nicht der Punkt. Sobald du eine Geschichte aus dem Weg geräumt hast, die nicht hilfreich ist, wird der Prozess des Eintauchens sehr kraftvoll sein. Er funktioniert, indem er die Energie in Bewegung bringt. Energie will sich bewegen. Sie ist dazu gemacht, sich zu bewegen. Sie erzeugt Leid, wenn sie sich nicht bewegt.

Wenn du eintauchst, so tue es nicht, um Gefühle zu "heilen", sie loszuwerden, zu verringern oder sie zu vermeiden. Wenn du eine Emotion/Energie sich nicht bewegen lässt, erschaffst du in diesem Bereich oder in Bezug auf dieses Thema Widerstand. Die Frequenz sinkt ab und wird zu einer niedrigen Schwingung in deinem Körper. Das Gesetz der Anziehungskraft reagiert auf die Schwingungen, die du in dir trägst. Es antwortet auf die Schwingung, indem es mehr davon zu dir bringt. Nehmen wir an, du empfindest eine unerwünschte Schwingung, wie beispielsweise Wut auf einen Partner, aber du versuchst sie zu unterdrücken oder stumpfst dem Gefühl gegenüber ab. Es schwingt immer noch still in dir und zieht Dinge zu dir an, die du nicht möchtest, wie beispielsweise Wut von deinem Partner und anderen. Mit der Zeit wird es dir immer stärkere Signale schicken. Eine körperliche Spannung wird sich aufbauen, dann ein körperliches Gefühl, dann Schmerz. Ein Unwohlsein/Krankheit oder ein Ereignis könnte sich manifestieren, um deine Aufmerksamkeit zu bekommen.

Viele spirituelle Menschen versuchen das, was ich den "spirituellen Bypass" nenne. Sie versuchen von den unteren Schwingungen aus direkt zu Liebe und Frieden hinaufzugehen. Sie erzählen mir: "Ich versuche die Person, auf die ich wütend bin, mit weißem Licht zu umhüllen. Es funktioniert nicht." Diese Energie-Gefühl-Schwingung muss vollständig erlebt werden. Spüre die Angst oder Wut oder was immer es ist authentisch. Dann wird sie sich bewegen. Das kann ganz still und privat in deinem eigenen Geist ablaufen. Es ist nicht empfehlenswert, es gegenüber der anderen Person auszuleben.

Hier sind zwei effektive Wege, um aus einer Geschichte auszubrechen:

1. Erzähle dir eine bessere Geschichte, die dich auf dem Höhenmesser nach oben bringt. Wenn die alte Geschichte sehr stark ist und du deinem Kopf nicht entkommst, dann steh auf und spiele oder tanze deine alte Geschichte körperlich nach und gehe direkt in eine neue Geschichte über, bis du spürst, dass sich deine Spitze etwas anhebt und du dich besser fühlst. Erhöhe deine Schwingungshöhe langsam, Schritt für Schritt. Beschließe lieber glücklich zu sein, als Recht zu haben.

2. Benutze den unten beschriebenen Prozess des Eintauchens.

Der Prozess des Eintauchens und Verweilens
Dies ist ein schrittweiser Prozess, der jedes hartnäckige, unerwünschte Gefühl auf der Skala nach oben führt.

- Wenn ein Gefühl auftaucht, so bitte dein Großes Selbst/die göttliche Präsenz um Hilfe.
- Setze dich hin, schließe die Augen und schenke dem Gefühl deine Aufmerksamkeit. Stelle dir vor, du tauchst darin ein, wie in einen großen See oder *werde weich und umarme es,* wie einen alten Freund (der es auch ist!).
- Vergiss die Geschichte und ihre Darsteller. Deine Schwingung ist das einzig Wichtige.
- Atme leicht und genüsslich und lasse deine Wirbelsäule dabei sanft wellenförmig mitschwingen. Atme *leicht* in das Gefühl hinein und sei sehr sanft mit dir selbst.
- Sag im Stillen "Ja" zu dem Gefühl. Das hilft dir *weicher* zu werden.
- Hör auf nachzudenken – keine Analysen – spüre das Gefühl voll und ganz. Wenn du das nicht kannst, gehe über zum nächsten Schritt.
- Spüre deine *körperlichen Gefühle*. Nicht beschreiben – nur spüren. Wenn du immer noch nichts spüren kannst, steh auf und **agiere es** mit dramatischen Körperbewegungen fünf Minuten lang **aus**. Dann lege dich hin und spüre.
- Jetzt kannst du es dir, wenn du möchtest, wie Atome vorstellen, die in deinem Körper schwingen.
- Geh noch tiefer hinein – *sanft*. Atme leicht hinein, so leicht wie ein Baby atmet.
- Versuche nicht, es zu verändern oder loszuwerden. Spüre es einfach.
- Verweile bei dem Gefühl, bis es sich zumindest neutralisiert oder du Erleichterung, Langeweile oder sogar Seligkeit empfindest.
- Öffne die Augen und nimm wahr, was du fühlst. Sei stolz auf deinen Erfolg. Entspanne dich.

Das Eintauchen ist einer der Schlüsselprozesse in Divine Openings. Übe es, bis es zu deiner neuen Gewohnheit geworden ist. Selbst wenn du seit Jahren glücklich bist, auf einem beständigen Hoch segelst, wenn deine Schwingung abstürzt, so wird die erste Reaktion deines Verstandes wahrscheinlich sein, es als F-A-L-S-C-H zu erklären. "Darüber sollte ich jetzt hinaus sein. Ich sollte mich nicht so fühlen." Es als falsch hinzustellen, vergrößert lediglich den Widerstand und verlängert dein Leiden. Sobald du deine Sinne wieder zusammensammeln kannst, betrachte es als "richtig", sei dankbar für die Botschaft dieser Gefühle und fühle sie. Du wirst ansteigen, selbst aus den Tiefen.

Einige Male habe ich laut zu mir selbst gesagt: "Reiß dich zusammen, Lola. Lass los – leiste keinen Widerstand. Es wird sich anheben." Und das tut es jedes Mal! Wenn du versuchst, es loszuwerden, willst, dass jemand es "heilt", oder darüber redest, dann gibst du deine Macht ab und eine Gelegenheit für echte, dauerhafte Weiterentwicklung zieht ungenutzt vorbei.

Es soll sich "schlecht" anfühlen, dort unten zu sein, und du kannst dir sicher sein, dass das "schlechte" Gefühl dir den Weg zu einer völlig neuen Freiheit zeigt, sobald du es als richtig statt falsch betrachtest. Es kann sein, dass du mehr als einmal in Bezug auf dasselbe Thema eintauchen musst, wenn du es dir noch nicht erlauben kannst, es vollständig zu spüren. Bald wirst du es aber können.

ÜBUNG: Hör jetzt auf zu lesen und probiere es aus. Lesen und mentales Verarbeiten verändern dein Leben nicht. Oft erzählen mir Leute, dass sie beim zweiten Mal Lesen bemerkten, dass sie beim ersten Lesen nur in ihrem Kopf gewesen waren. Zu erfahren, spüren und Energien zu bewegen, verändert dein Leben dauerhaft.

Sobald du das Eintauchen verstanden hast, kannst du diese Kurzversion benutzen:
- Atme sanft in das Gefühl hinein.
- Lass die Geschichte los und spüre das Gefühl.
- Erlebe das Körpergefühl dazu.
- Spüre es als Schwingung.
- Atme genüsslich ein und aus, während du bei dem Gefühl verweilst.

Lass die Geschichte los. Spüre das Gefühl.

Falls du dich taub fühlst, tauche in die Taubheit und auch sie wird sich bewegen und lösen. Obwohl du meistens eintauchen und ein Gefühl rasch bewegen kannst, gibt es auch Zeiten, in denen du dir ein oder zwei Tage Zeit geben musst, bei dem Gefühl zu sein. Wenn du versuchst einzutauchen und es sich nicht bewegt, dann erlaube dir eine Zeitlang, deine alltäglichen Aufgaben zu erledigen, egal wie es dir gerade geht. Je weniger du es verurteilst oder dich dagegen sträubst, desto schneller hebt es sich in seiner Schwingung an.

Alles ist Schwingung; Atome, die sich umher bewegen. Wenn du sie in reine, schlichte Schwingungen zerlegst, hört sich deine Erfahrung des Gefühls oder der Geschichte eher so an: "Das ist ein Gefühl/eine Schwingung in meinem Körper" oder "Das sind nur zitternde Atome. Dabei kann ich verweilen."

Ganz schön kurz, hm? Keine Geschichte, kein Leid. Jede Emotion kann so erlebt werden, selbst wenn du sie nicht magst. Emotion erschafft physische Schwingung und, indem du in sie eintauchst und sie erlebst, erlaubst du ihr, sich in eine höhere Schwingung zu bewegen. Sowie du besser darin wirst, fängst du an, Dinge bereits im selben Augenblick klar zu spüren; ohne verbale Beschreibung, ohne Geschichte. Du wirst das Gefühl oder die Schwingung ungefähr identifizieren und darin eintauchen und dann wird es an Höhe gewinnen. Sprich dir selbst gut zu: "Alles schwingt. Beobachte, wie sich diese Schwingung anfühlt. Schwingung will sich bewegen."

ÜBUNG: Versuche in dieser Woche alles als Schwingung in deinem Körper zu erleben. Fühle alles, "Gutes" oder "Schlechtes" als Atome, die in deinem Körper schwingen. Lass die Bezeichnungen, die du für deine Gefühle benutzt, weg und ignoriere die Erklärungen aus deinem Kopf, *warum du dich so fühlst*. Erlebe in dieser Woche alles einfach als *Schwingung* in deinem Körper – nicht mehr und nicht weniger.

Sanft in das Gefühl einzutauchen, bringt die Kraft deiner göttlichen Präsenz in die Situation, aktiviert neue Schaltkreise, wirft Licht auf neue Wahlmöglichkeiten. Nachdem du deine Schwingung erhöht hast, wirst du geistig klar und im Einklang mit deinem kraftvollen Großen Selbst sein. Falls es dann überhaupt noch ein Problem gibt, wirst du es loslassen und das Schwere daran dem Göttlichen überlassen oder du wirst wissen, was du tun musst. Sobald es keine emotionale Anspannung mehr trägt, schreitet alles viel leichter voran.

Falls du Schwierigkeiten hast, einzutauchen oder es sich nicht löst, bestelle dir das **Dive In And Be With It** Audioset online (momentan nur auf Englisch erhältlich, beobachte auf DivineOpenings.de wann eine deutsche Fassung verfügbar ist). Es führt dich durch diesen Schlüsselprozess hindurch, während du dich entspannst. Es erleichtert das Loslassen, weil du nicht nachdenken musst; du legst dich einfach hin und überlässt dem Göttlichen die Schwergewichte. Es beinhaltet mehrere Arten des Eintauchens in Bezug auf verschiedene Themen. Lass dich niemals feststecken. Dies ist *dein Leben!*

Jedes Gefühl, das ohne Widerstand gespürt wurde, bewegt sich, hebt sich in seiner Schwingung an und befreit dich.

Wenn du eintauchst, "bist du bei dem, was ist". Das mindert den Widerstand, befreit den Energiefluss und bringt sofortige Erleichterung mit sich. Selbst wenn es nur ein kleines bisschen Erleichterung ist, so weißt du doch sofort, dass die Spitze deines Fliegers nun nach oben zeigt und deinen Flugkurs verändert. Selbst wenn du die Spitze auch nur ein bisschen nach oben richtest, so ist das schon genug – es macht einen Riesenunterschied – du stürzt nicht ab!

Ohne Geschichte, die die niedrige Gefühlsschwingung ständig neu generiert, wirst du irgendwann loslassen. Es ist nur Energie und wenn die Kanäle offen sind, fließen nur Liebe und Seligkeit hindurch. Ich habe niederschmetternde Angst oder tiefe Trauer innerhalb von zehn Minuten in Seligkeit gewandelt.

Es kam ein Klient zu mir, ein Anwalt, der mit einem Prozess über 1 Million Dollar zu kämpfen hatte, mit zwei weggelaufenen Teenagern, einer frischen Scheidung und seiner Kanzlei, die ebenfalls auf dem absteigenden Ast war. Innerhalb einer Stunde fühlte er sich besser und innerhalb von zwei Sitzungen ging es ihm besser, als er sich seit Jahren gefühlt hatte, obwohl sich äußerlich noch nichts verändert hatte. Er sah benommen aus, fühlte sich jedoch besser. Dies ließ seine Realität radikal auseinander fallen. Der Kopf meint, Glück wäre von äußeren Umständen abhängig. Hey, jeder könnte glücklich sein, wenn alles und jeder um ihn herum immer so wäre, wie man es will. Meisterschaft ist, sich unabhängig von äußeren Umständen zu entscheiden glücklich zu sein. Er ging daraufhin in eine Aufwärtsspirale und sein Leben blühte auf. Drei Jahre später lebt er nun seinen Traum, indem er in der Musikbranche arbeitet und regelmäßige Shows auf die Beine stellt. Rate mal, wer in seiner jüngsten Show auftrat...? Seine beiden Söhne.

Die Gefühle, die uns die größten Schwierigkeiten bereiten, sind diejenigen, denen wir schon am längsten Widerstand leisten. Wenn es lediglich ein momentanes "Jetzt"-Gefühl wäre, würde es sich nicht an dir festhängen oder wäre keine so große Sache; es würde durch dich durchfließen und an Höhe gewinnen, so wie es Gefühle von Natur aus tun, und es wäre weg, ohne dass du je wieder darüber nachdenken würdest. Wenn es an dir kleben bleibt und nicht an Höhe gewinnen will oder wenn es immer wieder kommt, so weißt du, dass es eine alte Gewohnheit von dir ist, diesem Gefühl Widerstand zu leisten. Es gibt einen großen Vorrat an ähnlichen Gefühlen in dir. Eine momentane Situation kann diese alte, gut geübte Schwingungsgewohnheit aktivieren und es so erscheinen lassen, als wäre dieses ganze negative Gefühl erst jetzt gekommen, obwohl der Großteil davon in Wirklichkeit aus der Vergangenheit stammt. Das lässt das momentane Problem viel größer erscheinen, als es tatsächlich ist.

Erinnere dich daran, wenn du auf einen richtig großen Schwingungsvorrat stößt. Er ist nicht von heute. Es ist alte Energie. Sei mit der Schwingung, lass die göttliche Gnade die Schwingung anheben und du erhältst den ganzen, riesigen Vorrat an Energie zurück. Wenn du bei dem Gefühl verweilen kannst und es sich bewegen lässt, bist du frei und bist zurück im Augenblick. Du bist in deiner ganzen Kraft zurück und deine Schwingungshöhe hebt sich auf die Ebene an, auf der deine Universale Quelle lebt. Dort will unsere Schwingung von Natur aus hin, wenn wir aufhören Widerstand zu leisten. Es sind lediglich unsere Anspannungen, die uns niedrig halten und Unwohlsein verursachen. Wenn wir dem Gefühl erlauben zu fließen, kehren wir jedes Mal wieder zu unserem natürlichen Wohlgefühl zurück.

Sei geduldig mit dir selbst, wenn du bereits viele Jahre Übung im Erzählen deiner Geschichte hast. Du wirst an Selbstsicherheit gewinnen und dir beweisen, dass das Eintauchen funktioniert. Mit der Zeit wirst du dich so umtrainieren, dass du die Geschichte außen vor lässt und einfach bei dem Gefühl bleibst. Und mit jedem Erfolg wirst du schneller werden. Du wirst dich selbst in einer Geschichte ertappen und dich fragen: "Hmm, ist diese Geschichte produktiv? Wie fühle ich mich durch sie? Wohin führt sie mich auf dem Instrumentenbrett? Ich werde das voll und ganz spüren und es wird sich weiterbewegen."

Klopf dir jedes Mal selbst auf die Schulter, wenn du eine Entscheidung aus deinem freien Willen heraus triffst, eine Geschichte erwischst und auch nur ein bisschen Erleichterung wahrnimmst. Du weißt jetzt, dass du mehr von dem erschaffst, worauf du dich längere Zeit kontinuierlich fokussierst. Also fokussiere dich mehr auf die guten Dinge und bewege die niedrigeren Gefühle rasch. Je mehr du dich in dieser Kunst übst, desto schneller werden sich deine flüchtigen, niedrig schwingenden Emotionen in höhere Schwingungen umwandeln und desto mehr Selbstvertrauen gewinnst du.

Wenn du zum Beispiel Schwierigkeiten hast abzunehmen, so kämpfe nicht gegen das Gewicht an oder erzähle deine Geschichte, wie schwierig es ist oder wie du nicht essen kannst, was du möchtest. (Wenn man sich umsieht, ist es offensichtlich, dass das, was die Menschen essen, nicht der einzige Grund für Fett sein kann.) Tauche in das *Gefühl "Angst vor dem Fett"* ein und verweile darin, bis es an Höhe gewinnt. Langsamer Stoffwechsel ist nur unterdrückte, stagnierende physische Energie, die niedrig schwingt. Sei bei dem Gefühl, es wird sich bewegen und danach eröffnen sich immer neue Lösungen.

Das Gleiche gilt für Geldschwierigkeiten. Vergiss das Geld an sich (es ist nur ein Nebenprodukt deiner Geldschwingung). Tauche in die *Angst oder Sorge um Geld* ein. Verweile sanft bei dem Gefühl, ohne zu versuchen es zu verändern; sei bereit, dich dem Gefühl zu stellen, ohne davonzulaufen. Diese Energie wird anfangen, sich zu bewegen, sie wird ihre Frequenz erhöhen und auf der Skala aufsteigen. Ziele anstatt auf Dollar oder Euro lieber darauf ab, dich in Bezug auf "Geld und dich" besser zu fühlen. Das ist einfacher und schneller.

Authentisches Gefühl ist ein unfehlbarer Indikator für Schwingung. Schmerz und Frieden, Seligkeit und Wut bestehen alle aus der gleichen göttlichen Energie, nur mit unterschiedlichen Schwingungsfrequenzen. Frieden und Seligkeit sind eine Energie, die vollständig fließt, daher ist ihre Schwingung hoch und stark. Schmerz und Wut sind dieselbe Energie, die aber teilweise abgeklemmt ist, daher ist ihre Schwingung niedriger. Widerstand erniedrigt die Schwingung und macht sie noch langsamer. Emotionen, die sich nicht gut anfühlen, Widerstand zu leisten macht sie nur noch langsamer, niedriger und dichter. Das, gegen das du Widerstand leistest – bleibt bestehen. *Leiste deinem Widerstand keinen Widerstand! Werde weicher!*

Unerwünschte Gefühle sind lediglich Hinweise, dass du in Bezug auf dieses Thema nicht genauso wie dein ganzes Großes Selbst schwingst. Wenn du dich gut fühlst, fließt göttliche Energie frei durch dich durch. Du bist ein offenes Rohr. Aber wenn das Rohr verstopft ist, fühlst du dich nicht so gut.

Es soll sich schlecht anfühlen, wenn deine Rohre verstopft sind! Es soll sich schlecht anfühlen, wenn du nicht im Einklang mit deinem Großen Selbst bist. Sei froh, dass es sich schlecht anfühlt, dein kleines Selbst zu sein. Es erinnert dich daran loszulassen, die Spitze anzuheben und zu deinem Großen Selbst zurückzukehren.

Sobald das Rohr offen ist, wird sich jede Emotion automatisch in ihrer Schwingung anheben. Verletztsein, Wut und Angst entspannen sich, nachdem sie erlebt wurden, zu Frieden und Seligkeit. Es ist alles nur Energie – sie fühlt sich nur schlecht an, wenn wir Widerstand geleistet haben, das Rohr verstopft haben und sie in Schmerz oder durch noch mehr Widerstand bis hin zum Leiden gewandelt haben.

Um dir zu beweisen, dass es beim Eintauchen nicht darum geht, etwas zu korrigieren oder an dir zu arbeiten, sondern einfach nur darum, deine Schwingung zu erhöhen, probiere Folgendes: Wenn du auf dem Instrumentenbrett bereits hoch oben bist, tauche in das gute Gefühl ein und auch dieses gewinnt an Höhe. Du kommst sogar noch höher. Mach es zum Spaß. Deine Kreativität wird aufblühen und deine Leidenschaft wird neue Höhen erreichen. Du wirst neue Ebenen der Liebe entdecken. Dinge, von denen du dachtest, sie würden dir nie gelingen, sind auf einmal ganz einfach.

Während es für die meisten eine einfache, süße Rückkehr zur Seligkeit ist, werden manche von euch eine Intensivierung der unerwünschten Gefühle erleben, während die niedrigeren Schwingungen hochkommen und gefühlt werden. Vor allem dann, wenn du glaubst, dass man für etwas Gutes immer einen schmerzhaften Preis zahlen müsste! Manche müssen sehen, wie etwas Dramatisches geschieht, um zu wissen, dass es "funktioniert". Diejenigen, die es sich erlauben, dass es leichter geht, stellen später überrascht fest, dass sich Dinge ohne erkennbaren Grund veränderten.

Divine Openings ist deshalb so hilfreich, weil es dich wieder auf eine solch hohe Resonanz mit deinem Großen Selbst einstimmt und hält, dass sich alles andere letztendlich nach oben weiterbewegen muss. Jeglicher Schmerz, den du spürst, während stagnierende Energie sich aufwärts bewegt, ist nur ein Gespenst aus der Vergangenheit. Du magst zwar die Emotionen so spüren, als kämen sie jetzt, aber erinnere dich – es passiert nicht jetzt! Du bist auf dem Weg in die Seligkeit und in den Frieden und du musst nie mehr zurückkehren, außer du triffst aus deinem freien Willen heraus schlampige Entscheidungen.

Wenn du loslässt, fühlst und aus dem Weg gehst, erledigt die göttliche Gnade 90 Prozent der Arbeit. Erledige du jedoch deine 10 Prozent: triff weise Entscheidungen und trainiere deinen Kopf dazu, sich zu entspannen und die Reise zu genießen.

Die beste Nachricht? Die Zeiten des jahrelangen, aufreibenden Durcharbeitens von Emotionen und Themen sind vorbei. Jetzt bist du dabei, auf immer von Leiden und Verstrickungen durch *jegliche* Gefühle frei zu werden, wenn du lediglich bei ein paar tiefen, alten Gefühlen vollständig verweilen kannst, bis sie sich zur Glückseligkeit anheben. Du erinnerst dich daran, wie du ihre Bewegung zulassen kannst. Du wirst immer noch die ganze Bandbreite der Emotionen erleben, aber sie werden dich nie mehr beherrschen: Sie bewegen sich rasch und sauber, ohne Rückstände, durch dich hindurch. Du bist befreit.

Wenn du keine Emotion mehr fürchtest, bist du frei.

Soll ich eintauchen oder die Spitze des Fliegers anheben?

Eines Tages fragte ein Klient: "Woher weiß man, wann man am besten in das Gefühl eintaucht und es voll und ganz erlebt, so dass es aufsteigt, und wann man lieber nur seine Spitze anhebt und die Gedanken verändert?" Eine dieser Methoden wirkt immer. Beide enden mit einem besseren Gefühl. Bei beiden schätzt du alle Gefühle als Botschafter. Beide lehren dich, Emotion und Energie frei fließen zu lassen.

Ich kann Folgendes empfehlen: Wenn du bereits öfters versucht hast, deine Schwingung in Bezug auf ein bestimmtes Thema zu erhöhen und sie aber nicht oben bleibt, dann tauche ein. Wahrscheinlich handelt es sich um einen großen Vorrat an altem, unterdrücktem Gefühl, einen blinden Fleck oder Taubheit. Es wird auch zurückkommen, wenn du wieder anfängst, die alte Geschichte zu erzählen und es wieder neu zu erschaffen.

Wir alle sammeln Geschichten, Denkmuster und Glaubenssätze an, indem wir uns an die Energien unserer Eltern, Lehrer, der Gesellschaft und anderen anpassen. Die meisten von uns haben Schwingungsgewohnheiten entwickelt, von denen wir gar nicht wissen, dass wir sie haben. Es ist eine Schwingung, die auf Automatik geschaltet ist und nicht weiter auffällt. Bemerke deine Geschichten. Nimm dir Divine Openings Sitzungen, wenn du Hilfe brauchst.

Jedes Mal, wenn ich etwas spüre, das sich weniger als gut anfühlt, weiß ich, dass das kleine Selbst sich in etwas eingeklinkt hat, das dem widerspricht, was mein Großes Selbst dabei fühlt. Es gibt nichts zu "tun" außer zu entspannen. Wenn ich einfach dabei sein kann, es loslassen und es sich bewegen lassen kann, so ist es leicht – nur wenn ich Widerstand leiste, ist es schwieriger.

Ich bin, wo ich bin, und Mitgefühl und Akzeptanz verringern den Widerstand dazu und nehmen mir den Druck, weiter an mir arbeiten zu müssen. Während sich die Erleuchtung entfaltet, kann es sein, dass das kleine Selbst hinterlistige, subtile Weisen findet, um uns im Stress zu halten. Ungefähr sechs Monate nach meinem Aufenthalt in Indien begann ich zum ersten Mal wieder eine körperliche Anspannung aufzubauen. All die Zeit dazwischen hatte ich nichts davon gehabt. Ich bat den Innewohnenden um Klarheit.

Bald hatte ich einen Traum, in dem ich auf einer schönen Urlaubsreise war und es nun Zeit wurde heimzureisen. Mein Gepäck hatte ich bei der Anreise am Heimatflughafen gelassen. Es hatte mir überhaupt nicht gefehlt, aber jetzt, da es an der Zeit war heimzukehren, wollte ich es plötzlich wieder haben. Ich rief an, um die ordnungsgemäße Prozedur einzuleiten, durch die ich mein Gepäck wieder bekommen würde und fühlte mich auf einmal gestresst. Das Gefühl, die Stimmung oder Schwingung eines Traumes sagen aus, auf welcher Höhe deine Schwingung zu diesem Thema ist. Das Gefühl sagt mehr darüber aus als die Handlung. Mein kleines Selbst sagte: "Okay, der Urlaub ist vorbei. Ich will mein altbekanntes Leben wiederhaben." Es war ihm egal, dass das altbekannte Leben lange nicht so erfüllend und wunderbar gewesen war. Ich wachte mit dem Wissen auf, dass mein kleines Selbst Stress in mein Leben zurückbrachte, um wieder auf familiäres Gebiet zurückzukehren. Ich hatte sogar wieder angefangen, Kaffee zu trinken, was mich angespannt macht. Ich benötige überhaupt kein Koffein, um voller Energie zu sein, also warum benutzte ich es wieder? Ich hörte auf. Ich streckte mich ein paar Tage lang täglich nieder und bat das Göttliche um Hilfe, mir wieder Entspannung zu erlauben. Die Entspannung kehrte zurück.

Ein Jahr später kann ich nun ohne Probleme eine Tasse Kaffee trinken, wenn ich will. Du musst es nur in diesem Moment spüren. Wenn du nicht nach Regeln suchst, sondern die Führung, die du brauchst, im Moment spürst, so bist du kraftvoller. Die Dinge verändern sich viel zu schnell, als dass Regeln lange gelten könnten. Die Regeln verändern sich auf den verschiedenen Bewusstseinsebenen. Es gibt hier draußen keine Landkarte, doch dein Großes Selbst und dein Instrumentenbrett sind immer da, um dich zu führen.

Ich möchte dich einladen, für einen Moment auf das Große Ganze zu schauen. Dieser Fokus auf Emotion wird vorübergehen und du wirst bald in einer frischen, neuen Realität mit sehr wenig, dramatischen Emotionen leben. Tränen sind meist Tränen der Freude. Sobald all die Energie, die bisher in niedrigeren Schwingungen festgebunden war, befreit ist, wirst du anfangen, sie zum Spielen und Erschaffen zu nutzen – zum vollen Leben – kraftvoller und freier, als du es dir je hättest vorstellen können. Überraschenderweise ist das Meistern deiner Emotionen deine Fahrkarte dorthin. Alle esoterischen Lehren der Welt kommen nicht um das Meistern deiner Emotionen herum.

Negative Manifestationen, die erscheinen nachdem du deine Flughöhe bereits angehoben hast

Zuallererst: Es sind alles lediglich Informationen und "negative" ist daher eine Bezeichnung, die wertvolle Information degradiert. Was auch immer im Jetzt geschieht, ist nur das Produkt der Energie, die du in der Vergangenheit ausgesendet hast. Es ist ein Echo vergangener Energie-Aussendungen. Du erschaffst das nicht mehr und du kannst den Verlauf deiner Zukunft verändern. Sei dankbar für das alles und du wirst schneller frei werden.

In dieser physischen Welt sind Dinge, die im materiellen Heute existieren, nur da, weil sich in der Vergangenheit genügend Energie, Gedanken, Aufmerksamkeit und Gefühle (bewusst oder unbewusst) zu einer kritischen Masse angesammelt hatten, die sie erschufen. Die heutige Realität ist ein Produkt der letzten Wochen, Monate oder Jahre dieser Schwingung.

Selbst wenn du deine Schwingungshöhe heute anhebst, so waren manche Menschen, Ereignisse und Dinge bereits im Lieferwagen auf dem Weg zu dir. Es kann sein (muss aber nicht sein), dass es ein bisschen Zeit braucht, bis die alten Manifestationen nicht mehr geliefert werden und die neuen Dinge, die du dir wünschst, geliefert werden. Du kannst alle alten, anstehenden Manifestationen bis zu genau dem Punkt neutralisieren, an dem sie bereits im Lieferwagen auf dem Weg zu dir sind.

Wir meinen, wir würden am liebsten sofort manifestieren können, aber sei froh, dass es eine Raum-Zeit-Verzögerung gibt, bevor sich unsere Gedanken manifestieren. Sei froh, dass eine bestimmte Schwingung eine Zeitlang konstant ausgesendet werden muss, bevor sie die kritische Masse erreicht, die die physische Erscheinung verursacht. Wenn es keine Verzögerung gäbe, so würde sich die leiseste Angst oder Sorge innerhalb von Sekunden vor dir zeigen – du hättest Sorge, vom Hai gefressen zu werden und presto, ein Hai, ein Kampfhund oder eine gerichtliche Anzeige würden auftauchen und versuchen, dich zu verschlingen! Glücklicherweise schenkt uns die Zeitverzögerung in dieser Dimension reichlich Zeit, es abzufangen und zu sagen: "Moment! Ich richte die Spitze lieber aufwärts und suche mir lieber ein besseres Gefühl, bevor sich so etwas manifestiert!"

BEACHTE: Es ist nicht immer buchstäblich genau das, was du gefühlt oder an das du gedacht hast, das sich manifestiert, aber die Schwingung ist immer dieselbe. Ein Beispiel: Sich gegen Veränderung zu wehren oder nicht die Verantwortung für unsere Realität zu übernehmen, resultiert in Knochenbrüchen; sie brechen unter dem Druck entzwei.

Ein Klient begann, direkt nachdem wir unsere gemeinsame Arbeit begonnen hatten, Unfälle zu erleiden. Zuerst verstauchte er sich beim Spiel mit Kindern seinen Knöchel. Das löste eine noch stärkere Abhängigkeit von den Schmerzmitteln und Antidepressiva aus, von denen er loskommen wollte und wesewegen er zu mir gekommen war. Und in der Woche darauf fiel er aufgrund der Schmerzmittel die Treppen hinunter und "musste" deshalb mehr Schmerzmittel nehmen!

In mir machte es: "Aha". "Hatten Sie schon immer eine Neigung zu Unfällen?" Er bestätigte das und ich konnte ihn beruhigen, dass dies nur eine alte Schwingungsgewohnheit war, dass das kleine Selbst ein Machtspielchen spielte und dass die gute Nachricht die war, dass alles, was durch diese Arbeit hochkommt, sich auf immer verabschiedet. Er strahlte. Wie vermutet, erholte er sich sehr rasch und warf die Abhängigkeiten über Bord, die dabei gewesen waren, seine Ehe zu ruinieren. Jetzt ist er frisch gebackener Vater, hat einen super Job, eine super Ehe, ein super Leben und macht seine eigene Musik.

Sein Großes Selbst wusste, dass dies eine Gelegenheit war, komplett Klarschiff zu machen und brachte ihm genau die Vorfälle, die notwendig waren, damit er seine Schwingungsgewohnheiten erkennen konnte. Er ergriff die Chance und holte sich seine Macht über sich selbst zurück.

Abgesehen vom guten Gefühl und der Befreiung aus der Sklaverei durch Emotionen und Verstand, bringt das Leben in einer höheren Schwingung etwas ganz Erstaunliches, Wunderbares und Natürliches mit sich. Je mehr man in dieser Schwingung lebt, desto besser werden die äußeren Umstände. Wenn du Menschen und Umständen begegnest, von denen du dir sicher bist, dass sie nicht zu dir zu passen scheinen, so gibt es noch eine Schwingung, deren du dir nicht bewusst bist – ich nenne das blinde Flecken.

Der einzige Grund, warum man einen Vorfall nicht als natürliches Ergebnis der eigenen Schwingung erkennt, ist, dass man das Gefühl für die Emotion oder Schwingung verloren hat, die ihn ausgelöst hat. Entweder man hat gelernt, sie zu ignorieren, abzustumpfen, zu rationalisieren oder weg zu erklären – oder sie ist bereits so lange im Körper, vielleicht sogar von Geburt an, dass man sie nicht länger spürt oder bemerkt. Sie ist unsichtbar.

Menschen gewöhnen sich einfach an ein Gefühl und halten es für normal. Sie kennen keine andere Erfahrung, mit der sie es vergleichen könnten. Leider gewöhnen wir uns an den Schmerz in unserem Leben und halten ihn für normal. Ein misshandeltes Kind mag darum betteln, zu seinem misshandelnden Elternteil zurückkehren zu dürfen. Es ist das Vertraute. Es ist "Zuhause".

In anderen Fällen ist der Person nicht klar, wie wichtig es ist, guten Gefühlen zu folgen oder sie erhielt von unserer Gesellschaft, die gute Gefühle nicht wertschätzt, eine Gehirnwäsche und hat daher ein schlechtes Gewissen, wenn sie sich gut fühlt! Wie traurig! Siehst du im Fernsehen und Kino Filme voller schlechter Gefühle, liest du schlechte Nachrichten und sprichst du über schreckliche Dinge, ohne dich darum zu kümmern, wie du dich dabei fühlst und was dies erschafft? Wenn du etwas anderes möchtest, dann verändere deinen Fokus.

Stelle dir einen Piloten vor, der verständnislos auf sein Instrumentenbrett blickt, den Höhenmesser, die Tankanzeige und die Temperaturanzeige ignoriert, während das Flugzeug auf einen Berg zusteuert, kein Benzin mehr hat oder sich die Maschine überhitzt.

Aber so wie die meisten von uns von früh auf ausgerichtet wurden, ignorierten wir unser Instrumentenbrett häufig, oder die Gefühle, die durch die Geschichten dazu so schmerzhaft wurden, dass wir sie wegschalten mussten. Wir rannten vor unseren schmerzhaften Gefühlen davon, sträubten uns gegen sie und versuchten sie so lange zu korrigieren, dass wir vergaßen, wie wir unsere eigene Kontrollanzeige lesen können. Niemand verübelt uns das. Wir wurden einfach von unserer eigenen, inneren Weisheit getrennt.

Von Geburt an ermutigten uns wohlmeinende Menschen, lieber auf sie als auf unsere eigenen Gefühle zu hören. Vor allem die Schule war darauf ausgerichtet, uns Anpassung und Gehorsam beizubringen. Sie lehrte uns, auf äußere Führung anstatt auf die innere Stimme zu hören, unsere Energie herunter zu schrauben, gegen unsere natürlichen Bedürfnisse anzugehen und die Befriedigung unserer Leidenschaften zu verschieben. So vieles von dem, was uns gelehrt wurde, diente der Bequemlichkeit und dem Vergnügen anderer, nicht unserer Eigenständigkeit und Weiterentwicklung.

Und so kommt es, dass wir nicht mehr wissen, wo auf unserem Instrumentenbrett oben und unten ist. Bei manchen Menschen wurde das Instrumentenbrett auf den Kopf gestellt und sie dachten, sich gut zu fühlen sei schlecht und sich schlecht zu fühlen sei gut. Von jetzt ab wirst du wissen, wo oben ist und du wirst erfahren, dass es einfach ist: *Gut fühlt sich gut an und schlecht fühlt sich schlecht an.* Jedes Mal, wenn ein Klient diesen Rückenwind seines Großen Selbst erwischt und anfängt, in die Einheit damit hinaufzusegeln, spüre ich diesen rauschenden Energiestrom. "Kannst du das spüren?", frage ich dann. Die meisten spüren es. Sie erinnern sich wieder daran, wie man die subtilen Energien spürt, denen gegenüber sie so lange abgestumpft gewesen waren. Diese Rückkehr ins Spüren ist das Tor zur Glückseligkeit.

Divine Openings bewegt Gefühle und verbindet dich wieder mit Energien, deren du dir nicht mehr bewusst warst. Die Gnade tut für uns, was wir nicht selbst für uns tun können. Bleib einfach dran und leiste deinen Teil – lass los und geh aus dem Weg. Wähle in jedem Moment die dir höchstmögliche Schwingung. Sag Ja zu jedem Gefühl, werde weich und die Energie bewegt sich auf natürliche Weise.

Dein Punktestand

Mein Freund ärgerte sich darüber, dass er sich immer noch über seinen Geschäftspartner aufregte. Er sagte, er hätte trotz aller Bemühungen keinerlei Fortschritt darin gemacht, seine Schwingungshöhe zu halten. "Hmm", meinte ich, "so sehe ich das von hier aus nicht. Ich sehe, dass du dich viel weniger aufregst als früher. Ich sehe, dass du deine Schwingungshöhe schon viel höher hältst, wenn du dich damit beschäftigst." Seine Augenbrauen schossen in die Höhe, als ihm klar wurde, dass das stimmte. Gönne dir etwas Erfolg. Sowie du dich entwickelst, sowie du dich daran gewöhnst, dich gut zu fühlen, wirst du dir der kleinsten Abrutscher deiner Schwingungshöhe immer deutlicher bewusst werden. Das ist super, aber es kann dazu führen, dass du meinst, du würdest Rückschritte machen, auch wenn das gar nicht stimmt.

Nehmen wir an, Zehn ist die höchstmögliche Schwingungshöhe und deine alte Schwingungshöhe lag im Durchschnitt bei einer Fünf. Sobald du die meiste Zeit höher fliegst und dich an einen Durchschnitt von Sieben gewöhnst, dann fühlt sich etwas in diesem alten Fünfer-Bereich so furchtbar an, wie sich eine Drei anfühlte, als die Fünf noch dein Hoch war. Die Fünf ist nun dein "neues Tief", wo sie früher einmal dein Hoch gewesen war. Alles ist relativ. Schau jedoch einmal auf deinen Erfolg: Du bist nun auf der Fünf, selbst wenn du dich aufregst! Du hast früher jeden Tag auf der Fünf gelebt, aber du warst daran gewöhnt. Jetzt bist du Höheres gewöhnt. Siehst du, wie das dazu verleiten kann, dass du deine Erfolge nicht anerkennst?

Der Verstand ist eine auf Mängel und Fehler programmierte Granate.
Du musst nicht immer darauf hören.

Eine Klientin erstaunte mich, als sie jeden Bereich ihres Lebens mindestens bei Acht oder Neun auf einer Skala von Eins bis Zehn einordnete. Sie hatte einen Bereich, den sie bei Acht einstufte und das machte ihr wirklich zu schaffen. Die meisten Klienten sind mit Achtern recht glücklich! Sie kommen normalerweise nicht zu mir, bevor ihr Durchschnitt viel niedriger ist. Aber für sie fühlte sich eine Acht an, wie wenn man in diesem Bereich feststeckt, denn sie war an Neun gewöhnt! Acht fühlt sich *mies* an, wenn du an Neun gewöhnt bist. Lass dir von deinem Verstand nicht erzählen, dass du das nicht so empfinden solltest. Es ist wertvolle Information. Es sagt dir, wie du dich sogar noch mehr auf dein Großes Selbst ausrichten kannst.

Sei sanft mit dir. Wo du stehst, ist, wo du stehst. Es wird immer Kontraste geben, Dinge, die du lieber magst als andere. Bemerke und erkenne an, dass du höher bist als je zuvor, dass deine Tiefs nun höher sind als deine früheren Hochs. Je mehr du bemerkst und wertschätzt, wie weit du bereits gekommen bist, desto besser kann das Universum auf diese Wertschätzung antworten und dir noch mehr Dinge bringen, die du wertschätzen kannst. In der finanziellen Welt bedeutet "Wertschätzung", dass sich dein Geld vermehrt hat. In der Schwingungswelt bedeutet es dasselbe. Wertschätzung vermehrt dein Aktivvermögen.

Mach das Meiste aus dem Besten und das Wenigste aus dem Schlechtesten.

Von allen Menschen auf der ganzen Welt, mit denen du deine Beziehung zurechtrücken kannst, bist du der Allerwichtigste, also schätze dich selbst auf großzügige Art und Weise. Wertschätzung ist in ihrer Schwingung ein Äquivalent der Liebe. Wir wissen nicht immer, wie wir uns selbst greifbar lieben können, aber wir können immer greifbare Dinge finden, die wir an uns schätzen. Jedes Mal, wenn ich etwas besser denn je gemacht habe oder irgendeine winzig kleine Sache gut läuft, drücke ich auf meinen "Easy"-Knopf. Es ist ein roter Knopf von Staples Office Supply, der, wenn du darauf drückst, mit einer fröhlichen Männerstimme sagt: "That was easy." (*Das war einfach*). Indem ich alles, was ich kann, feiere und wertschätze, erschaffe ich durch die Wahl meiner Aufmerksamkeit mehr davon. Ich mache die guten Dinge größer und wichtiger und die nicht so guten Dinge kleiner und weniger wichtig.

Wertschätzung ist eine magische Handlung. Mache es dir zur Gewohnheit, dir deinen ganzen Erfolg zuzugestehen, mit etwas mehr dazu als Zugabe. Drücke deine Wertschätzung dir gegenüber, jeder und jedem und der Essenz des Lebens – von der du ein Aspekt bist – aus. Wertschätzung ist ein Teil der 10 Prozent, die du tun kannst.

Divine Opening

Lass die Fotografie zwei Minuten lang auf dich wirken, schließe danach deine Augen und erlebe.

Illustration Nr. 8 – *__Lichte Wolken,__* bearbeitete Fotografie von Lola Jones

Blick auf mein kleineres Selbst

Ich empfehle dir *niemals, zu keiner Zeit*, nach Negativität in dir oder irgendjemand anderem zu suchen. Es wird dir jedoch klar werden, auf welcher Höhe eure Persönlichkeiten schwingen. Stemple es nicht als schlecht oder falsch ab, wenn niedrige Schwingungen auftauchen, hab keine Angst davor und verurteile es nicht. Richte das Licht deines Großen Selbstes darauf. Die Schwingung wird sich mit Hilfe deines liebevollen, sanften Fokus anheben. Es gibt nichts dazu zu tun. Durch Divine Openings wird es immer *unerträglicher*, sich in niedrigen Schwingungen zu bewegen. Sie werden sich schrecklich anfühlen und das sollen sie auch! Der Wunsch, dich besser zu fühlen, hilft dir zur rechten Zeit loszulassen.

Die Dunkelheit ist nicht dein wahres Selbst. Sie ist nur das, was du erlebst, wenn dein kleineres, eingeschränktes Selbst die Sonne verdeckt. Sieh sie, spüre sie und sei bei ihr und die darauf liegende Spannung hebt ihre Schwingung an. Danach bist du zwar immer noch menschlich und unvollkommen, aber deine Persönlichkeiten beherrschen dich nicht mehr.

Unsere positiven, spirituellen Rollen und Anmaßungen sind genauso heimtückisch wie jede negative Rolle. Ich hatte das Göttliche gerade um Lösung von jeglichen falschen Selbsten gebeten, die ich aufgebaut hatte, als Bewusstsein in mir aufstieg; es gefiel mir nicht, was ich dabei sah, aber ich war bereit, dabei zu verweilen. Als ich dann ganz natürlich von dem, was ich nicht wollte, auf das umschwenkte, was ich wollte, wurde ich von der starken Sehnsucht überrollt, authentischer zu sein. Wie hatte ich nur nicht sehen können, wie falsch es war, mich fröhlicher zu geben, als ich wirklich war? Wie konnte ich den Grad meiner Entfremdung von anderen Menschen übersehen? Eine transaktionelle Mentalität wurde sichtbar. Meine Entscheidungen beinhalteten eine verlustvermeidende Strategie, die in meinem reichen, gesegneten Leben gar keinen Sinn machte. Ich war freundlich zu mir selbst und verurteilte selten. Während schichtenweise Masken von mir abfielen, spürte ich eine unglaubliche Erleichterung und Erneuerung. Im Licht des Bewusstseins erhöhte sich die Schwingung ohne jegliche Mühe.

Sobald das Erwachen beginnt, freuen wir uns, diese Dinge zu sehen! Meine Aufgabe war es zu entspannen und zu empfangen – und das Göttliche die schweren Dinge bewegen zu lassen. In letzter Zeit ist alles, was ich zu tun brauche, meinen Fokus sanft auf etwas zu richten, das ich möchte, und es entwickelt sich recht schnell. Es gibt kein Arbeiten mehr an mir. Ich bin auf "automatische Evolution" eingestellt und das bist du auch, sobald du aufhörst zu suchen und dir erlaubst, dass es so einfach sein darf. Der Wunsch wird oft über Nacht erfüllt. Dankbarkeit für einen weiteren Grad an Freiheit und Authentizität wallt in mir auf. Ich bin immer noch nicht perfekt und es geht auch nicht um Vollkommenheit, es geht um die sich immer weiter entfaltende, weiterentwickelnde Reise.

Du brauchst deine menschliche Unvollkommenheit nicht zu verurteilen oder zu korrigieren. Es genügt, sanft bei ihr zu sein.

Gefühle nach dem Erwachen

Die beste Nachricht ist die, dass du, je weiter du dich ausdehnst, immer weniger Schwierigkeiten hast, deine Schwingungshöhe oben zu halten. Der einzige Grund, warum wir je Schwierigkeiten mit schweren Gefühlen hatten, ist der, dass wir sie nicht vollständig spüren konnten oder wollten. Wir lernten, dass sie schlecht seien. Wir hatten sie klein gemacht, heruntergeschraubt oder ihren Fluss ganz gestoppt. Wir taten alles Mögliche, nur um das Spüren von schmerzhaften Gefühlen zu vermeiden. Ich weiß, manchmal tat es so sehr weh! Wir steckten in ihnen fest und sie schienen ewig anzuhalten. Nun, das ist vorbei.

Sobald du routinemäßig in jedes Gefühl, das du spürst, "eintauchst", erlebst du es *vollständig* und es gewinnt rasch an Höhe. Je öfter du dies übst, desto mehr wird es zu deiner neuen Gewohnheit. Gefühle fließen so durch dich hindurch, wie es ihrem Naturell entspricht, rasch, leicht, ohne dass du darüber nachdenken musst, ohne Analyse oder

Verarbeiten (Es würde dir guttun, das Wort Verarbeiten nicht mehr zu verwenden). Das Cowgirl in mir sagt: "Beende das höllische Verarbeiten und spüre einfach nur. So leicht."

Du lebst und spürst in vollen Zügen. Du erlaubst allem, sich durch dein Leben zu bewegen, ohne Widerstand gegenüber irgendeiner Person, einem Ereignis oder einem Gefühl. Du hast immer noch das volle Spektrum an Emotionen. Es gibt immer noch Kontraste. Du magst manche Dinge immer noch lieber als andere. Du wirst nur nicht mehr davon überrollt und leidest nicht mehr darunter. Dies ist Gleichgültigkeit. Du nutzt deine Emotionen als die wertvollen Instrumentenbrettanzeigen, die sie sind.

Du wirst hin und wieder immer noch wütend, traurig, enttäuscht oder frustriert sein und sowie du jede Emotion vollständig erlebst, entspannt sie sich wieder in eine höhere Frequenz. Je mehr Zeit ich in höher und höheren Schwingungen verbringe, desto mehr hält mich das Gesetz der Anziehungskraft dort oben und desto mehr bleibe ich dort oben "kleben". Ich schnalze jedes Mal schneller und leichter in die hohen Schwingungen zurück – als ob mich ein Gummiband mit der Spitze der Skala verbinden würde. Je länger ich mich auf dieser Schwingung befinde, desto dicker und stärker wird dieses Gummiband. Selbst tiefe, negative Emotionen machen äußerst rasch Platz für Seligkeit, wenn wir sie umarmen.

Fünf Minuten Meditation führen mich nun tiefer als eine Stunde es früher tat. Ein kurzer Moment des Eintauchens und Wechsels in den Blickwinkel meines Großen Selbst kann stille Seligkeit oder schallendes Gelächter auslösen.

Erleuchtung ist etwas anderes als Heiligkeit, bei der du niemals wütend wirst und du immer deinen Heiligenschein trägst. Der Dalai Lama ist bekannt dafür, dass er Dummköpfe und Zeitverschwender nicht leiden kann; er verlässt dann den Raum und beendet abrupt das Interview. Ich kenne einen erleuchteten Mann, der Zigarren raucht und Whiskey trinkt. Du kannst sogar ein erleuchteter Griesgram sein, der kein Blatt vor den Mund nimmt, unanständige Witze erzählt und die Leute verärgert. Deine Einzigartigkeit bleibt erhalten, auch wenn Einheit ebenfalls ein Teil deines Bewusstseins ist. Erleuchtung bedeutet nicht Vollkommenheit. Gleichwertigkeit und Einheit bedeuten nicht Gleichheit und Einheitlichkeit. Bitte lass deine alten Stereotypen fallen. Dies ist eine neue Welt.

*Wir kommen hierher, um die ganze Bandbreite an Schwingungen zu erleben,
die uns diese Dimension bietet.*

Die Evolution dessen, wer du bist

Sechs Monate nachdem ich mir ein persönliches Konzept von Gott geschaffen hatte, entwickelte ich mich in einen Zustand, in dem ich Gott nicht mehr als getrennt von mir selbst wahrnahm. Es weitete sich von einem reinen Konzept zu einer echten Erfahrung aus. Ich weiß, dass ich nicht *alles* bin, was Gott ist, aber ich bin ein Teil von Gott und eins mit Gott. Und so fühlt sich mein täglicher Dialog mit Gott nun eher wie ein Dialog mit mir selbst an – mit meinem Größeren Selbst. Das ist nun normal. Was sich mittlerweile seltsam anhört, sind die Stimme und die Gefühle meines kleinen Selbst.

Dies kann anfangs beunruhigend und verwirrend sein, wenn du dich dein Leben lang nach "äußeren" Autoritäten gerichtet hast: Eltern, Experten, Anführern, Ärzten und einem Gott, der "dort draußen" ist, über dir und getrennt von dir. Wenn du daran gewöhnt bist, dass dir gesagt wird, was richtig und falsch ist, was gut und was schlecht ist und was die "beste" Vorgehensweise ist, dann ist es, als ob man die Stützräder abnimmt und du nun alleine fährst. Aber diese Angst ist nur das Überbleibsel des kleinen-Selbst-Blickwinkels. Wir sind niemals alleine oder getrennt!

Deine eigene, von innen heraus geführte Autorität zu werden, ist eine spirituell gereifte Haltung. Sie schließt jedoch nicht aus, dass du Fehler machst. Ich glaube, dass dieses Leben (und der Schöpfer selbst) experimenteller, unvollständiger und abenteuerlicher ist, als wir alle glauben möchten. Und das macht manche Menschen nervös. Aber warum sollten wir nervös sein? Wir sind ewige, unsterbliche Wesen, in Liebe gebadet, was ist also das Schlimmste, das passieren kann? Wir bekommen eine weitere Chance!

Um den großen Themen Druck zu nehmen, lasse ich gerne so oft wie möglich Leichtfertigkeit einfließen.

Die gute Nachricht in Bezug auf Selbsterkenntnis ist,
dass du für deine gesamte Realität verantwortlich bist.

Die schlechte Nachricht in Bezug auf Selbsterkenntnis ist,
dass du für deine gesamte Realität verantwortlich bist.

Das war ein Witz. Es gibt keine schlechte Nachricht. Wenn wir uns an unser Großes Selbst hingeben, gibt es keine erdrückende Verantwortung dafür, unsere Realität bis ins Kleinste zu regeln oder Strategien dafür zu entwickeln. Wir werden von einem Strom des Lebens getragen, der uns mit Leichtigkeit viel Arbeit und Mühsal abnimmt. Sobald wir den ersten Schritt tun, unsere Augen öffnen und Anspruch auf unsere Eigenmächtigkeit erheben und anschließend die Details loslassen, ist der Rest einfach. Göttliche Intelligenz dirigiert unser Leben. Wir erschaffen durch unseren freien Willen immer noch mit und wir gehen immer noch in Aktion, aber je mehr Anspannung und Widerstand wir loslassen, desto einfacher läuft es. Wir heben immer noch den Hammer und schlagen ihn auf den Nagel, aber wir zielen genau und es macht mehr Spaß.

Es stimmt, dass, wenn das kleine Selbst das Konzept aufgreift, *es* sei Gott, Schwierigkeiten vorprogrammiert sind. Aber das ist eines der Risiken in diesem Spiel und du kannst es bewältigen. Und wenn du abstürzt und verbrennst, mach dir keine Sorgen – steh auf und versuch es noch einmal. Wir nehmen dieses Spiel, das man Leben nennt, alle viel zu ernst.

Wie würdest du leben, wenn du wüsstest, du kannst nicht verlieren?

Eine neue Art zu "Arbeiten"

In der allzu kurzen Geschichte des Garten Eden gab es eine Zeit, in der der Mensch mit Leichtigkeit lebte. Nahrung wuchs auf Bäumen, das Leben war leicht und es gab keine Arbeit zu tun. Ob du nun glaubst, dass diese bestimmte Geschichte stattfand oder eine Metapher ist, die meisten Menschen stimmen in einem Punkt überein: dass die Menschheit irgendwann vom Weg abkam. Und seitdem waren durch unzählige Generationen hindurch viele tägliche Leben lange Kapitel der Mühsal, des Kampfes und des Konflikts.

Nimm dir einen Moment Zeit, um dich an die "Handlungen" aller Filme zu erinnern, die dir einfallen, und du wirst feststellen, dass sie sich fast alle um ein Problem oder einen langen Kampf drehen, das oder den unser Held/unsere Heldin nach langen Schwierigkeiten überwindet. Sehr kurze Szene mit dem glücklichen Helden. Ende des Films. Zwei Stunden detailliertester Schmerz und Mühsal, Kampf oder Konflikt mit einer kurzen Andeutung des "Glücklich Bis Ans Ende Ihrer Tage" am Schluss. Nachdem wir das "Glücklich Bis Ans Ende Ihrer Tage" allerdings nie ausgespielt sehen, haben wir nicht viele Beweise dafür, dass es überhaupt existiert. Egal, die Verschnaufpause ist ohnehin kurz und es folgt eine weitere lange Folge mit noch mehr Mühsal und Kampf. Held siegt, schwarze Bildfläche. Und das nennen wir Unterhaltung! Denk darüber nach! Das ist unsere programmierte, unbewusste Erwartung und niemand stellt in Frage, dass wir dies Unterhaltung nennen!

Wir sind uns nicht bewusst, in welchem Ausmaß wir daran glauben, dass das Leben so ist – ein langer Kampf mit sehr kurzen Ausbrüchen des Glücks. Manche Filme bieten uns nicht einmal ein glückliches Ende (diese werden als "realistischere" und "wichtigere" Filme eingeordnet). Die Academy Awards ziehen diese vor und schauen auf die glücklichen, lustigen, "frivolen" Filme herab. Wir bemerken diese Annahmen nicht – wir leben sie nur. Wir haben nicht einmal annähernd so viele Vorbilder für "die meiste Zeit glücklich" wie für "Kämpfer und Überwinder von schweren Schicksalen". In der faszinierenden, aus dem echten Leben gegriffenen Geschichte des Rennpferdes Seabiscuit, dem Buch und dem Film darüber geht es ganz um Überwindung von niederschmetternden Hindernissen, mit ein wenig Triumph und Glück hier und da eingestreut. Und das ist das, was wir bisher "echtes Leben" nannten.

Es ist alles genau hier in unseren Filmen farbig vor uns. Anstatt uns weiter damit zu beschäftigen, wie es geschah, dass das Leben seine Leichtigkeit verlor, lass uns lieber direkt zum Happy End übergehen, das dieses Mal nicht kurz sein wird. Die uralte Geschichte kann sich für dich verändern, wenn du dich entscheidest, die Massenhalluzinationen abzuschütteln und deine eigene Geschichte zu erschaffen.

Die Zukunft, die du erleben wirst, hängt von den Entscheidungen ab, die du heute triffst. Die Realität ist multidimensional und jeder Einzelne auf dieser Erde *erlebt eine unterschiedliche Version der Realität*. Du lebst wirklich in einer anderen Realität als deine Eltern, deine Kollegen oder Freunde. Wir alle haben unendliches Potential, aber manche von uns erlauben sich mehr Möglichkeiten, während sich andere an die Illusionen und vorgeschriebenen Grenzen der Konsensrealität klammern, um dazu zu passen und sich wohlzufühlen.

Wenn du mehr und mehr damit spielst, wirst du bemerken, dass sich die Menschen in den neuen Realitäten, die du erschaffst, verschieden verhalten. Du und andere, ihr seht in der neuen Realität anders aus. Dinge funktionieren anders in der neuen Realität. Wenn Leute vom Weltuntergang – oder diesem oder jenem drohenden, globalen Unglück – reden, sage ich: "Das ist nicht *meine* Realität." Ich kann nicht die Realität aller anderen verändern, aber ich kann ihnen auf jeden Fall zeigen, wie es geht.

Für diejenigen, die sich dafür entscheiden, sich ihre innere Kraft zurückzuholen, wird es eine unbegrenzte Auswahl an Realitäten geben. In der kommenden Zeit wird Arbeit daraus bestehen, dass jeder von uns das tut, zu dem wir geboren wurden und Spaß daran hat. Ob du ein Lastwagenfahrer, ein Friseur, ein Baggerführer oder ein Arzt bist, Arbeit wird ein Überfließen deines Genies und deiner Leidenschaft sein; eine Übung des Selbstausdrucks, ein Weg, die Lebenskraft so fließen zu lassen, wie es dir Freude macht. Du wirst dich in dieser materiellen Realität spielen, nicht um zu überleben, sondern um zu erschaffen, zu experimentieren, zu genießen, dich auszudehnen und dein gewähltes Unternehmen zu meistern. Du wirst dein Leben nicht damit verbringen, deinen Lebensunterhalt zu verdienen, das ist Überleben, sondern dein Leben zu leben, das ist Kreativität.

Diese Rückkehr in den Garten Eden ist kein Endziel. Es ist lediglich eine weitere Phase der Evolution. Wir sind in eine neue, schnelllebige Dimension der Evolution eingetreten, wie sie in der gesamten Menschheitsgeschichte noch nie beschrieben war.

Der Holzpflug ist im Vergleich zu den riesigen Mähdreschern von heute primitiv. Die fantastische Realität von heute wäre für einen mittelalterlichen König unvorstellbar gewesen. Auf die gleiche Weise ist es uns unmöglich, uns von hier aus vorzustellen, was noch kommt. Aber es macht Spaß, es zu versuchen – es dehnt und streckt deinen Sinn für Möglichkeiten und Vorstellungskraft! Eines Tages werden wir sogar noch mehr mit der Essenz des Lebens gemeinsam erschaffen, nicht nur auf dieser Erde, sondern um ganz neue Welten in neuen Dimensionen zu erschaffen. Wie würde es dir gefallen, ein "Welten-Designer" zu werden? Du findest im Onlinekurs Level 2 mehr darüber und bei Jumping The Matrix wirst du dich mit abwechselnden Realitäten außerhalb von Zeit und Raum spielen. Anstatt nur mehr Bücher zu schreiben, stecke ich neue Entwicklungen gerne in multimedialer Form in die Online Retreat Kurse – in Hördateien, Videos, bunte Graphiken, Kunstwerke und Text. Und da ich nicht aufhören kann, Dinge hinzuzufügen und zu aktualisieren, ist das Webformat, so "lebendig" und flexibel wie es ist, perfekt für meine Art zu schaffen.

Tu, was du liebst, und liebe, was du tust.
Es fühlt sich gut an, wenn es durch dich durchfließt.

Das Leben beweist unsere Überzeugungen

Als sich ein Freund über einige Manifestationen beklagte, die ihm nicht gefielen, erkannte er, auf welche Weise seine Vorsicht und seine Verteidigungshaltung mehr Manifestationen heranzogen, die seinen Glauben an Kampf, Konflikt und Bedarf an Vorsicht bestätigten. Jeder Konflikt bestätigte seine Verteidigungshaltung und verstärkte seinen augenscheinlichen Bedarf, vorsichtig zu sein. Das Leben bringt uns immer Beweise für das, was wir für wahr halten. Die Leute sagen dann: "Siehst du, ich kann nicht einfach *so tun*, als wäre es nicht wahr. Siehst du, es ist schon *wieder* passiert! *Das beweist, dass es real ist!*"

Aber eine Wahrheit ist nur wahr, weil du an sie geglaubt hast und eine Menge Beweise dafür gesammelt hast oder weil eine ganze Gesellschaft daran glaubte und du sie ihr abgekauft hast. Dann machte das Gesetz der Anziehungskraft sie erst recht wahr.

Es war verständlich, dass sein Hintergrund als Kampfkünstler in ihm das Bedürfnis verankert hatte, sich konstant vor Angriffen zu schützen, und wir sprachen darüber, wie viel Disharmonie diese Schwingung in Beziehungen zu anderen Menschen erzeugt hatte – zu Geliebten, Geschäftspartnern, Freunden. Er konnte dies sehen, wusste aber überhaupt nicht, was er tun sollte. Während es mir normal schon leicht fällt in der gelassenen, ruhigen Großen-Selbst-Perspektive zu bleiben, wenn ich Klienten berate, so war ich nach dem Gespräch mit ihm besonders intensiv angeschlossen.

Bald war klar, warum, und ich erhielt auch noch ein Bewusstseins-Geschenk dazu. Etwas später am selben Tag begannen Wellen von Tränen aus mir herauszufließen, als ich plötzlich erkannte, dass ich ebenfalls in einer Verteidigungsstellung gewesen war, es sich bei mir jedoch nur anders manifestiert hatte; es war versteckter und ich hatte die Konflikte und Verteidigungshaltung nicht gezeigt. Ich hatte es nicht so offen ausgespielt, es hatte weniger Schaden in meinem Leben bewirkt, aber es war nichtsdestotrotz da. Indem ich ihm half, mehr Klarheit zu bekommen, sah ich mich selbst klarer. Als ich in dieser weichen, klaren Nacht die Mauern einriss, atmete ich leichter. Ich beobachtete ihn, wie er offener für die Welt wurde und sein Schutzwall nachgab. Sein Geschäft lief auf Hochtouren. Meine Beziehung zu meinem Partner vertiefte sich. Ein Freund, der mich vor Monaten hart kritisiert hatte, rief zurück und erneuerte unsere verloren gegangene Freundschaft. Das Leben öffnet mehr Tore, wenn unsere Herzen weicher werden.

An was auch immer du glaubst (und daher aussendest),
es wird sich dir wiederholt beweisen.

Kartons voller Überzeugungen: was ist "wahr"?

Das Gedächtnis unseres Körpers und Geistes ist voller Kartons mit Beweismaterialien und vergangenen Erfahrungen. Wir beziehen uns auf sie um herauszufinden, was wahr und echt ist. Wir leben nach ihnen und benutzen sie als Referenzpunkt für unsere Realität.

Dabei gibt es ein Problem. Jeder Karton mit Indizien, den du angesammelt hast, zieht beständig weitere Indizien an, um sich zu beweisen! Das Gesetz der Anziehungskraft wird jeden Indizienkarton wahr machen und Beweise dafür anziehen, es ist also eine sehr unzuverlässige Art "Realität" zu definieren.

Wenn du glaubst, dass man den Menschen nicht trauen kann, so zieht dieser Karton an Indizien aktiv mehr Menschen an, die nicht vertrauenswürdig sind. Ich habe diesen Karton nicht und ziehe kaum jemals eine Person an, die nicht vertrauenswürdig ist. Ich bin äußerst vertrauensvoll, aber *scharfsichtig* und fahre damit sehr gut. Ich ließ einmal aus Versehen eine Geldbörse mit 800 Dollar Bargeld in einer Disco in Mexiko liegen und bekam sie am nächsten Tag zurück. Mir fielen 50 Dollar auf den Boden eines Geschäfts und ich bekam sie zurück. Ich bin bei Fremden im Auto mitgefahren. Ich beweise meinen Indizienkarton, dass die Menschen im Grunde gut sind, ständig aufs Neue und alles, was ich dazu tun muss, ist, meine Intuition weise zu nutzen, um Schwierigkeiten zu vermeiden. Aber dieser Karton funktioniert. Kein Problem. Was ist mit den Indizienkartons, die nicht positiv für dich sind?

Ich hatte früher Kartons voller Beweise, dass ich nicht liebenswert sei. Meine Erfahrungen in den Beziehungen aus der Zeit, in der ich aus diesen Kartons lebte, erscheinen mir jetzt fremd, auch wenn sie einmal meine Realität waren. Jetzt fühle ich mich absolut liebenswert und sicher und bin sehr geliebt; es ist einfach kein Thema mehr.

Schau, "alles ist wahr". Diese alten Wahrheiten sind für jemanden, der dort ist, wo ich damals war, immer noch wahr, für mich jedoch nicht mehr. Ich lebe in einer anderen Realität, außerhalb dieses Kartons. Du würdest nicht in einem Buch aus den Fünfzigern über Medizin oder Weltraumtechnik nachlesen und davon ausgehen, dass dir dieses Wissen heute nützt. Die Wahrheiten in deiner heutigen, ausgedehnteren Realität sind "wahrer" als deine alten, einschränkenden Wahrheiten.

Ein weiteres Beispiel hierfür ist ein Mann mit Indizienkartons, die anzeigen, dass sein Vater ein schlechter Mensch war, und dies erweiterte sich zu "Männer in Autoritätspositionen sind schlechte Menschen". Die Indizien mögen Fakt und "wahr" sein, aber dieser Karton zieht nur noch weitere Autoritäten an, die ihre Stellung missbrauchen. Solche Überzeugungen können unser Leben ruinieren, ohne dass wir verstehen, was vor sich geht.

Manche Menschen haben Beweiskartons, dass sie schüchtern sind oder kein Geld verdienen können oder unattraktiv sind. Manche haben die Überzeugung, unterstützt durch Kartons voll Beweismaterial, dass sie keine innere Führung bekommen oder dass sie nicht klug sind, dass die Welt dem Untergang geweiht ist oder dass Arbeit anstrengend ist. Ich hörte, wie ein Mann im Café sagte: "Dieses Zeug, dass man tun soll, was man gerne tut und dass dann Geld hereinkommt – ich hab's ausprobiert und es stimmt nicht." Ich dachte: "Wie traurig. Bei mir hat es immer gestimmt. Aber er hat auch Recht, für sich."

Sobald du den Karton sprengst, kannst du dich vom Fluss des Lebens tragen lassen. Im neuen Paradigma erhalten wir die Führung oder Information in dem Moment, in dem wir sie brauchen. Du brauchst keine Kartons, genauso wenig wie du Vorerfahrung auf einer Route brauchst, um auf eine Reise zu gehen. Stimme dich einfach auf dein Instrumentenbrett ein und folge deiner Führung von einem Moment zum nächsten. Der Verstand möchte Kartons voller Beweise und Indizien zur Sicherheit, aber du weißt nun, dass diese täuschen. Du brauchst nicht einmal "Glauben", wenn du dein Großes Selbst als Führung hast. *Lebe im Jetzt, nicht aus Kartons.*

Bitte entspanne dich in Bezug auf all dies, wenn du irgendwelche Kartons hast, die sich zu groß anfühlen, als dass du sie alleine sprengen könntest. Bitte einfach dein Großes Selbst es zu tun, entspanne dich und lass es geschehen. Gnade ermöglicht alle Dinge – sogar Dinge, mit denen wir seit Jahren kämpfen.

ÜBUNG: Wie viele Kartons voller "echter Beweise" hast du, die dir nicht helfen? Schreibe einige Überzeugungen, die dich einschränken, in dein Notizbuch und bitte das Göttliche um Hilfe, diese Indizien gehen zu lassen.

Woher weißt du, was "möglich" ist?

Woher weißt du, ob dir etwas "möglich" oder "unmöglich" ist? Beziehst du dich auf das Internet, Bücher, Wissenschaft, Statistiken oder auf deine Kartons? Auf diese Weise entscheiden die meisten Menschen, ob ihnen oder irgendjemandem etwas möglich oder unmöglich ist. Krebs? Aids? Oh, das ist unheilbar. Blindheit? Unheilbar. Reich sein? Keine Chance. Einfach zu leben. Für mich unmöglich. Jeder Mensch auf der Erde satt und sogar wohlhabend? Nö, dafür gibt es nicht genug.

Wenn du es noch nie zuvor erlebt hast oder noch nie jemanden auf der Welt gesehen hast, der es tut, kann es sein, dass alle Daten aus deinen Kartons sagen: "Nein, das kannst du nicht tun, es ist unmöglich", während die göttliche Führung möglicherweise sagt: "Nur zu, du schaffst das." Wie können wir jemals über das hinausgelangen, was jemals getan wurde, wenn wir Beweise dafür brauchen, dass etwas möglich ist? Dies verstärkt noch einmal, wie wichtig es ist, unseren eigenen Visionen mehr Glauben zu schenken als äußeren Indizien und vergangenen Erfahrungen.

Die Erde ist rund, der Mensch kann fliegen, die Meile in vier Minuten, mit Menschen am anderen Ende der Welt sprechen – all das war einst unmöglich und dies war mit damalig aktuellen wissenschaftlichen Beweisen belegt. Jetzt ist dies nicht nur möglich, es ist *ganz normal*. Wenn du mehr über Überzeugungen und die Befreiung davon lesen möchtest, dann suche unter den kostenlosen Artikeln auf DivineOpenings.de nach dem Artikel "Realität: etwas DE-Montage erforderlich".

*Gib all das an dein Großes Selbst ab,
was für dein kleines Selbst zu groß ist.*

Übergib deine "To-Do-Liste" an Gott

Ich lege mir immer noch To-Do-Listen an, in denen ich auflistete, was alles erledigt werden muss, allerdings ganz anders als früher. Zuerst setze ich alles auf die "Gott-Liste", wie sie ein Klient taufte. Dann tue ich das, zu dem ich mich bewegt, inspiriert oder hingezogen fühle, oder das, was ich bis zu einem bestimmten Termin erledigt haben muss, zum Beispiel Rechnungen zahlen. Ich setze Dinge aller Art auf die "Gott-Liste", wie die Umsetzung großer Projekte, jemanden zu finden, der die Sachen erledigt, die ich nicht gut kann, Geld zu erschaffen, das genau richtige Teil zu finden und Lösungen für Dinge zu finden, bei denen ich keine Ahnung habe, wie ich sie handhaben soll. Ich setze alle alltäglichen Dinge genau wie die "Zu groß für mich"-Themen jedes Mal auf die Gottes-Liste.

Dann lege ich sie zur Seite und vergesse sie! Anstatt mich dazu anzuhalten, die Dinge auf meiner Liste zu erledigen, bleibe ich offen für inspirierte Gedanken oder Handlungsimpulse, die bei mir reichlich kommen. Ich liebe es, etwas zu vollbringen. Wenn ich denke, dass etwas Aktion braucht, so spüre ich der Schwingung nach und prüfe, ob sie sich "reif" oder "gar" anfühlt. Ich tue nicht viel, bevor ich nicht den Rückenwind dahinter spüre oder sogar einen Anschub. Wenn es sich zäh anfühlt, ist die Zeit noch nicht reif und keinerlei Aktion wird es erfolgreich machen. Wenn die Energie noch nicht gar ist, ist die Aktion verschwendet. Wenn die Energie sich bereit anfühlt, dann handle ich. Das ist sehr effizient. Interessant ist auch, dass vieles vom Universum erledigt wird, von jemand anderem oder am Ende überhaupt nicht mehr getan werden muss. Oft taucht etwas auf, das besser funktioniert und weniger Aufwand ist, als das, was man für notwendig gehalten hatte.

Überlasse die Schwergewichte dem Göttlichen.

ÜBUNG:

1. Schreibe eine Liste mit all den Menschen in dein Notizbuch, von denen du glaubst, dass es dir unmöglich ist, deine Themen mit ihnen zu lösen. Lasse dann los.

2. Schreibe eine Liste mit all den Dingen, die "zu groß" oder zu kompliziert für dich sind und die du erledigt haben möchtest, lasse dann los.

Deinem Großen Selbst ist alles möglich. Lass es einfach zu.

Wann kommt Aktion ins Spiel?

In diesem Buch geht es darum, dich auf deine innere Führung einzustimmen und frei von der unablässigen Suche nach Antworten im Außen zu werden. Sobald du jedoch an deine Führung angeschlossen bist, bewegst du dich immer noch in einer physischen Welt. Sitz nicht nur an deinem Schreibtisch und erwarte, dass alles von innen heraus zu dir kommt oder kostenlos, auch wenn das sein kann. Wir sind physische Wesen auf dieser Erde und wechselseitig voneinander abhängig. Es ist Teil der Spielregeln.

Ja, es braucht Aktion, um in dieser Welt etwas zu erschaffen. Dies ist eine physische Dimension. Wir kamen hierher, um Materie zu formen, mit anderen Menschen zu kommunizieren, physische Dinge zu erschaffen, und wir haben Spaß daran. Wenn wir lediglich in den nicht-physischen Bereichen hätten erschaffen wollen, in denen sich alles beim ersten Gedanken sofort manifestiert, wären wir im Nicht-Physischen geblieben.

Hier gehört die materielle Manifestation mit zum Spiel. Es wird einfacher, wenn wir erkennen, dass 99,9 Prozent der Schöpfung mit Energie, Fokus und Absicht stattfinden und nur das letzte 0,1 Prozent physische Manifestation ist. Wir verschwenden weniger Aktionskraft und haben mehr Spaß am materiellen Teil der Handlung.

Ich habe mit dir nun die ganze Zeit am energetischen Teil gearbeitet. Nun zu diesem letzten Teil: Aktion. Sobald deine Energie oben ist und du dem Strom des Lebens erlaubst, dich zu tragen, wirst du dich zur Handlung inspiriert fühlen. Sobald du dir über deine wahre, authentische Richtung im Klaren bist, wird sich wahrscheinlich ein Feuer unter dir entzünden, das dich antreibt, deinen Leidenschaften zu folgen. Du magst geführt werden, einen Schritt nach dem anderen zu gehen. Beginne mit einem Schritt.

Du kamst hierher, um dich in der physischen Welt zu spielen, um den physischen Ton zu modellieren. Wenn dein Großes Selbst deine Handlungen inspiriert, kann es jedoch einfacher sein und mehr Freude machen. Leute sagen, zu schreiben wäre schwierig, ich dagegen empfinde es als berauschend, mühelos und fließend. Ich liebe es zu schreiben und kann oft gar nicht aufhören. Mein Großes Selbst schreibt. Ich lese meine eigene Arbeit und werde dadurch erinnert und inspiriert, denn sie kommt aus einem Ort, der größer ist als mein kleines Ich. Ich lasse los und lasse es durch mich arbeiten.

Du hast gesagt, was du dir wünschst. Jetzt wird der Innewohnende, Gott, das Göttliche, dein Großes Selbst, wie immer du es nennst, dir Führung anbieten und dich zu dem leiten, was du tun musst. Du wirst in die Richtung der Menschen geschubst werden, die die Fähigkeiten und Informationen haben, die du nicht hast – den super Babysitter, den besten Buchhalter, die Materialien, die du benötigst, das beste Urlaubsangebot oder die Person, die dir eine Webseite einrichtet, die dir viel Arbeit abnimmt.

So eine Person fand mich! Lee nahm mit seiner Frau Brooke an einem live Divine Openings Kurs Level 1 teil. Ich wusste nicht einmal, dass er Webseiten gestaltete und er wusste nicht, dass ich auf der Suche nach einer neuen war. Einen Monat später mailte er mir einen Vorschlag für genau die Webseite, für die ich Angebote eingeholt hatte. Er schlug einen Tauschhandel gegen das 5-tägige Intensiv Seminar für sich und seine Frau vor. Wir begannen in derselben Woche. Innerhalb von zwei Monaten hatte ich eine unglaublich ausgeklügelte, neue Webseite und innerhalb von vier Monaten erledigte sie 90 Prozent meiner Arbeit für mich. Die Dinge liefen sogar *noch besser,* während ich weg war!

Das Leben bringt dir Gelegenheiten, mit anderen gemeinsam zu erschaffen, um Ziele zu erreichen, Spaß zu haben, zu trainieren, ein Unternehmen aufzubauen oder dein Auto aufzubessern. Es wird dich genau zur richtigen Zeit anstupsen, damit du eine Beziehung klärst, einen Fremden grüßt, einen Anruf machst, die Person einstellst, den Artikel liest und der Spur folgst. Es wird aussehen wie der natürlichste, nächste Schritt, sobald die Energie bereit ist.

Deine Aufgabe ist es, dich einzustimmen, das Timing zu spüren und dann die physische Aktion auszuführen, zu der du geführt wirst. Wenn es an der Zeit ist zu handeln, spüre ich etwas, das ich "Geschmeidigkeit" nenne. Es fühlt sich körperlich gut an. Die Zweifel sind nicht da.

Du wirst geführt werden. Bleibe einfach eingestimmt.

Folge der Führung, die du bekommst

Eine Klientin, die am Ende selbst eingeweiht wurde, um Divine Openings zu geben, erlebte nach ihrer ersten Sitzung enorme Öffnungen. Es gab ein oder zwei Gewölle. In der ersten Woche tauchten furchtbare Szenarien wiederholt vor ihrem inneren Auge auf, in denen ihr unbekannte Menschen sie missbrauchten oder versuchten, sie zu kontrollieren. In ihrer lang geübten Gewohnheit des "spirituellen Bypassens" anstatt des Fühlens versuchte sie, diese Menschen "in weißes Licht einzuhüllen und wegzuschicken". Sie kamen immer wieder zurück.

Während wir darüber sprachen, erkannte ich intuitiv, dass sie als Kind keinen Ärger hatte ausdrücken dürfen. Ihr Leben lang konnte sie, wann immer ihr jemand das Gefühl gab, machtlos zu sein, keine Wut benutzen, um sich auf der Skala hochzukatapultieren. Sie hatte ihr Leben lang erfolglos versucht, den spirituellen Bypass bei ihren negativen Gefühlen anzuwenden. "Denke einfach an Licht und Liebe." Nun ja, das ist ein zu großer Sprung von Machtlosigkeit zur Liebe und den meisten Menschen gelingt es nicht, ihn dauerhaft zu halten. Sie fallen wieder herunter und fühlen sich dann, als hätten sie versagt.

Ich ließ sie in das Erlebnis eintauchen, bei den Gefühlen sein, von der Ohnmacht ausgehend und dann weiter durch die Wut. Ich brachte ihr bei, wie sie sich ihren Misshandlern in ihrem eigenen Geist stellen konnte, wütend werden und ihnen sagen konnte, dass sie sie *nicht* mehr länger missbrauchen und kontrollieren konnten! Die Erleichterung folgte schnell.

Dann leitete ich sie an, die Gefühle bis in den Kern hinein zu spüren, die Charaktere und Handlung jedoch fallenzulassen. Sie hatten ihren Dienst getan. Ich führte sie durch den Prozess des Eintauchens. Die Gefühle hoben sich in ihrer Schwingung an und die "Misshandler" hörten auf zu erscheinen. Nun war sie wirklich oben in Liebe, Licht und Kraft und konnte dort bleiben.

Manchmal wollen spirituelle Menschen aus dem Bedürfnis heraus, ein "guter Mensch" zu sein, *niemals* niedrigere Schwingungen haben, zugeben oder spüren, da sie meinen, sie hätten dann versagt. Ich sehe, wie hoch entwickelte, spirituelle Menschen zurückgehalten werden, bis sie lernen, ihre Emotionen anzunehmen, zuzulassen und fließen zu lassen. Sobald du sie umarmst, steigst du aus ihnen auf.

Der Hauptgrund, warum ich diese Geschichte hier erzähle, ist allerdings, dass diese Visionen ihre göttliche Führung waren. Wir halten nach Engeln Ausschau und warten auf die dröhnende Stimme Gottes, aber aus der Machtlosigkeit heraus schickt Gott dir den Anstoß, wütend zu werden, um dir deine Macht zurückzuholen. Als sie das wusste, fühlte sie sich nicht nur großartig – sie vertraute darauf, dass negative Gefühle einen Zweck haben. Sie begann, sie zu honorieren und zu bewegen, anstatt zu versuchen, sie loszuwerden.

In der dritten Sitzung wusste ich, dass das nächste Level kurz davorstand aufzubrechen. Sie war so aufgezogen, als wäre sie mit 90 Meilen/Stunde unterwegs. Normalerweise laufen Menschen, die zu sehr auf Touren sind, vor etwas davon und in der Regel sind es ihre Gefühle. Mein Eindruck war, dass sie ihr Leben lang ihrem Körper vorneweg gelaufen war. Und wer kann es ihr verübeln? Wer würde schon etwas in Angriff nehmen wollen, von dem man nicht weiß, wie man damit umgehen soll? Aber jetzt kannst du es mit Hilfe der Gnade tun. Ich beruhigte sie und sie war bereit zu erzählen, dass es in ihrer Kindheit Missbrauch gegeben hatte. Sie hatte gelernt einzutauchen und dabei zu sein, aber dieses Thema schüchterte sie immer noch ein. Also leitete ich sie an, es einfach zu spüren, ohne es zu analysieren oder sich die Geschichte dazu zu erzählen, und die alte, gefürchtete Emotion war schon bald nur noch ein Häufchen Asche, wie sie es formulierte. Wieder einmal war sie selig.

Diesmal hatte ihre Führung sie zu mir geführt, um Hilfe zu bekommen. Von nun an, mit all diesen Erfolgen in der Tasche, wird es ihr leichter fallen, in Gefühle einzutauchen und es alleine zu schaffen.

Führung hört sich nicht immer so an, wie du es erwartest. Es kann sein, dass sie dich zu Schmerz, einer Emotion oder Handlung führt, die dich am Ende auf dem Instrumentenbrett nach oben bringt. Folge ihr. Es führt dich vielleicht nicht sofort in die Ekstase, aber du bist auf jeden Fall auf dem Weg. Du hast immer noch freien Willen und du kannst dich entscheiden, die Emotionen zuzulassen und die Handlungen durchzuführen – und dich mit Leichtigkeit zu bewegen oder schwerer, wenn du Widerstand leistest oder sie als falsch abstempelst.

Führung wird verschieden aussehen und klingen, je nachdem, wo du auf dem Instrumentenbrett stehst. Sie wird dich immer nach oben rufen, niemals nach unten.

Inspirierte Handlung

Inspirierte Handlung ist unglaublich effizient. Eine Stunde inspirierter Handlung ersetzt tausende an Stunden von geschäftiger "Ich-sollte-diese-harte-Arbeit-tun"-Handlung. Natürlich wirst du, wenn du einen Steinofen bauen willst, immer noch Steine aufheben müssen und den Mörtel dazwischen auftragen müssen. Aber wenn du inspiriert handelst, wirst du dich an der physischen Bewegung, der entstehenden Schöpfung und den schmerzenden Muskeln begeistern. Du kamst hierher, um Steine aufzuheben und Mörtel aufzutragen, dich mit Zahlen zu spielen und Geschirr zu spülen, nicht um im Äther zu schweben. Genieße diese köstliche Aktion. Und wenn sich das Gefühl verändert, so mach eine Pause.

Woher weißt du, wann eine Aktion, die dir einfällt, inspiriert ist? Wenn der Verstand die meiste Zeit ruhig und friedlich ist, ist so ziemlich alles, was dir einfällt und sich gut anfühlt, inspirierter Gedanke. Erinnere dich, die Stimme des Göttlichen hört sich genauso an wie deine eigene, nur weiser. Mittlerweile sind fast alle meine Gedanken inspiriert, geführt, nährend oder erhebend. In der restlichen Zeit ist mein Verstand nicht so aktiv. Wenn Gedanken ins Negative abdriften, schenke ich ihnen keine Aufmerksamkeit oder wende mich davon ab und steuere wieder in die Richtung, in die ich gehen möchte. An einem bestimmten Punkt hörst du fast nichts in dir. Das ist gut! Lauf nicht zum Suchen zurück, um wieder von vorne anzufangen!

Ich vergleiche meinen alten Verstand mit einer von Müll übersäten Landebahn. Dein Großes Selbst lässt ständig Päckchen auf die Bahn fallen, die dich leiten können. Aber die Bahn ist so vollgestopft mit Krimskrams, dass wir die wertvollen Päckchen inmitten des Mülls nicht finden können. Früher hatte ich mich durch den geistigen Müll auf dem Laufband gewühlt, wusste nicht, was davon wertvoll war, und war verwirrt. Es waren so viele durcheinander gewürfelte, nutzlose, mittelmäßige oder negative kleine-Selbst-Gedanken.

Ich bin äußerst kreativ und hatte schon immer so viele Ideen. Es gab so viele Dinge, die ich tun konnte und mir fielen so viele Aktionen ein. Ich verzettelte mich zu sehr, trat für zu kleine Ergebnisse zu viel in Aktion oder gab auf und tat nichts. Die ganze Aktion ermüdete mich nur.

Sobald Divine Openings den Müll von der Landebahn geräumt hatte, war es anders. Wenn eine göttliche Inspiration landete, war sie leicht zu erkennen, so ganz allein, und es gab keinerlei Zweifel daran, ob es eine "wichtige" Idee oder Handlung war. Jetzt weiß ich genau, welche Ideen inspiriert sind. Sie leuchten auf der leeren Landebahn auf wie Neonschilder. Keine Frage.

Selbst wenn mein Verstand geschäftig ist, wenn meine Schwingungshöhe hoch ist, weiß ich, dass es alles hochwertige Gedanken sind und ich höre darauf. Ein beschäftigter Verstand kann sehr produktiv sein. Wenn du zu viele Gedanken hast, als dass du ihnen allen gleich folgen könntest, so schreibe sie dir auf, um sie festzuhalten, und lege sie dann weg. Die richtige Zeit, sie umzusetzen, wird kommen oder das Universum wird vieles davon für dich umsetzen *oder du wirst das Ergebnis, das du wolltest, bekommen, ohne irgendetwas dafür zu tun.*

Wenn die Führung nicht klar ist und ich mich nicht inspiriert fühle, handle ich gar nicht, außer es ist unabdingbar. Ich warte, bis alle Teile auftauchen, und sie tun es. Natürlich zahle ich meine Rechnungen und Steuern pünktlich, ob ich mich nun inspiriert fühle oder nicht. In den Angelegenheiten jedoch, in denen ich den Zeitpunkt wählen kann, handle ich nicht und entscheide nichts, solange ich Verwirrung, Widerstand oder kein gutes Gefühl bei der Sache wahrnehme, sondern warte, bis Klarheit und Inspiration vorherrschen. Uninspirierte Handlung aus dem kleinen Selbst heraus, ohne Verbindung mit dem Großen Selbst, ist oft nutzlos, verschwendete Kraft. Geld, Zeit und Energie, die aus Angst oder einem Bedürfnis heraus in ein Projekt investiert wurden, sind verschwendet.

Oftmals, wenn wir uns weiter unten auf dem Instrumentenbrett befinden, sobald wir nur an eine Aufgabe denken, ist dies eine Botschaft, die sagt: "Erhöhe zuerst deine Schwingung, bevor du handelst!" Wir müssen uns auf unser Großes Selbst einstimmen und zur Party kommen, bevor wir uns ins Handeln stürzen. Motivationstrainer raten uns, groß in Aktion zu gehen. Wir arbeiten bereits mehr Stunden als je zuvor in der jüngeren Geschichte der Menschheit und glauben, mehr Aktion bringe mehr Ergebnisse, mehr Geld und dadurch ein besseres Gefühl. Ein kurzer Blick auf die reichsten und die ärmsten Menschen der Welt wird dir zeigen, dass mehr Arbeit nicht unbedingt mehr Geld entspricht. Wenn deine Handlung wiederum inspiriert ist und du deine Arbeit liebst, ist sie geradezu magisch effektiv!

Wenn du dein Leben auf die leichtere "Fahr mit Rückenwind"-Art gestaltest, so kann es sein, dass du von den Menschen, die sich dort draußen zu Tode schuften, nicht viel Unterstützung erhältst. Sie nennen dich möglicherweise faul, aber du kannst es einfach nicht allen recht machen. Lass sie auf ihre Weise leben. Tu das, was sich für dich richtig anfühlt, und alles wird viel glatter laufen. Die alte, puritanische Arbeitsmoral besagt: Arbeit und Leid seien Tugenden. Die "Freude-Moral" sagt: Arbeite, weil es sich gut anfühlt, produziere etwas, weil es befriedigt, handle, wenn du in Einklang mit deinem Großen Selbst bist und geh auf die Party, die bereits für dich vorbereitet ist.

Hinauszögern oder Antriebslosigkeit ist oft eine Botschaft deines Großen Selbst, dass deine Energie in Bezug auf dieses Projekt noch nicht auf Höhe der Vision deines Großen Selbst ist, warum also deine Kraft verschwenden? Wenn sich dein Widerstand zu diesem Thema entspannt hat und deine Schwingung hoch ist, wirst du dich plötzlich voller Schwung und zur Handlung hingezogen fühlen und es wird viel besser laufen. Dies ist loslassen und Gott übernehmen lassen. Nicht alles muss unbedingt sofort in dieser Minute getan werden. Das ist die Beurteilung deines kleinen Selbst, eine elterliche Stimme in dir oder irgendein zielorientiertes Buch, das du gelesen hast. So vieles von diesen Dingen wirkt entgegengesetzt zu den Divine Openings. Arbeit, sogar schwere Arbeit ist berauschend, wenn du im Fluss bist.

Also ja, handle. Aber fahre zuerst deine Schwingung hoch und richte die Spitze deines Fliegers dorthin, wo du mit deiner Energie hin möchtest. Ansonsten fliegst du in einen Gegenwind. Du kannst nicht gegen die natürlichen Kräfte des Universums bocken und dabei gewinnen. Das macht dich nur müde. Tust du das, was dir am Herzen liegt, oder folgst der "Erfolgs"-Vorstellung von jemandem anderen? Entspanne, lausche nach innen und komm zuerst zur Party.

Handlung und Schweiß können sich lohnen. Wenn sie sich nicht lohnen, so schau nach, wo du möglicherweise nicht mehr im Einklang mit deinem Großen Selbst bist. Die Handlung, die sich jetzt gerade schwer anfühlt, kann sich leicht anfühlen, sobald du deine Schwingungshöhe angehoben hast. Ändere deine Einstellung ihr gegenüber. Finde etwas Freude daran (Er-Freue dich daran.) Bringe dich zur Party. Die Dinge sehen und fühlen sich von dort aus anders an. Es ist buchstäblich eine andere Dimension.

Wenn du inmitten einer Aktion anfängst auf der Skala abzurutschen oder ins Stottern kommst – so heißt das STOP. Entspann dich, mach eine Pause, lass den Widerstand gehen und richte deine Energie neu aus. Richte die Spitze nach oben und in die Richtung, in die du fliegen möchtest. Hör auf, den Blick auf Hindernisse zu richten. Programmiere deinen Kurs auf dein Ziel neu.

Gib die großen Aufgaben an Gott ab, lass los und warte auf die Führung. Geh und mach etwas, das sich gut anfühlt und du wirst erfrischt zu deiner Aufgabe zurückkehren. Es eine Weile zu vergessen, löst den Widerstand.

Unsere Live-Seminare gehen viel tiefer auf Arbeit und Geld ein. Du kannst dich dort mit Blick auf deine persönlichen Ziele und Herausforderungen spielen und es macht Spaß, mit anderen zusammen zu sein, die auf deiner Wellenlänge sind und die deinen Fortschritt mitfeiern.

Energie, Absicht und Ausrichtung bereiten den Weg.
Handlung folgt einfach diesem bereiteten Weg.

Sei zufrieden mit deinem jetzigen Stand

Löse Widerstände in dir, indem du Frieden mit deinem jetzigen Stand schließt. Sag dir Dinge, wie: "Ich bin, wo ich bin! Wo sollte ich sonst sein? Heute ist das Ergebnis meiner gestrigen Schwingung. Morgen ist das Ergebnis meiner heutigen Gefühle, Absicht, Handlungen, Träume und Visionen."

Du bist, wo du bist und wo immer du auch stehst, ist in Ordnung, denn jetzt weißt du, wie du überall hinkommen kannst, wo du hin möchtest! Kannst du die sofortige Erleichterung darin spüren?

Erleuchtung ist, dich an deine wahre Essenz zu erinnern, mit der du Verstecken spielst. Sowie du dich öffnest, um mehr Gnade zu empfangen, kannst du dich daran erinnern und dies behalten. Entschließe dich heute dazu, damit zufrieden zu sein, wer und wo du bist. Das Göttliche betrachtet dich genau jetzt als perfekt, wenn auch in konstanter Entwicklung. Jedes Mal, wenn du auf einem Plateau ungeduldig wirst oder dich deine alten Erfolge langweilen, dann halte inne und schließe Frieden mit dem Punkt, an dem du jetzt gerade stehst. Es ist eine Form des Dabeiseins. Sei bei der Tatsache, dass es dir nicht gefällt, wo du stehst, aber nimm es nicht so schwer. Es wird immer noch mehr geben, das du erreichen willst.

Dich über dich selbst zu ärgern, ist viel schädlicher, als dich über jemand anderen zu ärgern. Dein Großes Selbst ärgert sich nie über dich; wenn du es also tust, bist du nicht im Einklang mit deinem Großen Selbst. Wenn du dich schon ärgern musst, dann ärgere dich über etwas oder jemand anderen oder sogar Gott (der damit umgehen kann). Das gibt dir die Kraft, weiter nach oben zu gehen und dir deine ganze Kraft zurückzuholen! Bleib jedoch nicht lange beim Ärger stehen. Bleibe in Bewegung!

Deinen momentanen Stand zu umarmen, beschleunigt deinen Fortschritt sogar. In dem Moment, in dem du aufhörst, deinen Zustand als falsch zu betrachten, ist deine Bewegung wieder frei. Du steckst nicht länger fest. Du kannst viel leichter weiter segeln.

Beruhige dich.
Du bist, wo du bist und jetzt weißt du immerhin, wo du bist!

Häufige Fragen
(auf der Webseite DivineOpenings.com sind noch mehr unter Ask Lola)

Ich fürchte, ich werde süchtig danach. Der Grund für den Erfolg der 12-Schritte-Programme ist, dass sie dir aufzeigen, dass alle Süchte und Abhängigkeiten letztendlich nur eine fehlgeleitete Suche nach spiritueller Glückseligkeit sind. Wenn du süchtig nach Gottes Liebe wirst, so ist dies das Echte – es ist genauso gesund, wie nach gutem Essen süchtig zu sein. Du kannst nach innen gehen, still werden und diese Energie jederzeit erleben. Du brauchst kein Divine Opening mehr um es zu bekommen, sobald du diese innere Beziehung aufgebaut hast, du wirst also nicht abhängig von uns werden. Komm weiterhin solange, um dir die unterstützende Schwingung zu holen, bis du sie nicht mehr brauchst.

Ich kann nicht einfach durch diese Erfahrung erleuchtet werden ohne die harte Arbeit zu leisten, die meine eigenen Ängste, Glaubenssätze und Blockaden durchbricht. Mach die Übungen, lass los und lass die Gnade ein. Lass das Göttliche die Schwergewichte für dich heben. Dass es harte Arbeit oder schwierig sein muss, ist ein altes Paradigma. Du kannst es jetzt loslassen.

Ich frage mich, ob diese erste Erfahrung das größte Hoch ist, das ich je erleben werde und ich von zukünftigen Divine Openings enttäuscht sein werde. Jede Erfahrung wird anders sein, ja. Die Erlebnisse werden ansteigen und absinken, wie Ebbe und Flut. Sie sammeln sich jedoch an und gehen mit der Zeit immer tiefer. Du kannst nie vorhersagen, wann die Höhepunkte, die kosmischen Erfahrungen oder das Gelächter kommt. Genieße jede Erfahrung als das, was sie ist und vergleiche sie nicht.

Wie kann ich mich besser fühlen, wenn dieser Moment beschissen ist? Nun ja, Liebes, es ist deine Reaktion auf diesen Moment, die dein Morgen bestimmt. Du kannst es dir einfach nicht leisten, deinen Fokus zu lange auf das zu richten, was dir nicht gefällt, was schiefgelaufen ist oder wie furchtbar es ist. Sicher, deine Einstellung ist berechtigt; jeder wird dir Recht geben. Aber der Preis dafür, in deinem berechtigten Opfersein zu verweilen, ist einfach *zu* hoch. Lass die Umstände oder andere Leute nicht zu deiner "Ausrede" werden, um unten und getrennt von deinem Großen Selbst zu bleiben. Wende deine Gedanken wieder und wieder weg von dem, was schief lief und hin zu dem, was du möchtest. Oder tauche in das Gefühl ein, bis es an Höhe gewinnt. Wähle Macht anstatt Ohnmacht. Wähle Glücklichsein anstatt Recht zu haben.

Wie kann es sein, dass Menschen Gutes bekommen, selbst wenn sie nicht so wirken, als ob sie sich gut fühlen würden? Er ist fies zu seinen Angestellten und hat eine super Freundin und er ist reich! Das ist nicht fair! Wohlgefühl und Wohlstand sind der natürliche Zustand des Universums. Gott liebt euch alle – ihr seid eins mit Gott. Das Gute fließt durch Gottes Gnade die ganze Zeit zu dir und zu allen anderen, ohne zu urteilen. Irgendwie lässt dieser Mann das Gute bei sich ankommen. Selbst wenn deine Schwingung niedrig ist, sucht Gott nach jeder kleinsten Ritze des geringsten Widerstands, nach jeder Gelegenheit, dir Gutes zu bringen. Diejenigen zu verurteilen, die es haben, hält es auf, zu dir zu kommen, nicht weil du ein "schlechter Mensch" bist, sondern weil dein Großes Selbst nicht verurteilt und du deshalb nicht mehr im Einklang mit deinem Großen Selbst bist. Wenn du in Opferstellung bist, bist du nicht in Empfangsbereitschaft.

Du kannst nie wissen, wie sich dieser Mann innerlich fühlt. Achte darauf, wie du dich fühlst. Schau auf dein eigenes Instrumentenbrett. Das kannst du wissen. Es geht nicht so sehr darum, dass du arbeiten musst, um mehr von dem zu bekommen, was du willst; du musst einfach nur aufhören, dem Strom an Gutem, der vorherrschenden Energie des Universums, Widerstand zu leisten. Du kannst es zulassen oder ihm Widerstand leisten. Geh aus dem Weg! Vergiss es, zu versuchen herauszufinden, warum Menschen, die du als schlecht beurteilst, die Bonbons bekommen. Du kannst ihren Höhenmesser nicht lesen und es geht dich auch nichts an! Du kannst nicht spüren, was in ihnen vorgeht, oder wissen, was sie denken und aussenden; es ist "relative", es muss sich nicht immer im Außen zeigen und ihre Worte erzählen nicht die ganze Geschichte. Sie können sich griesgrämig anhören und eine super Schwingung zu Geld haben. Sie können positiv und spirituell reden und aussehen und trotzdem ein furchtbares Bauchgefühl in Bezug auf Geld oder Liebe haben.

Menschen mit Geld zu verurteilen oder zu verurteilen, wie sie es verwenden, senkt deine Schwingungshöhe und verlangsamt dich. Neid ist eine niedrige Schwingung, die deine Kanäle schrumpft und den Strom an Gutem zu dir verlangsamt. Fokussiere dich nur auf deine eigene Schwingung. Kümmere dich um deine eigenen Angelegenheiten.

Das Göttliche hat dir viel Gutes gegeben (wie Leben) und sucht ständig nach Öffnungen, um dir mehr zu geben. Das Göttliche nutzt sogar die Zeit, in der du schläfst, um dir das zu bringen, was du brauchst, denn im Schlaf dehnst du dich auf dein Großes Selbst aus und ruhst im Nicht-Widerstand aus. Du kehrst in die göttliche Liebe zurück, erfrischst und erneuerst dich in reiner, positiver Energie. Viel Gutes wird während dieser Ruhezeit, in der du loslässt und den Widerstand löst, in dein Leben gelassen. Darum fühlst du dich nach dem Schlafen gut. Ist dir schon einmal aufgefallen, wie viel besser du dich für gewöhnlich nach dem Ausruhen fühlst und wie sich die Umstände dann verbessern? Beim Aufwachen fühlst du dich immer gut. Aber wenn deine normale Schwingungshöhe beim Aufwachen niedriger ist als die Schwingungshöhe deines Großen Selbst, dann rutschst du innerhalb von Millisekunden *nach* dem Aufwachen auf den Festwert dieser niedrigeren Schwingungshöhe zurück und fühlst dich beim vollständigen Aufwachen nicht mehr so gut. Beobachte dies einmal beim nächsten Aufwachen.

Das Leben steht auf deiner Seite.
Wirst du auch auf deiner Seite stehen?

Das "Es ist noch nicht da"-Syndrom

Du würdest alles, was du dir wünschst, erhalten – und den Weg dorthin genießen – wenn du nur entspannen könntest, die Vergangenheit loslassen und dich vom Rückenwind tragen lassen würdest. Alles was du dir wünschst, würde pünktlich ankommen. Und jedes Mal, wenn du sagst: "Es ist noch nicht da", verspätet es sich, weil du die gegensätzliche Schwingung zu dem, was du dir wünschst, aussendest. Du hast den Lieferwagen zurück zum Warenhaus geschickt. Ziehe nicht einmal Bilanz, wenn die Bilanz nicht gut für dich aussieht. Ziehe nur dann Bilanz, wenn sie gut für dich steht.

Ob es dir nun um Erleuchtung, eine neue Liebe, ein wunderbares Zuhause oder um einen Traumjob geht – der beste Weg, es schneller zu dir kommen zu lassen, ist, jeden Teil davon wertzuschätzen, den du bereits hast. Wenn du dir eine neue Liebe wünschst, denke an all die anderen Formen der Liebe, die du bereits hast oder erinnere dich an die guten Seiten vergangener Liebesbeziehungen und spüre sie. Dann kann das Leben dich passend dazu mit mehr davon versorgen. Wenn du keinerlei Form der Liebe in der Vergangenheit finden kannst, die du spüren könntest, so ist dies ein Hinweis: Alle deine aktiven Schwingungen werden von deinen "schlechten" Gefühlen bezüglich deiner Ex-Partner und deiner Vergangenheit dominiert. Deshalb hast du jetzt keine Liebe. Oder aber, andere Dinge sind dir wichtiger, du spaltest deine Absichten und du erkennst es nur nicht. Du willst deine Freiheit und du glaubst, Liebe wird sie einschränken. Wenn du deine Freiheit unbedingt willst, wird die Freiheit gewinnen.

Du kannst dir etwas zu "arg" wünschen. Wenn du den ganzen Tag nur mit Genuss davon träumen würdest, es bereits zu haben, dann würde es kommen. Aber wenn du dich "schlecht" fühlst, weil du es noch nicht hast, erschaffst du, es nicht zu haben. Je mehr du den *Mangel* daran spürst, desto länger braucht es, um zu dir zu kommen. Wenn du einen Mangel an Energie aussendest, antwortet das Leben mit noch mehr Mangel darauf. Wenn du es dir nicht auf eine "gute" Art wünschen kannst, dann denke lieber überhaupt nicht daran. Mach etwas anderes. Das löst ebenfalls Widerstand.

Wenn du an etwas zu hart arbeitest, dann mach eine Pause und denk nicht mehr darüber nach. Wenn du einen super Job haben willst, dann fokussiere dich jeden Tag auf die besten Aspekte deiner jetzigen Arbeit. Schätze deinen jetzigen Job. "Ich liebe es, mit Joan zusammenzuarbeiten." "Die Arbeitszeit ist gut."

Genieße die Vorfreude in der Wartezeit. Fang an zu sagen *(und zu spüren)*: "Ich fühle es kommen." "Es ist schon fast da." "Wie toll wird es sein, wenn es da ist? Wie wird es wohl sein?"

Ziehe nicht zu früh Bilanz. Ziehe nur dann Bilanz, wenn sie zu deinen Gunsten steht. Wenn sie noch nicht zu deinen Gunsten steht, zögere die Auswertung hinaus.

Träume vom neuen Job. Es ist egal, ob du ihn dir vorstellst, neue Jobs ausprobierst oder dich an frühere, gute Jobs erinnerst. Wenn du das Gefühl hast, ihn bereits zu haben, wirst du ihn schneller erschaffen. Mangel zieht Mangel an. Fülle zieht Fülle an. Darum werden die Reichen reicher und die Armen leider ärmer. Verdreh die Bilanz. Finde Indizien dafür, dass es auf dem Weg ist, und lösche die Indizien dafür, dass es nicht auf dem Weg ist. Der Großteil deiner täglichen Lebensqualität hängt davon ab, auf was du dich fokussierst. Schwenke deshalb das nächste Mal, wenn du dich dabei ertappst, darauf zu schauen, dass es noch nicht da ist, lieber auf das um, was du hast, und fühle die Dankbarkeit dafür.

Halte die Augen für alle Gelegenheiten offen, Liebe, Humor, Spaß und Abenteuer zu erschaffen. Sende diese Energie aus, unternimm Schritte in diese Richtung und lass es dann einströmen! Das wird viel besser funktionieren, als zu jammern, dass es noch nicht da ist.

Und wie immer gilt: Wenn du deine Schwingungshöhe nicht einfach so erhöhen kannst, dann tauche ein und sei bei dem niedrigen Gefühl oder der Angst, dass du es nie haben wirst, bis es an Höhe gewinnt. Wenn du gut Englisch sprichst, kannst du dir auch das Diving In Audio Set bestellen, um es dir zu erleichtern. Es kann sein, dass du dranbleiben muss, bis es sich bewegt, oder dass du den Prozess ein paar Tage lang wiederholt durchführen musst, Stückchen für Stückchen – oder es bewegt sich möglicherweise auf einmal. Sobald es jedoch zur Arbeit wird, lass es für eine Woche komplett los. Geh leben!

Ich leiste keinen Widerstand!

Niemand beabsichtigt Widerstand zu leisten oder in einer niedrigen Schwingung zu sein. Niemand beabsichtigt unglücklich zu sein. Wenn du immer noch unglücklich bist und dein Leben immer noch nicht so läuft, wie du es dir wünschst, selbst nachdem du dieses Buch gelesen hast, so gibt es immer noch Hoffnung, wenn du weitermachst. Deine Freiheit hängt in erster Linie von deiner Bereitschaft zu fühlen ab. Ich füge hier einen Trainingsbrief ein, den ich an die Divine Openings Guides geschrieben habe:

"Liebe Guides, ihr werdet feststellen, dass diejenigen, die Schwierigkeiten beim Spüren haben, möglicherweise länger kämpfen, bevor der Damm bricht. Sie spüren oft große Brocken an Gefühlen auf einmal, weil sie sich so lange gegen sie gesträubt haben. Es ist erstaunlich, dass Spüren eine der am meisten gefürchteten Erfahrungen der Welt ist. *Jedes Gefühl ist eine wertvolle Nachricht von deinem Leitsystem!*

Ein Teilnehmer erlebte seine ganze Kraft und sein Gott Selbst während der Einweihung im 5-tägigen Schweigeretreat. Er sagte, es fühlte sich an, als würde er gleich anfangen zu schweben, als er dort stand und in dieser Energie badete. Einige Tage später bewegte sich in ihm dann eine RIESIGE Menge an alter, stagnierender Energie (Angst, Panik, Trauer), begleitet von intensiven, physischen Krämpfen und er dachte, er würde sterben! Mit 35 Jahren Vertrauen in die "menschliche Kraft" hatte er nicht erkannt, wie viel Widerstand er gegen das Spüren geleistet hatte. Er hatte zwei Jahre lang Divine Openings gemacht während er sich gegen das Spüren sträubte – eine übermenschliche Leistung! Gefühle zurückzuhalten nimmt ungeheuer viel von deiner Kraft in Anspruch. Er erkannte, warum er so oft müde gewesen war. Aber das Erwachen des wahren inneren Selbst, das beizeiten und unausweichlich kommt, bringt alles hoch, das nicht im Einklang mit ihm ist. Neue Vorwärtssprünge bringen immer alles ans Licht, das nicht zu deinem authentischen Selbst gehört. Dann integriert sich der Durchbruch in deinen Alltag. Das kann eine Weile dauern (muss es aber nicht) und kann sich abspielen, als würde Altes explodieren (muss es aber nicht, wenn man spürt.)

Männer tun sich schwerer, tiefer zu spüren, wurden sie doch ihr ganzes Leben lang darauf trainiert, keine "Schwäche" zu zeigen. Was für eine Einschränkung, wenn vieles des eigenen Instrumentenbretts tabu ist! Wut mag für einen Mann in Ordnung sein, während Trauer und Tränen nicht erlaubt sind.

Ein Kriegsheld, der kein Gewehr, keine Bombe oder Messer fürchtet, kann sich in ein zitterndes, panisches Häufchen verwandeln, wenn er mit seinen eigenen Gefühlen oder der Krankheit eines Elternteils oder Kindes konfrontiert wird. Das Gefühl kann nicht erschossen, erstochen oder besiegt werden und sich dagegen zu sträuben, erzeugt Leid.

Mit mir zusammen zu sein, ist intensiv. Es herrscht ein kraftvoller, beschleunigter, evolutionsauslösender Wirbel, der Energie und Gefühle in Bewegung bringt. Ich liebe es, aber manche Lebens- und Arbeitspartner, die starken Widerstand leisteten und sich nicht spüren wollten, konnten einfach nicht in diesem Resonanzfeld bleiben. Manche schmolzen tatsächlich in ihrem eigenen Widerstand zusammen und mussten weggehen.

Manchmal versuchen Leute, alles über den Verstand zu regeln, vom Nacken aufwärts, um das Fühlen zu vermeiden. Sie versuchen, sich durch Gefühle durchzudenken, oder nehmen den spirituellen Bypass und haben sie einfach nicht. Ein weltlich sehr sehr mächtiger und erfolgreicher Mann floh mit kaltem Schweiß und völlig verkrampften Rückenmuskeln aus einem meiner Kurse. Spüren war zugegebenermaßen durch viele telefonische Sitzungen hindurch sein Waterloo gewesen. Ich weiß, dass er den Kurs fertig machen wird, wenn er bereit dazu ist. Er ist ein liebenswerter, großzügiger, feinfühliger Mensch. Er will Gutes in der Welt bewirken und tut dies auch. Dies zeigt nur, wie erschreckend es ist zu spüren, wenn dein Verstand dir jahrzehntelang erzählt hat, dass du DAS nicht spüren darfst! Alles außer diesem!

Sobald wir jedoch loslassen und es spüren, sind wir FREI! Ganz schnell!

Die meisten Menschen haben diese Schwierigkeiten nicht – die Gnade schenkt euch eine köstliche, einfache, liebenswerte Entfaltung. Aber ihr müsst wissen, was passieren kann, wenn der Widerstand größer ist, als euch bewusst war. Ihr verliert euren Verstand nicht und ihr seid nicht dabei zu sterben. (Manche medizinischen Alarme sind berechtigt.)

Wenn ihr durch eine schwere Zeit geht, so gebt es an die Präsenz ab. Es ist wirklich nicht eure Aufgabe, es alleine zu lösen. Ihr habt um Veränderung gebeten."

Lass es so einfach sein.
Es gibt keine Extrapunkte, wenn du den schweren Weg gehst.

Du kannst dir sicher sein, dass Divine Openings nichts hochbringt, was nicht bereits da war. Es erschafft kein Problem, das nicht bereits existierte. Es macht es dir nur bewusst, damit es sich bewegen kann.

Lies das Buch noch einmal, wenn dich das erste Lesen noch nicht dorthin gebracht hat. Viele Leute verstehen es wirklich so viel tiefer beim zweiten Lesen, da die Gnade in der Zwischenzeit an dir gearbeitet hat und du wacher bist.

Während viele von euch mittlerweile große Veränderungen sehen, bietet die nächste Seite mehr Einblick, wie man loslassen kann.

Hier sind einige Anzeichen, die anzeigen, dass du möglicherweise unbewusst "Gefühle unterdrückst":

- Du analysierst, rationalisierst oder durchdenkst alles, anstatt es zu durchfühlen

- Menschen und Ereignisse treffen dich aus heiterem Himmel heraus und überraschen dich (du konntest die Anzeigen auf deinem Instrumentenbrett nicht lesen und wusstest daher nicht, was kommt).

- Du läufst auf Hochtouren, bist immer in Eile, sitzt kaum still und bist konstant beschäftigt.

- Oder du hast kaum Energie und schaffst wenig. Du bist oft müde, schwerfällig und matt (das kommt von all der Energie, die du zurückhältst und die sich bewegen möchte). Dein Stoffwechsel ist langsam.

- Taubheit. Du bist dir nicht sicher, wie du dich in Bezug auf manche Themen fühlst.

- Du redest viel. Du bist redesüchtig.

- Du musst ständig Menschen um dich herum haben und kannst alleine nicht glücklich sein.

- Oder du meidest Menschen und Intimität und hast oberflächliche Beziehungen.

- Du bist immer vergnügt, aber die Dinge laufen nicht gut. Wenn das der Fall ist, ist die Fröhlichkeit nicht authentisch und nicht das, was du wirklich im Inneren fühlst – du hast blinde Flecken – Schwingungen, die dir nicht bewusst sind.

- Du bist zynisch oder resigniert oder gibst dich mit weniger zufrieden, als du tatsächlich möchtest.

- Du gibst dich taff und wirst rau behandelt.

- Oder du wirst "spiritueller" und versucht mit positivem Denken, Meditation, spirituellem Bypass oder anderen Mitteln um die Gefühle herumzukommen.

Was kannst du tun, wenn du den Verdacht hast, du spürst nicht so viel, wie du könntest? Sei unglaublich lieb mit dir selbst. Behandle dich wie ein süßes, kostbares Neugeborenes. Verurteile dich nicht – es wurde dir antrainiert nicht zu spüren. Es ist nicht deine Schuld. Es ist nicht "schlimm", es macht dich nur einfach nicht glücklich, aber jetzt wird es dir gutgehen.

Immer wenn etwas eine zu große Angelegenheit zu sein scheint, als dass du sie handhaben könntest oder etwas außerhalb deiner Kontrolle zu sein scheint, dann übergib es an die Präsenz. Bitte darum zu spüren. Dann spüre.

Mach die täglichen Übungen und die 30 Wege Deine Schwingung Zu Erhöhen vom Ende des Buches. Wenn du gut Englisch sprichst, nimm an einem "Online Retreat" teil, schau dir die Videos an und höre die Audiodateien an. Besuche ein Live Retreat. Verdeutliche dir selbst deine Absicht und Bereitschaft durch Handlungen.

Divine Openings macht das Leben recht schnell einfacher und dann fängt der Spaß an. Es ist keine endlose Arbeit. Wenn es sich überhaupt wie Arbeit für dich anfühlt, dann hast du das alte "Endlos Verarbeiten"-Paradigma hineingezogen. Tritt einen Schritt zurück und genieße mehr, anstatt daran zu arbeiten. Sei lediglich aufmerksam und triff täglich bewusste Entscheidungen.

Manche benötigen Einzelsitzungen oder einen Livekurs, um durch tiefe Taubheit durchzubrechen oder falls der Widerstand sehr stark ist, der blinde Fleck groß ist oder der Verstand sehr dominant ist. Es ist deine Wahl. Sei lieb mit dir und gönne dir die Hilfe, die du brauchst.

Es gibt nun in mehr Gebieten Divine Openings Guides und Telefonsitzungen sind ebenfalls ziemlich kraftvoll, da Divine Openings über Zeit und Raum hinausgeht. Auf DivineOpenings.com kannst du Divine Openings Guides kontaktieren.

Divine Opening

Lass das Kunstwerk zwei Minuten lang auf dich wirken,
schließe dann deine Augen und ruhe 15 Minuten oder länger.
Honoriere die Essenz des Lebens in dir für dein Opening.

Illustration Nr. 9 – *Thai Göttin*, Gemälde von Lola Jones

Okay, wann bin ich nun erleuchtet?

Fokussiere dich auf das, von dem du mehr möchtest. Schau auf die positiven Veränderungen, die bereits eingetroffen sind. Fokussiere dich auf die Tatsache, dass dein Großes Selbst bereits "dort" ist und dass es dich beständig herbeiruft und nicht darüber urteilt, wie lang du brauchst oder ob du vom Weg abkommst. Erlebe die Vollkommenheit, die bereits da ist.

Sowie sich Divine Openings für dich entfaltet, kann es sein, dass du vermehrt Glückseligkeit, Liebe, Fröhlichkeit oder welche Emotion auch immer erlebst; Verbesserungen bezüglich Arbeit oder Geld, Veränderungen deiner Einstellung, ein Durchbruch in einer Beziehung, mehr oder weniger Energie (vorübergehend), Veränderungen des Schlafrhythmus, ein ruhigerer Verstand (oder vorübergehend ein lauterer Verstand). Es kann sein, dass du ein physisches Prickeln wahrnimmst, physische Entgiftung durchmachst, neue Inspirationen bekommst, Langeweile oder vorübergehende Leere empfindest.

Die beste Nachricht ist in jedem Fall, dass es nichts zu tun oder zu bearbeiten gibt – sondern einfach nur zu sein. Weißt du, wenn du dich gewohnheitsmäßig gereinigt oder geheilt hast, dann hat das mehr von dem erschaffen, nach dem du gesucht hast. Wenn du "an dem arbeitest" und dich auf das fokussierst, was jetzt "falsch" ist, erschaffst du mehr davon. Jetzt erschaffst du nicht mehr davon, hoffe ich. Es bewegt sich und erhöht sich spontan, so wie sich Energie von Natur aus bewegt. Deine göttliche Intelligenz dirigiert das Ganze. Die schwere Arbeit ist vorbei. Du kannst den alten Anspruch des an dir Arbeitens jetzt loslassen.

Wertschätzung wird deinen Fortschritt geschmeidiger machen. Sage: "Danke für die Aufwärtsbewegung dieser alten Energie und Emotion. Danke für das Aufsprengen des Alten, so dass ich Raum habe, das Neue einzulassen." Ich bin dankbar dafür, dass das, was aus meinem Leben gehen musste, gegangen ist. Was kommt nun als Nächstes?

Je mehr du dich darauf fokussierst, was noch nicht da ist, desto weiter kommst du davon weg. Je mehr Stress du dir um deine Erleuchtung machst, desto langsamer kommt sie. Entspanne dich und genieße die Reise und die besseren Dinge kommen einfach zu dir. Und vor allem geht es bei allem um die Freude. Es gibt wirklich nichts, *wohin* du gelangen müsstest.

> *Fang an, dich mehr auf das zu fokussieren,*
> *was du jetzt spürst und weniger auf die großen Ergebnisse.*

Dies ist kein Heilen, Korrigieren, Klären oder Reinigen. Es ist schlicht die Rückkehr in die Einheit mit dem, wer du wirklich bist. Es kann ganz sanft ablaufen. Lasse jede Vorstellung los, die sagt, dass Wachstum schmerzvoll und schwierig sein muss.

Generell läuft dieser riesige Prozess der Neuausrichtung so ab: Du erhältst ein Divine Opening und erlebst das Göttliche direkt in dir. Dann beginnt es von innen heraus an dir zu arbeiten. Die pure, positive Glückseligkeitsenergie, die du spürst, erweckt, aktiviert und bringt auch viele langsame und dichte Energien/Emotionen/Gewohnheiten/Widerstände in Bewegung, die deine Kanäle verstopfen. Es kann sein, dass du spürst, wie es sich die Skala hinaufbewegt – es muss aber nicht sein. Dann können Liebe und Freude besser denn je durch die Kanäle fließen. Es kann sein, dass du eine Weile auf und ab schwankst und dich dann auf einer höheren Ebene stabilisierst. Die höhere Ebene erscheint dir bald "normal". Dann gelangst du in einem weiteren Kreislauf höher und stabilisierst dich dort. Immer öfter spürst du Freude, ohne dass es einen "Grund" dafür gäbe, oder Liebe, wo gar keine war. Irgendwann kann dich nichts mehr lange unten halten.

Je weiter du in Divine Openings eintauchst, desto mehr wirst du dich zur Unterstützung und direkten Kommunikation mit dem Göttlichen nach innen wenden. Zögere in den Anfangsstadien jedoch nicht, um Hilfe zu bitten. Wenn du dich erinnerst, wer du wirklich bist, so kann es sich anfühlen, als würdest du dich aus der Matrix ausklinken, den Blick hinter die Kulissen werfen. Das Gebiet ist unbekannt und holt uns alle aus unserer "comfort zone", dem Bereich, der uns vertraut ist und in dem wir es uns gemütlich gemacht haben. Die Hilfe ist jedoch in dir und um dich herum. Wir können uns immer besser entspannen und uns vom Strom des Lebens zeigen lassen, wo es hingeht und wie wir dorthin gelangen können. Je "weicher" wir sind und je mehr wir loslassen, desto einfacher ist es.

Ich hatte mir vorgestellt, das Erwachen wäre irgendein ätherischer Zustand, in dem mystische Visionen erscheinen und alle meine Herausforderungen vorbei wären. Die Herausforderungen sind weniger geworden. Sie tauchen immer noch auf, aber ich handhabe sie mit mehr Leichtigkeit und kann sie sogar genießen. Es ist ein kreatives Spiel. Wir kamen hierher, um eine Vielfalt an Erfahrungen und Kontrasten zu erleben. Die Kontraste sind nicht mehr so extrem, aber sie sind immer noch da. Sie helfen uns sogar noch deutlicher zu wissen, was wir möchten. Die "Frucht vom Baum des Wissens um Gut und Böse" zu essen, repräsentiert in meinen Augen die Geburt des rationalen Denkens, der Polaritäten und Kontraste und den freien Willen, mit dem wir zwischen den Kontrasten wählen können. Wir können uns in jedem einzelnen Moment entweder auf das Göttliche in uns ausrichten oder Mühsal wählen. Wir haben die Wahl, aber sie ist niemals endgültig. Du kannst neu wählen.

Das Leben ist tatsächlich märchenhaft und voller Synchronizität und Leichtigkeit geworden. Und doch empfinden ich und andere es in diesem Prozess die meiste Zeit als subtil. Es ist eher wie ein steter Strom des "Alles ist gut", ein geschmeidiges Entfalten des täglichen Lebens, das ohne Drama vor sich hinsummt, mit Freude gesprenkelt und ab und zu einem Ausbruch an grundloser Glückseligkeit. Das menschliche Nervensystem ist noch nicht ausreichend entwickelt, um die extrem hohe Ladung der puren göttlichen Glückseligkeit ständig aushalten zu können. Sie hebt und senkt sich wie Ebbe und Flut. Surfe darauf!

Ich verspreche dir – es wird sich immer noch schrecklich anfühlen, in die niedrigeren Schwingungen abzurutschen. Es soll sich so anfühlen! Wenn wir nicht im Einklang mit unserem Großen Selbst sind, soll sich das schlimm anfühlen, damit wir wieder zurück aufsteigen. Auch nur ein klein bisschen abzurutschen kann sich sogar genauso schlimm anfühlen, wie sich der unterste Grund früher anfühlte.

Während meiner 21 Schweigetage, meiner Flitterwochen mit dem Göttlichen, bat ich um eine Liebe, wie ich sie noch nie gehabt hatte – die passende, gemeinsam erschaffende und leidenschaftliche Partnerschaft, die ich immer gewollt hatte. Innerhalb eines Monats nach meiner Rückkehr begegnete ich auf ganz einfache, natürliche Weise einem wunderbaren Mann und es entwickelte sich alles so glatt und rasch, dass ich rückblickend nur so staunte. Ich hatte Feuerwerke und Trompetenschall erwartet, statt dessen gab es nur den Klang unseres Lachens und ein stillen, friedlichen Fluss an köstlichen, beiläufigen Erfahrungen, die so unerklärlich natürlich erschienen, dass ich beschloss: "Ich glaube, ich mache das weiter." Und wie das den Druck von beiden Beteiligten nimmt, wenn man den Moment genießt und jegliches Urteil darüber, wie es sein sollte oder wohin es führen sollte, beiseite lässt. Die innere Stimme gab einen schlichten Rat: "Genieße!" Diese Beziehung machte so viel Spaß und war auf manche Weise besser als jede zuvor und doch war sie nicht für immer. Ich genoss jede Minute davon und ließ sie zwei Jahre später los, als die Schwingung nicht länger zusammenpasste. Manche Beziehungen haben ein Ablaufdatum und es ist nichts verkehrt daran.

In diesem neuen, dramafreien Leben wird Veränderung leichter angenommen, Vorfälle traumatisieren nicht mehr oder bleiben haften. Die richtigen Menschen und Dinge erscheinen immer zum richtigen Zeitpunkt, dicht auf den Fersen des Bedürfnisses oder oft sogar kurz vor dem Bedürfnis, auf eine Weise, die allen Beteiligten dient.

Innerhalb von zwei Jahren entwickelte ich mich von null Einkommen zu Wohlstand. Was noch wichtiger ist: Ich bin "unabhängig glücklich" – unabhängig von äußeren Bedingungen. Alles, was ich brauche, kommt. Divine Openings wuchs jedes Jahr beständig an und ich bin glücklich darüber, dass dies nicht schneller ablief, so dass es mich nicht überwältigte und ich mich dadurch nicht überarbeitete. Wenn, dann halte ich eher noch ein bisschen Wachstum zurück, um die Balance zu halten. Ich bin nicht ungeduldig oder besonders ehrgeizig – ich tue dies alles aus der natürlichen Freude an der Entfaltung heraus. Die Bekanntheit wächst einfach, weil ich vielen Menschen geholfen habe und sie es vielen Menschen erzählen.

Ich habe immer weniger Probleme und das Leben dreht sich nicht mehr um Probleme. Meine Gesundheit hat sich verbessert (Ich hatte jene Gesundheitsthemen bis zu diesem Moment ganz vergessen. Siehst du, wie wertvoll es ist, dir deine Fortschritte zu notieren?) Ich habe mehr Energie. Es ist ein steter Aufwärtspfad. Die Sorgen der letzten Jahre sind fort und das gelegentliche Aufflackern eines Zweifels löst sich rasch, entweder von allein, durch ein paar Minuten Eintauchen oder durch das absichtliche Anheben meiner Schwingungshöhe.

Der Verstand denkt sich immer noch gerne beängstigende Geschichten aus. Selbst wenn du frei bist, mag dir der

Verstand immer noch erzählen, du wärst es nicht. Das ist das, was diese fehlersuchende Granate von Verstand tut. Ich glaube einfach nicht mehr an alles, das ich denke! Ich werde klar von der Stimme meines Großen Selbst geführt, die sich anhört wie meine eigene, nur weiser. Sie ist nicht auffallend oder mystisch, aber sie ist konstant, solange ich dort oben bleibe, wo ich sie hören kann. *Die Stimme Gottes geht nie fort, aber wir manchmal schon!* Wir können immer zu ihr zurückkehren.

Es ist nicht unbedingt etwas Auffallendes, auch wenn es das sein kann. Es schlug weder ein Blitz ein noch sangen je die Engel zu mir, aber eines Tages war klar, dass etwas Klick gemacht hatte: "Ich hab's." Ich kenne meine Kraft. Ich weiß aus der Perspektive meines Großen Selbst heraus, dass alles gut ist. Und so ist es.

Erleuchtung ist einfach im Strom des Lebens zu sein.

Es wird zum Normalzustand

Diese fantastische Lebensweise wurde irgendwann als "so wie es sein soll" akzeptiert. Die erstaunlichen Erfahrungen der Klienten sind Alltag geworden. Ich liebe es jedoch immer noch, über sie zu staunen.

"Aha", dachte ich, "dies ist also die Rückkehr zum Paradies, die Rückkehr in die Unschuld, der Himmel auf Erden." Dies brachte dann Tränen in meine Augen, als ich mich erinnerte, dass ich sechzehn Jahre zuvor die Absicht gesetzt hatte, den Himmel auf Erden zu erschaffen – ich war weit davon entfernt gewesen und hatte nicht die leiseste Vorstellung davon gehabt, wie ich das anstellen wollte oder eine Ahnung davon, wie das sein würde. Wie oft verzweifelte ich daran und dachte, es würde nie geschehen. Erst wenige Jahre vor Divine Openings hatte ich gelernt, meine Schwingungshöhe leicht und beständig anzuheben – dann hob Divine Openings sie weiterhin an, bis sie eines Tages unmöglich zu stürzen war. Aber diese Phase ist erst der Anfang. Einmal auf einer hohen Schwingungshöhe, fängt die Reise erst richtig an. Die Details sehen nicht immer so aus, wie ich sie mir vorgestellt hatte, aber in den meisten Fällen sind sie viel besser. Zum Beispiel hätte ich mir nie träumen lassen, dass ich einmal Titelblätter für das ganzheitliche Magazin eines Partners fotografieren würde, kreativ dazu beisteuern und in dieser Zeit monatlich Artikel dafür schreiben würde, aber ich liebte es.

Erst durch den Kontrast, wenn ich darüber nachdenke, wie es früher war, kann ich wirklich ermessen, wie fantastisch es jetzt ist. Du wirst dich an jedes Hoch, das du erreichst, gewöhnen, bis es dir normal erscheint, eine Art Plateau. Dann wirst du nach einem neuen Plateau streben, wirst dich dafür begeistern und dann wird dies "ganz normal" werden. Auf diese Art dehnt sich das Universum aus und du strömst nun mit der Ausdehnung des Universums mit. Deshalb ist das Suchen nicht länger verlockend.

Glück, das bisher besonderen Anlässen vorbehalten war, wird zur täglichen Norm. Glückseligkeit wird zu einem häufigen Gefühl. Zu einer früheren Zeit wäre dieses zauberhafte Leben unvorstellbar für mich gewesen; als es eintraf, erschien es ganz gewöhnlich. Wunder sind normal, wenn du im Fluss des Lebens bist. Wenn sie nicht geschehen, stimmt etwas nicht. Tiefe Dankbarkeit löst die anfängliche Neuheit ab. Ich halte oft inne und schwärme davon und es verstärkt sich.

Wellen der Ekstase können deinen Körper während alltäglicher Tätigkeiten durchfluten. Eines Tages wollte mein Truck nicht anspringen und es tat meiner Stimmung überhaupt keinen Abbruch, ich betrachtete es höchstens als eine kleine Unbequemlichkeit, während ich überlegte, was nun zu tun war und es dann tat. Als ich am nächsten Tag im Abschleppwagen zur Werkstatt mitfuhr, begann ich plötzlich eine fast dem Orgasmus gleichkommende Ganzkörperekstase zu erleben, ohne irgendeinen Auslöser. Es war bei aller Logik absolut unerklärlich. Mein Truck war kaputt, ich wusste, dass mich das Zeit und Geld kosten würde und hier war ich nun glückselig im Gespräch mit dem Abschleppwagenfahrer und genoss ein feuriges, leidenschaftlich körperliches Gefühl des Lebendigseins – Lebenskraft durchströmte meinen Körper und brachte jede Zelle zum Leuchten.

Ich möchte von einer profanen Reihe von Ereignissen erzählen, die auf dieses magische Erlebnis folgte. Du magst vielleicht glauben, Gott hätte Besseres zu tun, als sich um unsere alltäglichen Bedürfnisse zu kümmern, aber während des nächsten Monats wurde ich beständig daran erinnert, dass der Innewohnende jeden einzelnen unserer Wünsche kennt. Es wurde hier etwas für mich vorbereitet, das alle meine Erwartungen übertraf.

Sobald der Mechaniker mein Auto geprüft hatte, brachte er mir eine unwillkommene Nachricht – die Garantie deckte diesen speziellen Bereich nicht ab und die Rechnung betrug Hunderte von Dollar, die ich für etwas Schöneres hatte hernehmen wollen. Ich nannte so etwas früher eine "schlechte Nachricht"; aber jetzt bin ich mir ohne großen Akt ziemlich im Klaren darüber, dass es so etwas nicht gibt. Jetzt denke ich, sogar während ich die "schlechte Nachricht" höre, so etwas wie: "Das war etwas unerwartet... hmmm." Ich hatte einen kurzen Abrutscher, aber innerhalb einer Stunde war ich wieder oben und entschlossen, einfach mehr Geld schnell einzulassen, was in der nächsten Woche auch geschah. Die Auswahl war schlicht: mich schlecht fühlen, die Spitze meines Fliegers nach unten richten und weitere unangenehme und teure Vorfälle erschaffen oder meine Schwingung anheben, mich gut fühlen und den Kurs zu ändern. Das ist doch eine leichte Entscheidung, oder? Es funktionierte und jeglicher Unmut verschwand innerhalb von ein paar Stunden. Das ist nun mein Mantra: "Ist es die abwärts gerichtete Spitze wert, egal wie berechtigt sie sein mag? Wird sie mir helfen, das zu erschaffen, was ich möchte?"

Ein paar Tage später beschloss ich, dass es an der Zeit war, mir einen neuen Truck zu kaufen, fand aber schnell heraus, dass der Eintauschwert meines alten Trucks viel geringer war, als ich gedacht hatte. Ich würde ihn selbst verkaufen müssen – und das war nicht unbedingt etwas, für das ich mir Zeit nehmen wollte. Ich war auf jeden Fall bereit für einen Wechsel – ein neues Set Räder passend zu meiner neuen Schwingung. Ich zuckte einfach mit den Schultern, fokussierte mich weiterhin auf das, was ich wollte und ging mit dem Gedanken hinaus: "Nun gut, bin mal gespannt, wie sich das lösen wird." Innerhalb von ein paar Stunden bot ein Freund an, den Truck für die Summe zu kaufen, die ich noch abzahlen musste und ich war begeistert über diesen Preis. Ich verkaufte den Wagen an ihn und spazierte zwei Tage später in das Autohaus, bereit den neuen Truck zu kaufen. Dass Lösungen so rasch eintreffen können, überraschte mich schon gar nicht mehr.

Eine weitere überraschende Wende war, dass der Truck, den ich hatte kaufen wollen, bereits verkauft war. Wiederum etwas, das ich nicht erwartet hatte. Ich war mir sofort sicher, dass es zum Besten war und siehe da, ich fand heraus, dass mir ein Fehler erspart geblieben war. Der Verkäufer hatte sich mit der Anhängerkapazität vertan und der Truck hätte meinen Pferdeanhänger nicht gut ziehen können. Ich zog weiter und sah mich zwei Wochen lang weiter um, ging von Autohaus zu Autohaus, verglich Benzinverbrauch und Anhängerkapazitäten und wich den Manipulationen der Verkäufer aus. Ich änderte ständig meine Meinung: "Soll ich ein Auto oder einen Truck kaufen, der meinen Pferdeanhänger ziehen kann? Oder beides?" So ging es vor und zurück.

Ich hatte mich selbst etwas verwirrt und ging das Ganze nun eher mental und analytisch an, was untypisch für mich ist; ich folge normalerweise eher der inneren Führung, als dass ich soviel mühevolle Gedanken an Dinge verschwenden würde. Eines Tages ging ich in der Mittagshitze bei knapp 38° Celsius über das Gelände eines Autohändlers und fühlte mich schon etwas schwindlig. Ich sagte mir: "Ich arbeite viel zu hart an all dem. Es ist untypisch für mein jetziges, normales Leben, so hart an irgendetwas zu arbeiten, aber komisch ist vor allem, zu keinem Ergebnis zu kommen. Ich muss mir darüber klar werden, was ich will. Ich werde heimgehen und mich entspannen." Ich fuhr nach Hause, ruhte mich aus und ging nach der Erschöpfung durch die Hitze frühzeitig ins Bett. Ein Freund bot mir an, dass ich für die wenigen Zeiten, in denen ich den Pferdeanhänger ziehen musste, seinen Truck ausleihen könnte und das eröffnete neue Möglichkeiten.

Der nächste Tag brach mit einem frischen, neuen Gefühl an und am nächsten Abend beschloss ich auf dem Heimweg, kurz nach Ladenschluss, spontan an einem Autohaus anzuhalten. Eine kühle Brise streichelte mich, während ich in gelöster, sorgenfreier Stimmung zwischen den Autos umher. Mein Blick fiel auf ein tief metallischrotes Cabrio. Mein Herz hüpfte vor Freude. Es fühlte sich gut an. Plötzlich war alles klar – die Fahrzeuge, von denen ich mir gesagt hatte, dass ich sie kaufen sollte, waren langweilig und das war der Grund, warum ich mich nicht hatte entscheiden können. Im Grunde meines Herzens gefiel mir keines von ihnen! Dieses Auto *fühlte* sich gut an.

Aus einem geschlossenen Vorführraum erschien ein Verkäufer, der noch nicht heimgegangen war und ich fuhr den Wagen Probe, begeistert von der frischen Luft und dem Himmel über mir. Ich hatte mir eines dieser Cabrios, genau dieses Modell, seit Jahren gewünscht, hatte aber immer gedacht, ich müsste wegen der Pferde einen Truck haben. Der Verkäufer sagte, das Auto wäre erst am Vortag hereingekommen. Der Grund, warum ich es nicht früher finden konnte, war, dass es noch nicht da gewesen war und ich mich auf einen Truck versteift hatte. All meine fokussierte "Arbeit" hatte verhindert, dass ich etwas anderes sehen konnte, als ich erwartete. Ich benutze dieses profane Beispiel eines Autos, aber wie oft passiert es uns im Geschäftlichen, in einer Beziehung oder in anderen Lebensbereichen, dass wir "übersehen, es zu sehen"?

Ich lache, wenn ich an diese Ereignisse denke – ein paar Tage aus dem Leben eines Erwachenden. Die Suche leichter zu nehmen und das Lösen der Spannung darum herum hatte mich so weit gelockert, dass ich entspannte und Spaß hatte, dass ich wieder im Augenblick lebte und wieder glücklich war, sogar noch bevor sich die Lösung zeigte.

Der Augenblick ist letztendlich immer das Einzige, das existiert, und sich in irgendeinem zukünftigen Moment im Voraus anzustrengen, vor allem angespannt, ist ein Rezept für Unglück in diesem Augenblick. Es geht schließlich nur um die Freude. Die Entspannung öffnete mich für meine Führung und das Göttliche konnte mir zeigen, was ich wirklich wollte.

Es war aber nicht das Auto, das mich glücklich machte, es waren die Entspannung und das Loslassen, die mich glücklich machten. Glücklich zu sein erlaubte mir, das Auto zu finden; das Auto war nur ein Nebenprodukt des Glücklichseins, ein kleiner, materieller Ausdruck dieser Energie.

Die Geschichte des Autos zeigt auch, dass das Göttliche sich um jedes Detail in unserem Leben kümmert, genau wie es ein bester Freund tut. Wirklich, Autos sind in meiner Welt ziemlich nebensächlich; ich kümmere mich nicht länger darum, was die Leute darüber denken, welchen Wagen ich fahre oder welchen Status das anzeigt. Es muss sich nur *für mich* gut anfühlen. Ein gutes Gefühl ist solch ein wichtiger Indikator für mich, dass, wenn sich etwas so gut anfühlt, ich weiß, dass ich dazu geführt werde. Die göttliche Präsenz wollte, dass ich mich in meinem neuen Auto gut fühlte und Spaß hatte – wollte, dass ich etwas hatte, das ich mir viele Jahre lang nicht erlaubt hatte. Unser Großes Selbst beurteilt nicht, was wir uns wünschen; es liefert es lediglich. Ein Freund scherzte: "Wenn du die ganze Zeit mit einem offenen Kronenchakra unterwegs bist, willst du auch ein Auto, das dazu passt." An einem kühlen Abend blickte ich während der Fahrt zum Sternenhimmel auf und dankte meinem Großen Selbst. Wertschätzung ist die beste Art und Weise, deine Freude sofort weiter zu erhöhen.

Von Tag zu Tag kann es manchmal so wirken, als würde sich nicht viel verändern, aber schau einmal sechs Monate zurück und du wirst sehen, dass sich viel verändert hat. Jetzt setzen sich, allein durch das Setzen einer *schlichten Absicht*, Kräfte in Bewegung, die Dinge *für dich* verändern. Absicht wird zu deinem Hauptwerkzeug, nachdem deine emotionale Entwicklung abgeschlossen ist und das Leiden ein Ende hat. Die Manifestationen können so unauffällig erscheinen, dass du die natürlichen Veränderungen kaum bemerkst, sie können auch recht dramatisch sein, das macht jedoch keinen Unterschied – du bewegst dich und Bewegung fühlt sich gut an. Meine Arbeit hat sich innerhalb von ein paar Monaten von privaten Sitzungen vor Ort und Unterrichtsgruppen zu weltweiten Telefonsitzungen und in erster Linie Onlinekursen verschoben, allein durch eine stete, klare, ruhige Absicht. Aber klar und ruhig wären ohne das Meistern des Instrumentenbretts nicht möglich gewesen.

Deine Absicht ist ein mächtiges Instrument.
Pass auf, worauf du sie richtest.

Das Universum ausdehnen

Schau dir all die Dinge an, von denen du meinst, dass du sie tun, sein und haben musst – vom schönen Zuhause, über Ausbildung, Erreichen der Erleuchtung, Verliebtsein bis hin zum Dienst an anderen. Du wünschst dir dies alles, weil du glaubst, wenn du dies bist, tust oder hast, bist du glücklicher. Schau einmal, ob dir auch nur eine einzige Sache einfällt, die du dir wünschst, die nicht das Versprechen birgt, dir ein besseres Gefühl zu verschaffen – bezüglich dir selbst, deiner Lieben oder der Menschheit. Nun, das Geheimnis ist: Werde jetzt glücklich, noch bevor du den Job oder den Partner hast, bevor du erleuchtet bist, bevor du bist, wer du sein möchtest, bevor alle Kriege beendet sind, bevor Politiker die Wahrheit sagen, bevor sich deine Mutter ändert, bevor du reich wirst. Dann hast du das, was du von Anfang an wirklich wolltest – und du hast es JETZT sofort.

Das Geheimnis des Glücks liegt darin, das Warten zwischen dem Moment, in dem du entscheidest, was du möchtest und dem Tag, an dem es auf der physischen Ebene ankommt, zu genießen. Du wünschst es dir, dein Großes Selbst erschafft es auf der Stelle, "wird sogar dazu" und beginnt die Party. Deine Aufgabe ist es loszulassen, dich zu entspannen, Spannung und Widerstand zu lösen und an Höhe zu gewinnen, so dass du im Einklang mit deinem Großen Selbst dazu schwingst. Du bringst dich selbst zur Party und du bist das letzte, entscheidende Teil. Dann erscheint die Party auf der physischen Ebene.

Du wirst immer und ewig in dieser Spalte zwischen der gedanklichen Schöpfung dessen, was du als nächstes erschaffen willst und seiner physischen Ankunft sein, denn sowie sich ein Traum erfüllt, wirst du sofort einen neuen träumen. Es liegt in deiner schöpferischen Natur. Gewöhne dich daran, "auf dem Weg zu..." zu sein.

Du wirst das Warten entweder genießen und jetzt glücklich sein, selbst wenn der nächste Traum noch nicht hier ist oder du wirst immer leiden, weil der nächste Traum noch nicht hier ist. Rate mal, welches von beiden einen glücklichen "Jetzt"-Moment beschert? Und rate mal, welches von beiden die Ankunft deiner Wünsche beschleunigt und welches sie verzögert?

Genieße die Wartezeit. Freue dich an der Reise.
Diese Reise ist schließlich dein Leben.

In einem fortgeschritteneren Stadium wirst du bemerken, dass die größte Erfüllung nicht in der physischen Manifestation von etwas lang Ersehntem liegt; die größte Erhebung kommt in dem Augenblick (Jetzt!) in dem dein Geist in Bezug dazu aufzusteigen beginnt und es sich im Nicht-Physischen formt. Du gebärst eine Absicht und du spürst, wie sich das Universum mit deiner Schöpfung ausdehnt, *während sie erschaffen wird*. Während du mit deinen nun geschärften Sinnen spürst, wie sich die Energie dafür sammelt, springst du auf diese Welle deiner Schöpfung auf, wie ein Surfer, und surfst auf ihrer reinen Energie, während sie immer noch im Nichtphysischen weilt. Dieses nichtphysische Anschwellen bereitet genauso viel Freude, wie das physische Ergebnis, ähnlich wie eine schwangere Frau ihr Baby bereits liebt, bevor sie es je sieht. Das Universum genießt die Ausdehnung, die du erschaffen hast, ob du sie nun in deine persönliche, physische Welt einlässt oder nicht. Aber natürlich lässt du sie jetzt ein. Fängst du an, wirklich zu erkennen wer und was du bist?

Du vergrößerst das Universum, indem du erschaffst, was du dir wünschst.

Wenn dein Herz einen Sprung macht, deine Seele singt und das Leben heller aussieht – in dem Moment bist du glücklich, ob sich nun jemals irgendwelche Manifestationen zeigen oder nicht. Das ist paradoxerweise der Zeitpunkt, an dem das, nach dem du dich so lange gesehnt hast, am leichtesten zu dir kommen kann – der Job, das Auto, der/die Geliebte, die Glückseligkeit oder die Erleuchtung. Wenn die Zeit da ist, wird es auf dich selbstverständlich wirken. "Aber natürlich ist es da, ich bin auf seiner Welle geritten. Ich musste nicht darauf warten, um glücklich zu sein. *Ich nahm die Abkürzung* zum Glück."

Ein gutes Gefühl ist für mich zu solch einer starken Gewohnheit geworden, dass Familiendramen, sogar die lebensbedrohlichen Erkrankungen meines Vaters, mich nicht mehr unterkriegen. Kleine Einbrüche kommen vielleicht vor. Meistens nicht einmal das. Ich bin jetzt wie ein Boot, das immer wieder auf der Oberfläche schwimmt, egal wie viele Wellen über meinem Boot zusammenschlagen. Ich bin bekannt dafür, dass mir das Schaukeln Spaß macht. Es ist ansteckend und hat meinen Freunden und meiner Familie, wenn sie mit ernsthaften Schwierigkeiten konfrontiert waren, schon oft Auftrieb gegeben. Indem du du selbst bist und die Gefühle und Manifestationen erschaffst, die du erschaffst, gibst du etwas zum Universum dazu und dehnst es aus. Dein Glück ist spürbar, eine spürbare Atmosphäre wie Wetter, weithin über das Universum. Wirklich.

Ich schwebe nicht über dem Ganzen und ich bin weder abgestumpft noch davon unberührt. Ganz im Gegenteil. Ich bin in meinen Körperempfindungen und meinen Gefühlen solide geerdet und spüre das Leben intensiver denn je – ich spüre nur öfter die höheren Schwingungen und bleibe weniger in den niedrigeren Schwingungen. Die Norm ist ein geschmeidiges Summen. Ich habe immer noch regelmäßige, intensive Überraschungsattacken an süßem Staunen und Ehrfurcht. Tränen laufen mir bei der Süße einer einfachen Umarmung herunter und jede Zelle in meinem Körper hat das Gefühl, vor Fülle platzen zu müssen. Und dies kommt und geht genauso wie alle anderen Gefühle und Erfahrungen es tun. Es gibt keine Möglichkeit, sie festzuhalten. Das Leben bewegt sich. Energie will sich bewegen. Lass sie sich bewegen.

Wenn deine Glückseligkeit zu verblassen scheint

Manche Menschen sagen nach ein paar Monaten oder einem Jahr: "Mein Hoch ist ausgeklungen." Aber wenn ich sie bitte, sich selbst einmal anzuschauen, so sehen sie, dass sie insgesamt höher schwingen als früher. Es ist jetzt zu ihrem Normalzustand geworden, aber die anfängliche Neuheit und Ergriffenheit ist jetzt selbstverständlich. Und nun ruft ihr Großes Selbst sie noch höher hinauf. Sie spüren die neue, geöffnete Lücke zwischen ihrem momentanen Zustand und dem nächsten Level. Es stimmt, dass das Suchen durch Divine Openings ein Ende hat, aber die Reise der Freude und Ausdehnung ist endlos.

Diese wahre Geschichte zeigt es recht unterhaltsam auf: Eine Freundin von mir besuchte vor Jahren, noch vor den Divine Openings, einen Kurs bei mir. Sie lebte von Essensmarken, wohnte in einer winzigen Hütte zur Miete und war depressiv. Nach dem Kurs fühlte sie sich wie neu geboren und gründete bald darauf eine Firma, die weltweit erfolgreich wurde.

Dann besuchte sie Jahre später einen Divine Openings-Kurs und sagte, sie stecke fest. Sie sagte: "Ich bin wieder genau dort, wo ich vor zehn Jahren war, bevor ich an deinem anderen Kurs teilnahm! Ich bin Single und habe Schulden und bin nicht glücklich damit." Ich sah mich im Raum um und jeder kaufte ihr die Geschichte ab. Ich lachte und sagte: "Liebes, das ist das, was der Kopf dir antut. Ich bitte darum, dieser düsteren Einschätzung widersprechen zu dürfen. Ich kenne dein Leben ein bisschen. Du bist weit von dem entfernt, wo du vor zehn Jahren warst. Du brauchst keine Essensmarken. Du hast eine erfolgreiche Firma. Du besitzt ein Haus und Pferde. Du bist ständig auf Reisen. Du warst gerade bei Oprah zu sehen. Du hast dich an dein neues Erfolgsniveau gewöhnt und jetzt willst du mehr. Du bist lediglich auf einem Plateau angelangt und erlaubst dir nicht abzuheben und zu fliegen. Du bist ein kreatives Wesen. Du willst deine Schwingen weiter ausbreiten und noch höher fliegen. Du bist – wieder einmal – an den richtigen Ort gekommen!"

Sie grinste verlegen, dann lachte sie. Unser auf Fehler programmierter Verstand kann die Perspektive des kleinen Selbst übernehmen und über *jede Situation* die schlimmstmögliche Geschichte erzählen. Er ignoriert alles Gute und steuert direkt auf das zu, was nicht passt. Er degradiert unseren Fortschritt und stürzt sich auf das, was noch nicht geschehen ist.

Erfahrung ist relativ. Wenn du dich in jemanden Neuen verliebst, so bist du in einem Rausch an neuen Gefühlen und Eindrücken. Dann, wenn du mehr Zeit mit dem anderen verbringst, liebst du ihn oder sie immer noch, aber die Überraschung und Neuheit ist nicht mehr da. Dieses Gefühl erscheint dir nun normal. Die Beziehung vertieft sich und die Liebe ist sogar noch stärker und realer, aber die Ergriffenheit sticht nicht mehr so heraus, hat keinen Kontrast mehr. Du kannst sie hegen und pflegen, sie frisch und lebendig erhalten und sie nähren, indem du jeden Tag davon schwärmst, wie toll sie ist. Oder du kannst deinen Fokus auf die Probleme richten, dich darüber beschweren, dass der Funke nicht mehr da ist, und er kann tatsächlich bald ganz verschwinden.

Bei Divine Openings ist es, als hättest du dein Großes Selbst, den größeren Teil von dir kennengelernt und dich darin verliebt. Es steht in riesigem Kontrast zu dem, wo du warst, daher ist es riesig aufregend, wenn du es zum ersten Mal fühlst. Es ist die ultimative Liebesaffaire. Du wirst dich jedoch an diese neue Beziehung gewöhnen und obwohl sie sich immer weiter vertieft, wird sie sich einfach normal anfühlen. Wenn du dich über den Mangel an Aufregung beschwerst, so erschaffst du mehr Mangel. Wenn du beständig davon schwärmst, was du hast, so erschaffst du mehr davon.

Wenn du im Lotto gewonnen hättest, dann würdest du auf und ab hüpfen und "Ich bin reich, ich bin REICH!!!" rufen. Aber ein Jahr später würdest du es nicht mehr tun. Du würdest es – hoffentlich – schätzen, aber du hättest dich daran gewöhnt und wärst ruhiger. Du würdest sogar anfangen, es für selbstverständlich zu halten. Und du würdest mehr für dein Leben wollen.

Erleuchtung kann und wird deine Glückseligkeit nicht in etwas Statisches einfrieren, das für alle Ewigkeit gleich bleibt. Das wäre unmöglich. Energie will sich bewegen und das Leben ist Veränderung; dein Großes Selbst möchte, dass du dich ausdehnst und wächst. Nutze lieber deinen freien Willen um neue Freuden und frische Hochs zu erschaffen, anstatt zu erwarten, dass die alten bleiben. Am glücklichsten bist du, wenn du stets mit den frischen Aufwinden deiner Herzenswünsche aufsteigst, egal wie bescheiden oder vermessen sie sind. Es ist alles relativ. Wenn du jemand bist, dessen Wünsche groß und stark sind, dessen Aufwinde schnell und hoch sind, dann wirst du einen raschen Evolutionsgang einlegen müssen, um mit deinen Träumen Schritt halten und erfüllt bleiben zu können. Wenn du schon immer mit einem bescheidenen Leben zufrieden warst, wird dich bescheidene Bewegung glücklich halten. Wenn du dich an dem festhältst, was gestern gut war, und dir nicht erlaubst, zum nächsten Level aufzusteigen, wirst du dich nicht wohl fühlen. Es ist an der Zeit, den Widerstand zu lösen und weiterzugehen – lass das Alte gehen, egal wie toll es war, und gönne dir mehr!

Wenn deine Glückseligkeit verblasst, so hältst du dich selbst zurück. Das soll sich schlecht anfühlen, genau wie die roten Lichter auf dem Instrumentenbrett deines Autos aufleuchten sollen, um dir anzuzeigen, dass die Handbremse angezogen ist. Es soll sich schlecht anfühlen, wenn du dir etwas wünschst und dir nicht erlaubst, es zu erlangen. Es soll sich schlecht anfühlen, wenn dein Großes Selbst dich zur Party einlädt und du dir nicht erlaubst hinzugehen. Schätze die wertvolle Information. Bring dich zur Party. Fang an zu leben. Oder dehne dein Leben aus.

Jedes Divine Opening, das du erhältst, beschleunigt die Energie, die Kraft und den Schwung in deinem Leben. Wenn du zu sehr überdrehst oder frustriert bist und sich in deinem Leben aber nichts bewegt, höre auf Divine Openings zu erhalten und fokussiere dich stattdessen auf Entspannung, Loslassen und *Lösen von Widerständen*. Ein perfekter Vergleich: Wenn du immer fester auf das Gaspedal steigst, um schneller zu fahren, deinen anderen Fuß jedoch auf der Bremse hast (Widerstand), so machst du deinen Wagen kaputt. Dich selbst zu blockieren, ist nicht gut für dich und du könntest Ereignisse erleben, die diese Schwingung widerspiegeln, emotionalen Stress oder körperliche Schmerzen.

Die "Divine Mother hugs" (Göttliche Mutter-Umarmungen), die wir in Sitzungen und auf Veranstaltungen geben, sind eher beruhigend, tröstend und lösen Widerstände, anstatt zu beschleunigen. Mit der Zeit wirst du lernen, dich selbst zu beruhigen, und das Audio Set "Soothe Yourself" zeigt dir, wie du genau das tun kannst.

Widerstand fühlt sich schlecht an. Loslassen fühlt sich gut an.
Dein Instrumentenbrett funktioniert!

Was du tun kannst, wenn:

1. das kleine Selbst sich das Steuer schnappt, du in "kleinen-Selbst"-Sorgen feststeckst, im Recht haben, in zu schwerer Arbeit oder anderen niedrigen Positionen auf der emotionalen Skala. Dein Instrumentenbrett wird eine niedrigere Flughöhe anzeigen und es soll sich schlecht anfühlen, damit du es bemerkst! Schau nach, wer am Steuer sitzt und richte die Spitze nach oben. Nutze die *30 Wege deine Schwingung zu erhöhen*, die am Ende des Buches aufgeführt sind.

2. du dein Leben nicht bewusst gestaltest. Wenn du deine Gedanken und Gefühle auswählst, kannst du deine Schwingungshöhe konstant oben halten. Wenn du nicht auswählst, passiert es allzu schnell, dass du auf Automatik schaltest und deine Schwingung von äußeren Umständen, anderen Menschen oder der Konsensrealität herunterziehen lässt. Wähle! Eine Wahl, die dir sehr viel Kraft gibt, ist die Ausrichtung auf dein Großes Selbst. Dann musst du nicht auf die Details deiner Wünsche eingehen; du lässt sie aus der höchsten Quelle kommen. Co-kreation funktioniert auf zwei Weisen: Manchmal entscheidest du dich bewusst dazu, manchmal setzt du es auf die Gott-Liste und lässt los.

3. du dich von äußeren Kräften beeinflussen und herunterziehen lässt. Bleibe in deiner eigenen Mitte. Fokussiere dich nach innen, nicht nach außen. Höre auf fernzusehen und schlechte Nachrichten zu lesen. Im Innern ist alles in Ordnung. Dort herrscht ein unerschütterlicher Friede, wie im Zentrum des Sturms.

4. eine Emotion sich bewegen will und du ihr Widerstand leistest. Die Emotion oder der Widerstand kann auch unbewusst sein. Du musst nicht nach dem Problem graben. Sieh dir einfach dein Leben an. Es wird dort Hinweise geben. Ein Beispiel: Leute verhalten sich aggressiv dir gegenüber. Du schaust dir also dein Leben an und bemerkst einen Groll, den du noch gegen jemanden hegst oder einen negativen Gedanken über etwas. Das zieht Aggressionen an! Das ist dein Stichwort aufzuräumen. Oder du bemerkst plötzlich eine Überzeugung, die dich einbremst. Entspann dich, hebe die Spitze an und das, was du wissen musst, wird zu dir kommen.

5. du dich von etwas zurückhältst, das dir am Herzen liegt oder das deinem Naturell entspricht. Das Leben lädt dich zur Party ein und du lässt dich nicht hingehen. Du weißt, dass es Zeit für eine neue Arbeitsstelle wäre, für einen Urlaub, für eine tiefere Beziehung, dein Buch zu schreiben, deine eigene Musik zu machen oder dafür dich nicht länger zu verstecken, du findest jedoch sehr plausible Gründe (Ausreden!) warum du das nicht kannst: "Ich habe Verpflichtungen, es wird nicht funktionieren, ich kann es mir nicht leisten, ich bin es (jemandem) schuldig, hier zu bleiben." Beweg dich! Geh! Du wirst dich wieder super fühlen, sobald du auf der Party bist. Lass los und überlasse dem Göttlichen die Schwergewichte.

6. du die Spitze deines Fliegers nach unten gerichtet hast. Du fokussierst dich auf das, was in deinem Leben oder in der Welt verkehrt läuft oder auf das, was noch nicht da ist. Das richtet die Spitze nach unten. Fokussiere dich stattdessen voller Begeisterung auf das, was richtig *läuft*, was hier *ist* und für das du dankbar *bist* und schwärme leidenschaftlich davon. Du erschaffst deine Welt aus der Luft, aus dem Nichts, aus der fruchtbaren Leere heraus. Welche Gefühle und Erfahrungen generierst du durch deinen Fokus? Was für eine Welt erschaffst du? Fokussiere dich auf das, was du willst, es leitet die Energie aufwärts und richtet die Spitze nach oben. Rede dir jetzt gut zu.

7. es an der Zeit ist, noch mehr von deiner alten Konditionierung gehen zu lassen, du dir des Widerstands jedoch nicht bewusst bist. Setze eine Absicht. Übergib es an das Göttliche. Lass es sich dir zeigen! Du brauchst es nicht zu analysieren oder irgendetwas zu tun.

Überprüfe dein Instrumentenbrett. Wo stehst du? Wenn du in der unteren Hälfte bist, so gibt es irgendwo Widerstand. Du brauchst nicht nach dem Dreck zu graben; das ist weder notwendig noch produktiv. Beobachte dein Leben. Spüre und fließe. Lass los, bitte das Göttliche darum, die Schwergewichte zu übernehmen, und du wirst höher aufsteigen denn je.

Wenn du an einem blinden Fleck hängen bleibst, hole dir von einem Divine Openings Guide Hilfe. Dein Leben ist zu wichtig, um dich von irgendetwas unterkriegen zu lassen.

Nichts ist wichtiger als deine Schwingung hochzuhalten.

Weitere Möglichkeiten, wie du im Einklang mit deinem großen Selbst sein und dein Glück zurückerobern kannst

1. Schwärme und sei dankbar. Das ist das Kraftvollste, das du je tun kannst.

2. Beruhige dich. Rede dir selbst auf dieselbe Weise zu, wie du einem Freund oder einem Kind zureden würdest. Plaudere mit dem Göttlichen. Hebe die Spitze an. Erzähle dir selbst beruhigende Geschichten. Wenn du nicht schlafen kannst, sträube dich nicht dagegen und stemple es nicht als schlimm ab. Liege da und beruhige dich selbst und du wirst selbst ohne Schlaf erfrischt aufstehen.

3. Akzeptiere deinen momentanen Stand. Du stehst da, wo du gerade stehst und wo solltest du auch sonst stehen? Erlebe deinen jetzigen Platz voll und ganz. Übergib dies an das Göttliche. Es wird sich ohne Widerstand oder Urteil schneller verändern. Tief in deinem Innern ist *jetzt gerade* alles gut. Geh nach innen und spüre es selbst.

4. Akzeptiere, dass dir dein Großes Selbst immer voraus ist. Setze alles, was du dir wünschst, auf die Gott-Liste und lass sie los. Genieße den Weg zur Party. Genieße jeden Schritt. Beruhige dich selbst mit dem Gedanken: "Ich werde dorthin kommen. Und dann werde ich mehr haben wollen. Genieße jetzt....jetzt.....und jetzt."

5. Geh auf ein "Rendezvous mit dem Göttlichen" und frische die Liebesbeziehung mit deinem Großen Selbst auf. Geh einen Tag lang alleine in die Stille ohne Fernseher, Radio, E-mail, Telefon oder Bücher. Sprich mit niemandem und richte deinen ganzen Fokus auf das Göttliche im Innern. Sprich nur mit dem Göttlichen und erneuere eure Beziehung. Rede, plaudere, lache, weine, erzähle und würdige. Nichts ist vergleichbar mit dieser tiefen, süßen Kommunion.

6. Bewege dich zu aufbauender Musik. Körperliche Bewegung und Spiel katapultieren dich aus niedriger Schwingung.

7. Erinnere dich daran, wer du bist. Du bist ein göttliches Wesen in einem physischen Körper. Du hast gewählt hierher zu kommen und Kontraste zu erleben – Dinge, die du magst und Dinge, die du nicht magst. Du darfst zwischen Möglichkeiten wählen und gemeinsam mit dem Schöpfer erschaffen. Fokussiere dich darauf, wer du bist, und entspanne dich.

8. Meditiere regelmäßig und wenn es nur für 10 Minuten ist. Dies wird dich wieder auf das ausrichten, was real ist – dein inneres Du, dein Größeres Selbst, die Stille. Wenn dein Fokus verrutscht ist und dein kleines Selbst am Steuer sitzt, verschwindet deine Seligkeit. Divine Openings hat dich geöffnet, so dass du tiefer denn je meditieren kannst. Tu es! Aber meditiere nicht, weil du sollst. Tu es nicht, um "an dir zu arbeiten" oder "etwas zu korrigieren". Tu es, weil es sich so gut anfühlt.

9. Atme mit Genuss. Atme sanft und natürlich ein und aus, während du mit deiner Aufmerksamkeit bei deinem Atem bleibst. Lass deine Wirbelsäule mit dem Atem mitschwingen. Entspanne dich. Nicht arbeiten. Sanft denken. Denke oder flüstere "ja", während du ausatmest. Es kann sein, dass Emotionen auftauchen und sich bewegen. Wenn ja, dann genieße und schätze sie. Sei bei ihnen, bis sie sich aufwärts bewegen. Manchmal kannst du bis in die Seligkeit kommen. Wenn du aufgezogen bist oder nicht schlafen kannst, ist dies eine feine Sache.

Sobald du einen Schritt machst, die Spitze leicht anhebst oder auch nur ein bisschen Erleichterung findest, wirst du spüren, wie der Frieden oder die Seligkeit anfängt zurückzukehren. Glückseligkeit ist das natürliche Ergebnis des "mit dem Strom Schwimmens". In dem Moment, in dem deine Energie aufhört frei zu fließen oder auch nur langsamer wird, fühlst du dich nicht mehr so wohl. Sowie du dich auf dem Höhenmesser nach unten bewegst, wird deine Energie immer langsamer. Widerstände verstärken sich, je weiter du dich von deinem göttlichen Selbst entfernst. Am Ende des Buches ist noch eine längere Liste an einfachen Übungen. Spiele dich damit – arbeite nicht daran.

Glücklichsein ist dein natürlicher Zustand.
Das Lösen von Widerständen führt dich dorthin zurück.

Ob nun ein Herzenswunsch abgewiesen wurde oder sich deine Spitze gesenkt hat, deine Seligkeit verblasst in dem Maß, in dem die Schwingung absinkt und sich verdichtet, und das soll sie auch! Dein Großes Selbst ist immer in Bewegung und dehnt sich ständig weiter aus, es fliegt auf der Windströmung *deiner Wünsche* mit. Es leistet überhaupt keinen Widerstand. Es ist schon auf der Party. Deiner Party. Wenn du dir nicht erlaubst, auch dorthin zu kommen, wirst du dich schlecht fühlen und das ist gut so.

Du musst dich entfalten und mit dem Strom des Lebens schwimmen, um dich wieder wohl zu fühlen. Das heißt: alles spüren, egal wo du auf dem Instrumentenbrett stehst. Es heißt: deinem Herzen folgen, egal was es will. Es heißt: deinen Verstand oder alles oder jeden ignorieren, der sagt, du kannst oder darfst es nicht.

Du musst dich dem Strom hingeben. Es kann einen Umzug nach Dänemark bedeuten, es kann aber auch etwas ganz Schlichtes sein, das du in deinem Vorgarten machst, das dein Herz zum Singen bringt. Es muss keine große Sache sein. Wenn ich durch Second-Hand-Läden stöbern will, dann tu ich das. Es entspannt mich und macht mein Herz auf eine unerklärliche Weise leicht und fröhlich. Ich könnte mir brandneue Kleidung leisten, aber das hat für mich nicht denselben Pep. (Ist ja klar.) Ich stelle mir oft vor, was ich dort finden will und empfinde ein großes Abenteuergefühl und Staunen, wo ich es wohl finden werde und wie bald. Manchmal ist es am selben Tag. Das Wichtige ist, es zu tun, weil ich einfach Lust habe, es zu tun. Du musst die Konsensrealität umgehen und dich darüber hinaus wagen.

Vor kurzem hatte ich ein weiteres Plateau erreicht und fühlte mich eher normal und gewöhnlich anstatt glückselig, auch wenn andere zu mir sagten: "Du strahlst so einen Frieden aus" oder "ich bekomme so gute Laune, wenn ich mit dir zusammen bin" (alles ist relativ). Aber wir müssen alle mit unseren eigenen Herzenswünschen mithalten; die Norm eines anderen mag für dich oder mich nicht genug sein. Nachdem Lebewesen den natürlichen Drang haben, sich zu entfalten und immer höhere Ebenen der Leichtigkeit und Freude zu entdecken, begann ich mehr zu wollen – und anscheinend hielt ich etwas zurück, denn ich konnte einen Widerstand in meinem Körper spüren, vor allem Anspannung in meinem Nacken!

Dein Instrumentenbrett zeigt dir immer an, wann es an der Zeit ist, dich weiterzuentfalten. Zuerst wirst du einen sanften Stupser von deinem Großen Selbst bekommen – einen Gedanken oder einen Wunsch. Wenn du das ignorierst, wirst du spüren, wie deine Emotionen auf dem Höhenmesser hinunterrutschen. Wenn du deine Emotionen ignorierst, eskaliert das Ganze und du wirst anfangen, physische Symptome wie Verspannung, Steifigkeit oder Schmerzen, zu verspüren. Wenn du die sanften physischen Signale ignorierst, kann eine Krankheit auftauchen. Es ist ein progressives System, in dem die Warnlichter auf deinem Instrumentenbrett immer stärker und deutlicher aufblinken und die Alarmtöne immer lauter werden, um dir anzuzeigen, dass du Widerstand leistest.

Während ich vor Jahren einen Divine Openings-Kurs hielt wurde mir klar: Ich glaubte, genau wie manche der Schüler an diesem Tag, immer noch an die Konsensrealität mit den "Arbeit ist anstrengend"- und "Geld ist rar"- Gedankenformen, die in unserer mangelleidenden Welt so überaus überzeugend klingen. Ich hatte ein wenig Stress angesammelt, was lediglich eine Information ist, ein Signal, das mir sagt: *Beweg dich, dehn dich aus, lass los!*

Ich beschloss (*Absicht* ist alles, was es in dieser Phase braucht), mir sogar noch mehr Leichtigkeit zu erschaffen. Jedes Mal, wenn wir *eine Absicht setzen*, eröffnen sich neue Wege und neue Inspirationen werden magnetisch in unser Leben gezogen, um uns zu helfen. Im Seminar tauchten wir alle in die Schwingung ein, die dem Gefühl zugrunde liegt, dass Arbeit anstrengend und Geld rar ist. Das Gefühl hob sich in seiner Schwingung an und ich wurde bald so davon gekitzelt, dass ich über die absurde, alte Vorstellung kichern musste. Ein neues Gefühl der Leichtigkeit überkam mich.

Das Lösen des Widerstands durch das vollständige Durchspüren stellte mein Hoch wieder neu her. Dann brachte dieser Schwung noch mehr Fortschritt mit sich. In diesem neuen Bewusstsein begann sich am nächsten Tag eine neue Reihe an inspirierten Handlungen mühelos zu entfalten. Zuerst wurde ich depressiv! Natürlich protestierte mein

Verstand: "Das ist kein Fortschritt! Das ist ein Rückschritt. Ich werde nicht mehr depressiv. Sollte mich dieses Erleuchtungszeug nicht immun dagegen machen?" Aber mein Großes Selbst schenkte mir ein stilles, beruhigendes Gefühl, versicherte mir, das dies perfekt war und dass es, natürlich nur, wenn ich keinen Widerstand leistete, schnell vorbeigehen würde. Widerstand gegen Gefühle erschafft Leid.

Ich saß an einem wunderschönen Tag auf der Veranda, tauchte in die Schwingung ein, die sich wie "Depression" anfühlte und spürte, dass es sich dabei um sehr alte Energien handelte. Ich begann mich leichter und leichter zu fühlen und verlor bald das Interesse an der Übung, was meistens der Hinweis ist, dass du damit fertig bist. Ich holte meinen Laptop heraus, um zu schreiben, und fühlte mich bald, ohne jede Bemühung, besser als ich mich seit Wochen gefühlt hatte – es war ein neues Hoch.

Es löste einen Domino-Effekt aus und ich erhielt noch mehr Führung – ich nahm einen ganz sanften und leichten Drang wahr, das Glas Wein zum Abendessen auszulassen. Ein Glas Wein ist ab und zu völlig in Ordnung, aber ich spürte den Wunsch, für etwa eine Woche noch strahlend klarer zu werden, und wollte diesen neuen Anstieg meiner Flughöhe maximieren.

Vielen Menschen gibt Alkohol die Erlaubnis, sich besonders gut zu fühlen, so als ob es "ohne dein Zutun" geschähe. Aber du kannst dich auch ohne Grund gut fühlen und das ist OK! Ich nehme ab und zu einen Drink, aber ich liebe die natürlichen Hochs und ich habe mich so sehr daran gewöhnt, dort oben zu sein, dass die Substanzen und Aktivitäten, die viele Menschen benutzen, um sich ein Hoch zu verschaffen, mich eher herunterziehen. Alles ist relativ.

Diesem innerlich geführten Pfad an profanen Veränderungen zu folgen, führte dazu, dass durch weniger Arbeit mehr Geld hereinzukommen begann. Ich analysierte nicht. Ich fühlte nur und folgte diesem Gefühl. Beachte auch, dass ich Umschreibungen wie Fülle und Wohlstand nur selten verwende. Viele spirituelle Menschen benutzen diese flauschigen Wörter, weil sie Urteile gegen Geld hegen. Also prüfe dich selbst. Kannst du sagen: "Ich will mehr Geld."? Fülle und Wohlstand werden nicht als gesetzliches Zahlungsmittel akzeptiert und können keine Einkäufe bezahlen. Geld schon.

Die große Botschaft lautet: Folge deinem inneren Drängen und achte darauf, wie du dich fühlst. Alles andere kommt von allein.

Fühle und folge dem Gefühl.

Tu Dinge, weil sie sich einfach gut anfühlen

Die Aufwärtsspirale ging weiter und bald befand ich mich auf einer ganz neuen, spontanen Ebene der Erlaubnis, es mir gut gehen zu lassen. Die meisten von uns tragen einige kulturelle Tabus in sich, von denen wir gar nicht wissen, dass wir sie haben. Es gibt "nie in Frage gestellte Annahmen", Dinge, die wir, ohne sie zu hinterfragen, übernommen haben, weil jeder sie glaubte, und dann wurden sie ein Teil des Lebenshintergrunds. Wie die Luft, von der du nie wirklich merkst, dass du sie atmest. Während wir aufwachsen, übernehmen wir von unserer Kultur und von den Erwachsenen um uns herum, dass wir es uns nicht *zu* gut gehen lassen sollten, dass wir nicht zu ungestüm sein sollen, dass wir unseren Körper oder Sex nicht zu sehr genießen sollten oder nicht "zu gierig" sein sollten. Wir sollten hart arbeiten und nicht "faul" sein.

Uns wurde erzählt, Verlangen sei schlecht. Verlangen, das sich wie Mangel anfühlt, oder Begierden nach Dingen, von denen du glaubst, du kannst sie nicht haben, ist die Art von Verlangen, die dir wehtut. Diese Art von Verlangen fühlt sich schlecht an. Sich nach einem Partner, nach Geld oder nach Erfolg zu verzehren, während du den nagenden Mangel davon in deinem Bauch spürst – das tut weh und senkt die Spitze nach unten.

Verlangen nach Entfaltung, nach Öffnung und nach "mehr" ist das, was das Universum am Laufen hält. Es muss nicht weltbewegend oder "für einen erhabenen Zweck" sein. Es darf auch sein, einfach weil dein Wunsch danach wunderbar köstliche Energie durch dich bewegt und diese Bewegung das Universum weiter ausdehnt. Die Erfüllung deines Verlangens bringt das Leben im Universum voran. Nähre es. Erweitere es. Deine Freude zieht Kreise, die das Universum erhellen. So wertvoll bist du. So wichtig sind dein Friede und deine Freude.

Wenn du die Welt verbessern möchtest, dann sei fröhlich. Du wirst zu einem Funkturm, der eine Schwingungsbotschaft der Liebe, Freude und Kraft aussendet.

Irgendwie hatte sich die puritanische Moral hier eingeschlichen und meinem Vergnügen einige Grenzen gesetzt, aber plötzlich erkannte ich es und tauchte daraus auf. Wieder einmal begann ich völlig spontan, Neues zu tun, einfach weil es sich gut anfühlte; ich lag morgens im Bett, zum Mittagsschlaf oder abends und genoss einfach die weichen Bezüge, genoss das Gefühl auf meiner Haut, lächelte über die vielen Dinge, die an einem einfachen Bett geschätzt werden können. Ich kuschelte meine Backe auf das Kissen und streckte mich wie eine Katze, in träger Verzückung über den Klang des Windes in den Bäumen. Ich nahm ein langes, heißes Bad im Kerzenlicht. Ich ging auf meinem Grund spazieren, diesmal nicht zur Fitness, sondern zum Vergnügen. Tiefe Glückseligkeit überkam mich. Ahh, dieses Gefühl hatte ich vermisst. Es war wie ein nach Hausekommen. Wir lieben dieses Spiel des Verirrens und wieder nach Hausekommens genauso wie kleine Kinder Verstecken lieben.

Die größte Glückseligkeit überkommt dich immer während einer neuen energetischen Entfaltung.

Am Silvestermorgen erwachte ich wieder einmal eher niedergeschlagen. Ich hatte mir eine Unterrichts- und Beratungspause gegönnt; ich hatte lange geschlafen und ich kam nicht richtig in die Gänge. Das war seltsam. Ich wache normalerweise mit der Bereitschaft auf, gleich sofort voll loszulegen. Ich weiß sogar, wie ich Energie erzeugen kann, wenn gar keine vorhanden ist (wir erschaffen schließlich unser Leben).

Aber an diesem Tag, nach einem Superfrühstück mit Pfannkuchen und Würstchen, hatte ich die Inspiration, mich an ein Projekt zu machen, das ich schon seit Jahren hatte machen wollen. Ich liebe es, auf der Ranch herumzuwerkeln und die Dinge praktischer und schöner zu machen. Das Fort Worth Cowgirl in mir liebt es, Zäune zu bauen, die Scheune herzurichten und die Sachen so zu organisieren, dass sie besser funktionieren. Seit fünf Jahren wollte ich eine Tür, die sich hinten aus dem Futterraum heraus direkt zur Scheune öffnet, so dass ich die Pferde auch an regnerischen, kalten Tagen füttern kann, ohne nass zu werden. Gemeinsam mit einem Freund, der gerne Ranchtätigkeiten übernimmt, fing ich damit an und dann brauchte er etwas Zeit, in der er es umsetzen konnte, ohne dass ich ihm dabei über die Schulter sah.

Also ging ich zu einer meiner anderen Lieblingsbeschäftigungen über. Ich stieg auf meinen John Deere Rasenmäher-Traktor und mähte riesige Spiralen in das hohe, gelbe Gras auf der vorderen Weide. Auf diese Weise konnten die Leute im kommenden 5-tägigen Schweigeretreat dieses Labyrinth begehen, während sie ihre speziellen Divine Openings einwirken ließen. Dann machte ich weiter und mähte aus Spaß ungefähr drei weitere Acre. Wenn ich den Rasenmäher fahre, bin ich wie ein kleines Kind. Es ist wie Gokartfahren und zu beobachten, wie das Land gepflegt und schön wird, befriedigt mich ungemein. Dazu der Anblick der fast fertigen, neuen Tür in meinem Futterraum und ich kann dir gar nicht beschreiben, wie aufgeregt ich mich fühlte, als die Sonne unterging. Ich war ekstatisch. Ich weiß nicht, warum es sich so gut anfühlt, diese Dinge zu tun, und es ist mir ganz egal. Es ist nicht wichtig, warum dir etwas Spaß macht. Es muss keinen Sinn machen, es muss nicht einmal produktiv sein und niemand anderer braucht es zu verstehen. Tu es einfach. Du vergrößerst die Freude im Universum.

Vielleicht hast du das Gefühl, du hättest "zu viel Arbeit zu tun", als dass du dir Dinge erlauben könntest, die kein Einkommen produzieren oder verantwortungsbewusst sind. Aber du musst die Dinge tun, die dein Herz tun möchte; diese Dinge sind buchstäblich Nahrung für deine Seele und wenn du deine Seele hungern lässt, wie kannst du dann produktiv sein? Du hast keine Vorstellung davon, wie sehr diese "nutzlosen" Dinge deine Bemühungen, Einkommen zu verdienen, antreiben werden. Nachdem es keine Frist gibt, in der du diese Dinge gemacht haben musst, werden die Wochen vorbeifliegen, ohne dass du sie jemals machst – außer du gönnst dir dieses Geschenk jetzt.

Was ist es bei dir? Ein Bild zu malen, zu gärtnern, mit einem Freund Kaffee zu trinken, dem Hund neue Tricks beizubringen oder mit den Kindern zu spielen? Es muss nichts Tiefgreifendes sein. Tu das, zu dem du dich im jeweiligen Moment hingezogen fühlst, egal wie nebensächlich es erscheint. Dein Großes Selbst führt dich auf mysteriöse Art und Weise.

An demselben Abend, nachdem die Ranch-Spaß-Projekte fertig waren, schossen meine Energie und Begeisterung in die Höhe. Ich hatte einige große Inspirationen, die zu "produktiver Action" in meiner Arbeit führten und es waren Ideen, deren Ausführung Spaß machte – ungewöhnliche Ideen. Ich fühlte mich erneuert und freue mich auf die Silvesterparty, während ich zuvor gemischte Gefühle gehabt hatte, ob ich ausgehen sollte. Ich traf viele interessante Menschen und hatte eine tolle Zeit. Ich lernte eine Frau kennen, die mir bei einigen technischen Herausforderungen helfen konnte. Diese simplen Herzenswünsche auszuführen, hatte mich auf einen produktiven Aufwärtspfad gelenkt.

Lass die "Solls" und die Urteile darüber, ein realistischer, verantwortungsbewusster Erwachsener zu sein, gehen und halte dich stattdessen an das, was dein Herz tun möchte, zumindest einmal am Tag – wenn nicht fünf- oder sechsmal. Du wirst staunen, was sich in anderen Lebensbereichen tut, sobald du in diesen Strom eintauchst. Wenn Leute sagen, sie arbeiten härter, um das Wachstum ihres Unternehmens zu steigern, muss ich grinsen und sage: "Nimm dir Urlaub. Alles wird super laufen, während du weg bist."

Während ich weiterhin meinen Gefühlen folgte, erkannte ich, dass ich wirklich aufhören wollte, so viele Einzelsitzungen zu geben, und stattdessen Kurse halten wollte. Ich bin keine "Routine-Mensch". Ich war es müde, dieselben Dinge, eine Sitzung nach der anderen, immer wieder einzeln zu unterrichten. Innerhalb eines Monats hielt ich in erster Linie Kurse. Dann wurde mir rasch klar, dass ich Onlinekurse anbieten könnte, und es waren bereits drei Personen in mein Leben getreten, die wussten, wie man das macht. Bald half ich zehnmal so vielen Menschen in einem Fünftel der Zeit, die ich früher gebraucht hatte. Zauberhaft.

Mit Divine Openings kannst du deine Handlungen auf einen Bruchteil reduzieren.

ÜBUNG: Liste einige Dinge auf, die du diese Woche tun könntest, um dich einfach gut zu fühlen!

1.
2.
3.
4.
5.
6.
7.
8.
9.
10.

Worauf wartest du jetzt noch? Mach sie!

Traum-Aufgaben

Traum-Aufgaben sind einer meiner Lieblingswege um zu erschaffen, denn im Traum sind wir widerstandslos. Während wir schlafen, sind wir vollkommen offen für alle Ressourcen unseres Großen Selbst. Wir sind frei von der Dichte und dem Widerstand, die die physische Form mit sich bringt. Früher schrieb ich Dinge auf, die mein Großes Selbst für mich regeln konnte, während ich schlief. An manchen Abenden denke ich nur daran, während ich in das Land der Widerstandsfreiheit hinüberdrifte. Mittlerweile geschieht es meist ganz mühelos.

Wenn wir schlafen, sind wir so widerstandslos, wie wir es in unseren physischen Körpern nur sein können. Im Schlaf kehren wir in das rein Nicht-Physische zurück und lassen die Dichte dieser Dimension hinter uns. Wir kehren zur Rein göttlichen Quelle zurück, um uns zu erholen, uns wieder aufzuladen, zu erschaffen und ungestört in dieser liebevollen Präsenz zu spielen. Nachdem ich meine Traum-Aufgaben aufgeschrieben hatte, ließ ich sie los und stieß einen großen Seufzer der Erleichterung aus: "Es ist nicht meine Aufgabe."

Es ist wie Delegieren, nur ein nach oben Delegieren. Erinnerst du dich an die Vorstellung des *bakti paradina*, des Gottes, der dir zu Diensten steht? Stelle ihn dir als deinen persönlichen Assistenten vor, der niemals schläft, alles und jeden kennt und der gut gelaunt 24 Stunden am Tag, jenseits von Raum und Zeit, für dich arbeitet. Freue dich daran, dass dieses Größere Du niemals schläft und alles tun kann. Mit Divine Openings laufen die Dinge super, während du weg bist und schläfst. Jetzt, wo das Leben sich um Erschaffen anstatt um Problemlösungen dreht, um das Erschaffen von Spaß und Abenteuern und darum, dein Leben so zu gestalten, wie auch immer es dir gefällt, ist es besonders großartig. Überprüfe kurz und beobachte, was von beiden du tust. Erinnere dich daran: Du wirst das bekommen, was du erwartest!

Du schläfst besser, wenn du zuerst all deine Wünsche und Sorgen "an das Göttliche abgibst". Geh in einer guten Stimmung schlafen und du erholst dich besser. All deine Sorgen und Wünsche abzuladen schenkt tiefen, inneren Frieden, löst Widerstand und bringt Erleichterung. Gib alles an Gott ab und lass los. Lege eine Liste an, übergib sie an das Göttliche und lass los. Die Inspiration wird später kommen, wenn du sie am wenigsten erwartest. Besser noch, oft tauchen viele Dinge auf der Liste einfach auf oder werden mühelos erledigt. Es macht mir Spaß über eine alte Liste zu stolpern. Das Meiste davon ist immer schon erledigt – vieles davon ohne viel Aufwand meinerseits. Oder es musste nie getan werden. Etwas Besseres tauchte auf, so dass es sich erübrigte.

Wenn du Divine Openings machst, bedeuten "schlechte" Träume, dass die Gnade diese niedrige Schwingung für dich anhebt. Du brauchst dir nicht den Kopf darüber zu zerbrechen oder sie zu analysieren. Sie sagen nichts Schlimmes voraus.

Es geht bei Träumen nicht nur darum, Probleme zu lösen; sie bereiten deine Sehnsüchte und Schöpfungen vor. Ich mag die Traum-Aufgaben besonders gerne, wenn meine Sehnsucht groß ist, da meine einschränkenden Gedanken und Überzeugungen oft nicht wissen, wie es möglich sein soll. Im Nicht-Physischen oder im Traumland gibt es keine Grenzen.

Das göttliche Timing mag nicht immer mein Timing sein, aber wenn ich es abgebe und warte, kommt es immer irgendwann. Oder etwas Besseres geschieht. Das ist viel besser, als mich selbst dabei auszulaugen, alles selbst schaffen zu wollen und meinen eigenen Zeitplan zu erzwingen. So vieles, von dem wir denken, dass wir es tun müssten, ist nur Teil des unablässigen Gemeckers des Kopfes. Es war niemals notwendig oder hätte sowieso nicht funktioniert.

Sich an den Traum zu erinnern oder "die Antwort zu wissen" ist nicht wichtig. Es kann sein, dass du dich beim Aufwachen an gar nichts erinnerst, doch das, worum du gebeten hast, taucht spontan durch Synchronizität auf. Jemand gibt dir einen Hinweis, eine Information taucht auf oder eine inspirierte Idee schießt dir später durch den Kopf, wenn du in der Situation bist, um die es dir ging. Traum-Aufgaben sind super bei beruflichen, persönlichen und gesundheitlichen Themen oder Entscheidungen jeder Art.

Träume darüber.

Bitte einfach, dann lass los!

Über all diesen Prozessen und Techniken könnten wir das Allereinfachste und Kraftvollste von allem vergessen: Loszulassen und dem Göttlichen die Schwergewichte zu überlassen ist immer das Kraftvollste, das du tun kannst.

Sprich zum Göttlichen und plaudere darüber, was du brauchst und möchtest. Aber bitte nicht immer wieder darum. Es ist getan. Wenn du weiterhin darum bittest, widersprichst du dem und drückst aus, dass du meinst, es wäre noch nicht getan. Die Party hat angefangen. Frage, wie du aus dem Weg gehen kannst, wie du Widerstand lösen und zur Party gehen kannst. Bei deinen einfachsten und alltäglichsten Bedürfnissen, bei der Umsetzung deiner Träume, der Kommunikation mit deinen Lieben, deiner Arbeit und bei Geld, bei Linderung von physischen Krankheiten, für die weiseste Entscheidung, die beste Urlaubsplanung, für Humor und Spaß weiß die Präsenz, was du dir wünschst und beginnt die Party. Geh auf die Party.

Das Göttliche bietet in jedem Moment Hilfe an, schon lange bevor du danach fragst, aber deine Frage fokussiert deine Energie und schwingt dich auf die Lösung ein. Sie erinnert dich daran, nach den Antworten Ausschau zu halten, die immer angeboten werden. Sie bereitet dich darauf vor, auf die Party zu gehen und die Antworten ankommen zu lassen.

Das Kraftvollste, das du je tun kannst, ist, es dem Göttlichen in dir zu übergeben.

Wie du dies Anderen beibringen kannst? Lebe es!

Manchmal fragen mich die Leute, wie sie ihre Familien und Kollegen dazu bringen können, ein erleuchtetes und glückliches Leben zu leben. Aus viel eigener Erfahrung heraus ist meine Antwort ganz klar: Lebe es und lass sie es sehen. Erlaube die Zeit, die es braucht. Dein Beispiel ist der beste Lehrer und unsere Bemühungen sind am sinnvollsten eingesetzt, wenn wir praktizieren, anstatt zu predigen. Wenn sie es begreifen, kannst du sicher sein, dass du es lebst. Du kannst dein Erwachen grob daran abschätzen, inwieweit dein Umfeld erwacht.

Und damit meine ich nicht, dass du perfekt darin sein musst. Ein Beispiel zu geben kann heißen, dass du sagst: "Hey, ich bin gerade wütend auf dich, also lass uns nicht miteinander sprechen, bis ich eine Chance hatte, meine eigenen Gefühle zu klären. Ich gehe jetzt spazieren, um genau das zu tun. Ich komme wieder. Bis gleich." Wow, was für eine Botschaft! Du beanspruchst deine eigene Macht anstatt die Schuld auf den anderen zu schieben. Das lehrt Kinder, sich authentisch und gleichzeitig verantwortungsbewusst zu spüren und zu leben.

In einer früheren Beziehung vor Divine Openings hatte ich mir immer wieder gewünscht, der Mann würde mehr Persönlichkeitsentwicklung mit mir mitmachen. Stattdessen nahm er mich jedes Mal hoch, wenn ich nicht das lebte, wovon ich sprach, und es schien ihm großen Spaß zu machen, Dinge zu tun, die mich aus der Fassung brachten.

Damals war das ziemlich frustrierend, jetzt kann ich jedoch erkennen, dass er meine weisen Worte nicht hören konnte, weil meine immer wieder unklugen Taten sie übertönten. Ich konnte damals das, was ich lehrte, noch nicht beständig leben. Jetzt lebe ich es, wenn auch nicht immer in jedem einzelnen Moment, aber ich bin schon so viel besser darin geworden. Ich manifestiere liebevollere Partner, indem ich liebevoller mit mir selbst werde und die alten Schwingungen anhebe, die die Lieblosigkeit zuvor angezogen hatten.

Es ist einfacher, andere formell zu unterrichten, wenn du dies professionell machst und sie sich offiziell dazu bereit erklären, indem sie dich darum bitten oder sich anmelden. Das gibt dir die Erlaubnis, sie zu unterrichten. Ich unterrichte meine Freunde und Familie nicht außerhalb meiner Arbeit. Ich kümmere mich um meine eigenen Angelegenheiten. Ich sage vielleicht: "Frag mich, wenn du meine Sichtweise dazu hören willst.", oder "Möchtest du meinen Rat oder möchtest du nur, dass ich zuhöre?" Es bringt nichts, wenn jemand nichts hören will. Wenn du einen Rat gibst, um den dich der andere nicht gebeten hat, kann es sich anfühlen, als würdest du ihn angreifen oder kritisieren.

Denk an die Polizeiserien im Fernsehen, in denen ein Verbrechen an einem Familienmitglied einer der Detektive verübt wird und er losgeht, um das Verbrechen zu rächen. Sein Vorgesetzter zieht ihn vom Fall ab, weil er emotional zu sehr betroffen ist. Er widersetzt sich den Vorgaben und verfolgt den Täter und löst dabei allerlei Tumult aus.

Wenn du zu sehr betroffen bist, so "zieh dich vom Fall ab".

Wenn du Divine Openings weiterempfehlen willst, übernimmt unsere Webseite die ganze Arbeit für dich. Auf DivineOpenings.com gibt es einen Bereich, in dem du E-mails an deine Freunde schicken kannst, um ihnen diese Seite vorzustellen. Wir danken dir für das Weitersagen mit einem Geschenk. Auf DivineOpenings.de finden deine Freunde den deutschen Bereich von Lolas Seite. Biete es leichten Herzens an und mach dich von ihrer Antwort frei. Du hast deine Aufgabe durch das Angebot erfüllt und das allein fühlt sich gut an.

Es gibt im Alltag Momente, in denen ich erkenne, dass die Person mich von dort aus, wo sie momentan steht, nicht hören kann. Ich muss mich anhören, als spräche ich eine andere Sprache. In diesen Momenten, wenn solche Menschen jammern, leiden, in Sturzflug gehen und nicht einmal die Möglichkeit einer Lösung sehen können, mache ich einen tiefen Atemzug und sag aus dem Herzen heraus: "Ich höre dich. Das hört sich hart an." Ich höre auf zu sprechen, kümmere mich um meine eigenen Angelegenheiten und lebe das, wovon ich rede. Es ist ihr Leben und zu sehr darauf zu drängen, ihnen zu helfen, ist kontrollierend. Lass die anderen ihre eigenen Entscheidungen treffen. Vielleicht überraschen sie dich und sind eines Tages plötzlich offen oder sie finden einen anderen Lehrer, den sie besser hören können. Es gibt verschiedene Lehrer für verschiedene Menschen.

Wenn du wirklich von innen heraus dazu gerufen wirst, formell zu unterrichten, wird dich nichts aufhalten können. Türen werden sich öffnen und es wird anfangen zu geschehen. Du kannst wählen, am 5-tägigen Schweigeretreat teilzunehmen und dich anschließend zum Divine Openings Guide ausbilden zu lassen oder die Gnade aus jeglicher beruflichen Tätigkeit heraus auszustrahlen. Du kannst auch nur für deine eigene Entfaltung und Befreiung am Retreat teilnehmen.

Praktiziere lieber anstatt zu predigen.

Tagträume zur "Unterhaltung"

Tagträume machen Spaß und sind, wie Meditation, sogar kraftvoller als die nächtlichen Träume, denn du erschaffst sie bewusst. Deinen Fokus als bewusster Schöpfer zu trainieren, stärkt deine Kraft der Absicht, genau wie ein Muskel durch Training an Kraft gewinnt.

Für das Erschaffen gibt es zwischen einem lebhaften Tagtraum und der Realität keinen Unterschied. Olympische Athleten benutzen seit Jahren kraftvolle Visualisierungen, um ihre Leistung zu steigern. Träume, wann immer du dazu Gelegenheit hast, von dem, was du dir für dich selbst und für die Menschheit wünschst. Das ist alles, was dein Großes Selbst sieht, immer!

Tagträumen fühlt sich gut an, weil es dich auf dein Großes Selbst einschwingt. Dein Großes Selbst hat die Realität, die du dir wünschst, bereits erschaffen und wartet nur noch darauf, dass du aufhörst, dich in den Weg zu stellen und angespannte, widersprüchliche Energien auszusenden. Es wartet darauf, dass du deine Schwingungshöhe auf seine anhebst, damit es sie in ihrer physischen Form für dich manifestieren kann. Das Beste daran ist, dass es sich schon jetzt gut anfühlt!

Du träumst nicht, um etwas zu erschaffen; es ist bereits erschaffen. Du wurdest schon gehört, als du diese Sehnsucht zum ersten Mal verspürt hast und dein Wunsch wurde dir sofort gewährt. Die Party findet genau jetzt auf der nicht-physischen Ebene statt und wird schneller im Physischen auftauchen, wenn du deinen Wunsch nicht umdrehst und ihm nicht widersprichst. Tagträumen entspannt dich, so dass du deiner Sehnsucht nicht mit Widerstand oder Zweifeln widersprichst und ihre Manifestation nicht verlangsamst. Du träumst, um zur Party zu kommen.

Tagträumen ist eine kraftvolle Art und Weise, die Wartezeit zu genießen und aus dem Weg zu gehen.

Visualisiere in erster Linie, um glücklich zu sein und aus dem Weg zu bleiben.

Das meiste von dem, was wir denken und fühlen, wurde uns von Geburt an antrainiert und einprogrammiert. Wir wurden aus unserem natürlichen Zustand heraustrainiert. Vieles von unseren Gedanken, Gefühlen und unserem Lebensinhalt ist nicht unsere eigene, bewusste Schöpfung, sondern eher ein Mischmasch aus weitergereichten Ideen, Überzeugungen und Gedanken unserer Familie, unserer Gesellschaft und des Uralten Denkens. Jetzt dürfen wir neu anfangen.

Träume deine Träume zur Unterhaltung und du wirst die beste Entspannung und den geringstmöglichen Widerstand zu diesem Thema haben. Wenn du dir sagst, es ist nur zum Spaß und keine ernsthafte Arbeit, dann wirst du dich entspannen, loslassen und es genießen – und weißt du was? Das ist genau die Einstellung, die die schnellsten Ergebnisse herbeiführt.

Gönne dir also täglich etwas "innere Kinozeit". Statte deine Tagtraum-Drehbücher mit Bildern, Geräuschen, Düften, etwas zum Ertasten und ausgereiften Gefühlen aus. Lächle in dich hinein, während du genießt, was kommen wird. Male es dir so real wie möglich aus. Sei lieber darin als es von außen zu beobachten. Geh darin herum und spüre dabei, wie fest der Boden ist, auf dem du gehst. Füge lustige Szenen hinzu und du wirst dich sogar noch weiter entspannen und noch mehr Widerstand lösen. Wenn du eine Starthilfe brauchst, dann leih dir das Auto für eine Probefahrt, male ein Bild oder schneide Bilder für eine Traumcollage aus, die dir das *Gefühl*, die Schwingung von dem vermitteln, das du dir wünschst. Ein Mann deckte seinen Tisch mit einem extra Teller *und Essen* für die Partnerin, die bald in seinem Leben auftauchen würde und unterhielt sich mit ihr während der Mahlzeiten. Er hat die Schwingung wirklich in diesen Momenten ausgesendet. Und ja, sie ist aufgetaucht.

ÜBUNG: Hör auf zu lesen. Versuche jetzt gleich nur eine Minute lang zu träumen. Such dir etwas aus, was du liebend gerne hättest! Sprich laut mit den Menschen, die mit dir dort sein werden.

Du kannst das Tagträumen benutzen um mitzuhelfen, die Welt zu erleuchten und Frieden zu schaffen. Zuerst musst *du* dort angekommen sein. Du kannst, im Bett liegend und davon träumend, welche Ereignisse du in der Welt sehen möchtest, mehr Gutes tun als jede Legion von Politikern, Diplomaten, Missionaren, spirituellen Lehrern oder Soldaten je durch Handlungen erreichen könnte. Allzu oft erschafft ihre Anspannung und der "Kampf dagegen" noch mehr von genau der Disharmonie, die sie vermeintlich zu eliminieren versuchen. Sie geraten in Disharmonie mit sich selbst. Glückliche Aktivisten sehe ich selten. Aktion produziert keine Ergebnisse. Energieausrichtung produziert Ergebnisse. Aktion vervollständigt bloß das, was im Nicht-Physischen bereits getan wurde – aber oft sieht es so aus, als wäre es die Aktion gewesen, die es vollbracht hat.

Diese Tagtraum-Übung fühlt sich sehr gut an und das sagt dir, dass du mit deinem Großen Selbst im Einklang bist. Lege dich einfach entspannt hin und schließe die Augen. Erschaffe einen Tagtraum, in dem alles gut ist, alles gelingt und jeder in Wohlstand lebt. Sowie deine Kraft größer wird, kannst du Tausende oder sogar Millionen an Menschen aufwiegen, die Negativität ausstrahlen.

Seit Tausenden von Jahren haben jeweils einige wenige erleuchtete Meister die Negativität der restlichen Menschheit auf diese Weise ausgeglichen, da positive Schwingung tausende Male kraftvoller ist als negative. Jetzt kannst du mithelfen.

Du bist immer am "manifestieren". Du kannst es nicht nicht tun.
Es kann nur sein, dass es nicht das ist, was zu erschaffen du beabsichtigt hast.

Erinnere dich daran: Je mehr es sich wie Unterhaltung anfühlt und je weniger wie Arbeit, desto kraftvoller ist es. Wenn du es ganz ernsthaft angehst, dann spannst du dich an und gehst in Widerstand. Tu es rein zur Unterhaltung, aus purer Freude und versuche nichts geschehen zu machen. Ein Anwalt nutzte es, um eine bevorstehende Anhörung aufzulockern, wegen der er sich stresste, und er lächelte, als er lustige Szenen in seinen Film einfügte. Es funktionierte. Seine Anhörung verlief glatt. Wenn du entspannt bist, ist deine Kraft befreit und du wirst Wunder wirken. **Probiere gleich jetzt zwei weitere Minuten Tagträumen aus und zwar auf eine Weise, die dir Spaß macht!**

Leer und Bedingungslos

Eines Morgens, einige Monate nach meinen 21 Schweigetagen, wachte ich auf und stellte nüchtern fest, dass alles sinnlos zu sein schien und dass das für mich in Ordnung war. Da ich seit meiner Rückkehr ziemlich konstant glücklich und gelegentlich glückselig gewesen war, war dies "interessant", aber in meiner typischen Gleichgültigkeit wusste ich, dass es nichts Schlimmes war – ich würde einfach nur dabei sein. Ich ging meiner Arbeit genauso effizient nach, als wenn sich nichts verändert hätte. Das ist etwas, das sich seit den Divine Openings radikal verändert hat: Ich lasse mich durch nichts mehr stoppen und tue weiterhin alles, was getan werden muss, egal wie ich mich fühle. Es fühlt sich an, als ob die Präsenz einfach meinen Körper bewegt. Die Dinge laufen auf einer Art super-effizienter Automatik nebenher. Es gibt einen unsichtbaren Motor, der immer läuft.

Nachdem ich keinen Widerstand leistete, war ich innerhalb eines halben Tages über den Zustand dieser Leere und Bedeutungslosigkeit hinaus! Die Dinge bewegen sich so schnell durch dich durch, sobald du bereit bist, bei dem zu sein, was ist. Bald war ich begeistert, dass wir nun schon so weit gekommen sind, dass das leere und bedeutungslose Stadium der Erleuchtung, das früher klassischerweise monatelang anhielt, nun innerhalb weniger Stunden für mich und meine Klienten ablief.

Bald darauf kam ein Freund in denselben Zustand. Er sagte, er saß stundenlang da und starrte die Wand an und war sehr still geworden – was bei ihm sehr ungewöhnlich ist! Nachdem er eher der Action-Typ ist, hätte er normalerweise entweder über seine Sorgen gesprochen, trainiert oder irgendetwas getan, um sich abzulenken. Er hatte sich gesträubt, den Kampf aufzugeben, der so tief in ihm verwurzelt war. Er war nicht bereit oder fähig gewesen, bei seinen Gefühlen zu sein. Ich vermute, dass er in seiner Verzweiflung und Müdigkeit aufgegeben hatte, sich ein Riss des geringsten Widerstands öffnete und die Gnade nun übernahm und ihn stoppte.

Er war immer noch in einem losgelösten, abgetrennten Zustand und hatte nicht viel zu sagen außer: "Alles fühlt sich so leer und bedeutungslos an. Das Schlimmste ist, dass sogar nichts mehr komisch wirkt. Mein Schreiben lebt vom Humor!" Er zog eine Grimasse. Ich überrumpelte ihn doch einmal und brachte ihn zum Lachen, als ich sagte: "Hey, was für eine Gelegenheit! Du könntest leeren und bedeutungslosen Sex haben!" Dann ließ ich ihn allein dabei, weiter verwirrt an die Wand zu starren. Jeder Zustand ist wertvoll – ein Tod des Alten und die Öffnung einer neuen Perspektive. So vieles von dem, was wir für wichtig halten, ist es nicht. Er brannte bald vor mehr Energie denn je zuvor und brachte sein Unternehmen in eine neue Phase.

Selbst später, nach Jahren von Divine Openings, wurden manche meiner größten Ausdehnungen von kurzer Depression oder unbenennbarer Verzweiflung eingeleitet, was, wie du dir vorstellen kannst, etwas beängstigend ist. Anfangs dachte ich: "Ich bin wirklich durchgedreht! Etwas stimmt nicht!" Aber wenn ich mich daran erinnere, es einfach nur zu erleben, ohne Widerstand, dann kann es sich sehr schnell bewegen. Jedes Mal stellt es sich letztendlich als ein uralter, blinder Fleck heraus, der sich auflöst oder etwas, das ich erst jetzt gehen lassen kann. Es sagt mir: "Es ist an der Zeit, dich zu entfalten und auszudehnen... wieder einmal!" Es soll sich schlecht anfühlen, wenn du dich zurückhältst – wenn du dir die Entfaltung verweigerst! Eines Abends ging ich nach einem Tag seelischer Dunkelheit zu Bett und ein Lichtwesen kam während der Nacht (es war kein Traum) und bot mir eine Hand, um mir hochzuhelfen. Dann kamen einige sehr beruhigende Träume. Ich wachte am nächsten Morgen unglaublich glücklich auf. Später an diesem Tag wurde während eines lockeren Gesprächs mit einem Divine Openings Guide ein blinder Fleck in meinem Leben sichtbar und klärte sich einfach. Glückseligkeit brach aus. Das ist typisch. Eine dunkle Nacht der Seele ist ein sehr tiefes, vielversprechendes und gesegnetes Ereignis, das dich am Ende höher hinaufführt. Gerate nicht in Panik.

Du bist nicht "durchgedreht". Du wirst wunderbar durchkommen. Nun, wenn du es schlecht machst, deine Macht abgibst und dich an jemanden oder etwas wendest, um es "zu korrigieren" oder zu verstehen, "warum" es geschah, dann könnte sich das dem natürlichen Prozess in den Weg stellen. Du würdest einen Umweg nach unten machen und zurück im Suchen sein. Es könnte jahrelang so weitergehen, ohne Erleichterung, egal wie hart du daran arbeitest. Wenn du Hilfe benötigst, wird ein Divine Openings Guide dich immer zurück in dein Inneres führen, zurück zu dir selbst.

Und jetzt?
Jemand schenkte mir eine Grußkarte. Ein Mönch öffnet ein Geburtstagsgeschenk von einem anderen Mönch und als er in das leere Paket schaut, sagt er: "Wow, genau das, was ich mir immer gewünscht habe – NICHTS!" Meditiere lieber, um zu nichts zu gelangen, als zu etwas zu gelangen. Reines Nichts ist die Essenz der Präsenz. Alles andere ist vorübergehende Form – lediglich Materie. "Aus dem Nichts" zu leben ist frisch und befreiend.

Wir zögern oft, Dinge loszulassen, die wir nicht einmal mögen. Wenn wir sie loslassen, merken wir, wie sehr wir uns mit all diesem Zeug definiert hatten. Ich half einmal einem Freund für einen Umzug zu packen und er musste den Kram aus zwölf Jahren durchsehen und entsorgen. Er saß mit hängenden Schultern inmitten eines großen Stapels an persönlicher Geschichte auf dem Boden. Ich fragte ihn, ob er die Dinge behalten wollte und er sagte: "Nein, aber es fühlt sich trotzdem wie ein Verlust an, sie gehen zu lassen." Ich saß still bei ihm, lauschte und fühlte lediglich und dachte mir: "Lass die Gefühle so sein. Sie werden nicht lange bleiben, wenn ihnen kein Widerstand geleistet wird."

Der Körper und das kleine Selbst mögen einen Verlust wahrnehmen. Etwas "zu verlieren", vor allem viel auf einmal gehenzulassen, hinterlässt eine Leere und wir mögen die Leere nicht sehr gerne, bis wir uns daran gewöhnt haben.

So sehr wir uns alle wünschen, dass sich unser Leben verändert, wenn es dies dann tut, kann sich das freudig anfühlen ... beunruhigend... freudig... verwirrend... leer... freudig...

Wenn du viel mehr Glückseligkeit erlebst, als du es gewohnt bist, so kann sogar das beunruhigend sein. Unser kleines Selbst hat keine Ahnung, was hier vor sich geht – super Sachen passieren und es hat sie nicht unter Kontrolle. Es kann Angst bekommen! "Was, wenn es nicht anhält?" Jemand erzählte, dass die Art und Weise, wie ihre Musik seit ihrem ersten Divine Openings angenommen wurde, "fast beängstigend" war. Ihr Körper "öffnete sich" und sie musste "versuchen keine Angst zu haben, nach innen zu hören und dem zu folgen". Ist es nicht interessant, wie das kleine Selbst das Neue fürchtet, selbst wenn es das ist, was wir immer wollten?

Meine persönliche Erfahrung deckte das ganze Spektrum an Emotionen ab und ich habe sie alle voll und ganz erlebt. Die Freude und das Lachen überwogen die Gewölle, Rüttelschwellen und Blicke auf die Seiten an mir, die ich nicht mochte. Ich fühlte mich, als wäre ein Wirbelsturm durch mich hindurch gesaust und hätte mich blank gewischt.

"Hmm, ich glaube nicht, dass ich noch in Kansas bin" murmelte ich vor mich hin. "Wo bin ich also? An der Grenze zu einem neuen und unbesiedelten Land. Ach du meine Güte – das bedeutet, es gibt keine Landkarten! Keine Landkarten? Himmel, es gibt nicht einmal *Straßen*!" Ich fühlte mich mächtig und kraftvoll, tastete mich aber immer noch von einer Sache zur nächsten.

Wenn du etwas neu und frisch erschaffen möchtest, würdest du dann über eine Leinwand malen, auf der dicke Schichten alter Farbe sind? Oder würdest du auf einer frischen, gesäuberten, grundierten Leinwand beginnen? Wenn du eine frische, saubere Leinwand des Bewusstseins möchtest, ist es am besten, du beginnst mit einem schön sauberen, leeren Kopf. Das wird sich anfangs sehr seltsam anfühlen. Genieße die Leere für eine Weile. Sie wird nicht bleiben. Was immer du tust, stelle es nicht als falsch hin oder leiste ihm Widerstand. Es ist in Ordnung. (Alles ist in Ordnung.) Es gibt keine Eile. Lass deine alte, ziel-orientierte Art des Denkens los und entspanne dich ein Weilchen. In der Ewigkeit gibt es reichlich Zeit. Die Inspiration wird kommen und dann wirst du dich bewegen. Die Natur verabscheut jedes Vakuum. Sei lediglich wählerisch, womit du es füllst!

Wenn das Alte verschwunden ist, sind wir leer und frei.
Und dann wählen wir das zu erschaffen, was immer wir wollen.

Du darfst das neue Leben und die neue Welt, die du willst, erschaffen. Es gibt kein festgesetztes Schicksal, auch wenn du vielleicht schon ein paar ungefähre Vorstellungen von dem mit auf die Welt gebracht hast, was du erleben willst. Es ist deine leere Leinwand, auf der du malen kannst, was du möchtest. Gott schreibt dir nicht einmal vor, wie Gott mit dir zusammenarbeiten wird – du darfst auch das mit erschaffen! Sechs Monate nach meinen 21 Schweigetagen "rüstete" ich mein Gottesbild erneut "auf" und warf einen weiteren Haufen an Vorstellungen hinaus, die ich, wie ich bemerkt hatte, in Indien oder anderswo übernommen hatte, die für mich nicht mehr authentisch waren und die ihren Dienst für mich getan hatten.

Nachdem ich einige physische Schmerzen erlebt hatte und sah, dass es sich dabei um Widerstände handelte (es sind immer Widerstände), setzte ich mich still hin, um nach innen zu gehen und fragte: "Welches Gottesbild ist für mich *jetzt* noch wahrer?" Auf der Stelle tauchte vor meinem inneren Auge ein Bild auf, in dem ich durch ein leeres Buch voll handgeschöpfter Papierseiten blätterte. Ich lachte. Gott ist ein leeres Buch. Dies erweckte ein tieferes Verständnis dafür, dass die reinste Erfahrung der Präsenz formlos ist und in der tiefen Stille der Leere erlebt wird. Ich warf noch mehr übernommene Vorstellungen und Konzepte über Bord und öffnete mein Herz weiter. Aus dem tiefen Inneren stieg eine Präsenz auf, die ganz unmöglich zu beschreiben war. Ich hörte den Wind draußen und er schien sein/unser Atem zu sein. Wie wir die Präsenz erleben, entwickelt sich weiter, so wie wir uns weiterentwickeln. Lass dir deine eigene, genüssliche Zeit.

Vorfreude

Freude ist kein Produkt von etwas; sie ist eine angeborene Qualität deines Großen Selbst, die natürlich und essentiell ist. Die Freude sprudelt wie aus einem Springbrunnen in Situationen aus dir heraus, in denen du es am wenigsten erwartest, unter Umständen, in denen andere eventuell leiden – so wie bei mir, als mein Truck nicht mehr ansprang. Ohne die Einmischung des Verstandes liegt in allem Freude. Es sind alles Erfahrungen.

Freude ist nicht von äußeren Umständen, Finanzen, Zustimmung oder Ereignissen abhängig; sie *ist* einfach. Dein Großes Selbst sitzt im Auge des Sturms, es ist in Frieden, egal was gerade geschieht, während dein kleines, abgetrenntes Selbst von den Wellen des Sturms umhergeworfen wird und darunter leiden kann, wenn die Dinge nicht richtig laufen. Das Glück des kleinen Selbst hängt davon ab, dass die Dinge auf eine bestimmte Art und Weise laufen, während dein Großes Selbst in jeder Situation glücklich sein kann. Das kleine Selbst kann Vergnügen empfinden, wenn alles nach seiner Nase läuft, aber keine wahre Freude.

Sobald du voll erwacht bist, wirst du immer noch eine Abneigung gegen manches haben und dich von anderen Dingen angezogen fühlen, du wirst manche Menschen immer noch lieber mögen als andere, aber es wird weniger Anspannung dabei sein. Sie werden einfach nur Vorlieben und deine Wahl sein. Wir sind hier, um aus Möglichkeiten und Kontrasten auszuwählen.

Gefühle werden kommen und gehen, aber auch hier wird weniger Anspannung oder Druck dabei sein, weniger Widerstand dagegen und dadurch werden sie nicht "hängen bleiben"; sie werden sich flüssig durch dich durch bewegen und du wirst Schmerz nicht mehr in Leid wandeln. Zuerst wirst du dich in die Glückseligkeit hinein und wieder aus ihr heraus bewegen, aber sowie du stabiler wirst, erlebst du die höheren, feineren Schwingungen immer öfter. Im einen Moment spürst du vielleicht Wut, aber nachdem dein Gummiband nun so kräftig ist, springst du im nächsten Moment schon wieder an die Spitze der Skala zurück, die nun dein authentischer Soll-Wert ist.

Der Kopf wird immer noch um das Überleben besorgt sein und manchmal negativ oder ängstlich – aber ab einem bestimmten Punkt wirst du davon befreit sein und dich von deinen Gedanken lösen können. Du wirst den Kopf oft ignorieren. Es wird immer deutlicher werden: *Du brauchst nicht alles zu glauben, das du denkst. Deine Gedanken sind nicht "du". Du bist nicht dein Kopf.*

Die Gedanken, die vom Uralten Denken zu dir herüberdriften, sind nicht deine eigenen. Wenn ein Gedanke keinen Sinn ergibt, frage: "Ist das meiner?" Wenn nicht, wird er sich auflösen. Jedes Mal, wenn jemand das versteht, wird das Uralte Denken schwächer.

Dein Verstand wird, wenn du dich an dein göttliches Selbst hingibst, immer noch aktiv sein, es wird sogar noch viel mehr davon aktiv sein, aber die dominanten Bereiche davon werden die Bereiche sein, die den Gedanken der Erleuchtung aufrechterhalten können. Das Stammhirn wird beruhigt und weniger aktiv, weniger dominant sein. Die plappernden Scheitellappen werden stiller sein. Die weiterentwickelten Frontallappen werden aufleuchten und aktiver werden, je mehr sie sich auf die göttliche Energie einschwingen und mehr inspirierte Gedanken produzieren.

Du wirst weniger Energie an Gedanken-Geplapper verschwenden. Dein Verstand wird dann für dich arbeiten, wenn du es brauchst und wenn du es nicht brauchst, wird er still und untätig sein. Die Gedanken, die durchkommen, werden eine höhere Qualität haben und öfter inspiriert sein. Wenn dein Verstand mit produktiven Gedanken beschäftigt ist, dann ist das in Ordnung. Du bist hier, um in der Welt mitzuwirken, nicht, um die *ganze* Zeit mit leerem Kopf auf einer Wolke zu sitzen.

Dein Verstand wird mehr und mehr zu einer Empfangsstation für göttliche Intelligenz und Gnade werden und wird dir eher dienen, als dich steuern. Du wirst ihn wahrscheinlich in einem leereren Zustand mit mehr freiem Raum halten, anstatt so viele Ereignisse, Gefühle, Muster, Strategien und Fakten dort zu speichern; du wirst wissen, dass dir das, was du brauchst im richtigen Moment einfällt.

Wie du also gehört hast, ist das "Gehirn als Abstellkammer" eine überholte Idee. In der Vergangenheit glaubten wir, wir müssten Erfahrungen aufbewahren und Reaktions- und Verteidigungsmuster entwickeln, um sie zu unserem Schutz und unserer Führung in der Zukunft zu nutzen. Vergangene Erfahrungen sind jedoch offensichtlich nicht der beste Führer, wenn wir über die Vergangenheit hinauswachsen wollen. Direktes Wissen ist in dem Augenblick verfügbar, in dem wir es brauchen. Allzu oft schränken die vergangenen Erfahrungen lediglich ein, was wir für möglich halten.

Jetzt sind wir von der Vergangenheit frei. Es geschehen Dinge, die noch nie zuvor in der Geschichte der Menschheit geschahen und die Geschwindigkeit der Ausdehnung des menschlichen Bewusstseins erhöht sich täglich.

Erleuchtung bringt nicht unbedingt mystische Fähigkeiten und Talente mit sich, auch wenn dies sein kann. Hellseherische Fähigkeiten, Channeling, Heilkraft und mystische Visionen können selbst bei Menschen mit niedriger Schwingung gefunden werden, daher sind nicht alle Schüler oder Lehrer, die geniale Zisch-Bumm-Erlebnisse haben oder übertragen, deshalb erleuchtet.

Da wir Auffälliges lieben und dazu neigen, unsere Erfahrungen mit denen anderer zu vergleichen, ist es wichtig, dich, während du dein Erwachen erlebst, daran zu erinnern, dass du keine glitzer-glimmernden Phänomene brauchst, um voll erwacht zu sein. Wenn sich dein Herz öffnet und du auf eine stille Art deiner ganzen Familie gegenüber liebevoll und mitfühlend bist, so ist dies wesentlich wertvoller als jegliche mystische Gabe oder Vision und bewirkt genauso viel in der Welt wie das Werk einer berühmten Persönlichkeit, die mit tausenden von Menschen arbeitet.

Manche Klienten berichten mir nach ihren Divine Openings von aufregenden Visionen und Flügen durch das Universum und sind dann geschockt zu hören, dass ich noch nie solche Erlebnisse hatte. Glücklicherweise liebe ich meine Erfahrungen. Ich liebe das, was ist. Punkt aus. Meine Erfahrungen sind perfekt für mich gewesen und ich bin vollauf mit ihnen zufrieden. Es geht schließlich um die Freude. Wenn du durch das Universum saust und beeindruckende Wunder wirkst, ohne Freude daran zu haben, dann ist das alles sinnlos.

Miss deinen Reichtum und deine Erleuchtung in Liebe und Freude.

Du bist niemals "fertig"

Kannst du dir Gott vorstellen, wie Er/Sie/Es sich beklagt: "Herrjemine, wann ist diese Schöpfung denn endlich fertig? Ich habe nun schon seit Äonen daran gearbeitet und sie ist immer noch nicht fertig! Wann kann ich mich denn endlich entspannen und zur Ruhe setzen?" Hört sich albern an, oder? Aber so sind wir. Wir wollen, dass es fertig, vollständig, perfekt und vorbei ist. Wofür? Was sonst haben wir denn in der Ewigkeit noch zu tun?

Die Schöpfung entfaltet sich bis in Ewigkeit weiter; das Spiel ist eine grünende, reiche, vielseitige, unendliche Schöpfung. Der Schöpfer in uns kann nicht aufhören zu erschaffen. Energie bewegt sich durch uns durch, erzeugt Ausdehnung und erschafft eine erhebende Strömung, auf der sich unser Großes Selbst zum Spaß tragen lässt. Wenn wir lernen, aus Spaß auf ihr zu reiten, haben wir das Spiel gemeistert und wir können es genauso genießen wie unser Großes Selbst. Wenn wir suchend und nicht findend durchmarschieren, im Versuch irgendwohin zu gelangen, dann liegt keine Freude darin und wir gehen nicht mehr im Gleichschritt mit unserem Großen Selbst, dem es Spaß macht einfach zu sein – und Du zu sein.

Wenn wir aufhören nach einer Wunderwaffe zu suchen und anfangen jetzt zu leben, kann sich das Leben bis in Ewigkeit mit Freude und Leichtigkeit entfalten. Wenn du bereit bist, alles zu erleben, gibt es nichts mehr, wovor du weglaufen oder wofür du eine Antwort suchen müsstest. Wie lange dein Erwachen auch brauchen mag, es wird für dich in Ordnung sein, denn du weißt, dass es dein Genießen jedes einzelnen Augenblicks der Ewigkeit ist, das die Freude mit sich bringt. Du weißt, dass es kein Ziel gibt. Wenn du dieses Buch in ein oder zwei Jahren immer noch wieder liest, du aber immer glücklicher wirst, bist du auf Kurs. Wenn du dein Leben liebst, ist es egal, wie schnell es geht – du bist frei. Auf die Vervollständigung hinzurasen, wird dich ermüden und deiner Freude berauben. Du, ewiges Wesen, bist niemals vollständig.

Schließe jetzt mit deiner stetig weiterentfaltenden, unendlichen Reise durch die Ewigkeit Frieden. Lache über die alte Vorstellung des jemals "Irgendwohin-Gelangens" oder des "Fertig-Seins". Du wirst sterben und die Liste der Dinge, die noch zu erledigen sind, wird immer noch nicht fertig abgehakt sein. Na und? Du wirst einfach dort weitermachen, wo du das letzte Mal aufgehört hast, wirst all das mit dir bringen, was aus dir geworden ist. Du wirst das Abenteuer mit einer frischen Perspektive in einem noch ausgedehnteren Spiel des Lebens weiterführen.

Divine Opening

Dies ist der Tanz der Seele. Bald wirst du den Tanz deiner Seele voll ausleben, oder vielleicht tust du es bereits. Lass das Bild eine Minute lang auf dich wirken, schließe dann deine Augen und ruhe 15 Minuten lang oder länger.

Illustration Nr. 10 – *Tanz der Seele*, Gemälde von Lola Jones

Wie dieser Prozess bei dir ablaufen kann

Die meisten Menschen beginnen innerhalb etwa eines Monats Divine Openings eine neue Dimension der Lebensqualität zu entdecken, wenn sie spüren, nach innen gehen und es nicht mit anderen Dingen verwässern. Manche nehmen sich mehr Zeit. Dieses Buch, das auf dem ersten Level ist, holt die Menschen für gewöhnlich aus dem Leiden, der Anspannung und Sorge heraus und führt die meisten in eine stille Freude und inneren Frieden oder höher. Sie haben ein völlig neues Bewusstsein dafür, wie sie ihre Realität erschaffen, den Fluss ihrer Gefühle bis zu einem gewissen Grad gemeistert und die Fähigkeit, sich freier durchs Leben zu bewegen.

Wenn deine Befreiung am Ende des ersten Lesedurchgangs noch nicht in Aussicht ist, dann empfehle ich dir, es langsam noch einmal zu lesen. Dein Bewusstsein dehnt sich nach jedem Lesen aus, du wirst also Dinge hören und sehen, von denen du schwören könntest, sie standen beim ersten Lesen noch nicht im Buch. Du wirst Dinge spüren, loslassen und tun, denen du zuvor Widerstand geleistet hattest. Eine Frau erkannte beim zweiten Lesedurchgang, dass sie beim ersten Mal vermieden hatte mitzuspüren und es nur intellektuell aufgenommen hatte. Beim zweiten Mal spürte sie es stark. Manche vermeiden die Übungen beim ersten Lesedurchgang, machen sie aber beim zweiten Mal, sobald die Gnade sie weiter geöffnet hatte. Du könntest es viele Male lesen und würdest jedes Mal mehr darin finden.

Andere brauchen oder möchten mehr als das Buch und nehmen an den Online Level 1 und 2 Retreatkursen teil. Andere nehmen am 5-tägigen Schweigeretreat teil, in dem sie zwölf Stunden pro Tag in diesem kraftvollen Resonanzfeld verbringen und täglich live Divine Openings bekommen können.

Ein Divine Opening kann einen Effekt haben, der sich um Tage oder sogar Monate verzögert, je nachdem, was es in dir bewirken muss. Du könntest beispielsweise Divine Openings erhalten und kaum etwas davon spüren. Monate später hat sich die Gnade dann durch Berge an unsichtbarem Widerstand durchgeschmolzen und du erlebst ein immenses Erwachen, anscheinend aus dem Nichts heraus. Falls du zum Suchen zurückgekehrt warst, kann es sein, dass du es der falschen Sache zuordnest und dann wird es wirklich verwirrend. Suchen und arbeiten dreht den Prozess des Erwachens wieder um. Du kannst nicht gleichzeitig erwacht und auf der Suche sein. Das ist wie verloren und gefunden sein. Du kannst nicht beides sein.

Benutze diese Übungen weiterhin täglich, bis du dich ziemlich beständig supergut fühlst und spiele dich dann mit erhaltenden Übungen auf eine leichte, lockere Art, die Spaß macht. Steig aus der heilen-suchen-und-an-dir-arbeiten-Tretmühle aus!

Die Seite mit den *30 Wegen deine Schwingung zu erhöhen* am Ende dieses Buches dient dir als schneller Ratgeber um oben zu bleiben. Es gibt auch eine Seite mit täglichen Übungen. Stelle dir deine eigene, individuelle, tägliche Routine zusammen und frische sie nach Bedarf auf, so dass sie lebendig bleibt und Spaß macht.

Spiele dich weiterhin damit, bis du neue Gewohnheiten geschaffen hast und nicht mehr länger daran denken musst. Dann bist du frei. Ich mache kaum regelmäßige Übungen. Sie sind nun meist in mein Leben von Moment zu Moment eingebettet. Herausforderungen kommen und gehen rasch. Mein Verstand ist geschärft und effizient, nach der Menopause. Meine Kreativität und Energie fließen. Ich stecke niemals lange fest.

Seit ich diese Arbeit entwickelt habe, habe ich niemanden gebraucht, um mich zu beraten oder spirituell, mental oder emotional an mir zu arbeiten noch habe ich an mir selbst gearbeitet. Ich habe ein automatisches Upgrade-Programm und das kannst du auch haben. Ich wandte mich zur Unterstützung bei ein paar physischen Sachen an einen Chiropraktiker und einige Divine Openings Heiler. Manchmal ist es einfacher, sich für Dinge, die in deinem "toten Winkel" oder in deinen verbliebenen Widerstandsbereichen liegen, Hilfe zu holen. Mit 56 funktioniert mein Körper besser denn je. Ich fühle mich super.

Ich gönne mir Massagen, weil sie sich gut anfühlen und meinem Körper helfen, diese sich konstant erhöhende Energie fließen zu lassen. Du wirst immer mehr selbstkorrigierend, selbstheilend und selbstgeführt werden, wenn du an dieser Arbeit dranbleibst und sie meisterst, aber wenn du mehr brauchst oder an einen blinden Fleck stößt, bieten wir dir Hilfsmöglichkeiten an.

Du kannst beispielsweise zuerst in deinen Beziehungen freier werden, dann bezüglich Geld, aber erst zuletzt in deiner körperlichen Gesundheit. Es kommt dann, wenn es kommt. Dich darüber zu beklagen, dass es noch nicht geschehen ist, wirft dich zurück. Sei dankbar, genieße, lass los!

Wie du siehst, gibt es keine Schwarz-weiß-Richtlinie, wann der Tag deiner vollständigen Erleuchtung gekommen ist oder auch nur, wie deine aussehen wird. Wenn es dich nicht länger interessiert, wann du angekommen bist oder wie das aussehen wird und du eine tolle Zeit verlebst, dann bist du jetzt angekommen! Es ist die Freude auf der Reise, die zählt.

Bleib dran

In meiner Erfahrung mit vielen tausend Menschen gewinnen sie am besten an Höhe, stabilisieren sich und erhalten ihr Erwachen, wenn sie das Buch mehrere Male lesen. Ich habe noch nie jemanden gesehen, der alles auf einmal hätte einlassen können, egal wie klug oder fortgeschritten er war. Deine "Kanäle" dehnen sich mit jedem Lesen weiter aus und du kannst jedes Mal mehr Gnade zulassen. Es ist weitaus mehr als Worte und Verstandesdinge.

Vor dem nächsten Teil möchte ich ganz klar stellen: Tu, was immer du wählst. Ich sage dir nicht, *was du tun oder nicht tun darfst*. Jeder sträubt sich dagegen und das ist gut so. Mir geht es darum, dich in die Freiheit zu führen! Wenn ich glaubte, "Modalitätensuppe" würde dich befreien, dann würde ich dir jedes Buch und Seminar auf dem Markt empfehlen und ein Vermögen daran verdienen. Aber das kann ich nicht tun! Das meiste von den Dingen dort draußen steht im Widerspruch zu Divine Openings und zu versuchen, widersprüchliche Dinge gleichzeitig zu tun, führt zu Chaos. Wenn die anderen Dinge dich beispielsweise dazu bringen an dir zu arbeiten, "deine Gefühle zu heilen", deine Geschichte zu erzählen, "energetisch zu arbeiten" oder jemand "an dir arbeitet" – wirst du schlichtweg nicht den vollen Effekt der Divine Openings bekommen. *All das widerspricht Divine Openings.*

Hier spricht wieder der Cowgirl-Guru in mir: So viele Therapien, Methoden und New-Age- Praktiken funktionieren einfach überhaupt nicht. Manche funktionieren teilweise, langsam oder vorübergehend. Die Definition von Geisteskrankheit ist, dass man das Gleiche immer wieder tut und verschiedene Ergebnisse erwartet. Ich habe einige Leute beobachtet, die mit Divine Openings erstaunliche Erfahrungen machten, richtig hoch schwingend und frei wurden, dann ins Suchen im Außen abdrifteten und sich wieder verloren. Manche scheinen sich diese Menge an Macht, Kraft und Freiheit nicht erlauben zu können. Jemand anderer sagte zu mir, nachdem er zurückgefallen und dann wieder zu Divine Openings gekommen war: "Nun ja, ich dachte, wenn Divine Openings so gut ist, dann wären mehr Dinge sogar noch besser!" Wenn du dich auf andere verlässt, dass sie dich korrigieren, klären, dir ein besseres Gefühl verschaffen oder deine Emotionen heilen, dann benutzt du dein Instrumentenbrett nicht. Du bleibst in Abhängigkeit und nach außen fokussiert und vernachlässigst die immensen Ressourcen, die du in dir trägst.

Ich bin von diesem Karussell abgestiegen und lade dich ein, dasselbe zu tun. Du hast freien Willen und du musst die Entscheidung treffen aufzuwachen. Nicht jeder will Freiheit, auch wenn er sagt, er wolle es.

Bleibe an Divine Openings dran, bis du an die innere Führung angeschlossen bist, klar, glücklich und erfolgreich bist und die Fragen aufhören. Dann kann das Lesen eines spirituellen Buchs einfach inspirierend oder unterhaltsam sein. Eine Divine Opening Sitzung kann einen blinden Fleck erhellen, ohne dass du auch nur ein Gramm deiner Macht abgibst. Du kannst die Fürsorge und Unterstützung der Menschen in deinem Leben genauso zulassen, wie du sie ihnen schenkst. Eine gelegentliche Sitzung bei einem *hoch schwingendem* Medium kann hilfreich sein, aber achte darauf, was du aufnimmst und erinnere dich daran, dass du es erschaffen hast und du es daher auch verändern kannst. Vor allem: Entspanne dich, fange an zu leben und genieße es *jetzt*. Das Leben ist zum Leben da, nicht zur Suche, damit du eines Tages anfangen kannst zu leben.

Schneller ist nicht immer besser

Alle Divine Openings, ausgenommen Göttliche Mutter-Umarmungen (Divine Mother Hugs), haben einen "beschleunigenden" Effekt, beschleunige also nur auf die Geschwindigkeit, in der du auch Widerstand lösen kannst. Mit anderen Worten, wenn du Gefühlen und Bewegung in deinem Leben Widerstand leistest, dann ist das, wie wenn du den Fuß auf dem Bremspedal hast. Drücke das Gaspedal also nicht bis zum Anschlag durch und beschleunige deine Energie, während dein anderer Fuß auf der Bremse ist. Löse zuerst Widerstand und beschleunige dann weiter. Bewege dich beständig, aber beruhige dein Bedürfnis nach Geschwindigkeit. Große Träume und großen Widerstand zu haben, ist wie gleichzeitiges Durchdrücken des Gas- und des Bremspedals auf einmal.

In der Praxis bedeutet das: Wenn du zu aufgezogen bist, aber nicht produktiv vorankommst, musst du Widerstand lösen und nicht noch mehr Energie aufbauen. Wenn das Leben chaotisch wird, mach langsamer und erde dich mit körperlichen Dingen wie Gartenarbeit, Spaziergängen, Putzen und organisatorischen Dingen.

Überspringe beim zweiten Lesen des Buches die Divine Openings, bis du entspannst, loslässt und dich an die Beschleunigung gewöhnst, die du bereits hast. Hab mehr Spaß daran und stelle sicher, dass Divine Openings nicht zur Arbeit geworden ist.

Um dir beim Lösen von Widerständen zu helfen, habe ich eine neue Seite auf der Webseite geschaffen, auf der du eine Umarmung mit göttlicher Mutterenergie (Divine Mother Hug) bekommen kannst. Eine Göttliche Mutter-Umarmung beschleunigt die Energie nicht; sie beruhigt dich, macht dich weicher und schmilzt Widerstände. Geh auf DivineOpenings.com/divine-mother-hug. Die live Umarmungen von Divine Openings Guides sind außerordentlich wirkungsvoll.

Irgendwann werden einige von euch aufhören, formelle Divine Openings zu empfangen. Du wirst leben und dein Großes Selbst *sein*, was das beabsichtigte Ergebnis der Divine Openings ist. Sobald du dich von selbst kraftvoll anschließen kannst, kann es sein, dass du nur noch gelegentlich ein formelles Divine Opening erhältst, wenn du dazu geführt wirst. Lasse dir weiterhin helfen, bis der Tag kommt, an dem du schlichtweg keine Hilfe mehr brauchst.

So sehr ich mich auch dafür einsetze, dass jeder von innen heraus geführt wird, habe ich über die Jahre festgestellt, dass manche Menschen es vorziehen, auf Dauer einen Lehrer und etwas Struktur zu haben, und das ist eine ebenso berechtigte Wahl. Es ist besser, an etwas dranzubleiben, das funktioniert, als in unergiebiges Suchen abzudriften. Für andere von euch fällt ab einem Punkt alles weg und es gibt nur noch das erwachte Du, mit nichts weiter zu "tun", als die Ausdehnung weitergehen zu lassen, zu genießen und zu leben.

Epilog

In den ersten vier Jahren überarbeitete ich *Alles läuft super während ich weg bin* mit jeder neuen Druckauflage – etwa 22 mal – da Divine Openings sich beständig weiterentwickelt. Drei Jahre lang war es *nur* über meine Webseite erhältlich und tausende von Menschen aus über 75 Ländern wurden dazu geführt. Dann setzte mein Selbstverleger es auf Amazon.com, weil es einer seiner beiden Top Bestseller war, obwohl es kein spiritueller Verlag ist.

Als ich mich bereit fühlte, das englische Original von *Alles läuft super während ich weg bin* über Buchhandlungen erhältlich zu machen, musste ich der Tatsache ins Auge sehen, dass dies die letzte Überarbeitung werden würde, auch wenn Divine Openings sich weiterhin täglich weiterentwickelt. Mein ganzes Sein besteht darin, diesem Planeten neue Energie/Licht/Intelligenz zugänglich zu machen, daher werde ich den steten Fluß an neuen Entwicklungen – wir nennen sie "Divine Downloads" weiterhin in die Online Retreat Kurse und in kostenlose Artikel auf der Webseite einbringen. Die Möglichkeiten, die ich für die Menschheit sehe, sind schon jetzt sehr aufregend.

Zum Zeitpunkt dieser Ausgabe gab es 35 kostenlose Artikel auf DivineOpenings.com/spiritual-awakening-articles. Etliche davon findest du ins Deutsche übertragen auf DivineOpenings.de. Ich empfehle vor allem den Artikel *23 Spirituelle Mythen die dich bremsen*. Oder du kannst über die Suchfunktion der Webseite nach deinem Wunschthema suchen.

Wir haben eine ganze Welt auf DivineOpenings.com und DivineOpenings.de geschaffen. Sie hat sogar ihren eigene Anziehungskraft, was von einer Anzahl an Menschen bescheinigt wurde, die mir erzählten, die Seite tauchte eines Tages einfach auf ihrem Bildschirm auf, als sie den Computer gar nicht berührt hatten. Viele Menschen machen sie zu ihrer Startseite und beginnen ihren Tag damit, das Zitat zu lesen, zu forschen, zu lachen und die hohe Resonanz aufzusaugen, die nun ihre "Heimatfrequenz" ist.

Als *Alles läuft super während ich weg bin* erstmals erschien, sagten die Leute, dass sie noch nie etwas in der Art gesehen hatten – dass vieles davon einmalig und revolutionär war. Berühmte Autoren, Therapeuten, Heiler und Lehrer, die das Buch gelesen haben und bei uns an Retreats teilgenommen haben, haben einiges davon in ihre eigene Arbeit übernommen – du wirst Teile davon vielerorts wiederfinden. Divine Openings ist jedoch am kraftvollsten, wenn es in seiner reinen, vollständigen, unveränderten Form ist. Die Konzepte sind lediglich 10 Prozent davon. Die Gnade ist 90 Prozent davon.

In diesem Buch, auf DivineOpenings.com und auf DivineOpenings.de ist es in seiner reinsten Form präsentiert. Bitte empfehle es allen, die du liebst und die dir wichtig sind. Die Leute werden schneller und leichter frei denn je und wir freuen uns sehr, wenn du die Seite rein aus Genuß weiterhin besuchst, um zur Schwingung beizutragen, andere aufzubauen und als Mitglied an der Gemeinschaft teilzunehmen.

Neueste Entwicklungen? Ich schreibe an eigener Musik mit, singe und mache Aufnahmen, eine weitere Sache, von der ich dachte, dass sie Spaß machen würde, aber ein unerreichbarer Traum wäre, bis ich vor zwei Jahren begann, Gesangsunterricht zu nehmen. Wie die Tennessee Leute meiner Mutter sagen würden: "Ich hätte den Ton nicht einmal halten können, wenn er einen Griff hätte." Jetzt spielen talentierte Musiker und Komponisten mit mir und zum Zeitpunkt dieser Ausgabe sind zehn unglaublich aufbauende Songs auf der Seite erhältlich. Die Sammlung "Watch Where You Point That Thing" enthält fünf Songs, die dich 25 Minuten lang inspirieren, rocken lassen und einfach Spaß machen. Sie schaffen das kraftvolle Resonanzfeld von Divine Openings und enden in einem tiefen Tauchgang in dich selbst. Du wirst darauf surfen, dazu trainieren oder tanzen, damit lachen und in der Stille danach ruhen, die Ruhe genießend.

Mein nächster Traum ist es, live zu singen, und es ist nicht wichtig, wann das geschieht – ich surfe schon jetzt auf der Freude daran und habe ein tolle Zeit beim Proben. Ich werde mich weiterhin voller Freude entfalten und weiterentwickeln – aber nie wieder an mir arbeiten – bis ich die Erde bewusst und ekstatisch verlasse.

Immer in Liebe,
Lola

*Um Qualität und Reinheit sicherzustellen,
ist Lola die Einzige, die Divine Openings Guide einweiht.*

30 Wege um deine Schwingung zu erhöhen

Beachte, dass sie alle sich gut anfühlen und *nichts davon Arbeit ist!* Praktiziere sie, weil sie Freude machen und nicht nur, um Probleme zu lösen. Sie helfen dir, dich so umzutrainieren, dass du auf einer höheren Frequenz agierst. Es gibt keine Grenze, die beschränkt, wie hoch du gehen kannst und wie gut du dich fühlen kannst. Benutze sie in deiner täglichen Praxis.

Bleibe geduldig, beständig und leicht dabei, falls du über längere Zeit Widerstand geübt hast. Manche dieser Methoden funktionieren von jeder Stufe des Höhenmessers aus. Andere funktionieren am besten, wenn du bereits eine gute Höhe erreicht hast. Probiere verschiedene aus, bis eine davon funktioniert.

1. **Atme mit Genuss:** Setze oder lege dich hin, mach beim Einatmen einen leichten Buckel und beuge deine Wirbelsäule beim Ausatmen leicht durch. Atme etwa fünf Minuten lang leicht in deine Gefühle hinein. Sag "Jaaaa" oder "ahhhh". Ich nenne dies auch den Leichten Atem.

2. **Beruhige dich:** Bewege die Energie zu einem Thema Stück für Stück nach oben, indem du dir eine bessere Geschichte dazu erzählst. Sei sanft mit dir. "Ich bin, wo ich bin. Ich kann von dort, wo ich bin, überall hinkommen. Dies ist vorübergehend. Alles verändert sich. Es geht immer gut aus."

3. **Geh auf ein Rendezvous mit dem Göttlichen:** Stille. Keine Menschen, kein Fernsehen, Telefon, Computer oder E-mail.

4. **Weggabelung:** Wähle den Gedanken oder die Handlung, die das bessere Gefühl erzeugen und spüre die Erleichterung, die sofort dadurch entsteht.

5. **Dreh deinen Körper:** Steh auf und dreh deinen ganzen Körper in eine andere Richtung. Dreh dich von dem, was du nicht willst, weg und dreh dich zu dem hin, das du haben *willst*, und spüre den Unterschied in deinem Körper.

6. **Wähle deinen Fokus:** Wähle in jedem Augenblick nur Gedanken über Vergangenheit, Gegenwart oder Zukunft, die sich gut anfühlen, wenn du sie denkst.

7. **Bewege deinen Körper:** Bringe deinen Körper in Bewegung und stelle jedes Gefühl durch Pantomime dar, um von deinem jetzigen Stand mehrere Stufen aufzusteigen. Mehrere Stufen sind viel. Stabilisiere dich. Lade dir einiges von Lola's Musik auf DivineOpenings.com/about-music herunter.

8. **Tagträumen:** Nur zur Unterhaltung! Dies ist keine Arbeit. Was du dir wünschst ist bereits "gewährt", erschaffen und fertig. Deine Aufgabe ist es, in Harmonie damit zu schwingen, zu denken und zu fühlen, so dass es sich materialisieren kann.

9. **Füge Humor hinzu:** Gestalte deinen Tag oder deine Tagträume lustig – es ist deine Show!

10. **Schwärme davon!** Denke an alles, was du an der Person, dem Thema, dir selbst oder deinem Leben generell schätzen kannst und schwärme unablässig davon. Tu es in Gedanken oder ausgesprochen.

11. **Tauche ein:** Lass die Geschichte darüber fallen. Sag "Ja" zu den unerwünschten Gefühlen, während du in sie hineinatmest. Jedes Gefühl, das vollständig gespürt wurde, gewinnt an Höhe.

12. **Wirf dich nieder:** Lege es dem Göttlichen zu Füßen. Atme mit Genuss bis du eine Erleichterung spürst.

13. **Traum-Aufgaben:** Lege eine Liste von allem an, was du dir wünschst, lege sie zu den Traum-Aufgaben und lass los. Schlafe ruhig in dem Wissen, dass es geregelt wird. Folge am nächsten Tag den Impulsen, die sich gut anfühlen und halte die Augen für sanfte Führung jeglicher Art offen.

14. **Setze es auf die Gott-Liste:** Lege eine lange Liste mit allem an, was du benötigst, und gib die komplette Liste an das Göttliche ab. (das Göttliche weiß bereits darum. Dies hilft dir nur dabei loszulassen und aus dem Weg zu gehen!)

15. **Mach eine Pause:** Ziehe deine Aufmerksamkeit komplett von dem schwierigen Thema ab und tu stattdessen irgendetwas, das sich gut anfühlt.

16. **Urlaub:** Nimm dir Urlaub oder einen Mini-Urlaub und lass alles "Arbeiten" los. Kein Telefon, kein Computer, keine Anstrengung. Wirf deine Routine komplett über den Haufen oder lass einfach nur los und entspanne.

17. **Tier-Verwöhnung:** Spiele mit deinem Haustier. Spüre, wie fröhlich es ist.

18. **Lache:** Such dir etwas Lustiges und Leichtes – Witze, ein lustiges Buch, witzige Freunde oder Filme.

19. **Frag dein Großes Selbst:** "Was weißt und denkst du darüber?" "Was könnte besser funktionieren?" "Wie könnte ich das anders erleben?" "Welche erstaunliche Entwicklung steht mir als Nächstes bevor?"

20. **Frag dein Großes Selbst:** "Wie könnte ich mich dazu entscheiden, glücklich zu sein anstatt Recht zu haben?"

21. **Frag dein Großes Selbst:** "Was ist mein nächster kleiner Schritt oder meine nächste große Entfaltung?" Mach diesen Schritt.

22. **Zähle die Pluspunkte.** Fokussiere dich darauf, wie weit du schon gekommen bist und was gut gegangen ist.

23. **Zähle keine Punkte:** Warte mit dem Punktestand, wenn Dinge sich noch nicht manifestiert haben oder nicht funktioniert haben. Sage: "Der Nächste, bitte!" oder "Es kommt noch! Meine Aufgabe besteht darin, meine Schwingung zu erhöhen und mich gut dazu zu fühlen."

24. **Fühle dich zuerst gut:** Mach zwei Sachen, die du gerne tust und mach das, was du "tun must" danach. Räkle dich im Bett, bevor du aufstehst. Nimm dir ein Bad, geh spazieren, singe, pflege deinen Garten, etc.

25. **Besitze es jetzt:** Gib dir das Gefühl, "es jetzt zu haben". Sammle Informationen, besuche Orte körperlich und "fahre" jede Sehnsucht, die du hast und die sich noch zu entfernt anfühlt, "Probe".

26. **Erhebe Anspruch auf deine Macht:** Sage dir bei jedem kleinen Aufstieg "Ich habe gerade ein wenig Erleichterung erschaffen! Wenn ich das tun kann, kann ich alles tun! Alles, was es dazu braucht, ist einen Schritt nach dem anderen zu gehen." wenn unerwünschte Manifestationen auftauchen, sage dir: "Ich habe das erschaffen! Wie mächtig ich bin!" wenn das, was du dir wünschst auftaucht, sage dir: "Ich habe das erschaffen! Wie mächtig ich bin!"

27. **Sei jetzt glücklich:** Du glaubst, wenn du woanders wärst oder die Dinge anders wären, dann wärst du glücklich. Nimm die Abkürzung und sei jetzt glücklich. Dann kann dir das Gesetz der Anziehungskraft noch mehr davon bringen.

28. **Gib die Kontrolle auf:** Lass andere Menschen, die Welt und die Dinge außerhalb von dir alles sein, tun oder haben, was sie selbst wählen. Wähle dir deine Realität unabhängig davon, in dem Wissen, dass niemand anderer deine Realität erschaffen kann oder dich zurückhalten kann – das kannst nur du.

29. **Easy button:** Drücke jedes Mal auf deinen easy button ("Das War Einfach" Knopf) wenn etwas gut gelaufen ist oder leicht ging! Easy buttons kann man online bei Staples.com bestellen. Schenke sie weiter!

30. **Meditiere:** Fokussiere dich auf deinen Atem. Wenn Gedanken auftauchen, folge ihnen nicht, führe sie zum Atem zurück. Wenn deine Aufmerksamkeit vom Atmen abschweift, dann stelle sie sanft wieder her.

Meditiere nur zum VERGNÜGEN! Mach daraus ein besonderes Rendezvous mit deinem/deiner Geliebten in der Stille.

Beispiel Für Die Tägliche Praxis
Verw
ende die 30-Wege-Liste, um dir individuell etwas zusammenzustellen

Morgens:

1. **Atme mit Genuss:** Setze dich hin und mach beim Einatmen einen leichten Buckel und drücke deine Wirbelsäule beim Ausatmen leicht nach vorne. Atme mühelos etwa fünf Minuten in deine Gefühle hinein. Sag beim Ausatmen in Gedanken oder als Flüstern "Ja" oder "Ahhh". Meditiere danach.

2. **Schwärme davon:** Fokussiere dich fünf Minuten darauf, von dir selbst und allem und jedem zu schwärmen, von dem du kannst.

3. **Tagträumen:** Stelle dir spielerisch, nur zur Unterhaltung vor, wie du möchtest, dass dein Tag abläuft oder wie du dich fühlen möchtest. (Zieh nicht Resümee, wenn es nicht gleich sofort so läuft. Ziehe nur Resümee über das, was gut lief.) Bereite den Boden für jede einzelne Aktion vor, die du ausführen wirst; male sie dir aus, bevor du anfängst. Sammle die Energie dafür an und deine Aktionen werden geschmeidiger ablaufen.

4. **Fühl dich wohl:** Tu Dinge, die sich gut anfühlen – höre Lolas Divine Music an oder bewege dich dazu (DivineOpenings.com), meditiere, singe, pflege deinen Garten, nimm ein Bad, geh spazieren, streichle deine Katze. Du wirst produktiver sein. Du kannst dich immer noch besser fühlen.

Während des Tages:

1. **Inspirierte Handlung:** Führe zuerst die Handlungen durch, zu denen du dich inspiriert fühlst. Handle dann, wenn du dich dazu geführt fühlst und wenn deine Schwingungshöhe bezüglich dieses Themas hoch ist, es sei denn, du hast einen Termin einzuhalten.

2. **Mach Pausen:** Sitz still und atme mit Genuss. Vor allem, wenn es so aussieht, als müsstest du dich beeilen oder fester arbeiten. Hör auf. Geh nach innen und schwinge dich auf dein Großes Selbst ein. Spüre, was durch deine Führung hereinkommt.

Abends:

1. **Atme mit Genuss:** Setze dich hin und mach beim Einatmen einen leichten Buckel und drücke deine Wirbelsäule beim Ausatmen leicht nach vorne. Atme mühelos etwa fünf Minuten in deine Gefühle hinein. Sag beim Ausatmen in Gedanken oder als Flüstern "Ja" oder "Ahhh".

2. **Schwärme davon:** Fokussiere dich fünf Minuten darauf, von dir selbst und allem und jedem zu schwärmen, von dem du kannst.

3. **Fühl dich wohl:** Tu irgendetwas, das dir Spaß macht.

4. **Bewege deinen Körper und spiele:** Tanze, gehe, singe, lauf mit dem Hund, fahr Fahrrad, schwimme. Schüttle dich, hüpfe, lache, sei albern. Deinen Körper auf ungewöhnliche Weise zu bewegen, befreit den Kopf.

5. **Genieße:** Aale dich in Gerüchen, Anblicken, Berührungen und Geräuschen. Genieße alle sinnlichen Momente, die du finden kannst. Erschaffe sie.

Füge deine eigenen Favoriten hinzu. Aktualisiere sie häufig.

Zusätzliche Ressoursen und Angebote

Um auf der physischen Ebene inspirierende Nachrichten, kostenlose Artikel, Veranstaltungshinweise und Einladungen zu bekommen, setze dich auf die Newsletter-Liste auf DivineOpenings.com.
Bitte besuche unsere Webseite:
Fuer den deutschsprachigen Newsletter: DivineOpenings.com/newsletter-anmeldung
Fuer den englischsprachigen Newsletter: DivineOpenings.com/aweber

Schau oft auf die Webseite. Es gibt dort häufig neue Audio-Dateien, neue Videos, Kurse, Veranstaltungen, etc.

Lade Lolas Divine Music auf DivineOpenings.com oder DivineOpenings.de herunter. Die Präsenz fließt durch Lola, um inspirierte Musik aller Genre zu schaffen, von Dance über Pop zu Blues und Spiritual.

Divine Openings Online Retreatkurse:

Level 1 (auf deutsch und englisch erhältlich)
Level 2 (auf deutsch und englisch erhältlich)
Level 3
Jumping The Matrix
Die Kunst von Liebe und Sex (auf deutsch und englisch erhältlich)
Kundalini (auf deutsch und englisch Videos)
Erste Hilfe Kurse zu speziellen Themen

Details und Anmeldung dazu findest du auf DivineOpenings.com und DivineOpenings.de

Live Retreats: Trage dich für den Newsletter ein, damit du davon erfährst, wenn Lola in deiner Nähe ist.

Lolas Kunst: Geh auf DivineOpenings.com oder DivineOpenings.de. Bestelle Divine Art, von 8x10 Drucken bis zu Postergrößen. Grußkarten mit göttlicher Energie eignen sich super für Geschenke. Auftragsbilder: mit göttlicher Energie, die speziell für dich gechannelt wurde. Drucke auf Papier oder Leinwand: die meisten Kunstwerke auf der Webseite können als Druck bestellt werden.

WEITERE BÜCHER VON LOLA JONES:

- ***Pass auf wohin du zielst: Meisterschaft über die Kraft der Absicht*** ist das Begleitbuch zum Level 2 Onlinekurs (auf deutsch und englisch erhältlich)

- ***Dating To Change Your Life*** macht Dates zu etwas, das Spaß macht und dein Leben nebenbei verwandelt. Werde glücklich und du wirst deinen Partner schneller finden. Dieses Buch entstammt einem früheren Bewusstsein und ist nicht gleichauf mit Divine Openings, aber es ist gut und lustig.

- ***Divine Openings Quotes*** ist ein wunderschönes Buch voller Weisheit, herzerwärmend, lustig und überraschend

- ***Confessions Of A Cowgirl Guru*** *ist* eine humorvolle Sammlung aus Lolas Leben mit augenzwinkernden Beobachtungen der ganzheitlichen Kultur und des metaphysischen Lebens.

Kommentare von Lesern

(auf DivineOpenings.com gibt es noch tausende mehr)

Meine Seminare und Behandlungen laufen einfacher ab und bringen sowohl meinen Klienten als auch mir selbst mehr Heilung und Vergnügen, füllten sich daher gut aus und haben sich sogar auf Österreich und Südafrika ausgeweitet. Die Arbeit meines Mannes macht ihm mehr Spaß und wird besser bezahlt. Wir wohnten bisher (zu fünft, ich habe drei Kinder) in einer 74qm Wohnung und fuhren ein 18 Jahre altes Auto. Jetzt fahren wir ein 5 Jahre altes Auto mit sieben Sitzen (so viel Platz!) und wohnen in 146qm mit wunderschönem, großen Garten und Nachbarn, die unsere besten Wunschträume übertreffen! Wir gehen immer noch mit offenem Mund durch dieses wunderschöne, tolle Haus und gehen täglich schwärmend durch unseren Garten. Und Geld, was vorher das große Problem war, strömt nur so herein! Abgesehen von diesen Veränderungen lache ich viel öfter, spüre mehr Frieden, mehr Gelassenheit, mehr Kraft, mehr Liebe – manchmal fühle ich mich als würde ich gleich platzen, so wunderbar ist alles. Ich nenne es das Dehnen der Liebes- und Glücksmuskeln. – Viele liebe Grüße, Gabriele, Deutschland

Ich habe an 2 Seminaren bei Lola teilgenommen, einmal vor 7 Jahren und einmal kürzlich. Beide Seminare haben eine RIESIGE Veränderung in meinem Leben bewirkt. Ich kann ehrlich sagen, dass mein Leben nach jedem Kurs wunderbare neue Wendungen genommen hat. – M.Z. kürzlich bei Oprah

Ich wollte mehr von Gottes Geist… und nun ist hier mehr, das ich mit der Gnadenenergie durch die Divine Openings leichter aufnehmen kann, unbelastet von religiösen Lehren. – Segen wünscht dir Bev McCaw

Ich sehe regelmäßig Heilungswunder!!! Gesegnet seist du! Ich nehme weniger Insulin… jetzt weiß ich… ich werde es wahrscheinlich nicht brauchen. Es ist mehr als good, rüttelt mich offensichtlich aus dem alten Programm frei. Danke!!!!! – Viele liebe Grüße, Steph

Mein Unternehmen macht in "diesen" Zeiten Profit! – LeAnn

Dieses eine Divine Opening pro Woche sind 15-20 Minuten pure Glückseligkeit, die anfingen immer länger und noch länger anzuhalten. – Mit viel Liebe und Dankbarkeit, Teresa Anton, Pekin, Illinois

Ein warmes, prickelndes Gefühl verteilt sich überall in mir und wenn ich am Morgen aufwache, ist es wieder da! Vielen Dank, dass du da bist. – Elaine, Deutschland

Ich lächle zu viel, mein Mann weiß gar nicht mehr was er mit mir anfangen soll! Ich habe dieses wunderbare Gefühl, dass bald etwas ganz Großes geschieht … die großen Kopfschmerzen, die wir uns über Finanzen und Arbeit machten, scheinen nun immer kleiner zu werden. Ich vertraue Ihm in allem. Welch ein Frieden. Danke. – Audrey, Großbritannien

Deine Arbeit hat die Kraft eines Atomreaktors. Ich wurde von einem strahlend weißen, innerem Licht überflutet, das lange durch mich und durch das Universum strömte. Am nächsten Tag hörte ich mir eine der "Diving In"-Aufnahmen an. Ich dachte, ich würde genug strahlen, um die Ostküste für den Rest des Jahres zu erleuchten. Mein Hund rollte sich selig auf den Rücken in schierer Verzückung. Sie sagte mir in Hundesprache "wer hätte gedacht, dass diese Lola solche Power hat und dann noch nur über eine Aufnahme. Sie schickt 10x liebevolle Energie-Schlecker über dein Gesicht! Ich konnte letzte Nacht nicht mal schlafen.- Liebe Grüße, Mark

Ich wollte nur mitteilen, wie sehr ich die Divine Openings schätze und danke sagen. Ich habe das Buch gelesen, am Onlinekurs teilgenommen und kürzlich ein Divine Opening während einer Telefonkonferenz bekommen. Va-va-voom! Divine Openings hat mein Leben auf so kraftvolle und doch sanfte, subtile Art und Weise verändert. Ich bin bisher regelmäßig abgesackt und seit dem ersten Besuch auf der Webseite, merke ich, wie ich täglich stabil bleibe oder fröhlicher und noch fröhlicher werde. – Laura

Ich lese an deinem Buch weiter und ich lese es langsam, während ich mein Bestes gebe, um das Gelesene gleich in die Praxis umzusetzen. Ich habe wirklich das Gefühl große Fortschritte zu machen, ich spüre dass sich der innere Frieden vertieft und ich fühle mich immer glücklich, energiegeladen und ich spüre die meiste Zeit auch einen sanften Glücksstrom durch meinen Körper rieseln. Ich bin mit dem Lesen noch nicht fertig, ich bin gerade auf Seite 120 und habe bis heute erst zwei Divine Openings gemacht. Irgendwie fühle ich mich so selig und wollte es dir gerne mitteilen. Ich werde das Buch auf jeden Fall weiter empfehlen und jeden, den ich kenne, der Hilfe brauchen könnte, auf deine Webseite schicken. Ich danke dir aufrichtig dafür, dass du dies möglich machst. – Liebe und Frieden, Ashok Punjabi, Phillipinen

Alles läuft super während ich weg bin – Loslassen und dem Göttlichen die Schwergewichte überlassen

Danke, dass du in mein Leben getreten bist. – Conny, Malaysia. 51 Jahre alt, Ehefrau, Mutter von drei strammen Söhnen und Unternehmerin.

Ich bin in der ersten Woche des Onlinekurses und liebe es jetzt schon! Danke, dass du diesen Kurs weltweit für viele von uns ermöglichst! – Natascha, Mazedonien

Das Buch ist so hilfreich. Heute Morgen hatte ich ein Erlebnis, bei dem ich ins Urteilen ging und suchte im Buch nach der Stelle, an der es darum geht, bei den Gefühlen zu sein und sie durch mich durch fließen zu lassen. Ich bat das Göttliche um Hilfe und spürte das Mitgefühl für mich selbst und für alle anderen, die im Urteilen gefangen sind und dann spürte ich wie es sich löste. So einfach war das. Ich brauche noch nicht einmal eine Aussprache mit dieser Person. – Viel Liebe, viel Segen, Cindy P, Austin, Texas

Ich kann dein Buch nur stückchenweise lesen, so stark ist die Energie. Auch ich habe meine persönliche Beziehung mit Meinem Göttlichen entwickelt. Du hattest einmal, genau wie ich, gedacht, wir hätten diese RIESIGE, nebulöse GROSSE QUELLE, die zu groß und abstrakt ist, als dass man sie als persönlichen Freund verstehen könnte! Ich schätze die "Struktur" für meinen Verstand. – Beverly, England

Ich hoffe, es geht dir gut. Mir geht es absolut großartig in letzter Zeit – du hast mir aus so vielem heraus geholfen. Ich hatte mehrere Durchbrüche in den letzten zwei Wochen. Ich habe endlich losgelassen, was ich immer noch von meinem Exmann herum getragen hatte. Ich wusste gar nicht, dass ich es immer noch in mir hatte, bis ich einen sehr intensiven Traum von ihm hatte. Letzten Montag hatte ich einen weiteren Traum, der genauso intensiv war, in dem es aber um meine Mutter ging. Ich habe die ganze Woche daran gearbeitet, ihr zu vergeben und ich denke, es ist mir ganz gut gelungen. Ich fühle mich um so vieles leichter und glücklicher. Meine Träume haben mir geholfen, meine Aufmerksamkeit auf die Menschen zu richten, denen ich vergeben muss und ich bin sehr dankbar dafür. Ich habe es zum ersten Mal in meinem Leben geschafft, nicht mehr zu urteilen. Vielen Dank noch einmal, du bist wirklich begabt.- Cindy F., Austin, TX

Hi Lola, hier schreibt Sue aus dem fernen Australien. Ich wollte dir nur von meinen Erfahrungen soweit berichten. Ich lese jetzt seit gut zwei Wochen in deinem wunderbaren Buch und freue mich schon auf mein drittes Divine Opening diesen Sonntag. In der ersten Woche habe ich mich sicherlich schon anders gefühlt, aber nach meinem zweiten Divine Opening – heiliger Strohsack – ging ich durch eine ganze Latte von Emotionen und spuckte ein RIESIGES Gewölle aus. Ich fiel in ein sehr dunkles Loch und ich war wütend, depressiv, traurig, einsam und stellte alles in Frage und so viele Zweifel kamen auf. Das Komische war, dass ich, während ich laut sagte: "Das ist doch alles Mist, warum rege ich mich überhaupt auf, usw...." merkte, dass ich zum Göttlichen in mir sprach ... Puh! Ich schluchzte und fluchte und rannte in meinem Haus auf und ab und dann setzte ich mich hin und tauchte mitten hinein! Zwischen Schluchzen und Fluchen bat ich das innere Göttliche, mich bei der Hand zu nehmen und mich durch die schweren Strecken durch zu führen und während der nächsten Tage gingen meine Gefühle rauf und runter und überallhin… und dann spürte ich plötzlich den wunderbarsten Frieden in mir und jetzt bin ich so glücklich und mein freches, lustiges, albernes inneres Kind ist herausgekommen und spielt! Cool, es macht mir Spaß! – Sue, Australien

Dieses Buch hat alles, wonach ich gesucht habe und mehr. In den sechzig Tagen seit ich es das erste Mal aufgemacht habe, ist soviel passiert, dass es schlicht unmöglich ist, alles zu berichten. – Sallie B.

Ich wurde mir sehr bewusst darüber, wie viel Widerstand ich gegen das Annehmen leistete. Ich bat Gott, diesen Teil in mir weicher zu machen und dann kam der "Öffnungsdownload" wieder sofort und Er hielt mich, sagte mir und zeigte mir genau, was zu tun war… ich erlebte Gott einfach in einer viel intensiveren Weise als jemals zuvor. Ich habe mich mehr hingegeben als zuvor und spürte den Drang zu schreiben in mir hoch steigen noch während ich schluchzte und gähnte und losließ. Ich begann in meinem Tagebuch zu schreiben und Gott schrieb zurück. Ich habe noch nie zuvor automatisches Schreiben erlebt – was für eine wunderbare Erfahrung… Danke, dass du mir geholfen hast, den Weg nach Hause zu finden, ich hatte mich in letzter Zeit nämlich verlaufen und dass du mir geholfen hast, diese wundervolle Verbindung bewusst in meinem Alltag zu nutzen anstatt nur auf Seminaren. – Segen wünscht dir, Michelle Wolff

Ich spürte eine Präsenz im Raum und konnte fühlen wie sich etwas "öffnete", ich kann nicht genau erklären was sich in mir öffnete, aber meine teureren Werke begannen sich zu verkaufen. Ich verkaufte eins meiner 2000 Dollar Kunstwerke und die Kundin bestellte noch zwei maßgefertigte Lampen dazu. – Anna Broesche, Burnet, Texas

Alles läuft super während ich weg bin – Loslassen und dem Göttlichen die Schwergewichte überlassen

Meiner Hündin geht es so viel besser. Sie hatte Kalkablagerungen in ihren Hüftgelenken und hatte Schwierigkeiten beim Gehen. Jetzt ist sie wieder ganz die Alte: anstatt zu humpeln und jaulend auf dem Boden herum zu liegen, rennt sie wieder, springt auf den Möbeln herum, läuft die Treppen auf und ab und jagt ihren Kumpel Shortie!!! Wir sind von Dankbarkeit überwältigt. Jeder, der noch nicht in dich verliebt ist, liebe Lola, wird es sein, sobald er eine deiner Körper, Geist und Seelen Schönheitsbehandlungen bekommen hat. – Erin, New Hope, Pennsylvania

Meine Konzentration in der Schule ist viel besser. Ich kann gar nicht beschreiben, wie es sich anfühlt, wenn ich mich jetzt mit Gott verbinde. Ich habe keine Worte dafür. Wenn ich mich dabei erwische, wie ich mir selbst kontraproduktive Geschichten erzähle, höre ich sofort auf. Es funktioniert. - Everett, High School Student, Pennsylvania

Ich war vor zwei Wochen bei deiner Sitzung. Ich hatte gerade das wahrscheinlich unglaublichste Wochenende meines Erwachsenenlebens. Ich spielte einige Stücke meiner Musik und wurde von tief innen gehört. Ich erhielt so viel Anerkennung und Ermutigung – es war fast schon beängstigend. Mein Körper verändert sich ebenfalls, öffnet sich, heilt. Ich bin so gesegnet mit all der Synchronizität, die jetzt in meinem Leben auftritt. Spirit bringt all dies zu mir. Ich brauche einfach nur zu versuchen, keine Angst zu haben, weiter zu atmen und mich führen zu lassen. Dank an dich, süße Lola, mein Glück ist vollkommen. – Martha P., Georgetown, Texas.

Ich hatte auf Linderung eines bereits lang anhaltenden, intensiven Schmerzes in meinem Bein gehofft.... Während der Sitzung spürte ich ein Kribbeln in meinem Bein und der Schmerz wurde etwas leichter. Während der nächsten Tage wurde es zunehmend besser und nun ist der Schmerz fast weg. Ich spürte auch ein Kribbeln in meiner verletzten Schulter. Ich hatte mich dem ständigen Schmerz und der eingeschränkten Mobilität bereits gefügt. Dieser Schmerz ist weg und ich kann die Schulter nun viel leichter bewegen. Ich bin so dankbar für das, was ich erhalten habe. – Sharon, The Woodlands, Texas

Ich konnte meinen Körper nicht mehr spüren und schlüpfte aus ihm heraus. Das wollte ich schon immer tun und ich meditiere seit Jahren dafür. Als es vorbei war und ich wieder zurückgekommen war, fühlte ich mich so gut, dass ich mich gar nicht bewegen wollte. Also saß ich lange Zeit still. – Randy, Harlingen, Texas

Dieser Beitrag ist von einem Mann, der initiiert wurde, selbst Divine Openings zu geben. Seine tägliche Arbeit ist am Bau: Die Dinge laufen sehr gut für mich und bewegen sich kontinuierlich in höhere Schwingungen. Die meisten Plätze, an die ich gehe oder an denen ich arbeite, erhöhen Stück für Stück ihre Schwingung, immer ein paar Leute mehr, sogar in der Wirtschaft und den Ölpreisen. Manche Gegenden verändern sich schneller, andere langsamer, je nach dem Widerstand. – George Phon, Kalifornien

Nach der ersten Sitzung begann meine Endometriose zu heilen und nun, eine Woche später, krümme ich mich zum ersten Mal nicht mehr vor Schmerz, so dass ich kaum denken kann, während meiner Periode. Ich fühle mich toll und das ist fantastisch. Für mich ist das ein Wunder und ich kann kaum glauben, was passiert. Ich habe mich die ganze Woche allgemein entspannt gefühlt und zum ersten Mal seit Jahren denkt sich mein Verstand keine Geschichten mehr darüber aus, was alles schief gehen könnte. – Michele, Austin, Texas

Ich habe mich selbst von außerhalb meines Körpers gesehen und zuerst habe ich mich gar nicht als mich selbst erkannt. Ich bin die meiste Zeit selig und lächle leise. Dinge stören mich einfach nicht mehr. Ich habe angefangen, Sport zu machen und sorge besser für mich. – Cindy, Houston, Texas

Vor drei Jahren verlor ich alles: Ehemann, Haus, Karriere... und obwohl das Leben weiterging und sich Freunde um mich kümmerten, wachte ich jeden Morgen voller Ängste und Anspannung auf. Am Morgen nach meinem ersten Divine Opening wachte ich auf und fühlte mich ruhig und leicht. Ich warte immer noch darauf, dass die Angstattacken wieder zuschlagen, aber sie sind nicht zurückgekommen. – Lynn Andrews, Austin, Texas

Super Sache!!! Ich spürte eine Spannung in meiner Schulter, Kiefer und Herzbereich nachlassen und mein Kopf fühlte sich an, als würde er sich richtig ausdehnen." Fünf Tage später berichtete sie: "Es ist wirklich gut. Ich schlafe richtig tief und entspannt und fühle, wie sich dies stabilisiert. Jetzt geht es rund. – Viel Freude. XOXO Laura Graf, Sängerin, Austin, TX

Es ist so vieles so schnell geschehen, dass ich es kaum in Worte fassen kann. Ich bin so froh, dass ich im Internet auf deine Arbeit gestoßen bin. Warum, warum, warum weiß Oprah nichts von dir? Deine Arbeit ist der offensichtliche nächste Schritt nach den Tolle Sachen, weil sie praktischer Art, bodenständig und umsetzbar ist. Ich kann ein Divine Opening schon in der Oprah Show vor mir sehen! Ich schicke dir liebe Grüße. – Donna Wetterstrand, Canada

Ich habe mir gerade deine Trauma- und Missbrauch-Audiodatei in der Diving In-Serie angehört und es ist eines der exquisitesten Therapiestücke, die ich je gehört habe. Ich bin in diesem Bereich seit vielen Jahren tätig und nichts von dem was ich gesehen, gehört, mitgemacht oder angeboten habe, kommt dem auch nur nahe. Ein weiteres WOW! – Donna

Die Energie war unglaublich. Ich musste langsamer als ein Divine Opening pro Woche vorangehen – ich merkte, wie ich mich sehr schnell bewegte. Ich blickte auf Dinge zurück, die ich vor erst ein oder zwei Wochen getan hatte und sagte mir: warum hab ich das auf diese Art getan, wenn ich doch weiß, dass man es auch so handhaben hätte können... dann erkannte ich, dass ich vor ein oder zwei Wochen noch nicht da war, wo ich jetzt bin! Ich fühle mich weniger gestresst, mehr als ob ich durchs Leben treiben würde – nicht immer, aber öfter und öfter. Danke!! – Eleanor

Als du das Divine Opening gegeben hast (am Telefon) war ich mir meiner Füße bewusst... und ich sah mit meinem inneren Auge, wie die Hände Jesu sie wuschen. Das Gefühl einer sanften Brise, die um meine Knöchel und Füße blies begann und hält jetzt, sieben Stunden später, immer noch an. Köstlich! – Julie, Arizona

Ich erlebte signifikante Veränderungen. Ich liebe deinen unerschütterlichen Glauben, deine Verspieltheit, dass du ein "abtrünniges Kraftwerk" bist und wie deine Weisheit direkt zur tiefen Wahrheit durchdringt. – Alles Liebe, Naraya

Lola, alles, was ich will... es kommt nicht... es ist schon DA!!!!!!!!!!!!!!!! Ich muss es nur WEITERHIN zulassen!! Es fühlt sich so toll an. – Liebe Grüße, Nicole

Oft fühlte es sich so an, als seien Menschen, die ich liebe, in mir und ich konnte auch ihre Liebe zu mir spüren. – Ana

Mein Körper verändert sich von innen heraus. Manchmal kann ich Nahrungsmittel, die mir früher schmeckten, nicht mehr essen und ich will diese Nahrungsmittel auch nicht. So verliere ich nun auch noch etwas Gewicht. – Edith

Danke, dass du mit mir mithältst, da ich wohl Supervision brauche (nur ein Witz). Nun, nach viel Grundlagenarbeit und Versuch und Irrtum, fügt sich jetzt alles für mein Unternehmen zusammen. Ich bin pensioniert, aber wie für alle energiegeladenen Menschen bedeutet Pensionierung lediglich genug Freizeit, um ein weiteres Unternehmen aufzubauen. Ich habe nach einem Lehrer für meine Art der Spiritualität gesucht. Ich weiß, dass dies das Richtige ist. Nichts anderes hat sich je so für mich angefühlt. – Voll Liebe und Dankbarkeit, Kathy

Ich schenkte das Buch meiner Mutter in Georgia, die 78 Jahre alt ist. Gestern rief sie mich ganz aufgeregt über ihr erstes Divine Opening an. Sie erklärte mir, dass sie ein Pulsieren durch ihren ganzen Körper gespürt hatte, bis in die Fingerspitzen. Dann sah sie ein Licht um ein schwarzes Loch herum, sie erklärte, dass Dinge richtig schnell in das schwarze Loch hinein gingen und dann schloss es sich und verschwand. Es wird Spaß machen, diese Erfahrungen mit meiner Mutter zu teilen. Ich schenke meiner Tochter Rachel, 24 Jahre, ein Buch. Du wirst die Leben von drei Generationen in meiner Familie berühren. – Carey Waters

Mein Mann und ich haben ein Code-Wort – "das Buch", das wir sagen, wenn einer von uns schlecht gelaunt oder angespannt ist. Dann lächeln wir, während wir es sagen und lachen ein wenig, weil wir beide wissen, was es bedeutet. – Mit freundlichen und lieben Grüßen, Julie

CPSIA information can be obtained
at www.ICGtesting.com
Printed in the USA
LVOW09s2239150118
563010LV00025B/317/P

9 780985 902674